U0116038

福建師範大學文學院百年學術論叢　第八輯

文化研究的變奏：
理論旅行與本土化實踐

顏桂堤　著

第八輯
總序

甲辰春和，歲律肇新。纘述古今之論，弘通文史之思。

《福建師範大學文學院百年學術論叢》第八輯，以嶄新的面貌，在臺北萬卷樓圖書公司出版發行，甚可喜也。此輯所涉作者及專著，凡十有五，略列其目如次：

蔡英杰《說文解字的闡釋體系及其說解得失研究》。

陳　瑤《徽州方言音韻研究》。

　　　　以上文字音韻學二種。

林安梧《道家思想與存有三態論》。

賴貴三《韓國朝鮮王朝《易》學研究》。

　　　　以上哲學二種。

劉紅娟《西秦戲研究》。

李連生《戲曲藝術形態與理論研究》。

陳益源《元明中篇傳奇小說與中越漢文小說之研究》。

傅修海《中國左翼文學現場研究》。

雷文學《老莊與中國現代文學》。

徐秀慧《光復初期臺灣的文化場域與文學思潮》。

王炳中《現代散文理論的個性說研究》。

顏桂堤《文化研究的變奏：理論旅行與本土化實踐》。

許俊雅《鯤洋探驪——臺灣詩詞賦文全編述論》。

　　　　以上文學九種。

林清華《水袖光影集》。

　　　　以上影視學一種。

　　林文寶《歷代啟蒙教材初探與朗誦研究》。

　　以上蒙學一種。

　　知者覽觀此目，倘將本輯與前七輯相為比較，不難發見：本輯的規模，頗呈新貌。約而言之，此輯面貌之「新」處，略可見諸兩端：

一曰，內容豐富而廣篇幅。

　　如上所列，本輯所收論著十五種，較先前諸輯各收十種者，已增多百分之五十的分量，內容篇幅之豐廣不言而喻。復就諸論之類別觀之，各作品大致包括文字音韻學、哲學、文學、影視學、蒙學等五方面的研究，而文學之中，又含有戲曲、小說、詩詞賦文、現代散文、左翼文學各節目的探討，以及較廣義之文化場域、文藝理論、文學思潮諸領域的闡述，可謂春華競放，異彩紛呈！是為本輯「新貌」之一。

二曰，作者增益而兼兩岸。

　　倘從作者情況分析，前七輯各論著的作者，均為服務於福建師範大學的大陸學者。本輯作者十五位乃頗不同：其中十位屬福建師範大學文學院，另五位則為臺灣各高校教授，分別服務於成功大學中國文學系、臺灣師範大學國文系、臺東大學兒童文學研究所、東華大學哲學系等高教部門。增益五位臺灣學者，不僅是作者群體的更新，更是學術融合的拓展，可謂文壇春暖，鴻論爭鳴！是為本輯「新貌」之二。

　　惟本輯較之前七輯，雖別呈新氣象，然於弘揚優秀中華文化，促進兩岸學者交流的本恉，與夫注重學術品質，考據細密嚴謹之特色，卻毫無二致。縱觀第八輯中的十五書，無論是研究古典文史的著述，還是探索現當代文學的論說，其縱筆抒墨，平章群言，或尋文心內涵，或覓哲理規律，有宏觀鋪敘，有微觀研求，有跨域比較，有本土衍索，均充分體現了厚實純真的學術根底，創新卓異的學術追求。

「苟非其人，道不虛行」，高雅的著作，基於優秀學人的「任道」情懷。這是純正學者的學術本能，也是兩岸學界俊英值得珍惜的專業初心。唯其貞循本能，不忘初心，遂足以全面發揮學術研究的創造性，足以不斷增強研究成果的生命力。於是乎本輯十五種專著，與前七輯的七十種作品，同樣具備了堪經歷史檢驗而宜當傳世的學術質量，而本校文學院「百年學術論叢」的十載經營，十載傳播，亦將因之彰顯出重大的學術意義！每思及此，我深感欣慰，以諸位作者對叢書作出的種種貢獻引為自豪。至若臺北萬卷樓圖書公司各同道多年竭力協謀，辛勤工作，確保了叢書順利而高品格地出版發行，我始終懷抱兄弟般的感荷之情！

中華文化，源遠流長。歷代學人對中國悠久傳統文化的研討，代代相承，綿綿不絕，形成了千百年來象徵華夏民族國魂的文化「道統」。《易》曰：「觀乎人文，以化成天下。」即言聖人深切注重中華文明的雄厚積澱，期盼以此垂教天下後世，以使全社會呈現「崇經嚮道」的美善教化。嘗讀《晦庵集》，朱子〈春日〉詩云：「勝日尋芳泗水濱，無邊光景一時新。等閒識得東風面，萬紫千紅總是春。」又有〈春日偶作〉云：「聞道西園春色深，急穿芒屩去登臨。千葩萬蕊爭紅紫，誰識乾坤造化心？」此二詩暢詠春日勝景。我想，只要兩岸學者心存華夏優秀道統，持續合力協作，密切溝通交流，我們共同丕揚五千年中華文化的「春天」必然永在，朱子所謂「萬紫千紅」、「千葩萬蕊」的春芳必然永在。願《福建師範大學文學院百年學術論叢》的學術光華，永遠沁溢於兩岸文化學術交融互通的春日文苑！

汪文頂

謹撰於閩都福州

二〇二三年十二月一日

序
文化研究與當代「中國經驗」的闡釋實踐

　　「文化研究」的理論旅行與本土化實踐，是青年學者顏桂堤持續探究的學術興趣焦點所在。眾所周知，文化研究肇始於二十世紀五十年代英國，以理查德・霍加特、雷蒙・威廉斯、愛德華・湯普森和斯圖亞特・霍爾為首的一批知識分子對戰後英國社會文化進行了重新討論。雷蒙・威廉斯的《文化與社會》和《漫長的革命》、理查德・霍加特的《識字的用途》、愛德華・湯普森的《英國工人階級的形成》都是英國文化研究的奠基之作。一九六○年代，霍加特與斯圖亞特・霍爾在伯明翰大學成立了「當代文化研究中心」，成為英國文化研究的重要陣地。此後「當代文化研究中心」在霍爾的帶領下一路高歌猛進，被打造成為具有國際影響力的「伯明翰學派」。文化研究的最大特點即是跨學科，其意義正在於突破學科邊界的限制和專業主義的囿限，達成對社會和文化問題的一種開放性的闡釋。文化研究強調對現實的批判性介入，它不僅僅以描述和闡釋當代文化與社會實踐為目的，而且力圖改變西方既存的權力結構。文化研究開掘了嶄新的學術空間，它不再局限於靜態的文本分析，而是自由無羈地拓展了觀照視野，廣泛涉及大眾文化、種族問題、性別政治、身份政治學、文化政策、數字媒體文化、空間問題、青年亞文化、身體研究等場域。正如約翰・斯道雷所言，作為「一種學術實踐的政治／作為政治的一種學術實踐」的文化研究，它的活力和意義正在於其及時、有效地回應急劇變化中的社會文化現實所提出的種種問題和思考。經過半個多世

紀的發展，文化研究已經成為備受關注的世界性學術焦點——它既有廣泛的擁護者，也不乏立場不同的詆毀者。無論是支持還是反對，都改變不了「文化研究」已然滲透到當代學術話語諸多層面的事實。

二十世紀八十年代至九十年代，隨著中國改革開放的深入與市場經濟的興起，「文化研究」這一跨學科的知識實踐和學術思潮經「理論旅行」而逐漸進入中國大陸。「文化研究」在中國的引介與發展，具有獨特的歷史語境。正如顏桂堤在書中所指出，中國大陸文化研究的興起不僅僅是出於「學院體制運轉的需要」，而是有著更為複雜的諸多因素：一是社會轉型與市場經濟的崛起帶來的意識形態的分歧與衝突，造就了文化研究的接受氛圍；二是理論資源更新與研究範式變革的需求；三是大眾傳媒的興起；四是文化研究剛好契合了當時知識分子回應、參與、介入新的社會現實的批判性需求。由於文化研究開放的學術視域、批判性的研究方法以及介入現實的強大動能，它很快吸引了為數眾多思想活躍的年輕知識分子的注意力。儘管文化研究在中國大陸的興起與歐美學術思潮的變遷存在著深刻的關聯，但是中國大陸的文化研究學者顯然並不是把中國的文化研究當作西方理論的又一次旅行的簡單注腳，而是將其視為闡釋「中國問題」與「中國經驗」的一種重要話語實踐。

時至今日，中國大陸的文化研究已經經歷了三十年的發展歷程，從人才隊伍建設到學科建制化，從議題的設置到學術論壇的活力，從理論的譯介到本土化的接合實踐，從文化研究專門刊物的創辦出版到頻繁深度的國際交流，中國的文化研究進入了一個豐產期，產生了一系列具有影響力的文化研究成果。另一方面，當前文化研究也走到了一個「十字路口」，隨著英國伯明翰大學「當代文化研究中心」的關閉和文化研究所面臨問題的複雜化，一系列潛藏已久的矛盾也漸次浮現。或許，現在是到了應該對中國的文化研究進行系統「盤點」與反思的時候了。當然，盤點與反思的目的不僅僅是為了回溯往昔總結過去，

同時更是為了展望前程拓展未來。顏桂堤的專著《文化研究的變奏：理論旅行與本土化實踐》立足對「文化研究」在中國的理論旅行與本土化實踐進行系統性、建設性與批判性的評估，可謂適逢其時，具有重要意義。顏桂堤所致力的方向是將「文化研究」置於當代中國社會歷史的宏闊背景之中，直面「中國問題」，從而力圖建構一種能夠有效闡釋當代「中國經驗」的文化研究範式。在這種學術旨趣的驅動下，文化研究的理論譜系、問題場域、中國經驗、闡釋效能、內在瓶頸及未來趨向等就自然成為其學術研究旅程所備受關注的關鍵性命題。

　　在這部學術專著的上編中，顏桂堤以文化研究的「理論旅行」作為聚焦點，詳盡勾勒出了文化研究的起源、理論譜系、問題場域、理論面孔、話語範式轉換及其在中國大陸的理論旅行狀況與本土化實踐脈絡等等。在顏桂堤看來，「文化研究」概念的多義與複調製造了它的多副面孔，而且它不斷與新的問題接合並延展出新的問題場域，使它可以適時而變，順利登陸不同的文化圈，實現全球理論旅行與落地發展。文化研究的範式持續地進行轉換──從文化主義到結構主義，從結構主義到「葛蘭西轉向」，從後現代主義到後馬克思主義，從文化論述到文化行動主義──而對「文化研究」的理論範式轉換進行譜系性考察在一定程度上涉及了文化理論內部意味深長的轉向。顏桂堤認為，文化研究理論旅行至中國大陸，並非只是簡單的跨語境轉換與文化翻譯問題，重要的還應該關注文化研究如何被譯介，在中國學界如何興起與發展，以及其理論旅行過程之中所產生的理論變異、議題轉換以及形成新的理論變體等一系列問題。正是在重新問題化「文化研究」的過程中，顏桂堤展示了其值得稱許的理論架構與整合能力，同時，在對文化現象的多維分析中也充分體現了其敏銳的問題意識。

　　「中國經驗」，是顏桂堤將文化研究接合中國本土化實踐考察的一個關鍵性概念。他認為，考察與研究中國的「文化研究」，應當具有「中國問題」意識，應當進入「中國經驗」的歷史縱深，這樣才能

準確而深切地闡釋出「文化研究」對中國歷史與社會現實的真正參與，重構出文化研究多層次、立體的發生圖景與演變脈絡。通過引入「中國經驗」概念，顏桂堤力圖在「中國問題」脈絡中闡釋文化研究的歷史、現狀及未來，從而在「中國經驗」的視域中對文化研究的一系列命題與問題展開充分的討論，進而闡釋文化研究如何有效介入當代中國的文化實踐。在〈接受症候：文化研究在當代中國〉一節中，顏桂堤通過對二十世紀九十年代以來中國文學研究領域的學者對文化研究的立場與觀點的梳理與辯證圖繪出中國文化研究的五種代表性觀點：積極的肯定性接受、對大眾文化的激進批判、居於審美立場的「反文化研究」、作為「寓言」或策略的文化研究，以及關注與挖掘闡釋「中國問題」複雜性的文化研究。顏桂堤意欲表明的是，在接受與運用文化研究過程中，不能簡單化約地加以肯定或者否定，而是應該將其放置到歷史脈絡與觀念現場，批判性地考察其闡釋「中國經驗」的有效度與複雜性。他認為，種種觀點的論辯、交鋒與博弈，不僅僅呈現了知識分子深度參與、有效介入當下社會的熱情與姿態，而且映射出我們這個時代的精神症候與思想活力。

　　該著的第七、八、九三章分別聚焦於文化研究的「鐵三角」——階級、民族國家、性別，進一步分析了文化研究理論在中國化過程中「中國經驗」是如何獲得發現並且參與「中國化文化研究」的理論生成的。「階級」作為文化研究一個無法繞開的主題，顏桂堤將焦點凝聚於中國問題脈絡之中，考察二十世紀九十年代以來在中國社會變遷之中階層的分化與重構，辨析「中產階級」與「新意識形態」的關聯，揭示底層經驗與話語的多重呈現與複雜表述。從文化研究視域考察「民族國家」和「性別」命題，同樣打開了新的研究闡釋空間，為我們提供了發現被大概念或大理論所遮蔽的複雜維度與經驗具體性的可能性，通過與中國具體問題結合來釐析其多重交疊的複雜構型。文化研究在一定程度上確實有效地參與了我們這個時代的經驗闡釋與意

義再生產，並且形成了文化研究獨特的中國立場、「中國經驗」與中國形態。他認為，中國未來的文化研究必定會朝著深入的、多元的、開放的且具有本土經驗的方向發展，能夠達成「全球化視野」與「本土化意識」的有機整合。當然，關於文化研究與「中國經驗」的討論是一個相當龐大複雜的知識命題，顏桂堤對這一領域的探索與思考還剛剛開始，但值得肯定的是，他在這一議題上所表現出的問題意識及其所進行的不懈理論探索。

辯證的反思與批判性意識同樣深深介入了顏桂堤對文化研究所帶來的挑戰與困境的思考。該著的「下編」聚焦於「文化研究的激進與曖昧」，深入地探討了「文化研究」對文學研究帶來的挑戰與機遇，以及文化研究自身存在的諸種問題，深入剖析文化研究的當前困境。關於文化研究對文學研究的挑戰一直以來是一個研究熱點，該著闢專章《文化研究：文學研究的危機，抑或契機？》進行論述。在顏桂堤看來，文化研究的介入，為文學理論、文學史以及文學批評帶來了持續的震撼，打開了「新的視域」，解放乃至製造了種種文學的意義。更重要的是，文化研究悄悄地重新連接了文學與社會及各種複雜的關係，它同時也促使文學理論話語不斷適時而變及進行新的話語體系重構。只有直面文化研究的挑戰，在對話中甄別、吸收與重構，才能為中國當代文論話語體系的未來發展打開更多的可能性。這在一定意義上體現了顏桂堤獨到的學術眼光和敏銳的學術洞察力。通過對文化研究「九個問題」——「跨學科與建制化的悖論」、「表達的脫節：法蘭克福學派與伯明翰學派」、「『感召力』的缺失：樂觀的平民主義與悲觀的精英主義」、「全球化的誘惑與本土化的陷阱」、「研究方法：方法缺失或開放性？」、「審美的放逐與庸俗社會學傾向」、「知與行：過度理論化或文化政策化？」、「激進與曖昧：文化分析與政治經濟學」、「表徵之過剩與過剩之表徵」——的重審，作者力圖回應與闡釋「本土化文化研究」面臨的種種理論難題。關於文化研究困境的討論最為突出

的當然是他對文化研究的跨學科特性與建制化悖論的省思，他對「文化研究」的反學科特性的深層原因，以及其與學術建制之間的矛盾共生關係進行了深入分析探討。他指出，文化研究的興起及其跨學科、反學科特性，是對學科建制的堅硬版圖與僵化疆界的抵制與反抗，然而其批判性在學術建制的強大磁場之中被極大削弱了。而睿智的人文知識分子逐漸意識到問題的複雜程度，他們致力於尋求超克局限與難題的可能性及其路徑，以期更好地介入現實、更加有效地闡釋複雜的文化問題。顯然，這在一定意義上體現了知識分子的思想洞察力與文化使命感。

　　《文化研究的變奏：理論旅行與本土化實踐》一書致力於從多元化、多維度展開對「文化研究」本土化實踐的批判性考察，立體地呈現「文化研究」的理論話語光譜和中國本土化實踐的豐富性與複雜性。在我看來，這部著作問題意識鮮明，視野開闊，作者積極介入當代論爭，敏銳回應理論關切，在整體性視域中考辨文化研究的意義與局限，測繪文化研究的場域與悖論，思考文化研究的未來，對於文化研究的空間拓展和文藝理論的學科建設都具有啟發價值，對於當前的文化建設也具有借鑒意義。今天，關於文化研究的研究仍然是一項十分重要的學術課題，如何進一步強化文化研究的跨學科性和實踐品格？如何將局限於學院的話語生產轉化為堅實有力的文化行動主義？如何重構文化研究的認識論基礎？如何在文化研究的本土化實踐中重啟中國傳統思想資源？如何將文化研究重新歷史化？文化研究如何參與全球的批判性對話？如何介入正在展開的批判社會理論的重建運動？……這一系列問題都還有進一步研究的必要，期盼顏桂堤在這個領域的努力耕耘與勤奮探索取得更大的收穫！

劉小新

二〇二〇年四月二十六日於榕城

目次

下編　文化研究的激進與曖昧

緒論
文化研究：
理論旅行與「中國經驗」

一　研究概況與問題意識

「文化研究」作為一場聲勢浩大的人文思潮，崛起於二十世紀五十年代中後期，而後在全球範圍內掀起了一陣學術旋風，對人們的學術認知和思維向度產生了持久的震盪。「文化研究確實對人文學科和社會學科的正統提出了激進的挑戰。它促進了跨越學科的界限，也重新建立了我們認識方式的框架，讓我們確認『文化』這個概念的複雜性和重要性。文化研究的使命之一，便是瞭解每日生活的建構情形，其最終目標就是借此改善我們的生活。並不是所有學術的追求，都具有這樣的政治實踐目標。」[1]自二十世紀五十年代英國文化研究興起，文化研究的全球「理論旅行」和研究成果創造了「前所未有的國際性繁榮」。[2]英國文化研究以理查德・霍加特、雷蒙・威廉斯、愛德華・湯普森和斯圖亞特・霍爾為先導，藉由伯明翰大學「當代文化研究中心」這一學術平臺，在安吉拉・麥克羅比、迪克・赫伯迪格等人的進一步推進，提出了對文學生產、媒體、青年亞文化、階級、種族和性的文化建構、大眾文化、意識形態的性質等問題的批判性理解。誠如

1　王寧：〈文化研究的歷史與現狀〉，《文化研究》第1輯（天津市：天津社會科學出版社，2000年），頁77。

2　這是澳大利亞學者米格漢・莫里斯的描述，他根據格羅斯伯格、納爾遜和特萊希勒編輯的《文化研究》（1992年）指出，這種描述表達了文化研究的流行程度，並指出了它的流行性。

臺灣學者陳光興所概括，迄今為止，文化研究經歷了三個階段的範式
轉換：第一個階段是文化研究領域形成初期的文化主義與結構主義之
間的理論論爭，第二個階段則是來自後結構主義的挑戰，第三階段則
是面對後現代的挑戰。[3]儘管這種對文化研究的分階段做法未必科學
與全面，但在一定意義上也體現了文化研究的豐裕歷史與理論範疇。

　　「文化研究開拓了學術空間，使得知識分子能夠從女權主義和性
別研究、意識形態批判、後結構主義、後殖民主義、批評性的種族研
究以及馬克思主義等理論中汲取不同的旨趣，就這方面來說，文化研
究被證明是學術交流最有活力的場所之一。」[4]或許文化研究更詳細的
歷史圖景，可以通過對伯明翰學派、法蘭克福學派、美國的大眾文化
研究學派，以及以羅蘭·巴特為先驅的結構主義文化研究等進行對
比，從而描繪出一幅「理論地形圖」。毋庸諱言，文化研究伴隨著現
代性的全球播撒結出了豐碩的理論果實：文化研究與激進的民族主義
傳統在澳大利亞較為緊迫，文化研究在印度與女性、賤民、社群等運
動密切結合，文化研究在南非是反種族隔離運動的重要環節，文化研
究在日本繼承了它長遠強大的左翼學術傳統與新興社會運動相結合。

　　國外的文化研究已經產生了一系列富有啟發性的學術成果：例如
雷蒙·威廉斯的《文化與社會》、《漫長的革命》、《關鍵詞》，霍加特
的《識字的用途》，愛德華·湯普森的《英國工人階級的形成》，斯圖
亞特·霍爾的〈文化研究：兩種範式〉、〈種族、文化和傳播：文化研
究的回顧和展望〉、《表徵》，費斯克的《理解流行文化》，羅蘭·巴特
的《神話學》，薩義德的《東方學》、《文化與帝國主義》，詹姆遜的
《晚期資本主義的文化邏輯》，拉克勞和墨菲的《社會主義和霸權策

3　陳光興：〈英國文化研究的系譜學〉，見陳光興、楊敏明編：《Cultural Studies：內爆
　　麥當奴》（臺北市：島嶼邊緣雜誌社，1992年），頁7。

4　謝少波、王逢振編：《文化研究訪談錄》（北京市：中國社會科學出版社，2003
　　年），頁114。

略》，克里斯‧巴克的《文化研究：理論與實踐》，安吉拉‧默克羅比的《文化研究的用途》、《後現代主義與大眾文化》、《女性主義與青年文化》，安‧格雷的《文化研究：民族志方法與生活文化》，保羅‧鮑曼的《後馬克思主義與文化研究》，阿雷恩‧鮑爾德溫的《文化研究導論》，大衛‧哈維的《後現代性的狀況》、《希望的空間》，亨利‧列斐伏爾的《空間的生產》、《日常生活批判》，鮑德里亞的《符號的政治經濟學批判》、《消費社會》，愛德華‧S‧赫爾曼與諾姆‧喬姆斯基合著的《製造共識──大眾傳媒的政治經濟學》，約翰‧斯道雷的《記憶與欲望的耦合──英國文化研究中的文化與權力》、《文化消費與日常生活》，勞倫斯‧格羅斯伯格的《文化研究的未來》以及他參與編選的《文化研究》（論文集，1992年），洪宜安（伊安‧昂）的《觀看〈朱門恩怨〉》，勞拉‧穆爾維的《視覺快感與敘事電影》等等；還有海外華裔學者諸如李歐梵的《上海摩登》，劉禾的《跨語際實踐：文學、民族文化與被譯介的現代性（中國：1900-1937）》、《帝國的話語政治》，周蕾的《婦女與中國現代性》，張英進的《影像中國──當代中國電影的批評重構及跨國想像》，孫紹誼的《想像的城市──文學、電影和視覺上海（1927-1937）》等成果。這一系列成果集中地闡釋了文化與社會、政治、意識形態、權力、性別、空間、影像、日常生活等的關係問題，而且文學與文化研究的關係命題在這一闡釋框架中獲得了重新闡釋的契機。

　　現今，「文化研究」已經構成了中國大陸學術研究無法規避的重要

課題。⁵從一九九四年《讀書》雜誌連續發表了美籍華裔學者李歐梵的訪談〈什麼是「文化研究」〉和〈文化研究與區域研究〉開始,「文化研究」以迅雷般的速度在中國大陸播撒開來:一、國外文化研究理論的譯介,大陸學界翻譯出版了雷蒙・威廉斯、湯普森、斯圖亞特・霍爾、托尼・本尼特、羅蘭・巴特、福柯、德里達、安德森、詹姆遜等思想家的主要論述。王逢振、羅鋼、劉象愚、陸揚、黃卓越等為文化研究的理論旅行做出了重大貢獻。二、以李陀、王曉明、戴錦華、南帆、陶東風、周憲、包亞明、王寧、金元浦、劉禾、汪民安、呂新雨、周志強、趙勇、羅崗、倪偉以及臺灣的陳光興、何春蕤、劉紀蕙、馮建三,香港的陳清僑等為代表的文化研究本土取得了豐碩的成果。三、圍繞「文學與文化研究」展開的關於文學性、純文學、文學經典、文藝學的學科邊界、文化研究的困境、日常生活審美化、文藝

5　中國知網的「學術關注度」提供了從1990年至2023年「文化研究」的相關文獻量和
　　學術趨勢:

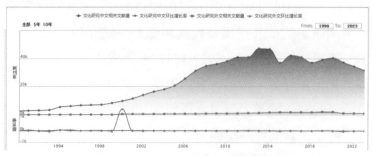

從1990年至2023年「文化研究」相關文獻的學術傳播度:

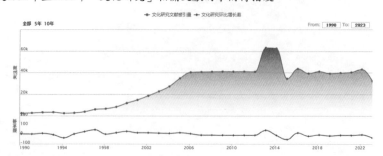

學的空間轉向、亞文化、反文化等論爭不斷深化了文化研究的影響
力；四、大陸文化研究的兩份代表性刊物《文化研究》和《熱風學
術》的出版，以及文化研究網站「文化研究：西方與中國」與上海大
學文化研究系的網站「當代文化研究」的上線，臺灣文化研究會創辦
的兩份刊物《文化研究》和《文化研究月報》（電子報），香港嶺南大
學主辦的《香港文化研究》、香港中文大學當代中國文化研究中心主
辦的《二十一世紀》，都為文化研究理論與本土實踐提供了重要學術
平臺。五、一大批優秀的文藝學、社會學、哲學、傳播學、歷史學專
業的研究成果從各個層面對文化研究展開了理論與實踐的探討。文化
研究在中國的理論旅行與本土實踐，表明學界已經意識到「文化研
究」的導入有可能開啟學術研究的新視域，而中國經驗與文化研究的
結合或將成為一個重要議題。

　　李陀主編的「大眾文化批判叢書」[6]，從基本理念、研究框架、
研究對象及研究方法等方面看，無疑可以視為文化研究本土事件的第
一批標本，也是文化研究在中國本土實踐的階段性成果展示。由周
憲、陶東風等主編的《文化研究》輯刊至今已經出版了五十輯[7]，每

6　由李陀主編、江蘇人民出版社出版的「大眾文化批判叢書」，可以視為文化研究本
　　土事件的第一批標本。本叢書出版了十種：《隱形書寫——90年代中國文化研究》
　　（戴錦華著）、《雙重視域——當代電子文化分析》（南帆著）、《在新的意識形態的
　　籠罩下——90年代的文化與文學分析》（王曉明主編）、《書寫文化英雄——世紀之交
　　的文化研究》（戴錦華主編）、《上海酒吧——空間、消費與想像》（包亞明等著）、
　　《傾斜的文學場——當代文學生產機制的市場化轉型》（邵燕君著）、《崇高的曖
　　昧——作為現代生活方式的休閒》（胡大平著）、《在角色與非角色之間——中國的青
　　年文化》（陳映芳著）、《從娛樂行為到烏托邦衝動——金庸小說再解讀》（宋偉傑
　　著）、《救贖與消費——當代中國日常生活中的消費主義》（陳昕著）。

7　迄今，《文化研究》已經出版了五十輯，每輯都圍繞一個主題進行編輯。從二〇〇〇
　　年創刊開始，每年出版一輯，先後由天津社會科學出版社、中央編譯出版社、廣西
　　出版社、社會科學文獻出版社等出版社出版，主要由陶東風和周憲主編。從二〇一
　　三年開始，刊物改版為季刊，一年出版四期，由首都師範大學文化研究中心和南京
　　大學聯合主辦，由社會科學文獻出版社固定出版，《文化研究》的出版開始走上常
　　態化道路。

一輯都有選定一個主題進行集中研究。而以王曉明、蔡翔等人為代表的海派研究者，他們以上海大學文化研究系為學術平臺，推出了「熱風書系」，產生了較大影響。「熱風書系」包括：「熱風・研究坊」、「熱風・講義與讀本」、「熱風・譯叢」、「熱風・思想論壇」、「當代觀察」與「熱風學術」。「熱風學術」現已出版了十二輯。[8]此外，諸如一大批論著與論文：金元浦、金惠敏主編的《文化研究：理論與實踐》，金元浦、陶東風合著的《闡釋中國的焦慮——轉型時代的文化解讀》，陶東風的《文化研究：西方話語與中國語境》，周憲的《文化研究：為何與如何》、《視覺文化的轉向》、《當代中國傳媒文化研究》，南帆的《五種形象》、《無名的能量》，戴錦華的《性別中國》、《猶在鏡中——戴錦華訪談錄》，王寧的〈全球化、文化研究和文學研究〉、〈全球化與文化研究〉、〈全球化、文化研究和當代批評理論的走向〉，王岳川的《中國鏡像：九十年代文化研究》，呂新雨的〈鐵西區：歷史與階級意識〉、〈文化研究：本土意識和理論資源〉，李陀的〈我們為什麼要搞文化研究？〉、〈「文化研究」研究誰？〉，韓少功主編的《失控與無名的文化現實》，周志強的《闡釋中國的方式：媒介裂變時代的文化景觀》、《大眾文化理論與批評》，段吉方的《審美文化視野與批評重構：中國當代美學的話語轉型》、《文化唯物主義與現代美學問題》，曾軍的《城視時代——社會文化轉型中的當代中國文學與文化》、《歐美左翼文論與中國問題》，羅崗的《危機時刻的文化想像》、〈「主奴」結構與「底層」發聲〉，劉小新的〈文化研究的激進

8　「熱風・研究坊」已出版：《傳媒的幻象》、《身份構建與物質生活》、《神聖書寫帝國》、《大眾傳媒與上海認同》、《形式的獨奏》；「講義與讀本」出版：《中文世界的文化研究》、《中國現代思想文選》、《巨大靈魂的戰慄》（即出）；「熱風・譯叢」包括：《慢生活》與《全球左派的興起》；「熱風・思想論壇」包括：《當代東亞城市》、《鄉土中國與文化研究》、《魯迅與竹內好》、《方法與個案》、《巨變時代的思想與文化》、《製造國民》、《生活在後美國時代》、《從首爾到墨爾本》；「當代觀察」：《「城」長的煩惱》；「熱風學術」已出版第1-12輯。

與曖昧〉、《闡釋的焦慮——當代臺灣理論思潮解讀》，管寧的《消費文化與文學敘事》，陶水平的《文化研究的學術譜系與理論建構》，等等。這一系列論著嘗試將文化研究作為闡釋「中國問題」的一種「話語實踐」的成果。儘管如此，對「中國經驗」視域中的「文化研究」理論與實踐的研究還存在較大的探索闡釋空間，值得進行全面系統和細緻深入的探究辨析。

　　在我看來，對於中國大陸「文化研究」進行較為系統而深入的研究有兩條行進路線：其一是考察「文化研究」在中國大陸的理論旅行，探究文化研究如何被譯介，在中國學界如何興起與發展繁榮，以及其理論旅行過程之中所產生的理論變異、扭曲以及形成新的理論變體等等；其二是著重面對「中國經驗」的文化研究，重點探討的是文化研究闡釋「中國經驗」的有效性、提供了哪些新的方法論、新的研究路徑、開拓了哪些新的視域，文化研究理論在闡釋「中國經驗」過程之中所造成的理論誤讀、扭曲以及理論自身所產生的自我調適等等。以上兩條研究路線顯然都關注「文化研究」如何介入中國場域的文化經驗，只是前一種側重於考察理論的旅行以及理論在相關語境中產生的變化，後一種則強調理論的本土化接合與闡釋效應。如果將兩者結合起來考察研究，是否能夠更為完整地凸顯「文化研究」是如何有效地介入中國歷史空間並為提供有效性闡釋？有必要闡明：對「文化研究」理論旅行的描繪，目的是為了更為清晰地展現其理論譜系與問題場域；而對文化研究如何闡釋「中國經驗」以及諸多問題的研究才是核心所在。

二　理論旅行與「中國經驗」

　　理論的旅行並不是單純的概念複製，正如薩義德在〈旅行中的理論〉一文中所指出，各種觀念與理論在人與人、境域與境域，以及時

代與時代之間旅行，而且「當理論從一地向另一地運動時，這種理論
到底發生了什麼情況這個具體問題本身就成了一個興趣盎然的探討題
目。」[9]在他看來，任何理論或者觀念的旅行方式都需要經歷四個步
驟：第一，理論源點，即觀念賴以生發並進入話語的一系列發軔的境
況；第二，當觀念從以前某一點移向它並將在其中重新凸顯的另一時
空時，需要有一段橫向距離，一條穿過形形色色語境壓力的途徑；第
三，需要具備一系列接受條件，使之可能引進或者得到容忍；第四，
得到容納的觀念或理論，在一個新的時空中由它的新用途、新位置使
之發生某種程度的改變。[10]顯然，文化研究「並不是固定的思想內
涵，更不能任意由甲地移向乙地，它們在互異的民族國家或地域的脈
絡，並不能說是帶有相似的運作方式。」反之，「伴隨脈絡的轉換，文
化研究的位置與相關性也產生了變異，它們的位置與相關性若何，總
是必須扣連當地多種形式之政治與知識論述的特殊性格……文化研究
也者，取決於脈絡的狀況，這正是我們必須謹記在心者；尤有進者，
面對有人想要將文化研究定型化、正統化的發展趨向，面對有人想要
從文化研究得到成套規範化語彙的誘惑，如果我們真想拒斥這些趨向
與誘惑，更是必須將此謹記在心。」[11]雷蒙・威廉斯提醒我們，必須意
識到現代帝國主義經驗中文化的特殊作用；薩義德更為具體地揭示
出：文化與帝國主義之間存在著隱蔽的呼應關係——「由於帝國主義
的存在，所有的文化都交織在一起，沒有一種是單一的，單純的，所
有的文化都是混雜的、異質的、迥然不同的、非鐵板一塊的。」[12]

9　〔美〕愛德華・W・薩義德：〈旅行中的理論〉，見李自修譯：《世界・文本・批評
　　家》（北京市：生活・讀書・新知三聯書店，2009年），頁405。

10　〔美〕愛德華・W・薩義德：〈旅行中的理論〉，李自修譯：《世界・文本・批評家》，
　　頁401。

11　〔英〕大衛・摩利：《電視、觀眾與文化研究》（臺北市：遠流出版事業公司，1995
　　年），頁7。

12　〔美〕愛德華・W・薩義德著，李琨譯：《文化與帝國主義》（北京市：生活・讀書・
　　新知三聯書店，2003年），頁22。

　　顯然，將文化研究當成西方理論的一次愉快旅行的注腳顯然沒有太大意義，更重要的是文化研究能否為闡釋「中國問題」提供新的理論視域。「文化研究在中國意味著人文知識界重新介入變化了的社會文化現實的一次努力和嘗試。……文化研究的興起以及與相關的對專業化純文學的攻擊，都是企圖重新介入當代文化場域以重獲闡釋現實能力的願望表達。」[13]誠如詹姆遜所言：「文化研究是一種願望。」[14]借助文化研究，當代中國文人知識分子有可能再度獲得一種介入式的知識位置。

　　西方文化研究的興起是出於「認識形成現代、後現代社會和文化的種種進程的需要」，這些過程包含工業化、現代化和都市化，大眾媒介的崛起，「已知群體」的瓦解，文化生活越來越商品化，西方殖民帝國的崩潰，新型帝國主義的形成，經濟全球化和全球性大眾文化擴散等等。[15]與西方的文化研究相比，中國的文化研究的興起有著更為獨特的歷史語境。「中國社會的狀況，簡直是將幾十世紀縮在一時，自松油片以至電燈，自獨輪車以至飛機，自鏢槍以至機關炮，自不許『妄談法理』以至護法，自『食肉寢皮』的吃人思想以至人道主義，自迎尸拜蛇以至美育代宗教，都摩肩挨背的存在。」[16]魯迅在近百年前對中國社會狀況的概括似乎並未過時，可以說，當下的中國正是前現代、現代與後現代的「幾十世紀縮在一時」了。當然，這個共時的存在之中又存在著極大的不均衡與差異性，哪怕在每一個地區內

13　劉小新：〈文化研究的激進與曖昧——評李陀主編的「大眾文化批評叢書」〉，《文藝研究》，2005年第7期，頁137。

14　〔美〕詹姆遜：〈論「文化研究」〉，王逢振等譯：《快感：文化與政治》（北京市：中國社會科學出版社，1998年），頁399。

15　Cary Nelson, Paula Treichler, and Lawrence Grossberg, "Cultural Studies: An Introduction", *Cultural Studies*, New York: Routledge, 1992, p.5.

16　魯迅：《熱風・隨感五十四》，《魯迅全集》（北京市：人民文學出版社，2005年），第1卷，頁360。

部，又存在著極大的差異，發展極不平衡，各種社會形態「摩肩挨背的存在」。也許，更為重要的是，在我們考慮中國問題時，諸如東部沿海城市與西北山村的巨大不平衡性及差異性應該被納入思考的視域中，否則問題可能會被簡單化，各種複雜性與可能性將被某種「居高臨下」的姿態所排除在外。正如南帆在《理論的緊張》一書中精彩地闡述：「人們沒有理由將二十世紀九十年代的歷史想像為一張由時事組成的一覽無遺的平面。全球化與本土，經濟學與美學，整體與個別，民族文化與世界公理，性別的壓迫與反抗，前現代、現代與後現代，學術與政治，語言與現實，傳統與創新──許多方面，九十年代積壓了二十世紀的一系列重大問題。在這個意義上可以說，九十年代的重量凝縮了二十世紀歷史的諸多可能性。」[17]二十世紀九十年代以來的中國就如同有待於文化研究解讀的「一個奇特文本」。顯而易見，當代文化研究涉及的問題是整個當代社會生活方式及其各種因素之間的關係，這已經遠遠超出了特定意義上的「文本」範圍，也即「在這個意義上進行的文化研究已經將整個社會生活的諸領域文本化了」，整個社會被當做一個大型的文本來加以解讀。

顯然，人們無法用一個簡單的命題來表述中國當前的社會狀況。在中國龐大的版圖之中，前現代、現代、後現代迥異的價值觀混雜於相同的歷史時空之中，相互衝突並且相互制約，從而形成了獨特的「中國經驗」。「中國經驗」[18]顯然是一個重要的公共話題，有關中國

---

17 南帆：《理論的緊張》（上海市：上海三聯書店，2003年），頁93。

18 中國經驗，經常也被表述為「中國問題」。但「中國經驗」與「中國體驗」這兩個概念不宜互用，周曉虹曾撰文〈中國經驗與中國體驗：理解社會變遷的雙重視角〉對這兩個概念進行辨析，認為：「改革開放以來中國社會發生了巨大的變化，但那些結構性或制度性的宏觀變遷即所謂『中國經驗』只是這種變遷的一個側面，變遷的另一個側面是中國人民在此背景下發生的價值觀和社會心態方面的微觀變化，我們將這種微觀變化或精神世界的嬗變稱之為『中國體驗』。作為急速社會變遷的一種精神感悟，中國體驗具有鮮明的邊際性或兩極化特徵，具體表現為傳統與現代的

經驗、中國模式、中國道路的討論，成為了國內外知識界普遍關注的問題。從「中國道路」、「中國奇蹟」、「中國模式」到最近學術界更為頻繁討論的「中國經驗」、「中國問題」，無疑說明了中國近三十年來改革開放取得了巨大成就——無論是政治、經濟、社會結構，還是日常生活、思想文化觀念等都發生了翻天覆地的變化。嚴格說來，「中國經驗」並不是一個單一的、邊界清楚的概念。一般意義上所說的「中國經驗」，顯而易見是相對於其他國家的發展經驗——諸如「西方經驗」、「美國經驗」、「日本經驗」而言，大多指的是政治、經濟上的成功發展模式[19]。該概念源於二○○四年雷默在倫敦《金融時報》發文提出「北京共識」和「中國模式」概念，雷默的《北京共識：提供新模式》一文指出中國通過努力和創新，探索出了一條適合本國發展的模式，他把這種模式稱之為「北京共識」。「中國模式」[20]的研究至此拉開帷幕。南帆在〈中國經驗與新型的可能〉一文中指出，由於「中國經驗」的特殊性，「無論是經濟體制、社會管理還是生態資源

頡頏、理想與現實的落差、城市與鄉村的對峙、東方與西方的衝突，以及積極與消極的共存。作為對一種獨一無二的歷史進程的精神感受，中國體驗具有相當程度的普世價值：它既能為發展中國家和人民未來的精神嬗變提供借鑒與參照，也能夠通過在此基礎上形成的理論圖式，形成某些有關人類社會行為的一般律則。」

19 樊綱：〈學習中國經驗，加速中國改革〉，《中國改革》2005年第6期；李培林：〈東方現代化與中國經驗〉，《社會理論》2007年第1期；李培林：〈現代性與中國經驗〉，《社會》2008年第3期；溫鐵軍：〈中國經驗〉與「比較優勢」〉，《開放時代》2008年第2期。

20 馮海波、崔偉的〈「中國模式」概念批判〉（《前沿》2011年21期）對「中國模式」的概念緣起與發展進行了更為詳實的梳理。新加坡國立大學鄭永年教授在《中國模式經驗與困惑》中提出從政治和經濟方面來認識中國模式，就政治模式而言，「中國模式」指漸進式的、有階段性的政治改革；就經濟模式而言，「中國模式」是混合所有制經濟模式；「中國模式」既不同於蘇聯模式，也不同於西方模式，它否定蘇聯的完全公有化模式，也否定西方的極端私有化模式，它是國際最先進經驗與中國實踐相結合的獨特產物，不僅屬於中國歷史，也屬於世界歷史。鄭永年：《中國模式：經驗與困局》，杭州市：浙江人民出版社，2010年。

或者傳媒與公共空間，各個方面的發展都出現了游離傳統理論譜系覆蓋的情況而顯現出新型的可能。」而深入考察中國經驗內部，我們又會驚訝地發現：「無論政府與市場、權力控制與資本運作、公平與效率還是道德與法律、商業與文化，這一切已經不能想像為涇渭分明的兩個區域。從富有潛力的新型社會運動到精心包裝的壓抑體系，二者通常不再是單質的，而是由跨越兩個區域的種種因素聚合而成。」由於二十世紀八十年代以來歷史的碎片化傾向突然加劇，「各個歷史段落的思想、文化觀念以及生活方式交匯於同一個空間，眾多意向錯綜交疊。」「最近三十年的中國經驗似乎不是縱向的線性延長，而是不斷地擴張、疊加、膨脹、交織成為一個意象密集、內涵龐雜的空間。」[21] 在「中國經驗」這個獨特的歷史結構中，傳統／西方、文化／自然、精英／大眾或無產階級／資產階級構成了「多樣化的剖析維面」，正是這種內部充滿差異，同時又處於動態變化過程中的「中國經驗」，「持續地挑戰現成的理論，迫使理論自新」。[22]

　　如果將「中國經驗」視為籠統意義上的「中國傳統經驗」而言，這不僅顯得大而無當，力所不逮，且容易分散焦點，對論題的闡述無多少助益。因此，對「中國經驗」加以限定就顯得尤為必要。在此所涉及的「中國經驗」：從時間維度上，是限定在中國改革開放以來的近三十年時間；從空間維度上，是限定在中國大陸，因考慮到香港、澳門、臺灣的特殊性，暫不納入闡述範圍。而且，本文所闡述的「中國經驗」聚焦點不在於政治、經濟領域中所談的「成功經驗」、「發展模式」，它更側重於文化觀念、個人體驗、歷史記憶、社會現實、日常生活等。誠如威廉斯在《漫長的革命》所言：「我們習慣了用政治和經濟的術語來描繪我們的整個日常生活……但作為一個經驗的問

---

21 南帆：〈經驗、理論譜系與新型的可能〉，《文藝爭鳴》2011年第7期。
22 練暑生：〈後革命時代的想像空間〉，《讀書》2007年第4期，頁30。

題，人和社會並不局限於權力、財產和生產，他們對經驗的描繪、學習、說服和交換的關係同樣是基本的。」[23]威廉斯無疑為我們描繪和思考世界打開了另一個新的維度──文化。而文化研究正是沿著威廉斯的文化研究路線開拓出了新的領域，從而改變了我們看待世界與理解世界的新方式與思維。

　　關於「文化研究」的討論，遠不止是知識界的理論話題，更成為了某種受到普遍關注的社會話題和文化意識。正是在這樣的歷史語境中，如何認識文化研究在「中國經驗」中的獨特意義，認識文化研究的中國學派在推進「中國問題」研究和解決策略的重要作用，這就不能僅僅在論戰式的理論論爭中進行簡單的肯定或否定的批判，而是需要將其放置在更為複雜的歷史語境中，對問題的譜系和發展脈絡進行更為分析與闡釋，瞭解這些論爭背後隱蔽的指向與各自的理論支撐。因為只有進入當代「中國經驗」的歷史縱深，才能深切闡釋出中國版「文化研究」對當代中國歷史的真正參與。這種闡釋通常包含兩個維度：一是「文化研究」如何介入當代中國的歷史空間，如何成為當代中國歷史問題的一部分；二是「文化研究」在當代中國歷史空間中的獨特位置，「文化研究」發出了哪些獨特的聲音，開拓了哪些獨特的視域與闡釋空間。[24]

三　重繪文化研究的「理論地形圖」

　　正如馬克思所言，「哲學家們只是用不同的方式解釋世界，而問題在於改變世界。」對於學科高牆林立的二十世紀，馬克思的這句名言不僅僅是一聲警語，更是一個挑戰。猶如李陀在《失控與無名的文

---

23 羅鋼、劉象愚主編：《文化研究讀本》（北京市：中國社會科學出版社，2000年），頁7。

24 參見南帆：《理論的緊張》，頁93。

化現實》中所言，「中國知識界面對著兩個歷史：一個是社會主義歷史，另一個是資本主義歷史……社會主義和資本主義糾纏在一起，構成極其複雜的經濟、文化現象，大眾文化的發展也由此十分獨特，和其他資本主義國家或第三世界國家完全不同。」[25]南帆則更為深刻地指出，「二十世紀九十年代以來的中國語境包含了一系列複雜的文化問題。政治、經濟、美學無不產生了一系列巨大的、深刻的轉折，同時三者之間的轉折並沒有呈現出一致的軌跡——這必然導致一系列錯綜複雜的交匯、衝突和矛盾。」[26]由於原來的理論譜系已經無法完全覆蓋和解釋當前的社會現實，當代中國社會的各種新現象和新問題迫切地需要人們作出解釋、分析和批評，而文化研究提供了解釋這些新的社會現象的可能性。作為中國學派的「文化研究」必然捲入這些交匯、衝突和矛盾，成為其中一個活躍的文化成分。這即是文化研究的「介入」意義——文化研究如何與當代中國社會現實、與文化網絡產生互動。二十世紀九十年代以來的中國文化研究深刻地介入了知識分子、大眾、市場、社會體制、全球化、反抗等一系列錯綜的話語，並且在互動之中形成了一批獨特的問題。

「文化研究」試圖全面地打開視野，它往往將問題置於多重脈絡、譜系之間加以考察。不管是階級問題、種族歧視、性別政治還是現代性、後現代、後殖民時代的文化霸權問題，它們都分散在文學、政治學、歷史學、社會學、傳播學、教育學等諸多領域之中。文化研究的範疇極為廣泛，為了盡量聚焦問題討論的焦點，如下一些問題顯然應該納入討論的視野：「文化研究」是如何介入當代中國大陸獨特且複雜的社會版圖之中，以及帶來了哪些變化——這是本論文關注的主題。文化研究是在什麼語境下進入中國的理論場域之中？文化研究

---

25 李陀：〈失控與無名的文化現實〉，韓少功、蔣子丹主編：《失控與無名的文化現實》（昆明市：雲南人民出版社，2003年），頁88-89。

26 南帆：《理論的緊張》，頁93。

與文學研究之關係如何？文化研究是如何介入人文知識生產？文化研究在中國是如何「本土化」？文化研究在意識形態生產中究竟扮演了何種角色？中國大陸人文學界在闡發和運用文化研究理論時產生了哪些衝突和分歧？在文學批評、文學經典以及底層文學書寫等廣闊領域，文化研究理論帶來了什麼樣的影響？它的理論形態與現代知識之間如何產生了深刻的呼應關係？文化研究在闡釋中國問題時，其理論產生了怎樣的扭曲、變異與自我調適？文化研究的中國學派是否已經形成？從理論闡釋到批評實踐，中國文化研究與英國文化研究存在何種差異？文化研究能否有效闡釋傳統與當代的「中國經驗」？考察一系列支持文化研究理論與批評實踐的歷史條件，這不僅是對於歷史謎底的興趣，同時也隱含了現今的衡量：這些歷史條件是否依然合理而有效？試圖解除以上一系列問題的壓力，「文化研究」只能與其所置身的歷史空間展開積極對話。

在這個充滿活力又聚訟紛紜的文化研究領域中，諸多聲音為文化研究的發展做出了貢獻，這顯然是我們討論問題所不可忽略的。現在似乎是應該認真反思與考察「文化研究」的一個微妙時刻──如此之多的理論資源和如此駁雜的觀念。文化研究陷入地形複雜的理論叢林，它又是如何尋找突圍的指南？我們清楚地意識到，圍繞「文化研究」的爭辯還未結束也不可能馬上結束。我們有理由期待，持續的爭辯是「文化研究」理論活力的延伸與激情碰撞。

本書擬從以下諸層面的描述陸續繪出「文化研究」的理論旅行以及中國本土化實踐的「地形圖」：

上編的「文化研究的理論旅行」包括四章，著重梳理了文化研究的概念譜系、起源、問題場域、表現形式、理論範式轉換，以及在中國大陸的理論旅行等問題。

第一章主要梳理了文化研究的概念譜系、起源以及文化研究的重要理論遺產及當代意義。文化研究儘管缺乏一個權威的「命名儀式」，

但這個概念已然顯示出了強大的概括性與遠征能力。概念的多義與複調製造了文化研究的多副面孔，使它可以適時而變，順利登陸不同的文化圈，實現國際化與全球理論旅行。

第二章主要考察了文化研究的問題場域和四副面孔。試圖窮盡文化研究的問題場域是一件極其困難的事情，而且文化研究始終處於一種動態發展過程之中，它的理論觸鬚仍在持續的蔓延，不斷與新的問題接合並拓展出新的領域。我們對文化研究「問題場域」的描述只能是概觀式的，而非全面性的，這在某種意義上對我們總體上把握文化研究還是大有助益的。由於文化研究本身的複調與多樣性，其「面孔」也飄忽不定，很難以一種清晰的形象來加以界定，而且不同的文化研究結構是對不同語境的反應。因此，文化研究在不同的「語境」之中必然呈現出了不同的「面孔」。

第三章致力於探究文化研究的理論範式轉換問題。隨著社會歷史條件的不斷變化與發展，文化研究持續地發生新的範式轉換──從文化主義到結構主義，從結構主義到「葛蘭西轉向」，從後現代主義到後馬克思主義。對「文化研究」的理論範式進行譜系性考察必然在一定程度上涉及文化理論內部意味深長的轉向。

第四章從文化研究的理論旅行與跨語境轉換視角探討其從英國到中國大陸的理論播撒過程，著重聚焦於文化研究在中國興起的歷史語境及其發展狀況。

中編的「文化研究的本土化實踐」主要包括五章：

第五章選取文化研究的四條路徑作為研究重點，主要考察了中國文化研究的法蘭克福學派路徑、伯明翰學派路徑、後殖民理論路徑以及反本質主義路徑等，有助於我們認識文化研究的多元脈絡及豐富性。

第六章考察文化研究在中國大陸的主題「變奏」與接受症候，系統地梳理了文化研究在中國大陸呈現出來的五種代表性觀點。種種觀點的論辯、交鋒與博弈，不僅僅呈現了知識分子參與、介入當下社會

的熱情與姿態，而且映射了這個時代的文化症候與思想活力。

　　第七章以文化研究的「鐵三角」之一「階級」作為研究切入點，考察文化研究在中國大陸的批判性實踐。階級在文化研究中的復歸以及對其理論譜系的考察，必然在相當程度上涉及文化理論內部意味深長的轉向。隨著中國社會階層分化的日益嚴重，「底層」概念再度登陸二十一世紀中國文學和文化領域，並有效扮演了「階級」概念的角色。而「鐵西區」這個獨特的歷史空間與符號，則投射出了中國社會轉型時期「階級」分化所造成的陣痛、對都市的想像以及複雜維度。中產階級的崛起在中國新的社會分層結構之中顯得尤為矚目，在「新意識形態」的籠罩下，中產階級的話語空間迅速地擴張。文化研究解除了對階級、底層概念的本質主義定義，它為我們認識階級以及新社會分層結構的複雜維度打開了新的視域，從而也開放了更廣闊的論述空間。

　　第八章以文化研究的「鐵三角」之二「民族國家」作為切入點，主要聚焦於面對「中國經驗」時，「民族國家」闡釋中國問題的有效性、民族國家的想像與影像形塑，以及從民族國家到後民族國家的話語變遷與理論契合。在全球化的視域之中，以「民族國家」為單位來闡釋問題具有可行性與重要性，但它並不是一個浪漫的大同世界，在民族國家的疆域內部，顯然存在著聚訟紛紜的話題。從文化研究視域考察「民族國家」，將打開新的研究空間，為我們提供了發現被大概念所遮蔽的複雜維度，從而以開放的姿態來面對理論的挑戰。

　　第九章以文化研究的「鐵三角」之三「性別」作為切入點，致力於考察文化研究在中國大陸從「性別」維度打開的批判性實踐空間。後革命時代，對性別政治的探討已不能簡單地歸結為女性反抗男權的壓迫，而應該深入問題的脈絡，在紋理之中釐析其多重的複雜性。性別政治與權力的隱蔽縫合、性別身份認同與表述困境、性別的雙重束縛與修辭策略、影像的性別再現與性別秩序重建等共同鋪演了各樣態

的性別風景。而經過文化研究的理論操演，將「女性」作為孤立的對象加以研究已毫無意義，重要的是應該介入性地發現「女性」在文化網絡之中的「交互性」及其運作機制。

下編的「文化研究的激進與曖昧」主要包括三章，著重探討了文化研究存在的困境與問題以及文化研究與文學研究之間的關聯性論辯。

第十章主要考察文化研究與文學研究的關係問題：危機，抑或契機？對文化研究與文學研究論述之間的關係認知，學術界曾經出現多種不同的聲音和不同的闡釋策略，這種不同其實隱含著學界在理論動機、思想旨趣乃至政治意識形態立場上的巨大分野。本章從文化研究與文學性、審美話語、文學批評和當代文論話語體系建構等方面展開深入探討，力求較為全面而深刻地呈現出文化研究與文學研究之間的複雜關係。

第十一章以文化研究的「跨學科」特性作為一個橫截面，主要探究了文化研究在「跨學科」這一特性之中隱含著的悖論與博弈關係，著重從學科版圖、學術體制、專業主義、知識權力與知識分子等方面入手，探討文化研究與人文知識分子的文化使命問題。

第十二章主要探討了文化研究的九個問題——文化研究的悖論：跨學科與建制化、「表達的脫節」：法蘭克福學派與伯明翰學派、「感召力」的缺失：樂觀的平民主義與悲觀的精英主義、全球化的誘惑與本土化的陷阱、研究方法：方法缺失或開放性？審美的放逐與庸俗社會學傾向、知與行：「過度理論化」或「文化政策化」等。面對當前文化研究的情勢，正視「問題重重的文化研究」或「可疑的文化研究」，釐清它們的外在症候是保證文化研究質量與活力的有效保證。

餘論部分主要思考了文化研究的未來趨向，以及構建闡釋「中國經驗」的文化研究「如何可能」等問題。

無論如何闡釋文化研究，以上諸多層面的描述構成了一個富有彈性的理論模型。當然，我們對文化研究的考察與描述無法從各個層面

均衡地展開，而應力圖將其納入「中國問題」的脈絡，在「中國經驗」的視域中對某些命題與問題進行選擇性的探討，從而有效闡釋「文化研究」在面對「中國問題」時的本土化實踐過程。

　　當然，本書的研究遠未臻於完善，還存在諸多不足和尚需改進之處。而文化研究開啟的挑戰遠為結束，新的議題也不斷更新，新的思想和新方法在不斷融入，各種形式的學術混雜正在發生，它在持續「增長」著。因此，文化研究值得我們進一步的深入闡釋與系統研究。

上編
文化研究的「理論旅行」

當理論從一地向另一地運動時，這種理論到底發生了什麼情況，這個具體問題本身就成了一個興趣盎然的探討題目。

—— 薩義德〈旅行中的理論〉

我對理論（Theory）本身不感興趣，我感興趣的是不斷進行理論化（Theorizing）。

—— 斯圖亞特·霍爾〈後現代主義與接合理論〉

大家知道，一種新的理論出現後人們首先是攻擊它，說它荒誕不經，過一段時間後才承認它是對的，不過，依然要說它淺顯易懂，無足輕重，最終才能真正認識它的重要性，到那時，甚至連它一貫的論敵們都禁不住要宣稱，他們才是這一理論的首創者。

—— 威廉·詹姆斯《實用主義》

第一章
文化研究的理論譜系

第一節　什麼是文化研究？

一　何謂「文化研究」？

　　何謂文化研究？自二十世紀五十年代中葉文化研究在英國興起以來，儘管絡繹不絕的研究成果已經汗牛充棟，但「文化研究」的涵義始終無法得到徹底的澄清。「文化研究」的概念、內涵、範疇以及研究方法都未形成一個固定的、統一的共識。正如柯林・斯巴克斯曾經指出：「在任何精確的程度上界定文化研究都是極其困難的。給文化研究畫一條清晰的線索或說我們從一個側面發現文化研究的適當領域是不可能的，指出足以標誌文化研究之特徵的整齊劃一的理論或方法也是不可能的。由來自文學批評、社會學、歷史、媒介研究等的觀念、方法和關切組成的地地道道的大雜燴，都在文化研究的方便標籤下面雜陳在一起。」[1]勞倫斯・格羅斯伯格也表達了相似的觀點──「『文化研究』漸漸成為當代理論生態中最混淆不清的詞彙，幾乎淪為『批判理論』的替身。」[2]托尼・貝內特則從語用學角度更為堅定宣稱：「把一種高度統一的定義強加於該領域（文化研究），並根據這些定義和一套理論的、政治的立場來描述它的任何企圖，都將遭到失

---

[1] Colin sparks: *The Evaluation of Cultural Studies, What is Cultural Studies?* A reader, ed by John Storey, First published in England in 1996 by Arnold, p.15.

[2] 〔美〕勞倫斯・格羅斯伯格：〈文化研究的形制〉，包亞明主編：《後大都市與文化研究》（上海市：上海教育出版社，2005年），頁127。

敗。」[3]而英國文化研究領軍人物斯圖亞特・霍爾在其著名論文〈文化研究：兩種範式〉中指出：「當代文化研究中心的奠基性工作中，並沒有發現『任何獨一無二的、毫無疑問的關於文化的定義』，其所運用的，是他稱之為『各種利益』的匯集，而不是從邏輯上或概念上加以闡明的文化的概念。」[4]那麼，「文化研究」這個概念的出場，說明了什麼？儘管文化研究的出場缺乏一個權威的「命名儀式」，然而，這個概念已經顯示出了強大的概括性與遠征能力──「文化研究」持續不斷地為一大批學術成果打上了獨特的烙印或者痕跡。這個概念的全球旅行甚至產生了一種奇異的理論效果：文化研究似乎無所不包、無處不在，種種後現代理論範式似乎都與文化研究有著必然聯繫。在當代文化批評家看來，文化研究是一個無法繞開的概念、一種方法與範式。對於文化研究一無所知的人很難解釋當今的文化現象。

　　但是，文化研究究竟意味著什麼？是一個空洞的理念？是一種前所未有的理論範式？還是一批立場相似、研究方法相近的流派的匯總？實際上，文化研究「裏挾的種種爭議、分歧以及眾多不無矛盾的文獻使之成為一個令人生畏的龐然大物。」[5]從某種意義上說，這表明了文化研究製造了持續的震撼力。「在福柯的意義上說，文化研究是一種話語的形構（discursive formation），它並沒有什麼單一的起源，雖然當它最初以文化研究命名時，我們中的一些人持有某種立場。……文化研究擁有多種話語，以及諸多不同的歷史，它是由多種形構組成的系統；它包含了許多不同類型的工作，它永遠是一個由變化不定的形構組成的系統。它有許多軌跡，許多人都曾經並正在通過

3　托尼・貝內特：〈走向文化研究的語用學〉，〔英〕吉姆・麥奎根編，李朝陽譯：《文化研究方法論》（北京市：北京大學出版社，2011年），頁45。

4　〔英〕斯圖亞特・霍爾：〈文化研究：兩種範式〉，陶東風主編，孟登迎譯：《文化研究》第14輯，北京市：社會科學文獻出版社，2013年。

5　參見南帆：《五種形象》（上海市：復旦大學出版社，2007年），頁19。

不同的軌跡進入文化研究；它是由一系列不同的方法與理論立場建構的，所有這些立場都處於論爭中。」[6]斯圖亞特・霍爾的這種說法讓我們意識到——文化研究的概念史或許包含了另一種可能：概念含義的含混與概念的廣泛傳播可能存在某種隱秘的聯繫。換言之，概念的多義與曖昧製造了文化研究的多副面孔，以至於它可以適時而變，順利登陸不同的文化圈，迅速融入本土的文學藝術運動。文化研究的百寶箱擁有的豐富內容可供不同場合的徵引、強調、擴張，這將為文化研究進駐各種文化圈搜索到一個合適的入口。[7]

在文化研究的播撒過程中，作為一門「學科」、一種學術實踐活動的文化研究已然發生了一系列異質性變化：「八十年代中期以後，文化研究已經逐漸不再具有特定的指稱，它已經迅速地浸入各個領域，所召喚的是一群不願意被綁鎖在單一既定的學科之中，或是僅專注於特定文化形式的研究者。」[8]西方學者往往拒絕給「文化研究」下一個固定和單一的定義，以保持文化研究的豐富性和批判性，而這種特點也許正是文化研究興旺繁榮，在全球擴散其影響的原因所在。那麼，文化研究的內涵是什麼？文化研究具有哪些特徵？文化研究可以分解為幾條線索，它們又是如何與當代社會互動？顯然，這一批問題的考察極為複雜，視域的轉換以及與現實的闡釋、接合將不斷刷新、修正我們現有的結論，甚至派生出意想不到的新線索。斯圖亞特・霍爾曾生動地指出，文化研究形形色色、多種多樣——其結構就像一把傘，其中包括許多人認為是絕對獨立派系的種族意識批評、後殖民主義批評、流行大眾文化批評以及女權主義批評。而我們信手拈

6　〔英〕斯圖亞特・霍爾著，孟登迎譯：〈文化研究及其理論遺產〉（Cultural Studies and It's Theoretical Legacies），《上海文化》2015年第2期。

7　南帆：《五種形象》（上海市：復旦大學出版社，2007年），頁20。

8　陳光興：〈英國文化研究的系譜學〉，陳光興、楊明敏編：《Cultural Studies：內爆麥當奴》（臺北市：島嶼邊緣雜誌社，1992年），頁7。

來一些名字便可以勾勒出文化研究的大致輪廓，或者至少可以描述出其大致範圍：馬修·阿諾德、雷蒙·威廉斯、理查德·霍加特、湯普森、羅蘭·巴特、斯圖亞特·霍爾、德里達、福柯、麥克羅比、勞倫斯·格羅斯伯格、大衛·莫利、詹姆遜、約翰遜、托尼·本尼特等等。毋庸置疑，這些名字之間存在著巨大差異，他們的理論主張也各異，很難以一種固定的理論模式來框定他們。儘管如此，在某種意義上他們依然存在著較為相近的理論立場、價值取向與研究興趣，因此人們都將他們冠之以「文化研究」的稱號，納入「文化研究」的理論版圖。

　　文化研究的先驅之一，是以文學藝術，尤其是以工人階級和大眾的文學藝術為研究對象的英國伯明翰學派。這一文化研究運動是由雷蒙·威廉斯的《文化與社會》和理查德·霍加特的《文化的用途》所引發的，並於一九六四年由霍加特組建成頗具影響力的「伯明翰當代文化研究中心」。另一先驅是羅蘭·巴特，他在《神話學》中分析了賦予諸如女性時尚和職業摔跤等社會活動以意義的社會習俗和代碼。斯圖亞特·霍爾在〈文化研究：兩種範式〉一文中將這兩種傳統概括為：文化主義和結構主義。而在美國，文化研究的興起主要根植於被稱為「新歷史主義」的文學和文化批評模式中，其先驅包括路易·阿爾都塞和米歇爾·福柯這樣的後結構主義理論家，也包括視文化為一系列能指體系的克利福德·吉爾茲和其他文化人類學家。[9]文化研究與激進的民族主義傳統在澳大利亞較為緊迫，文化研究在印度與女性、賤民、社群等運動密切結合，文化研究在南非是反種族隔離運動的重要環節，文化研究在日本繼承了它長遠強大的左翼學術傳統與新興社會運動相結合，而中國香港地區的文化研究實踐則聯繫了市民運

9　〔美〕M·H·艾布拉姆斯著，吳松江譯：《文學術語詞典》（北京市：北京大學出版
　社，2009年），頁107。

動及民間抗爭的傳統。透過文化研究的多元化起源，我們不禁會產生
托尼・貝內特式的疑問：「文化研究多元的、離散的起源之間究竟有
什麼共同之處，使它們被稱為文化研究，並且使得這樣一個共同的命
名有用途？」[10]這個問題無疑值得我們重視與思考。霍爾對這個問題
的思考與闡發或許能夠給我們一定的啟示。在《文化研究：霍爾訪談
錄》關於「文化研究的疆界」訪談中，霍爾直白地宣明：「關於『什
麼是文化研究、什麼又不是文化研究』這種定義性的問題，我一直比
較小心機警，因為這種問法其中可能存在著某種『監控』文化研究界
限的危機，我想著並不是我樂於見到的事情。」[11]就連霍爾本人也坦
承：由於他和早期英國文化研究的關聯，如果要找一個具有「原始」
立場且又能解釋文化研究是什麼、又不是什麼的不二人選，霍爾本人
無疑是最適當的人選。

　　當今，很多的研究成果都被泛泛地冠之以「文化研究」的名號。
然而，有一點我們必須明確意識到的是──文化研究並不囊括所有
的人類知識，我們也不應當將所有東西都納入文化研究之中──一旦
如此，文化研究便流於氾濫，喪失了闡釋的有效性。那麼，這樣的文
化研究又有何為？能為何？針對這種情況，霍爾明確提出：「我們也
不需要把所有東西都放到文化研究當中。文化研究必須建立自己的
明確性；而在這個明確性的範圍之內，又可以有非常不同的實踐方
式。」[12]那麼，我們如何來確立文化研究的「明確性範圍」？羅鋼、
劉象愚在〈文化研究的歷史、理論與方法〉一文中通過與傳統文學研
究的對比，為我們大致勾勒出了文化研究的一些基本傾向：

---

10 托尼・貝內特：〈走向文化研究的語用學〉，〔英〕吉姆・麥奎根編，李朝陽譯：《文
　化研究方法論》，頁44。

11 霍爾、陳光興著，唐維敏編譯：《文化研究：霍爾訪談錄》（臺北市：元尊文化出版
　社，1998年），頁72-73。

12 霍爾、陳光興著，唐維敏編譯：《文化研究：霍爾訪談錄》，頁73。

一是文化研究注重研究當代文化；二是注重大眾文化，尤其是以影視為媒介的大眾文化；三是重視被主流文化排斥的邊緣文化和亞文化，如資本主義社會中的工人階級亞文化，女性文化以及被壓迫民族的文化經驗和文化身份；四是關注當下，關注文化中蘊涵的權力關係及其運作機制，如文化政策的制定與實施；五是提出一種跨學科、超學科甚至是反學科的態度與研究方法。[13]

　　儘管以上的描述只是簡略的比較，但是我們不難發現，文化研究為我們提供了一種新的學術視域和研究範式。

二　文化研究之基：關於「文化」的追問

　　「文化」顯然是文化研究得以產生和發展之基。但何謂文化？文化研究所立足的「文化」又是指什麼？文化是理所當然的堅固存在，還是人類歷史的產物？「文化」時常在日常生活中與我們相遇，然而，一旦要嚴格地為「文化」下一個精確的定義，似乎又是一項極為困難的工程。據雷蒙・威廉斯考察，「文化」是英文裡最複雜的兩三個詞之一，其部分原因是這個詞在一些歐洲國家語言裡有著極為複雜的詞義演變史，而主要原因則是在一些學科領域裡以及在不同的思想體系裡，它被用來當成重要的觀念。[14]在《文化的觀念》一書中，伊格爾頓論述了歷史上各種意義的文化，他首先討論了「文化」（culture）一詞的原始意義為「耕作」（husbandry）。我們是從勞動與農業生產活動

---

13 羅鋼、劉象愚主編：〈前言：文化研究的歷史、理論與方法〉，《文化研究讀本》（北京市：中國社會科學出版社，2000年），頁1。

14 〔英〕雷蒙・威廉斯著，劉建基譯：《關鍵詞：文化與社會的詞彙》（北京市：生活・讀書・新知三聯書店，2005年），頁101。

中派生出這些表達人類最優雅活動的字眼。「於是，這個詞在其語義的演變中表明了人類自身從農村存在向城市存在、從農牧業向畢加索（Picasso）、從耕種土地到分裂原子的歷史性的轉移。」[15]在人類文明的進程中，「文化」逐漸由「耕作」演化為了高級的、高雅的、完美的文明成果，正如馬修·阿諾德在其著名的《文化與無政府狀態》一書中提出的廣為人知的「文化即對完美的追尋」觀念。[16]在阿諾德看來，文化具有兩重含義：第一，文化是知識的整體，是「世界上思考過及說出來的精華」；第二，文化旨在「宣揚普及理性與上帝的旨意」。文化可以透過閱讀、觀察和思考來獲得文化，透過積極無私地閱讀、反省及觀察。對阿諾德而言，文化是瞭解最好的人類資產的能力，將最好的人類資產應用在心靈及精神上，以及追求最好的人類資產。這樣的定義顯然隱含了精英主義的立場。利維斯的《大眾文明與少數文化》更是將精英主義立場毫無保留地闡明：「文化向來靠少數人保存」。顯然，「文化」在歷史發展過程中已經被束之高閣，成為了少數精英的高雅精神追求。「文化」在中國也經歷了漫長的歷史演變，由「文」和「化」結合而來。在一定程度上，「文化」意味著「精英」、「高雅」、「品味」或「情趣」等等。

　　但另一些思想家，例如英國文化研究先驅雷蒙·威廉斯認為：「一種文化具有兩個方面：已知的意義和方向，其成分都經過實踐；新的觀察和意義，它們被提出並被檢驗。這是人類社會和人類思想的普通程序，通過他們，我們看到了文化的性質：它總是兼有傳統型和創造性，這是兩個最普通的公共含義和最優秀的個體意義。我們在這兩種感覺中使用文化一詞：意味著一整套生活方式：共同的意義；意

15　〔英〕特里·伊格爾頓著，方杰譯：《文化的觀念》（南京市：南京大學出版社，2003年），頁2。

16　〔英〕馬修·阿諾德著，韓敏中譯：《文化與無政府狀態》（北京市：生活·讀書·新知三聯書店，2008年10月），頁8。

味著藝術和學習：發現和創造性努力的特殊過程。某些作者保留了這個詞的一種或另一種感覺；我則是同時強調二者，並強調它們之間相連接的重要性。我對我們的文化提出問題，這些問題與我們的普遍和普通的目的相關，也是關於深度和個人意義的問題。文化是普通的，在每一個社會和每一個思想中。」[17]文化作為「一種整體性的生活方式」，我們不應將「文化」僅僅等同於所謂的智性和想像力的高雅文化。顯然，文化並未和普通人的生活實踐截然分開。他認為文化的定義有三種一般的分類——「理想的」、「文獻的」和「社會的」定義。在文化的「社會的」定義中，這種意義上的文化「是對一種特殊的生活方式的描述，它表現了不僅包含在藝術和學識中而且也包含在各種制度和日常行為中的某些意義和價值。」「根據這一定義，文化分析就是要闡明一種特殊的生活方式——即一種特定的文化——中或隱或顯的意義和價值。這種分析將包括歷史批評……也將包括對生活方式中那些根本不被信奉其他文化定義的人們視為『文化』的各種因素所作的分析，這些因素包括生產組織、家庭架構、表現了或支配著社會關係的各種制度結構，以及社會成員賴以相互溝通的各種特有的形式。」[18]伊格爾頓對威廉斯文化觀念的評價是：「文化的觀念的複雜性在任何別的地方都沒有像在下述事實中那樣得到更生動的證明：雷蒙‧威廉斯，這位戰後英國最著名的文化理論家，在不同的時候將文化界定為一種完美的標準、一種思維習慣、藝術、一般的智力發展、一種整體生活方式、一個表意系統、一種情感結構、生活方式中各要素的相互關係以及從經濟生產和家庭到政治機構的所有一切。」[19]威廉斯對文化的定義對於文化研究的發展具有重要意義，它為文化研究的發展開闢了廣闊的天地。

---

17 Williams, R. *Resources of Hope. London*: Verso. 1989, p.4.

18 〔英〕雷蒙‧威廉斯著，倪偉譯：《漫長的革命》（上海市：上海人民出版社，2013年），頁50-51。

19 〔英〕特里‧伊格爾頓著，方杰譯：《文化的觀念》，頁41。

雷蒙‧威廉斯在《漫長的革命》一書中非常清楚地勾勒出了他的構想，而事實證明，他的這個構想是富有成效而且至關重要的：

> 這種分析所涉範圍同樣極為廣泛，從「理想的」定義所強調的發現某些絕對的或普遍的意義和價值——或者至少是有高下之別的意義和價值——經由「文獻的」定義所強調的將闡明一種特殊的生活方式視為首要目標，直到強調研究特殊的意義和價值不是要對它們進行比較進而確立一種標準，而是要研究它們的變化模式，去發現某些普遍的「規律」或「趨勢」，從而更好地理解社會和文化的整體發展。[20]

「我更樂意把文化理論定義為對整體生活方式中各個因素之間關係所作的研究。對文化進行分析，是試圖去發現作為這些關係的綜合體的組織的性質。在這個語境中分析某些特定的作品或制度，也就是要分析它們基本的組織類型，分析構成整體組織各個部分的這些作品或制度所體現的各種關係。在這些分析中，一個關鍵詞是『模式』：任何一種有效的文化分析都以發現一些獨具特徵的模式為起點，而一般文化分析所關注的正是這些模式之間的關係，這些模式有時揭示了迄今仍被割裂開來思考的各種活動之間所存在著的意想不到的同一性和相似性，有時也暴露了某些意想不到的斷裂。」[21]

對於「文化」複雜性問題的認識是「文化研究」有效探討的重要條件，而威廉斯的觀點打開了「文化」的廣泛範疇。文化不再局限於高雅的或深奧的經典著作，文化不僅存在於四書五經的經典之中，還存在於人們的日常生活之中。在日常生活中，我們總與「文化」不期

20　〔英〕雷蒙‧威廉斯著，倪偉譯：《漫長的革命》，頁51。
21　〔英〕雷蒙‧威廉斯著，倪偉譯：《漫長的革命》，頁55。

而遇，就如飲食，形成了飲食文化；關於穿衣，形成了著裝文化；關於消費，形成了消費文化，如此等等。哪怕是有意或者無意，文化都堅貞地存在。但文化也會表現出某些獨有的特徵，誠如南帆所指出，文化具有四個方面的重要特徵：一是文化是人區別於動物的重要表徵，二是文化表達著一定意義和價值判斷，三是文化是一種社會規範，四是文化及其包含的意義會因人因時因地而改變或創造。[22]不言而喻，文化是人為的產物，是可以追問的，猶如審美是可以追問的一樣。何謂審美？審美是如何產生的？是不是人人都有審美？一系列的追問之下，我們可以發現，審美實際上需要經由感情的訓練才能產生的。或許，我們會繼續追問審美是如何訓練出來的，這種訓練之中隱藏了什麼，遮蔽了什麼，同時又凸顯了什麼？顯然，分析這種訓練背後的機制和目的對我們認識審美很有必要。同樣，對於「文化」而言，既然「文化」是人為設計出來的，那麼我們也就很有必要繼續追問：是誰設計的文化？為什麼如此設計文化？誰是這種設計的獲利者或受損者？然而，毫無疑問的是文化對於人類的訓練全面覆蓋了生活的所有方面。而將「文化」敘述為沒有什麼好追究的「自然」便是避免對文化產生質疑的最好竅門。不可否認，文化在歷史發展過程中不斷被神秘化了，這其中文化與意識形態形成了某種共謀關係。但是，正是從雷蒙·威廉斯開始，他進一步揭示文化作為人與自然環境互動的產物，反思了文化是不能被神秘化，它是動態的，要始終尋找兩者之間的平衡，它沒有終極點，永遠處於探索之中。

杰夫·劉易斯在《細讀文化研究基礎》中對此做了卓有成效的歸納：「只有當文化出現問題，亦即當它不能再被視為理所當然時，『文化』的概念才會濃縮為一個必要的分析工具。換言之，伴隨著現代化而來的理解危機，已經使許多知識分子對意義產製、傳播、社會實踐

---

22 南帆：〈文化的意義及三種關係〉，《江蘇大學學報》2011年第4期。

以及一般的社會問題產生了敏感度。至此，文化的概念已經被發展成一個用來接近並審查議題與問題的廣泛連結方式。在許多方面而言，文化因為被定義和構連成一個概念而存在；文化在文化理論和文化分析的形式研究中是『被揭露』的。」[23]英國文化研究先驅霍加特、威廉斯以及湯普森等人，他們不約而同地批判了庸俗的經濟決定論和階級決定論，強調了文化在社會發展過程中的關鍵作用，同時將文化從傳統的狹隘的精英文化立場中解放出來，將其理解為一種特殊的生活方式，這為「文化研究」的進一步發展掃除了理論上的障礙。正如勞倫斯·格羅斯伯格所言：「無論作為真正的人類的最高成就還是生活方式文化，都成功地展示出它的人性（例如，『共同體』），意味著提供一個位置，從這裡人們——藝術家、批評家、記者、學者和知識分子——能夠談論和判斷生活方式中的歷史變化，社會生活的組織或者結構，表達的形式、意義、價值，以及所有這些當中表現出的由現代化進程所帶來的種種觀念。」[24]在某種意義而言，「文化」的現代化進程及其「意義的複雜性」構築了文化研究堅實的理論基礎。

第二節　文化研究在英國的崛起

　　對文化研究起源的尋找是「令人著迷的但又是虛幻的」，正如霍爾所言：「嚴肅的、富有批判性的學術工作（intellectual work）既沒有『絕對的開端』，也鮮有完整的連續性。」文化研究「作為一種獨特的問題架構」，是「有重大意義的斷裂」：「那些陳舊的思路在這裡被打斷，那些陳舊的思想格局（constellations）被替代，圍繞一套不

---

23 〔澳〕杰夫·劉易斯（Jeff Lewis）著，邱誌勇、許夢芸譯：《細讀文化研究基礎》（新北市：韋伯文化國際出版公司，2012年），頁26。

24 〔美〕勞倫斯·格羅斯伯格著，莊鵬濤等譯：《文化研究的未來》（北京市：中國人民大學出版社，2017年），頁192。

同的前提和主題，新舊兩方面的各種因素被重新組合起來。」[25]文化
研究崛起的主要標誌是一九六四年英國伯明翰大學「當代文化研究中
心」的成立。然而，儘管文化研究與斯圖亞特‧霍爾等人領導的伯明
翰當代文化研究中心關係密切，但是，文化研究絕非受限於它。正如
霍爾警惕性地宣稱，談論文化研究起源的歷史有若干種，應該避免將
某一種當作唯一的故事。雷蒙‧威廉斯也主張：

> 我們現在所理解的文化研究脫胎於成人教育：在工人教育協
> 會，在校外的擴展課堂上──這一點再怎麼強調都不為過。我
> 讀過一些關於文化研究發展的論述，都是根據文本確定其開
> 端。我們都知道那些列舉《識字的用途》、《英國工人階級的形
> 成》、《文化與社會》及其出版年代的論述。然而事實上，早在
> 1940年代末……甚至1930年代，文化研究在成人教育中就已經
> 相當活躍。只是後來這些書的出版，才使它得以出現在書面
> 上，並得到知識分子普遍的承認。當時有很多人活躍在這個領
> 域，卻沒有著作問世，我感到很遺憾，然而跟我們任何人一
> 樣，他們的工作都為文化研究的建立做出了貢獻。[26]

　　顯然，由於文化研究歷史的不斷敘述，伯明翰當代文化研究中心
成為了文化研究起源的「神話」。而文化研究其他諸多的起源與貢獻
者則隨著時間的推移而淹沒於歷史之河，從而被集體記憶排除出去。
　　儘管文化研究的起源是喧囂而多元的，但是英國伯明翰學派無疑
是最強有力且影響最大的一脈。文化研究在英國迅速崛起並有效介入

25　〔英〕斯圖亞特‧霍爾著，孟登迎譯：〈文化研究：兩種範式〉，陶東風、周憲主編：
　　《文化研究》第14輯，頁303-304。
26　〔美〕托比‧米勒編，王曉路譯：《文化研究指南》（南京市：南京大學出版社，2009
　　年），頁228。

到社會現實生活之中，它是一種高度實踐性、參與性的知識活動，約翰・斯道雷稱之為「一種學術實踐的政治／作為政治的一種學術實踐」[27]，它的活力在於及時地回應急劇變化中的社會文化現實所提出的種種問題。

首先，文化研究的崛起與歐洲當時的各種社會文化危機有著密切關聯。文化研究的崛起深深植根於英國「新左派」政治之中。英國「新左派」承認二戰後資本主義的發展已經產生了結構性的改變，因此必須重新分析新形式的生產組織方式和消費方式、社會階級以及由此產生新的社會認知。事實上，文化研究的崛起是當時英國社會客觀條件的召喚，是社會的變遷在文化場域中的論述呈現。「文化」不再被認為是次要的，而成為了社會的主要面向之一。更重要的是，『『文化』一詞發展記錄了我們對社會、經濟、政治生活領域的這些變革所做出的一系列重要而持續的反應。」因此，在雷蒙・威廉斯等人看來，「文化」本身就可以看作是「一幅特殊的地圖」[28]，有助於對種種歷史變革的本質進行探索。顯然，在面對社會劇變的浪潮中，「文化研究」成為了重新提出新論題及認識新世界的一種新範式。此外，文化研究的興起與英國成人教育密切相關，正如湯姆・斯蒂爾所言：「從獨立的工人教育運動的餘燼中出現了文化研究的鳳凰。」[29]某種意義而言，文化研究是一項為了工人階級成人的大眾教育而進行的事業。

另一方面，文化研究的崛起可以追溯到學術與社會歷史的關係。文化研究「取決於自身與其他學科之間的關係」，「它的崛起是出於對

---

27 〔英〕約翰・斯道雷：《記憶與欲望的耦合：英國文化研究中的文化與權力》（桂林市：廣西師範大學出版社，2007年），頁107。

28 〔英〕雷蒙・威廉斯著，高曉玲譯：《文化與社會》（長春市：吉林出版集團公司，2011年），頁5。

29 〔英〕本・卡林頓：〈解構主義：英國文化研究及其遺產〉，陶東風主編：《文化研究精粹讀本》（北京市：中國人民大學出版社，2010年），頁12。

其他學科的不滿,針對的不僅是這些學科的內容,也是這些學科的局限性」。正是在這個意義上,詹姆遜將文化研究稱之為「後學科」。[30]霍爾將文化研究的許多長處歸結於其源於「跨學科研究的焦點」,特納異曲同工地指出文化研究的「動力部分源自於對既有學科的挑戰」。文化研究不僅改寫了傳統學術的中心與邊緣觀念,而且對傳統的學科理念和學科建制構成了強烈衝擊。階級、性別與種族往往被視為文化研究的「鐵三角」。事實上,文化研究即是要打破學科之間的壁壘,重新將學術引向活生生的現實,恢復學術與社會歷史的複雜通道。

再次,文化研究的崛起與現代社會大量密集的符號生產有密切關係。現代社會已然成為了一個符號的世界。無論是建築、服裝、汽車、化妝品、美食,還是書籍、報紙、廣播、電視、電影、網絡等等,我們生活在符號的包圍之中。符號就是世界。而從結繩記事、竹簡帛書到活字印刷術,從紙質媒介到互聯網、自媒體,符號的傳播體系隨著技術革新出現了飛躍性的發展。現今,大數據、雲計算、雲支付以及智能終端的普及化使得符號更為全面立體地織入我們的生活,成為我們生活不可或缺的重要組成部分。隨著「互聯網+」時代的到來,一系列新型的主題漸次浮現,而傳統意義上的「真實」、「意境」、「靈韻」、「典型」、「形象」等基本概念在互聯網的符號空間中遭遇了全面顛覆。文化研究有時甚至將整個世界當作一個符號或一個文本來加以考察。事實上,文化研究擅長的就是遨遊於「符號帝國」之中,分析並解碼符號背後隱含著的複雜關係。

現今,文化研究已經滲透到學術話語的各個層面,「從人文、藝術學科到社會與自然科學。儘管這一概念仍然存在高度爭議,其複雜交織的發展歷史卻引導著學者和其他評論家通過一個認知、批判和審

---

30 〔美〕弗雷德里克・詹姆遜:《文化研究和政治意識》,《詹姆遜文集(第三卷)》(北京市:中國人民大學出版社,2004年),頁1-3。

美諸多可能性並存的矩陣。」[31]從文化研究的理論分析到批判性實踐，從文本分析到民族志研究方法，文化研究的「文化」概念確實提供了一種寶貴的理論武庫。不管是英國伯明翰學派的文化研究，還是法國羅蘭・巴特的流行體系解讀，亦或是美國的新歷史主義批評，都注重於辨明、闡釋文化與社會之間的複雜關係。文化研究致力於闡明，文化應當如何在與經濟、政治的關聯中得到闡釋與說明。經過葛蘭西霸權理論、阿爾都塞的意識形態國家機器以及福柯的「知識／權力」等思想的洗禮，文化研究更為自覺地關注文化與權力、意識形態的關係，並將其運用到各個研究領域。

第三節　斯圖亞特・霍爾的理論遺產

　　海德格爾認為，理解西方歷史的最佳方式就是發現一個能夠串聯各個時代偉大哲學思想家的辯證的進步過程。因為他相信一個時代的本質是可以通過閱讀那個時代具有代表性的哲學家的著作和辨明他對「存在的理解」來加以實現的。[32]對於文化研究而言，我認為，斯圖亞特・霍爾就是海德格爾所說的那一類型「思想家」——他見證並參與推動文化研究的創生、發展、轉型與全球化傳播、本土化實踐。

　　在英國文化研究乃至國際文化研究史上，霍爾的地位和影響力都是獨一無二的。陳光興和戴維・莫利在《斯圖亞特・霍爾：文化研究批判訪談錄》一書的開篇就指出：「在二十世紀八十年代中期，英國文化研究、尤其是斯圖亞特・霍爾的著作，作為人文科學和社會科學中的形式主義和實證主義範式的替代選擇，其影響開始超出國界，他

31　〔澳〕杰夫・劉易斯：《文化研究基礎理論》（北京市：清華大學出版社，2013年），頁154。

32　〔美〕理查德・羅蒂著，黃宗英等譯：《哲學、文學和政治》（上海市：上海譯文出版社，2009年），頁30。

尤其在美國學術界產生了巨大影響。」[33]斯科特稱霍爾是「當代卓越的理論家」，格蘭特·法雷德形容霍爾為「文化研究的化身……政治上被普遍神聖化（地方性政治化）的代言人，走在身份政治研究最前沿的通俗的理論家。」[34]保羅·吉爾羅伊高度讚揚「斯圖亞特·霍爾是第四大人物，他的後殖民主義觀點的形成、移民經驗以及對種族研究的關注從不同側重點對英國工人階級進行了批判性的理解。」[35]而托馬斯·李似乎看到了更深層的方面，他的呼籲值得我們的關注與省思：「雖然霍爾的作品在全球的影響力已經很令人震驚……但在我們團體學術實踐中仍時常有霍爾『被消耗』掉的危險，他的作品被用作可以引用的引言和被投機的概念並合法化，他的觀點被視為給予而不是被不斷地檢驗、參與和應用。」[36]斯圖亞特·霍爾從跨入當代文化研究中心開始，他一生都致力於文化研究的開拓與傳播，因而他時常被稱為「文化研究之父」。他豐富的著述與理論潛能為文化研究的發展提供了一幅路線圖，從文化主義到結構主義，從「葛蘭西轉向」到後現代主義和後馬克思主義。

一　斯圖亞特·霍爾文化研究的三個關鍵詞

理解斯圖亞特·霍爾的第一個關鍵詞是「抵抗」。「抵抗」是霍爾貫穿一生堅持的主題，也是他作為一個有機知識分子的責任與堅守。作為葛蘭西意義上的有機知識分子，霍爾始終堅持對當代資本主義體制和權力的「抵抗」，積極介入社會進行批判性發言。作為一個非洲

---

33 David Morley and Chen Kuan-Hsing eds, 'Introduction', *Stuart Hall: Critical Dialogues in Cultural Studies,* London: Routledge, 1996, p.1.

34 張亮、李媛編：《理解斯圖亞特·霍爾》（北京市：北京師範大學出版社，2016年），頁152。

35 張亮、李媛編：《理解斯圖亞特·霍爾》，頁154。

36 張亮、李媛編：《理解斯圖亞特·霍爾》，頁146。

黑人後裔，他的移民經驗以及對種族研究的關注，使他在思考自己的身份過程中意識到種族身份「邊緣化」與流離失所，正如他所言：「我內心裡瞭解英國，但我不是而且永遠不會成為英國人」。他面對的挑戰是如何「將邊緣問題寫入中心處，將外部問題寫到內部去……『我們的島國故事』一個更全球化的版本。」[37]無論是對種族研究，還是青年亞文化研究，抑或對女性主義研究的支持，都突顯了霍爾對於文化研究的「抵抗性」重視。

　　「開放性」是理解霍爾文化研究的第二個關鍵詞。面對處於時代變遷中的社會文化，他認為應當擺脫僵硬的研究方法，適時而變，以靈活的方式尋找恰當有效的分析問題、解決問題的路徑與方法。誠如麥克羅比認為，霍爾的「開放性為後來的文化理論研究者提供了廣闊的理論可能空間」。[38]用霍爾本人的話說：他「是一個智力上的悲觀主義者和意志上的樂觀主義者」，他所採用的策略是「分析你眼前的事物，並試著去瞭解他們是怎樣的，而不是你希望他們成為怎樣的東西。然後試著找到改變的可能性並將其轉化成可能。」[39]或許，正是這樣一種策略，使得霍爾的文化研究打開了更為廣闊的視域和更多的可能性。

　　理解霍爾文化研究的第三個關鍵詞是「接合」。「接合理論」是霍爾重點闡釋與建構的一個重要理論概念，它為我們思考種族問題、文化認同、身份的政治、本土化實踐等等提供了重要的理論空間和研究視角，也為我們思考伯明翰學派文化理論價值和意義提供了話語平臺和空間。

---

37 張亮、李媛編：《理解斯圖亞特・霍爾》（北京市：北京師範大學出版社，2016年），頁155-156。

38 Angela McRobbie, *The Use of Cultural Studies*, A Textbook, London: Sage Publications Ltd, 2003, p, 28.

39 張亮、李媛編：《理解斯圖亞特・霍爾》，頁151。

二　斯圖亞特・霍爾的理論遺產

　　在〈文化研究及其理論遺產〉一文中，斯圖亞特・霍爾寫道：
「我文章標題是『文化研究及其理論遺產』，這表明我要對過去進行
回顧，要通過回頭一瞥的方式來考查和思考文化研究的現在和未
來。」他的這一回顧，不僅僅理清了文化研究的發展理論譜系和遺
產，而且表明了霍爾本人的學術貢獻，誠如海倫・戴維斯對霍爾的評
價：「他的工作本身就是一個漫長的（自我）發現之旅。」[40]在我看
來，斯圖亞特・霍爾在兩個方面為文化研究做出的重要貢獻是無人能
夠取代的。

　　首先，霍爾為文化研究的發展與興盛貢獻了大量的理論資源和研
究方法。他一生豐富的著述也為文化研究的發展提供了寶貴的理論遺
產，他的著述不僅異常豐富，而且涉及的領域也非常廣——從通俗文
學研究到當代大眾傳媒、從工人階級的日常生活到青年亞文化、從種
族研究到性別政治、從監控危機到符號表徵。顯然，一系列的研究成
果表明：霍爾不僅為我們的思考提供了概念性框架和新觀點，同時也
指明了學術研究可以並且應該怎樣做的方法。[41]霍爾本人在論及文化
如何在教育、政治或經濟領域發揮其象徵作用時寫道：「通過運用歷
史資源，與其說語言和文化『是』（being）什麼，不如說它們『成
為』（becoming）什麼：與其問『我們是誰』『我們從哪裡來』，不如
問我們可能成為什麼，我們是怎樣被代表的，以及這種代表對我們自
己代表自己會產生什麼影響。」[42]誠然，霍爾為文化研究提供的不僅
僅是理論資源，而且提供了重要的研究方法。

40　Helen Davis, *Understanding Stuart Hall*, London: Sage Publications Ltd., 2004, p.3.

41　張亮、李媛編：《理解斯圖亞特・霍爾》，頁144。

42　Stuart Hall, "Introduction-who needs identity?," in Stuart Hall and Paul du Gay (ed.),
　　Questions of Cultural Identity, Thousand Oaks, CA: Sage, Publications Ltd. 1996, p.3.

　　其次，霍爾培養了大量文化研究人才。英國伯明翰當代文化研究中心的一個重要特色是培養了大量從事文化研究的博碩士研究生。在霍爾擔任研究中心主任期間，他培養了大量優秀的人才，諸如菲爾·科恩、托尼·杰斐遜、保羅·威利斯、迪克·赫伯迪格、安吉拉·麥克羅比、約翰·克拉克、勞倫斯·格羅斯伯格、約翰·斯道雷、大衛·莫利、陳光興等知名學者。這一批優秀的文化研究學者成為當代文化研究向縱深發展的新一輪代表人物，他們繼承了霍爾的文化研究思想並不斷拓展出現的領域——女性主義、青年亞文化、受眾理論等等。可以說，他們是伯明翰學派文化研究和霍爾思想的重要傳播者和發揚者，當然，他們對文化研究的開拓性研究也同樣構成了伯明翰學派思想的重要內容。或許，正是霍爾所培養的大量文化研究人才，他們充當了文化研究的使者，將文化研究傳播到了全球各大洲，從而產生了國際性影響。

第四節　從英國文化研究到國際文化研究

　　理查德·霍加特、雷蒙·威廉斯以及湯普森往往被視為英國文化研究的開創者，他們挑戰了當時英國傳統的機械唯物主義和文化反映論，開闢了文化研究的「文化主義」路徑。「文化研究」的興起必須歸功於英國伯明翰當代文化研究中心，但是現今「文化研究」已經跨越出英國，發展成為了一股世界性思潮並席捲全球。我們可以從文化研究代表性學者的分布圖繪出文化研究國際化的譜系：英國的雷蒙·威廉斯、理查德·霍加特、湯普森、斯圖亞特·霍爾、約翰遜、麥克羅比、托尼·本尼特，法國的羅蘭·巴特、亨利·列斐伏爾，美國的詹姆遜、萊斯利·費德勒、勞倫斯·格羅斯伯格，北非的法儂，加勒比海的詹姆斯，印度的阿吉茲·阿罕默德、帕爾塔·查特吉，中國大陸的王曉明、戴錦華、陶東風，臺灣地區的陳光興等等。以勞倫斯·

格羅斯伯格、卡里‧奈爾遜和保拉‧A‧特萊契勒聯合主編的《文化研究》論文集為例，該書共收錄了四十一位與會者的論文，根據詹姆遜統計：四十一位與會者中，男女比例比較恰當（一共有二十四名女性，二十一名男性）；其中包括二十五個美國人，十一個英國人，四個澳大利亞人，兩個加拿大人，匈牙利和意大利各一人；白人占三十一名，黑人占六名，美籍墨西哥裔占兩名，印第安人兩人，好像至少有五位同性戀者。[43]

　　文化研究越來越被認為是一個國際性領域。每兩年舉辦一次的「文化研究的十字路口」國際會議，由最初的伯蒂‧阿拉蘇塔里及其同仁們組織召開的學術會議，現今已經發展成了一個定期的國際學術會議，誕生了國際文化研究委員會（ACS）。「文化研究的十字路口」國際會議迄今已經在悉尼（澳大利亞）、伯明翰（英國）、厄瓜多爾香檳（美國）、伊斯坦布爾（土耳其）、Kingston（牙買加）、香港（中國）、巴黎（法國）和坦佩雷（芬蘭）等地舉辦了十四屆，在全球文化研究的發展中發揮了重要作用。第十二屆「文化研究十字路口」會議於二〇一八年八月十二日至十五日在上海舉行，這是第一次來到中國大陸。在亞洲地區，日本、韓國、印度、新加坡、馬來西亞以及中國大陸、中國臺灣、中國香港等組建起了「亞際文化研究聯盟」，開展文化研究交流，舉辦了一系列學術會議，出版了一系列學術雜誌。當然，文化研究的國際化更鮮明體現在人員流動與學術視野的開拓上：斯圖亞特‧霍爾將注意力轉移到全球化和移民身份認同上，墨美姬入職香港嶺南大學開始研究亞洲和國際文化研究的發展；約翰‧哈特開辦了《國際文化研究》期刊並開始在中國的研究計劃；斯蒂芬妮‧唐納德關注中國視聽文化；阿爾溫德‧拉杰哥帕爾研究印度民族主義和影視文化。

---

43 〔美〕詹姆遜：〈論「文化研究」〉，《文化研究和政治意識》（北京市：中國人民大學出版社，2004年），頁13。

　　以中國大陸《文化研究》輯刊的編委會為例，其中主編兩人，國內編委十一人，國際編委十四人，包括托尼‧本尼特（英國開放大學）、沃爾夫岡‧威爾什（德國耶拿席勒大學）、伊安‧昂（澳大利亞西悉尼大學）、阿里夫‧德里克（美國杜克大學）、約翰‧哈特萊（澳大利亞昆士蘭科技大學）、約翰‧斯道雷（英國德蘭大學）、G‧默克多（英國拉夫堡大學）、大衛‧伯奇（澳大利亞迪金大學）、西蒙‧杜林（美國約翰‧霍普金斯大學）、徐賁（美國加州聖瑪麗學院）、張旭東（美國紐約大學）、劉康（美國杜克大學）、魯曉鵬（美國加州大學）、張英進（美國加州大學）。從《文化研究》編委會的成員組成，我們可以看到文化研究的國際化趨勢已經非常鮮明。而且，不難發現，中國文化研究受到的理論影響與美國直接相關：一方面，美籍華裔學者為中國轉譯了美國文化研究的大量理論；另一方面，英國文化研究經過美國這一中轉站，中國更多地吸收了美國的大眾文化研究之維。

　　戴錦華曾在〈文化地形圖及其它〉一文中描繪了文化研究的國際旅行「地形圖」：「文化研究之於中國，仍可為其勾勒出一條西方理論的旅行線路：英國：伯明翰學派、對工人階級文化的再度發現→美國：作為跨學科、準學科的文化研究、多元文化論、後殖民理論及其表意實踐、關於公共空間的討論及其族裔研究、性別研究→第三世界、中國。」[44]戴錦華所描繪的文化地形圖可以說為文化研究的理論旅行提供了一幅粗線條的手繪圖，在一定意義上也表明了文化研究的國際化播撒。現今，文化研究的國際化與多元化趨勢獲得進一步發展。

---

44 戴錦華：〈文化地形圖及其它〉，《讀書》1997年第2期，頁10-11。

全球文化研究的譜系（圖表）

國家或地區	時間	文化研究主要促進者或相關理論
英國	1950年代和1960年代	理查德‧霍加特、雷蒙‧威廉斯、愛德華‧湯普森 伯明翰當代文化研究中心
英國	1960年代和1970年代	斯圖亞特‧霍爾 阿爾都塞激發的結構主義 意識形態與傳媒接合 葛蘭西對霸權的論述
英國	1980年代	批判種族／性屬研究 受眾的人種志研究
法國與意大利	1950年代和1960年代	羅蘭‧巴特 翁貝爾托‧埃科 路易‧阿爾都塞
法國	1970年代和1980年代	米歇爾‧福柯
美國	1970年代和1980年代	帕迪‧惠恩奈爾 勞倫斯‧格羅斯伯格 約翰‧菲斯克
非洲	1950年代和1960年代	阿爾及利亞的弗朗斯‧法儂 幾內亞的阿米爾卡‧卡夫拉爾 作為文化行為的民族解放運動
拉丁美洲	1960年代和1970年代	跨區域社會主義 新拉丁美洲電影
非洲	1970年代和1990年代	恩古杰‧瓦‧蒂奧諾 肯尼亞的米瑞 南非文化與傳媒研究中心
拉丁美洲	1980年代和1990年代	馬丁‧巴韋羅 社會文化方式適應 雜交共生性

國家或地區	時間	文化研究主要促進者或相關理論
歐洲、美洲	1990年代以來	女性主義、種族批判分析、人種志田野考察、酷兒理論的新進展；文化研究在高校和研究機構中的體制化；文化政策研究
中國	1990年代以來	大陸：王曉明、戴錦華、陶東風等 臺灣：陳光興等 香港：陳清僑
日本	1990年代以來	左翼學術傳統與新興社會運動相結合
印度	1990年代以來	庶民研究、歷史編撰學

第五節　文化研究的當代意義

格羅斯伯格在〈文化研究、現代邏輯以及全球化理論〉一文中指出，文化研究只能被界定為一個知識的實踐，一種「把理論政治化，把政治理論化的方法」。他將文化研究的特點概括為六個方面：1. 文化研究在面對相對主義的時候，並不向相對主義投降，而是尋求新的知識權威的形式；2. 文化研究認識到文化與權力問題必然使人們超越文化領域進入一系列其他學科，在這個意義上它是跨學科的；3. 它根據機構的關係結構進行自我反思；4. 它是由政治關切而不是理論關切驅動的，它的問題從來不是來自自己的理論實踐，而是來自其與「真實的」權力組織的相遇；5. 它服從理論的必然性，雖然它拒絕依據純粹的理論術語來界定自己；6. 文化研究是「極度語境化的」，它的理論、政治、問題、對象、方法以及承諾都是如此，這是最重要的。正如他所強調，「對於文化研究而言，語境就是一切，一切都是語境。」[45]

---

45 陶東風：《文化研究：西方與中國》（北京市：北京師範大學出版社，2002年），頁14。

　　文化研究致力於闡明：文化應當如何在與經濟、政治的關聯中得到闡釋與說明。經過葛蘭西霸權理論、阿爾都塞的意識形態國家機器以及福柯的「知識／權力」等思想的洗禮，文化研究更為自覺地關注文化與權力、意識形態的關係，並將其運用到各個研究領域。或許，文化研究最為重要的一點，即從與權力錯綜複雜的關係角度致力於考察文化實踐。「文化研究拒絕在不斷變動的知識地圖上被圈死在一個小領地中，因為文化研究的關懷不僅僅，或者甚至不首先是知識性的。文化研究聲明要從活生生的生活中去關心生活。這就促使文化研究去關心影響特定社會結構中具體複雜生活的種種社會、政治、文化和歷史因素。另一方面，文化研究也關心具體生活對這些因素的發展所起的作用。這樣的文化研究在選擇知識資源時，以是否符合當時任務的需要為準。」[46]因此，文化研究的對象就不僅僅局限於某些被奉為經典的精品之作，更重要的是，它還應該囊括被其他文化定義所排斥的領域，諸如日常生活方式、生產機制、家庭結構、社會機構等。就傳播媒介而言，文化研究不僅要對媒體產品進行文本分析，而且應該透視生產這些產品的社會機制，發現文本背後隱藏的機構運作。恰如格羅斯伯格所指出：「文化研究審視特定實踐如何置於、以及它們的生產性如何決定於社會權力結構和日常生活現實體驗之間的關係。正是由於這個原因，當前的後現代研究與文化研究發生了交叉；這並不是要把後現代主義當作一種政治和理論主張，而是要注意它對當代文化和歷史生活性質的描述。」[47]誠然，文化研究不僅僅只是以描述、解釋當代社會文化現象為己任，而且它有更大的雄心——力圖挑戰、改變與轉化當前文化現象及其背後隱含的權力結構。

---

46 徐賁：《文化批評往何處去——八十年代末後的中國文化討論》（長春市：吉林出版集團，2011年），頁4。

47 〔美〕勞倫斯‧格羅斯伯格：〈文化研究的流通〉，羅鋼、劉象愚主編：《文化研究讀本》（北京市：中國社會科學出版社，2000年），頁70。

　　文化研究的一個重要使命即是通過理論探索與案例剖析的方式來開創一個新的世界。斯圖亞特・霍爾曾指出：「文化研究的使命即在於將種種思想精神資源調動起來，幫助我們理解生活的構成與所處的社會，理解因差異的存在而顯得極度慘無人道的世界。幸運的是，文化研究不僅僅是學者與知識分子的禁臠，更是廣大人民群眾的武器。」[48]當我們重溫伯明翰大學「當代文化研究中心」的宗旨——研究「文化形式、文化實踐和文化機構及其與社會和社會變遷的關係」，或許，我們能夠更為真切地貼近文化研究的歷史與脈動。或許，正如約翰・斯道雷所言，文化研究「既是作為旨在從政治角度思考文化的一種學術實踐，也是作為力圖視自己為一種政治運動的學術實踐。」[49]而在中國，文化研究則更多地視為一種研究視野、一種研究方法、一種範式。

　　無論是將文化研究視為一種學科也好，一種研究方法也罷，「文化研究確實對人文學科和社會學科的正統提出了激進的挑戰。它促進跨越學科的界限，也重新建立我們認識方式的框架，讓我們確認『文化』這個概念的複雜性和重要性。文化研究的使命之一便是瞭解每日生活的建構情形，其最終目標就是借此改善我們的生活。」[50]或許，這也正是文化研究的魅力與精髓所在。總的來說，與其把文化研究視為逐漸浮現的學術傳統，倒不如把它視為企圖從文化戰線切入社會形構的另類學術。文化研究不僅企圖扣緊社會現實的脈動，更希望能介入社會的脈動。擺脫學院既有的僵硬軸線，把分析帶入文化生活，轉

48　〔英〕約翰・斯道雷著，常江譯：《文化理論與大眾文化導論（第五版）》（北京市：北京大學出版社，2010年），頁219。

49　〔英〕約翰・斯道雷著，徐德林譯：《記憶與欲望的耦合：英國文化研究中的文化與權力》（桂林市：廣西師範大學出版社，2007年），頁107。

50　〔英〕特納著，唐維敏譯：《英國文化研究導論》（臺北市：亞太圖書出版社，1998年，第298頁。

變既有的權力形式及關係，是文化研究永遠堅持的方向。[51]

　　我們為什麼比以前更加需要文化研究？文化研究對我們來說究竟意味著什麼？正如陶東風所言：「我們生活在一個不斷複雜化的世界，在一個專注於經濟增長、自由市場與技術速度和效率的世界上，社會內部的群體最需要的不只是物質資源，他們特別需要的是使他們能夠把握周圍世界和他們在其中的位置的知識資源。」[52]文化研究正迅速地進入人們的學術生活之中，它是一種高度實踐性、參與性的知識活動，它的活力在於及時地回應急劇變化中的社會文化現實所提出的種種問題。文化研究的「介入性」，為我們提供了理解與闡釋世界的新的可能。

---

51 陳光興、楊明敏編：《Cultural Studies：內爆麥當奴》，頁68。
52 陶東風：《文化研究：西方與中國》（北京市：北京師範大學出版社，2002年），頁35。

第二章
文化研究的視界：
問題場域與「四副面孔」

　　文化研究是一個非常廣闊的光譜，戴錦華在闡述「文化研究做什麼」時，將其概括為「活著的知識」，亦即文化研究尋找、創造、生產活著的知識，它採取的方式是批判。實際上，文化研究的出現並不僅僅是一種學術研究的問題，它的崛起反映出的是對戰後歐洲社會重大轉型的一種敏銳感受，這種轉型需要學術界能夠提供一種新的解釋與探索的框架、新的知識表述體系，並對之作出積極的反響。正如勞倫斯・格羅斯伯格所言，「文化研究關注或涉及各種方式的文化實踐，這種實踐產生了、存在並運行於人們的日常生活和社會形態之中，以再現或變革現在的權力結構，甚至與之博弈。……文化研究所探究的各種文化實踐方式熔鑄於文化實踐，且實踐的場域融於特定的歷史形態中。」[1]當代文化研究中心的成員們一直以來所秉持的信念為：「對情勢理解的任務就是我們思索文化研究應該從何處起步。」[2]文化研究的研究對象因時而異，呈現出不同的形態。如伯明翰研究學派從早期的工人階級文化轉向流行文化，再轉向媒介文化等等。迄今，女性主義、種族文化、受眾文化、青年亞文化等議題越來越占據文化研究的中心，構成了文化研究的重要問題場域與學術光譜。在某種程度上，文化研究問題域的變化，取決於誰在研究它，以及為什麼

1　〔美〕勞倫斯・格羅斯伯格著，莊鵬濤等譯：《文化研究的未來》（北京市：中國人民大學出版社，2017年），頁7。

2　〔美〕勞倫斯・格羅斯伯格，莊鵬濤等譯：《文化研究的未來》，頁19。

研究它。本章我們將從「問題域」與「多副面孔」兩個方面考察文化研究的存在形態。

第一節　文化研究的「問題場域」

　　文化研究關注哪些問題？文化研究的問題場域和核心是什麼？斯圖亞特・霍爾宣稱：文化研究的核心問題——即「社會和符號的關係，權力和文化的『遊戲』」。[3]而在多數人看來，文化研究就是研究「文化」，這顯然是最為直觀的答案。由於「文化」的多義性與複雜性，也導致了文化研究對象的豐富性。根據「文化」的定義以及文化研究的研究對象，我們可以將文化研究歸納為三種主要模式：一是基於生產的研究，二是基於文本的研究，三是對活生生的文化的研究。理查德・約翰生認為，這種劃分方式雖然與文化發展線路的主要表象相一致，但在一些重要方面阻礙了我們理解力的發展。正如費斯克在他的〈英國文化研究與電視〉一文開篇指出：「文化研究」中的「文化」一詞，側重的既不是審美，也不是人文的含義，而是政治的含義。文化不是被視為偉大藝術中形式和美的審美理想，或者用更有人文意味的話說，是超越時間和民族邊界之「人文精神」的聲音，聽眾假定是一個普遍的人。因此，文化不是人類精神的審美產品，用來抵擋如潮洶湧的工業物質主義的粗鄙污穢，而是工業社會內部的一種生活方式，它包括了此種社會經驗的所有意義。[4]文化研究包含了一個具有潛在發展空間的巨大領域，因為「文化」本身所具有的複雜歷史和使用範圍，已為諸多學科提供了「合法的研究焦點」。

3　Stuart Hall, "For Allon White: Metaphors of Transformation," in David Morley and Kuan-Hsing Chen (eds)., *Stuart Hall*, London: Routledge, 1996, p. 288.

4　John Fiske, "British Cultural Studies and Television," John Storey ed., *What is Cultural Studies?: A Reader*, London: Arnold, 1996, p.115.

經過近六十年的發展演進，文化研究四處出擊，涉及的問題五花八門，已然產生了諸多豐富多彩的理論範式。顯然，試圖窮盡文化研究的問題域是一件極其困難的事情，而且文化研究始終處於一種動態發展過程之中，它的理論觸鬚仍在持續的蔓延，不斷與新的問題接合並拓展出新的領域。「在很多情況下，文化研究回應的是一些複雜或混雜在一起的問題，正如這些問題在一個特定衝突的時刻可以接合在一起。」[5]因而，我們對文化研究「問題場域」的描述只能是概觀式的，而非全面性的，這在某種意義上對我們總體上把握文化研究還是有所幫助。誠如勞倫斯·格羅斯伯格所言：「一個人怎樣建立關於這個問題域的理論不僅僅會塑造他理解當下的能力，更會塑造使他想像未來其他可能的能力。」[6]他將文化研究的問題域歸結為六個方面：一是學院外的現實問題；二是科學主義和還原論的問題，它們「形成了文化研究所涉及的以及必須回應的對話和政治空間」；三是具有抵抗性特徵的問題域；四是主體性的問題域，「它的目的在於反對現實主義和本質主義的同一性觀念，以提升經驗的權威」；五是國家政治霸權的問題域，構成了現代國家政治／經濟鬥爭的輪廓；六是歷史週期的問題域，包括現代性的問題域等。誠然，「問題是通過研究者興趣和情勢需求二者之間的互動得以明確的」，「文化研究的問題必須能回答這個混亂和複雜的政治現實世界，且這種回答是文化研究本身的責任。」[7]

克里斯·巴克在《文化研究：理論與實踐》一書中闡述的「文化研究的場域」包括：「主體性與身份問題」、「民族、種族和國家」、「性、主觀主義和表現」、「電視、文本和受眾」、「數字媒體文化」、「文化空間和城市地方」、「青少年、風格與反抗」、「文化政治和文化

5　〔美〕勞倫斯·格羅斯伯格著，莊鵬濤等譯：《文化研究的未來》，頁46。

6　〔美〕勞倫斯·格羅斯伯格著，莊鵬濤等譯：《文化研究的未來》，頁268。

7　〔美〕勞倫斯·格羅斯伯格著，莊鵬濤等譯：《文化研究的未來》，頁41-48。

政策」八個向度。克里斯・克里對文化研究場域的概括與探究固然有
其合理性，但也並非全面。從一九九二年勞倫斯・格羅斯伯格等人編
的《文化研究》論文集所歸納的文化研究旨趣就廣涉：文化研究自身
的歷史、大眾文化、種族問題、性別問題、身份政治學、文化政策、
學科政治學、話語與文本性、重讀歷史、後現代時期的全球文化等問
題。不言而喻，文化研究的對象如此繁雜，它始終是一個在不斷進行
反思、重構與探索的知識領域。因此，我們對文化研究的問題域的把
握與圖繪也只能是概述性的。

一　大眾文化、通俗文化與消費主義

　　文化研究對大眾文化心醉神迷。伊格爾頓在《理論之後》一書中
指出：「文化理論的一項歷史成就是確立大眾文化是值得研究的。」[8]
在文化研究之前，普通人的日常生活並未進入學術研究的視野之中。
當然，這其中被忽略的不僅僅是「日常」，而且是「生活」本身。現
今，日常生活已經被廣泛認定為十分複雜、瑣碎、龐雜、曖昧的領域
而值得加以探究。「文化研究通常操刀於可敬的知識的邊緣，操刀與
大眾接受教育的學院而不是享有聲望的科學部門，或者操刀於諸如媒
介、性別或文學研究之類的『微不足道』的題目，而不是醫學院。」[9]
正如霍爾所言：「流行文化是這樣的場所之一，在這裡支持和反對某
種權力文化的力量之間彼此交鋒：鬥爭關注的是輸贏。它是贊同和抵
抗的競技場。它既是霸權出現的地方，也是確保安全之地。它並不是
一個圓球，其中社會主義、社會主義文化——已經完全形成——可能
只是『表述的』。但它是這樣一個處所，在這裡可能形成社會主義。

8　〔英〕伊格爾頓著，李尚遠譯：《理論之後——文化理論的當下與未來》（臺北市：
　　商周出版，2005年），頁16。

9　《文化研究簡史》，頁11。

這就是為什麼『流行文化』重要。」[10]事實上，「大眾文化」是一個現代性的產物。「大眾文化」概念是由法蘭克福學派提出區分民間文化、流行文化與商業藝術的概念。在美國，文化研究作為一個新領域，著重探討了一系列「大眾文化」現象：音樂、電視、性別、權力的形式以及族裔等問題。在詹姆遜看來，其意義重大，因為「它使得知識分子能夠更緊密地跟蹤從所謂後現代性生發出來的日常生活的種種形式。」[11]大眾文化研究有兩個觀點分明的學派：對大眾文化研究持激進批判態度的「法蘭克福學派」和對大眾文化研究持肯定態度的「伯明翰學派」。法蘭克福學派代表人物阿多諾的「文化工業」批判理論、馬爾庫塞的「單向度的人」、本雅明的「機械複製時代的藝術作品」都著力批判了現代化工業生產與消費、現代技術對藝術作品以及人的影響。相較而言，伯明翰學派則肯定了大眾文化本身所具有的積極意義。

在勞倫斯·格羅斯伯格看來：「文化研究關注流行的問題，或者媒介文化的問題，既不是試圖建立新的對象，也不是要建立學科研究的一般理論；相反，它提出了語境的理論化和語境策略，以之應對更廣泛情勢調查中的特定問題——這種觀點必須作為其他方法的基礎，也體現出使用從文化研究中挪借而來的各種媒介研究範式的基本態度。」[12]美國理論家詹姆遜試圖在更為複雜的譜系中處理大眾文化，他認為我們不應將大眾文化簡單地等同於消遣、娛樂遊戲，在某種意義上，大眾文化可謂社會文化政治的一種症候，它們具有「雙重意義」：

---

10 張亮、李媛編：《理解斯圖亞特·霍爾》（北京市：北京師範大學出版社，2016年），頁146。

11 〔美〕詹明信著，張旭東編，陳清僑等譯：《晚期資本主義的文化邏輯》（北京市：生活·讀書·新知三聯書店，1997年），頁39-40。

12 〔美〕勞倫斯·格羅斯伯格著，莊鵬濤等譯：《文化研究的未來》，頁213。

既有烏托邦的超驗潛能，或多或少地對於社會秩序進行否定和
批判；同時，它們又是一種意識形態操縱，烏托邦式的幻想正
是操縱賴以實行的誘餌。[13]

　　在消費主義的浪潮之中，各式各樣的大眾文化、通俗文化和流行
文化成為了文化研究游刃有餘的重要領域。因此，文化研究往往又被
人們稱之為「大眾文化研究」。

二　民族國家、種族和文化認同

　　一九七〇年代以後，文化研究的理論視域發生了轉變，從早期對
工人階級的關注擴展到了民族國家、種族問題、身份認同與文化認同
等領域。尤其是後殖民主義興起後，它將現代性、文化霸權、種族問
題、身份認同、國族問題、知識生產、文化差異等一系列問題納入到
研究視域，開拓了文化研究的新領域。正如克里斯‧巴克指出，從民
族角度進行的文化研究就必然承認種族、民族和階級交叉點的重要
性。他認為，文化研究往往將興趣點聚焦於：一、在表現方面，種族
和民族的文化理解的轉移特徵；二、作為一種「表現政治」的種族的
文化政治；三、與種族相關的文化認同的變革形式；四、階級、種族
和性別之間的交叉點；五、殖民主義的文化遺留。[14]儘管這樣的歸納
並不能窮盡文化研究對民族國家研究的理論疆域，但是總體上描繪出
了文化研究在這個問題上的理論圖譜。

---

13 〔美〕詹姆遜：〈大眾文化的具體化和烏托邦〉，王逢振主編，蔡新樂等譯：《詹姆
　　遜文集（第三卷）》（北京市：中國人民大學出版社，2015年），《文化研究和政治意
　　識》，頁70-71。

14 〔英〕克里斯‧巴克著，孔敏譯：《文化研究：理論與實踐》（北京市：北京大學出
　　版社，2013年），頁240。

三　性／別政治與女性主義

在伊格爾頓看來，文化研究最大的成就是使得性別與性欲成為正當的研究對象，並指出它們在政治上所具有的持續重要性。[15]性別政治所引發的論辯緊密地深植於當代文化理論之中。長期以來，性別區分成為引發男性與女性之間關係的重要因素。然而，女權運動、身體美學、同性戀運動等有關性別政治的社會運動給整個社會帶來了巨大影響，「這絕非是簡單地『好好對待』女性、女同性戀、男同性戀或承認他們受到壓抑和排斥的問題，它昭示的是一場思考的革命，喚醒人們對所有的社會實踐和支配形式的重新認知。」[16]誠如霍爾所言：「女性主義的干預是具體的、決定性的、是爆炸性的。它在十分具體的各個方面重組了（文化研究）這個領域。它打開了『個人的即政治的』問題，改變了文化研究的研究對象，在理論和實踐上具有完全的革命性；將權力的概念激進地擴大，使性別與性問題成為理解權力的中心問題；使許多我們認為已廢除了的關於主觀、主體的問題占據了中心的地位，『重新打開』了社會理論與無意識——心理分析封閉的邊界。」[17]從性別政治和女性主義的視野重新考察社會現象和知識生產，從而打開了文化研究論述的新空間。

四　空間與區域研究

二十世紀下半葉以來，「空間轉向」成為了文藝理論的重要問

15　〔英〕伊格爾頓著，李尚遠譯：《理論之後——文化理論的當下與未來》，頁15。

16　武桂傑：《霍爾與文化研究》（北京市：中央編譯出版社，2009年），頁219。

17　Stuart Hall, "Cultural Studies and its Theoretical Legacies" (1989), David Morley et al., *Stuart Hall: Critical Dialogues in Cultural Studies*, Routledge, 1996. 本段譯文參見黃卓越等著：《英國文化研究：事件與問題》（北京市：生活‧讀書‧新知三聯書店，2011年），頁77。

題，空間躍升為重要的概念與理論支點。在某種意義上，西方的「空間轉向」是人們試圖以空間性重新審視世界的一種努力。事實上，這種努力隱含著三個向度的思考：一是在當代社會批判中對空間現象的重視與關注，二是對「何為空間」進行重新反思，三是試圖建構能夠闡釋當代社會的空間理論與話語體系。[18]對「空間」的關注開始達到極致，「空間」成為很多理論家關注的焦點，我們無疑可以開列出一份長長的名單：諸如列斐伏爾、福柯、加斯東・巴什拉、本雅明、戴維・哈維、索亞、詹姆遜、德勒茲、阿帕杜萊、吉登斯、段義孚等等。學術界對空間、區域問題的研究興趣與日俱增，掀開了從「空間」的角度重新書寫與闡釋「整個歷史」的新紀元，為文化研究打開了新的闡釋向度。

五　媒介、視覺文化與受眾研究

文化研究的發展始終與媒介研究交織在一起。「兩種結構——媒介研究和文化研究——太過於輕巧地就被畫上等號，假如文化是對媒介（和流行）文化的研究，那麼媒介研究必然體現為文化研究的項目。」[19]勞倫斯・格羅斯伯格清醒地意識到二者之間的複雜關聯。尤其是隨著電視、電影以及互聯網、自媒體技術的發展，大眾媒介成為了文化研究關注與耕耘的重要場域。電視作為一種普及性非常高的大眾媒介，它涉及「社會知識和社會形象的提供與選擇建構，通過它我們瞭解世界，他人的『生活真實』，並想像性重建他們和我們的生活，成為可理解的『整體世界』」。[20]威廉斯、湯普森、霍爾以及布爾迪厄

---

18 馮雷：《理解空間：二十世紀空間觀念的激變》（北京市：中央編譯出版社，2017年），頁2。

19 〔美〕勞倫斯・格羅斯伯格著，莊鵬濤等譯：《文化研究的未來》，頁207。

20 張亮、李媛編：《理解斯圖亞特・霍爾》，頁146。

等學者都專門論述了電視這一媒介的重要性。今天，大眾媒介更為徹底地融入到日常生活之中，人與媒介的關係正發生了新的變化。文化研究圍繞大眾傳媒、視覺文化以及受眾研究構造起了複雜的問題場域。

六　身體研究

「身體」是文化研究運作的一個重要場域。自二十世紀六十年代以來，文化研究開始關注社會進程和權力對身體的影響和改造。尤其是女性主義的興起，性別政治對身體的影響得到了更為深刻的發掘。「身體」並不只是一個生物學意義上的軀體，它被文化「銘刻」了意義。「身體事關重大」，「對文化理論學者而言，身體是一個永不退流行的主題，不過，他們的焦點通常是會感受情欲的身體，而不是饑餓的身體；是交媾中的身體，而不是勞動中的身體。」[21]身體作為文化研究的一個重要場域，它代表了文化建構的前沿點。對於文化研究而言，身體不再簡單是自然的生物學意義上的「軀體」，而是一個充滿文化消費的符號，是文化力量構造的產物。從生物進化的身體到醫學的身體，從理性的知識身體到文化的身體，對身體的症候性解讀打開了文化研究的廣闊空間。

七　亞文化研究

亞文化研究，尤其是青年亞文化研究是文化研究的焦點和核心問題域之一，也是伯明翰學派鼎盛時期最為關注的領域。正如斯圖亞特・霍爾所言：「青年文化最能反映社會變化的本質特徵。」[22]迄今，

---

21 〔英〕伊格爾頓著，李尚遠譯：《理論之後——文化理論的當下與未來》，頁14。
22 陶東風、胡疆鋒主編：《亞文化讀本》（北京市：北京大學出版社，2011年），頁1。

青年亞文化依然是文化研究的密切關注的重要問題域。從二十世紀中
期的朋克、嬉皮士、無賴青年、搖滾青年到「迷茫的一代」、「垮掉的
一代」再到漫畫迷、追星族、惡搞文化、網絡亞文化以及山寨文化、
快閃文化等等，形形色色的亞文化儘管風格迥異，但是都對主流文化
產生了巨大的衝擊力與震撼力。亞文化研究具有三個方面的主要特徵：
邊緣性、反抗性與風格化。事實上，亞文化涉及的範疇遠非只是青年
亞文化，作為與主流文化相對的「次文化」，它主要涵蓋了邊緣化、
弱勢等特殊地位的群體，諸如少數民族文化、女性文化、同性戀文化、
原住民文化等邊緣文化。從一九五七年文化研究的開山之作《識字的
用途》開始，工人階級青年亞文化即成為伯明翰學派關注的對象。其
後，《流行藝術》、《嬉皮士：一次美國的「運動」》、《亞文化：風格的
意義》、《儀式抵抗》、《女性主義與青年亞文化》、《監控危機》等一系
列著述成為亞文化研究的經典。當下，消費社會與大眾傳媒的浪潮，
為亞文化增添了更多有活力的新形式。正如從亞文化到「後亞文化」
的嬗變，在某種意義上正是文化研究對這一問題域的又一新拓展。

　　迄今，文化研究開拓出的問題域已然表明了文化研究的豐富性與
複雜性。以國際文化研究協會主辦的「文化研究的十字路口」國際學
術會議為例，最近幾屆會議主題涉及面非常廣，如二〇一二年在法國
巴黎舉辦的第十屆會議議題包括：「多元文化主義與歐洲」、「民主化
與新媒體」、「阿拉伯與穆斯林革命」、「後殖民非洲」、「綠色研究／環
境正義」、「跨文化與融合文化」、「旅遊凝視與災難」、「區域／地方身
份和語言」、「後民族時代」、「經濟學、危機與文化」、「食物、口味和
身份」、「性與民族主義」、「性別、親子關係與關係」、「跨性別視
角」、「宗教、信仰與文化理論」、「影響政治」、「動物研究與研究」、
「殘疾研究」、「時尚與傳媒」等三十個議題；二〇一六年在澳大利亞
悉尼舉辦的第十一屆會議議題涉及：「多樣性、文化、治理」、「本土
知識與政治」、「邊界和遷移率」、「移民文化研究」、「澳大利亞文化研

究」、「種族與種族主義」、「文化、性別與非殖民化」、「文化、性別與性」、「數據文化」、「萃取：文化與產業」、「媒體監管：從審查到盜版」、「網絡流行情感」、「人類世上誰是罪魁禍首？性別、性、種族和階級」、「證券化」、「消費與日常生活」、「批判與文化理論」、「全球化與文化」、「亞洲文化研究」、「多元文化、跨文化與跨文化研究」、「流行文化與流派」、「公共文化與文化政策」、「影視媒體文化」、「轉型／全球化大學」等；二○一八年在中國上海舉辦的第十二屆會議議題主要涵蓋：「城鄉關係」、「青年的政治／文化潛意識」、「替代方案的理念與實踐」、「知識生產及其轉化」、「反思大學與學術共同體」、「回歸社區」、「人／非人關係」、「工人階級與知識分子無產階級」、「綠色文化／經濟」、「性別認同」、「創意產業與文化經濟」、「勞動權與機器人」、「『後真相』的政治與技術維度」、「空間實踐」、「食品主權、安全與質量」、「經濟再定義」、「文化公民身份」、「新媒體與新政治」「法律與日常生活合理性」、「非物質勞動與知識產權」、「數字時代的反思」「地域文化傳統與全球主流文化」「邊界和遷移率」。

　　「儘管文化研究作為一個規劃項目是無限制的和開放的，但它並不是那種簡單的多元主義。是的，它拒絕成為任何一種主導話語（master discourse）或元話語（meta-discourse）。是的，作為一個規劃項目它永遠向那些未知的、那些還不能命名的領域敞開大門。」[23]從大眾文化、身體、性別到視覺文化，從歷史、日常生活到空間，文化研究不斷在搜索、拓展著它的研究疆域。近三十年來中國大陸文化研究的基本問題廣泛涉及了：大眾文化、文化政治、高度發展的現代性與文化研究的分化、中國社會變遷與文化研究的論爭、都市與文化地理學、女性主義與中國文化研究的性別視野、鄉村建設與文化研究

23　〔英〕斯圖亞特・霍爾著，孟登迎譯：〈文化研究及其理論遺產〉，《上海文化》2015年第2期，頁50。

的行動主義、「新工人」與文化研究的階級理論、器物文化與日常生活美學、商品帝國與資本批判、青年亞文化的崛起、網絡文化與中國新生代文化研究、重建歷史記憶等一系列命題。[24]誠然，文化研究的討論總是處於進行時，它並不固定在任何一個點上且不斷尋求另一個新目標。它從未使自己停留在學術界或某一社會運動之中。正如文化研究的代表性人物霍爾，他永不止步，始終處在探索之中。「因為尋找食物的男孩從來不知道他自己的去處」，文化研究的故事始終將繼續著。[25]

第二節　文化研究的「四副面孔」

在斯圖亞特‧霍爾和勞倫斯‧格羅斯伯格等人看來，「激進的語境主義構成了文化研究的核心。」[26]不同的文化研究結構是對不同語境的反應。因此，文化研究在不同的「語境」之中必然呈現出了不同的「面孔」。由於文化研究本身的複調與多樣性，其「面孔」也飄忽不定，很難以一種清晰的形象來加以界定。克里斯‧巴克在《文化研究：理論與實踐》中指出：「文化研究中最重要的方法的討論已經集中在知識和真理的雕像上」，他繼而強調，「文化研究工作集中在三種途徑：（1）民族學，往往與文化主義的方法和『生活經驗』的壓力相聯繫；（2）文本方法，傾向於從符號語言學、後結構主義和德里達的解構主義中提取；（3）接受研究，這在它們的理論根源中是折衷的。」[27]顯然，克里斯‧巴克所指出的文化研究三種途徑是極為概括

24　參見周志強：〈緊迫性幻覺與文化研究的未來——近30年中國大陸之文化研究與文化批評〉，《文藝理論研究》2017年第9期。

25　張亮、李媛編：《理解斯圖亞特‧霍爾》，頁333。

26　〔美〕勞倫斯‧格羅斯伯格著，莊鵬濤等譯：《文化研究的未來》，頁19。

27　〔英〕克里斯‧巴克著，孔敏譯：《文化研究：理論與實踐》，頁30。

性的。由於文化研究向來在「跨學科」的名義下以使用多種研究方法而著稱，它將文學、歷史學、傳播學、美學、哲學、社會學、政治學、人類學乃至經濟學等諸多學科的知識與研究方法接合在一起。儘管這種多學科的接合產生了激烈的碰撞與分歧，但是它們的匯合無疑已然使文化研究產生了豐富且深刻的成果。從文化馬克思主義批評實踐到福柯的「知識／權力」話語分析，從女性主義思想的出現到後現代主義的勃興，文化研究不斷在開拓新的方向，呈現出多副面孔。以下，我們就簡要地描繪一下文化研究的四副面孔：

一　作為「馬克思主義批評實踐」的文化研究

文化馬克思主義是英國文化研究最早呈現出來且被普遍認可的一副重要面孔，它與文化研究的起源有著重要關聯。正如霍爾指出，存在一種對於英國文化研究的看法：「它在某個時刻變成了一種馬克思主義的批評實踐——來辨別英國文化的特點。」他繼續追問：「這種將文化研究指定為一種馬克思主義批評理論的思路到底意味著什麼呢？我們如何考慮那個時刻的文化研究呢？談論的是哪個時刻？就那些理論遺產、軌跡和後續效應來說，馬克思主義到底對文化研究還有哪些可以繼續產生的意義呢？」[28]儘管霍爾認為談論文化研究起源歷史的方式可以有若干種，不宜將其「當作唯一的故事」，但是，文化馬克思主義無疑是英國文化研究產生的重要理論資源。

丹尼爾·德沃金的《文化馬克思主義在戰後英國——歷史學、新左派和文化研究的起源》一書則更為清晰地展現了文化研究的馬克思主義資源與形象。誠如他所言：「文化馬克思主義傳統不能被孤立地

28　〔英〕斯圖亞特·霍爾著，孟登迎譯：〈文化研究及其理論遺產〉，《上海文化》
　　2015年第2期，頁50-51。

考察;它必須放在英國左派危機的背景下研究,而這個危機實際上與
戰後的時代背景相聯繫。」他進一步論述道:「文化馬克思主義者首
要關注的是:重新定義結構和動力之間的關係,因為傳統社會主義的
動力即工業的工人階級正遭受質疑。他們試圖認識戰後研究的特徵,
重新定義社會鬥爭,闡明與發達資本主義社會中民主的和社會主義的
政治相適應的抵抗形式。在這個計劃中,處於核心地位的是『文
化』。」[29]在霍爾看來,英國文化研究與馬克思主義的相遇,「首先應
該被理解是與一個問題,而不是與一種理論,甚至不是與一個問題域
(problematic)的接觸和博弈。」[30]在《文化研究及其理論遺產》一
文的回顧中將馬克思主義理論與文化研究之間的總體關係描述為:
「在馬克思主義周圍進行研究,研究馬克思主義,反對馬克思主義,
用馬克思主義進行研究,試圖進行發展馬克思主義的研究。」[31]因
此,在某種意義上,文化研究即是一種文化馬克思主義的批評實踐。

　　首先,英國「新左派」對英國文化馬克思主義批評實踐的產生具
有重要影響,而英國文化馬克思主義的發展對文化研究的興起至關重
要。文化馬克思主義者雷蒙・威廉斯、理查德・霍加特、湯普森、斯
圖亞特・霍爾等人在文化研究崛起的過程中扮演了開拓者的重要角
色。威廉斯的《文化與社會》、《漫長的革命》,霍加特的《識字的用
途》以及湯普森的《英國工人階級的形成》等構築起了文化研究發展
的重要理論基礎,構造了二十世紀五十至六十年代英國文化研究的理
論框架。不言而喻,文化研究的開創者們都具有鮮明的馬克思主義傾
向,它的崛起與英國新左派的政治有著緊密的聯繫。

29　〔英〕丹尼斯・德沃金著,李鳳丹譯:《文化馬克思主義在戰後英國》(北京市:人
　　民出版社,2008年),頁4-5。

30　〔英〕斯圖亞特・霍爾著,孟登迎譯:〈文化研究及其理論遺產〉,《上海文化》
　　2015年第2期,頁51。

31　〔英〕斯圖亞特・霍爾著,孟登迎譯:〈文化研究及其理論遺產〉,《上海文化》
　　2015年第2期,頁51。

其次，文化研究吸收了西方馬克思主義思想，「它被視為一種提出和思考問題的方式，而不是被看作提供一套答案的方式。」或許，正如霍爾所言：「最終在二十世紀七十年代，英國文化研究確實在馬克思主義的問題域內部、在許多不同的方面取得了進展，你應該以一種真誠的方式去傾聽『問題域』這個術語，而不僅僅以一種形式主義──理論的方式：把它當作一個問題；當作涉及與這種模式的約束和限制的鬥爭，並且同樣多地涉及它要求我們處理的一些必需的問題。」[32]不言而喻，在霍爾等人的影響下，伯明翰當代文化研究中心的研究進入了與馬克思主義的全新關係之中。阿爾都塞和葛蘭西是文化研究發展史上不容置疑的兩大具有重大影響力的思想家。阿爾都塞的「意識形態國家機器」和葛蘭西的「文化霸權」等理論為文化研究的理論演進與批判實踐提供了有力的思想。

事實上，從傳統馬克思主義到葛蘭西「文化霸權」再到拉克勞的「後馬克思主義」，文化研究經歷了不同的理論範式嬗變。從某種意義而言，文化研究並沒有拋棄馬克思主義，而是對馬克思主義的一種新發展。文化研究誕生於馬克思主義文化傳統及其論辯之中，或許，文化馬克思主義的批判實踐是文化研究不可忽視的一副重要面孔。

二　作為「知識／權力」話語分析的文化研究

「文化研究就是研究權力的」，在詹姆遜看來：「文化研究無疑是研究這些效果的最佳空間，因為鑒於上層建築的雙重性，鑒於這個或那個歷史時刻的啟示──即文化具有社會功能，文化既受制於制度又為制度服務，文化的審美和悠閒、恢復和空想的外表是一種假設，一

32　〔英〕斯圖亞特・霍爾著，孟登迎譯：〈文化研究及其理論遺產〉，《上海文化》2015年第2期，頁52。

種誘惑。」[33]福柯的「知識／權力」話語分析無疑對文化研究的權力分析開闢了新的領域。正如布魯斯・羅賓斯所言，隨著二十世紀九十年代馬克思主義的逐漸遠去，意識形態的概念逐步讓位於權力概念，「馬修・阿諾德作為一個象徵性人物，已經被米歇爾・福柯所取代。」[34]現今，對權力的話語分析正成為許多人進行文化研究的重要視域。

文化研究一直有「一種上演革命的傾向」，「從馬克思主義理論橫空出世到二十世紀七十年代女權主義思想的出現，從二十世紀八十年代的後現代主義、後殖民主義和大眾能動性理論到二十世紀九十年代的酷兒理論、統治術理論和傳媒共和主義理論，文化研究領域一直呼籲在權力概念的使用上開拓『新方向』。」[35]這每一次的呼籲，都受到了某種「革命性」的驅使，對先前的思想與闡釋的顛覆性理解——這是基於認為先前思想是不正確的——要麼忽略了權力，要麼沒有認識到權力其實有好幾個基軸，要麼忽略或者過分強調了大眾對於權力的抵制，要麼將各種不是都歸咎於根本不存在的權力關係等等。那麼，文化研究關於權力的研究出現了哪些開拓性的進展？它是否能有效應對以上種種情況以及即將浮現的問題？

福柯通過「知識」——「話語」——「權力」的審慎的研究，成功拓展與深化了我們對「權力」的理解。「福柯經常將權力解釋為一個替代性概念：其功能對其他概念的解釋，或者將它們弱化，或者將它們冗餘化。」[36]馬克・吉布森將福柯的權力觀歸納為「五個福柯」：第一個觀點是將權力看做是一種關係，權力雖然無處不在，卻是一種難以捉摸的現象，隨著新型關係的形成而不停發生變化；第二個觀點

---

33 〔美〕弗雷德里克・詹姆遜：《文化研究與政治意識》（北京市：中國人民大學出版社，2004年），頁39。

34 〔澳〕馬克・吉布森著，王加為譯：《文化與權力——文化研究史》（北京市：北京大學出版社，2012年），頁2。

35 〔澳〕馬克・吉布森著，王加為譯：《文化與權力——文化研究史》，頁240。

36 〔澳〕馬克・吉布森著，王加為譯：《文化與權力——文化研究史》，頁26。

是將權力看做一種「機制」或者「技術」；第三個觀點為權力的「微
型化」——將權力在「分子」的層面上進行概念上的重新定位；第四
個觀點認為權力根本沒有一個單一的形式；第五個觀點是福柯反對將
權力與其他現象對立起來——權力關係不能置於其他關係之外，而是
存在於經濟過程、知識關係、性關係等關係之中。在福柯看來，「權
力並不是以向心性和占有的集中方式存在，而是以「微權力」的分散
的、區域化網絡方式來產生作用的。」[37]後現代主義理論家讓・波德
里亞進一步指出，當今社會「權力已經被均勻地擴散開來，達到了完
全中和的程度。如果權力向其他東西一樣，已經轉變為符號和表面現
象，那麼在一種被不可思議地歪曲的平均主義的視野中，它消失了：
『追求的權力或無限地討論權力是……沒有作用的，從現在起，它也
分享表面現象的神聖視界，也在那裡出現以便掩蓋其不再存在這一事
實。』」[38]誠然，權力已經不再是赤裸裸的暴力表現，而是內化、轉
化、隱喻化了。

　　布爾迪厄提出的「文化資本」理論同樣震撼人心，在某種意義上
開拓了我們進一步理解文化研究對權力的認知與研究。他認為，由於
特定文化場域中的象徵資本是相對固定的，文化研究的闖入「必然帶
來了學術場域中資源的流動和重新配置，它不可避免地造成象徵資本
的再分配。」[39]權力概念同樣在薩義德的《東方學》中占據了重要地
位。如薩義德所言：「思想、文化和歷史，如果不對它們的勢力，或者
準確地說如果不對它們的權力組合一併加以研究的話，是無法進行正
確理解或者研究的。認為東方是人為創造出來的，或者用我的話說，
東方是被『東方化』了的東西，人為事情之所以發生完全是因為想像

---

37 〔英〕史蒂文・康納著，嚴忠志譯：《後現代主義文化——當代理論導引》（北京市：
　　商務印書館，2004年），頁80。
38 〔英〕史蒂文・康納著、嚴忠志譯：《後現代主義文化——當代理論導引》，頁80。
39 周憲：〈文化研究：為何並如何？〉，《文藝研究》2007年第6期，第24頁。

的需要，就顯得沒有誠意了。西方與東方的關係是一種權力關係。」[40]
在後殖民主義理論之中，關於權力的探討再度成為理論的核心。

　　或許，我們也不應該忽略這樣一種情形：人們往往用某一權力概
念反對另一權力概念。顯然，這無疑意味著那些使用權力概念的人本
身又在為權力概念搖旗吶喊。現今，我們應當如何對待權力問題？詹
姆遜批判性地指出：「對權力的研究固然開闢了新的領域，產生了一
些豐富的、令人著迷的新材料，但是使用這些材料務必留心它所附帶
的意識形態後果，知識分子更應該警惕那種祈靈保佑式的如醉如癡的
自我陶醉。」[41]誠然，與其將精力投入研究什麼是「正確」的權力觀
念，不如對「權力」概念及所產生的機制進行討論，而這也正是「文
化研究」所要做的──將「權力」及圍繞其所形成的一系列命題理解
為一種想像結構，並對其展開分析批評。或許，「文化研究」對權力
話語的分析能夠為我們提供新的闡釋的可能性。

三　作為女性主義批評的文化研究

　　女性主義的挑戰開闢並突然闖入了文化研究領域，正如斯圖亞
特・霍爾所言：「我們知道女性主義產生了影響，但通常並不知道女
性主義最初是以什麼方式、在哪個地方闖入了文化研究。」他將其
「審慎地比喻」為：「像個夜晚的賊，它破窗而入；打斷了文化研
究，產生了一種不合宜的噪音，迫不及待地搶上了文化研究的討論
桌。」[42]從霍爾的敘述中，我們可以發現他用「粗魯」的語言來形容

---

40 〔美〕愛德華・W・薩義德著，王宇根譯：《東方學》（北京市：生活・讀書・新知
　　三聯書店，2007年），頁5。

41 〔美〕弗雷德里克・詹姆遜：《文化研究和政治意識》，頁41。

42 〔英〕斯圖亞特・霍爾著，孟登迎譯：〈文化研究及其理論遺產〉，《上海文化》2015
　　年第2期，頁54。

女性主義，他所使用的隱喻也在某種意義上提醒著我們——女性主義進入文化研究的過程是一種侵入和不愉快的體驗。[43]然而，這也從某種程度表明：女性主義對文化研究的影響是深遠的。儘管它「如同夜晚的賊」以隱秘的方式進入了文化研究的殿堂，但是它卻掀起了一股新的風潮。在某種意義上，女性主義扮演起了文化研究不可或缺的一副重要面孔。

　　霍爾指出：對於文化研究而言，「女性主義的干預是具體的和決定性的，也是斷裂性的。它以一種相當具體的方式重組了這個領域。」[44]他已經為我們細緻梳理出了女性主義與文化研究之間的關聯譜系：第一，它「影響到了文化研究的研究對象的改變，這在理論和實踐上具有非常革命性的意義」；第二，對權力的概念進行了徹底的擴充；第三，社會性別和性徵的問題對於理解權力本身的核心意義。第四，開啟了許多我們以為自己已經廢除的、圍繞在主觀的和主體的危險區域周邊的問題，將那些問題置於作為一種理論實踐的文化研究的核心位置。第五，「重啟」了在社會理論和無意識精神分析理論之間已經封閉的邊界。[45]不言而喻，以上維度基本上描述出了女性主義這塊新大陸的整體輪廓及其開啟所帶來的重要影響。

　　在文化研究視域之中，女性主義提出了性別、性欲、身份、認同與權力的關係問題。與幾乎所有一九七〇年代的研究機構一樣，英國伯明翰當代文化研究中心被男性控制著。研究中心的大部分學生都是男生，女生只有少數的幾個，她們發現參與中心團體研究極為困難，因為男性控制了它的思想成果和成果得以實現的環境。正是在這樣的

---

43 Paul Smith (Edited), *The Renewal of Cultural Studies*, Philadelphia, Temple University Press, 2011, p.17.

44 〔英〕斯圖亞特·霍爾著，孟登迎譯：〈文化研究及其理論遺產〉，《上海文化》2015年第2期，頁54。

45 〔英〕斯圖亞特·霍爾著，孟登迎譯：〈文化研究及其理論遺產〉，《上海文化》2015年第2期，頁54。

氛圍之中,「女性研究小組」應運而生,她們希望將女性主義對中心
理論和實踐的批判,與社會中更廣泛的女權主義鬥爭「接合」起來。
女性研究小組明確提出「試圖做女權主義知識工作」的「宣言」:「我
們都以某種方式質疑對社會的現成理解,也質疑它中的性別／性的作
用和結構,並且也質疑這種理解被實現和被傳達的方式。正是通過這
些問題,女權主義出於缺席的狀態,並且它提出,女權主義研究和女
性研究作為社會變革而鬥爭的一個方面而被建構,這個社會變革將使
『女性研究』變得不必要。」[46]女性主義關注女性受壓迫的地位,為
女性爭取社會權利和發言權。事實上,對於女性來說,爭取發言權的
過程既是一種自我改造的積極過程,也是實現她們主體性建構的必由
之路。作為文化研究的一副重要面孔,女性主義並非不僅僅只是一種
文本解讀方法,而且它是一種生產性的批判活動。肖沃特在論述女性
主義文學批評時指出:「最純粹的女性主義文學理論即努力對我們眼
中的幻覺進行激進的轉換,讓我們從原本空洞無物的空間中看到意義
的所在。由是,『正統』的情節消退了,一度藏匿於背景之中的另一
套情節則無謂地站了出來,如拇指指紋一般醒目。」[47]女性主義將大
眾文化視為分析對象,它尤其緊密接觸了與女性生活息息相關的肥皂
劇、時尚雜誌、言情小說等等。如當代文化研究中心的女性研究小組
最初設計的《媒體中的女性形象》研究項目,著重描述了媒體中的女
性形象,批判性地揭示了女性形象如何由男性統治的文化進行想像與
建構。

　　女性主義在伯明翰當代文化研究中心是以一種反叛的姿態出現
的,在「與亞文化進行清算」中,麥克羅比對伯明翰傳統進行了成熟
的女性主義批判。她強烈譴責男性理論家對女性經驗的忽視,而且可

46　〔英〕丹尼斯・德沃金著,李鳳丹譯:《文化馬克思主義在戰後英國》,頁241。

47　〔英〕約翰・斯道雷著,常江譯:《文化理論與大眾文化導論》(北京市:北京大學
　　出版社,2010年),頁166。

以隱瞞了性別與她們工作之間的關係。由於性別歧視的關係，女性在勞動的性別分工中不能享受與男性一樣的空間。「儘管當代女性主義理論家對大眾文化的觀點不盡相同，但她們共同持有兩個主要假設：第一，在與大眾文化的關係問題上，女性和男性截然不同……第二，女性若要掌控自己的身份、改變舊有的社會意識形態和社會關係，就必須充分理解大眾文化在女性文化和父權制文化領域內所發揮的不同作用……女性主義者聲稱大眾文化在父權制社會內扮演了重要角色，只有對這一角色進行深入剖析才能確保自身在討論的持續進行中站穩立場。」[48]誠然，女性主義經過三波理論浪潮的洗刷之後，呈現出了更為豐富的理論面貌與充沛活力。女性主義在與後結構主義、後現代主義、後殖民主義、精神分析等理論論辯與交匯之後，更深地植根於當代文化研究之中。在分析大眾文化研究時，女性主義者從性別視域出發，提供了深度剖析社會關係的新視角。

　　在女性主義文化研究的觀照下，文本如何再現女性，文本如何在政治層面發揮作用？顯然，女性主義文化研究已經提供了關於這些再現話語缺席、在場與重構的一批新的理論主張。麥克羅比作為伯明翰當代文化研究中心女性研究小組的倡導者，她有力地挑戰了中心對階級、意識形態和文化主義的主導性路徑，開拓了女性研究的新路徑。在麥克羅比看來，「後結構主義為婦女研究打開了意義和認同的問題，闡述了在無意識層次已知的和可能作用的因素之間更為複雜的關係。[49]事實上，當今的女性主義研究已經呈現出了多元向度，不僅僅只是停留於現實中的男女性之間的考察或文學文本中的女性形象探討，更是涉及到電影、言情小說、家庭肥皂劇、廣告的「觀看」、「凝視」快感問題，以及對男性氣質、酷兒理論的關注。洪美恩的《觀看

---

48 參見〔英〕約翰・斯道雷著，常江譯：《文化理論與大眾文化導論》，頁167。

49 〔澳〕杰夫・劉易斯著，郭鎮之譯：《文化研究基礎理論》（北京市：清華大學出版社，2013年），頁141。

〈豪門恩怨〉》無疑是一個經典的例子。在洪美恩看來,「快感」成為了女性主義文化政治的一個重要概念。

　　文化研究與女性主義的邂逅,使文化研究打開了性別研究的廣闊空間,澆灌出了一片豔麗多彩的奇花異草,競相綻放。女性主義在全球化過程中,都強有力地推進了對大眾文化和媒介文化研究。隨著文化研究的縱深推進,女性主義也以更為複雜和語境化的方式受到關注與接受。面對男權中心主義,女性主義提供了一條新的路徑讓文化研究重新思考社會的結構以及話語生產。或許,作為文化研究重要面向的女性主義,應該引起文化研究學者更多關於女性主義理論的關注與反思,以及對文化研究中女性主義分析的未來總結性思考。[50]

四　文化研究的後現代主義的面孔

　　後現代主義與文化研究相互滲透交織在一起,構成一副極為複雜的面孔。後現代主義已經大大擴展了文化研究的疆域。對於詹姆遜而言,它認為後現代主義與當前的無深度感和歷史性理解的損失相聯繫。他描述的後現代世界以分散、不穩定和迷失方向為標誌,但是,後現代文化並不是膚淺的,而是在一個深入的「現實」中生動的發展與經驗。對詹姆遜而言,後現代主義是晚期資本主義世界體系的文化表徵,在他看來:「文化研究顯然有別於後現代主義,因為它並不鼓吹抹殺高雅與低俗之間的疆界,宣揚微型群體的多元論,也不鼓吹以形象和媒體文化取代意識形態方面的政治鬥爭。」[51]而在本·阿格看來:「後現代主義文化研究方式,它不是棲息於大學校園,而是散布

---

50 Paul Smith (Edited), *The Renewal of Cultural Studies*, Philadelphia, Temple University Press, 2011. p.19.

51 〔美〕詹姆遜:〈論「文化研究」〉,《文化研究和政治意識》(北京市:中國人民大學出版社,2004年),頁16。

在街道、店鋪、商場、劇院、雜誌、報紙和廣告行為中。文化在某種
程度上是公共領域中最為政治化的領域，因此，文化研究需要放棄其
濃厚的學術行話，走出理論家的圖書館，直接參與到流行文化的政治
功能之中，並取而代之發展出一種更為廣泛、更為公共的俗語。批判
理論的未來就在於它作為文化研究與實踐意圖的結合。」[52]不言而
喻，無論是詹姆遜還是本・阿格，他們都並非大而無當地為後現代主
義的文化研究賦予某種特權，而是強調「以同情和批判的方式來理解
各不相同的文化表述和實踐」，拒絕各種先驗的文化視角，「把它對文
化解放潛力的判斷與文化作品和實踐所處的生產、分配、接受的語境
聯繫起來。」[53]

　　文化研究「在歷史、文化、政治、媒體等不同的層次，迎接福柯、
波德里亞、麥克羅比、錢伯斯、格羅斯伯格等人吸收後現代主義中具
有批判性的面向，但是依然堅持在本土（local）、性別、人種、階級各
層次抗爭的重要性，企圖閃躲後現代主義中虛無、投機的因子。」[54]
安吉拉・麥克羅比的《後現代主義與大眾文化》也鮮明體現了她歡迎
後現代主義的立場，她指出：「後現代主義進入各類學術語彙的速度
遠遠超過了其他思潮，其影響力最初僅局限於藝術史的領域，隨後擴
張至政治理論範疇，最後，就連青年文化雜誌、唱片封套以及《服飾
與美容》的時尚版都被納入了後現代理論視野。」因此，麥克羅比認
為：「後現代主義絕不僅僅是一種關於品位的妄想」[55]，而且關於後現
代主義的種種討論為文化研究提供了一系列積極有效的幫助。「後現代

52 〔美〕本・阿格：《作為批評理論的文化研究》（開封市：河南大學出版社，2010
　　年），頁51。

53 〔美〕本・阿格：《作為批評理論的文化研究》，頁142-143。

54 陳光興、楊明敏編：《Cultural Studies：內爆麥當奴》（臺北市：島嶼邊緣雜誌社，
　　1992年2月），頁12。

55 〔英〕安吉拉・麥克羅比著，田曉菲譯：《後現代主義與大眾文化》（北京市：中央
　　編譯出版社，2006年），頁13。

主義者試圖消解現代主義在文學和美學體系中設立的精英文化與大眾文化的分野，不再把文學或文化視為人類崇高、自由精神的產物，而把它放置在生產、傳播、消費這個大的社會語境下，看做是各種群體利益衝突的場所，這與文化研究者的主旨不謀而合。」[56]在某種意義上，後現代主義解放了來自邊緣、不同立場的各種聲音，它們形成了一個新的知識分子群體，從而也構建其了文化研究的另一副面孔。

---

56 黃卓越等：《英國文化研究：事件與問題》（北京市：生活・讀書・新知三聯書店，2011年），頁292。

第三章
文化研究的理論範式轉換

　　從文化研究置身的「問題場域」和呈現出來的「多副面孔」，我
們可以發現其已經發展成為一種多元化、開放性、未完成性的文化思
潮。斯圖亞特・霍爾曾明確地反對文化研究的「編纂」，並警告我們
該領域沒有最終的「範式」。在對文化研究對象——「文化」——的
基本理解中，霍爾欣慰地認為正是「沒有單一的、無問題的文化定
義」有力地支持了「文化研究」的發展。「在文化研究的理論發展
中，以一連串的辯論和挑戰的形式出現；在每一次的論戰中，文化研
究都在變換它的腳步，不去固守原有的立場，在辯論中取得發展上的
活力及養分，這也是文化研究能夠不斷求變、繼續存活下去的主
因。」[1]不得而知，文化研究的論辯目的不在於戰勝，而在於如何使
分析能夠更貼合現實世界，這也在某種意義上使得文化研究在理論上
不斷深化發展。

　　隨著社會歷史條件的不斷變化與發展，文化研究也發生了一系列
的範式轉換：從文化主義到結構主義，從結構主義到「葛蘭西轉向」，
從後現代主義到後馬克思主義。考察文化研究一系列的重要「轉向」，
無疑能更清晰地理解文化研究的理論軌跡與發展譜系，同時也有助於
我們進一步辨析與理解社會文化內部意味深長的轉向問題。

1　陳光興、楊明敏編：《Cultural Studies：內爆麥當奴》（臺北市：島嶼邊緣雜誌社，
　　1992年），頁11。

第一節　從文化主義到結構主義

一　「文化主義」與「文化研究」的發軔

　　霍爾在〈文化研究：兩種範式〉一文提出了「文化研究」早期的兩種原創性範式：文化主義與結構主義，而「文化主義」則為英國文化研究的切入點。雷蒙・威廉斯、理查德・霍加特和 E・P・湯普森三人往往被視為是「文化主義」的代表性人物。儘管他們三人之間的觀念存在顯著差異，但是他們都強調了文化之「普通」的特性。對英國工人階級文化的分析，理查德・霍加特是一個先行者。在《識字的用途》一書中，霍加特探討了英國給工人階級文化與民間文化之間的關係，以及大量生產的流行文本所帶來的文化。《識字的用途》作為英國文化研究的早期理論文本，為伯明翰學派的發展與興盛奠定了重要基礎。雷蒙・威廉斯是英國文化研究不可忽視的一位重要理論旗手，他的《文化與社會》、《漫長的革命》、《城市與鄉村》、《關鍵詞》等著作被視為文化研究的理論原典。尤其是《文化與社會》一書更是被認為是在英國文化研究史上產生獨一無二的重要影響，它代表著對文學與政治之間關係研究的成熟。在雷蒙・威廉斯看來，「文化」需要重新被審視，「文化是對一種特殊生活方式的描述，這種描述不僅表現一書和學問中的某些價值和意義，而且也表現制度和日常行為中的某些意義和價值。」在此意義上，他認為，「文化分析就是闡明一種特殊生活方式、一種特殊文化隱含或外顯的意義和價值。」[2] E・P・湯普森的《英國工人階級的形成》則以「下層歷史」為主題，強調「階級」是由人民形成並創造的一個歷史現象，是社會關係和經驗

2　〔英〕雷蒙・威廉斯著，倪偉譯：《漫長的革命》（上海市：上海人民出版社，2013年），頁51。

的組合。一九六四年英國伯明翰當代文化研究中心（CCCS）的創立，宣告了一種圍繞「文化」問題而建立的研究機構和新的理論視野的誕生。

　　「文化主義」是一種「文化唯物主義」，其核心在於對文化研究之基——「文化」——進行重新定義，反對傳統意義上高雅文化／低俗文化的二元對立區分，從而建立一種新的文化觀——文化是「普通的」。在《漫長的革命》一書中，雷蒙·威廉斯提出了「感覺結構」的概念去把握一個時代的文化，反對簡單的經濟基礎與上層建築之間必然的決定論。而湯普森對「經驗」的強調則構成了「文化主義」的另一重要特色。在霍爾看來，「文化轉向」構成了「一個在人文科學和社會科學內部發生的範式轉換」，而且「文化是對一種社會生活狀況的不斷構建，而不是一個依附的變量。」[3]他指出：「這三部書（《識字的用途》、《文化與社會》、《英國工人階級的行程》）在這些思想傳統之間構造了一個間隙，正是從這個間隙之中，『文化研究』伴隨其他事物得以脫穎而出。」[4]事實上，在追溯如何界定與展開「文化」概念的方式過程中，我們即是在關注「文化研究」的不斷變化與發展。儘管威廉斯與湯普森等人在觀念上存在著重大差異，但是我們依舊能夠看到貫穿於他們之間的一種「主導性範式」：文化主義。「這一範式傾向於一種更為寬泛的表述方式——社會存在和社會意識之間的辯證關係：任何一方都不能脫離對方而單獨存在。」[5]

　　文化研究的「文化主義」範式，它對英國文化研究的發軔具有重

3　Hall, S., "The Centrality of Culture: Notes on the Cultural Revolution of Our Time," in K. Thompson (ed.), *Media and Cultural Regulation*, London: Sage Publications Ltd., 1991, p.200.

4　〔英〕斯圖亞特·霍爾著，孟登迎譯：〈文化研究：兩種範式〉，《文化研究》2013年春第14輯，頁305。

5　〔英〕斯圖亞特·霍爾著，孟登迎譯：〈文化研究：兩種範式〉，《文化研究》2013年春第14輯，頁312。

要意義：一方面，它在「歷史的斷裂」中找到了新的發展方向；另一方面，它對「經驗」「情感結構」的強調，凸顯了大眾的主體性意義，從而為大眾文化研究的興起奠定了基礎。

二　文化研究的「結構主義」轉向

文化研究中的「文化主義」脈絡，被「結構主義」打斷了。伯明翰當代文化研究中心第三任主任約翰遜批判「文化主義」的歷史「迴避了抽象，僅僅強調『經驗的』和『活生生的』，將階級等同於階級經驗，並且將社會的生產關係看成是人民之間的關係。」他認為，「文化主義與經濟主義一樣是還原主義，但它是以向上的方向進行的還原主義。」[6]由於「文化主義」內部存在種種爭論，使得英國文化研究早期範式充滿了張力：一方面有利於其意識到自身的局限性從而尋找新的突破口，另一方面也促使並助推了「文化主義」向「結構主義」的轉向。

隨著「文化主義」範式的衰微，伯明翰學派研究者們迅速將目光轉向以路易‧阿爾都塞為代表的「結構主義馬克思主義」。阿爾都塞對馬克思意識形態理論的重新闡釋，為陷入「範式危機」的英國文化研究找到了新的理論突破口，從而開闢出新的學術疆域。經過阿爾都塞的重建，「意識形態」已不再被認為是簡單地對現實的歪曲反映，「意識形態實際上是一套『再現』（representations）體系。」[7]阿爾都塞的「意識形態國家機器」強調的是「宰制的結構」。在這一結構之中，「意識形態將個人『召喚』為主體，它促使這些意義成為主體經

6　〔英〕丹尼斯‧德沃金著，李鳳丹譯：《文化馬克思主義在戰後英國》（北京市：人民出版社，2008年），頁308。

7　阿圖塞（阿爾都塞）著，杜章智譯：《列寧和哲學》（臺北市：遠流出版事業公司，1990年11月），頁170。

驗」，而「主體是人文學者某種超越式的假設，主體被『去建構』，而且被視為意識形態實踐的必然產物。」[8]然而，在霍爾看來，「目前所犯的普遍錯誤，是把結構主義事業僅僅簡縮為阿爾都塞的影響以及受他的思想介入所激發而出現的所有事情——『意識形態』在他那裡起著根源性的、而不是調節性的作用，從而忽略了列維・斯特勞斯的重要性。」[9]他主張馬克思主義的結構主義範式的理論遺產應該追溯至列維・斯特勞斯，「正是列維・斯特勞斯的結構主義挪用了索緒爾以後的語言學範式，為『各類研究文化的人文（科）學』的範式提供了一種全新的前景，並可能使其展現出一種科學的、嚴格的全新範式。」[10]不言而喻，列維・斯特勞斯將語言與文化聯繫起來，其後阿爾都塞開創的「症候式閱讀法」，為文化研究找到了一條不同於「文化主義」的新路徑。而羅蘭・巴特則是文化研究的結構主義範式另一重要代表人物，他強調從符號學的角度提出了系統理解日常生活的意識形態基礎的方法，開創了《神話學》的批判模式。

　　霍爾在〈文化研究：兩種範式〉一文中對文化主義和結構主義作了細緻的梳理與比較，他認為：雖然文化主義與結構主義這種範式是從截然不同的思想和概念世界發展而來，而且還在一些關鍵的方面是尖銳對立的，但是文化主義與結構主義共同的地方是突破基礎／上層建築的模式，賦予上層建築以建構性的力量。相對於「文化主義」而言，霍爾認為「結構主義」展現出了三種巨大活力：第一種巨大活力在於對「各種決定性條件」的強調，注重思考各種結構關係；第二種活力是「結構主義不僅重視抽象的必要性，將其看作移用（appropri-

---

8　〔美〕勞倫斯・格羅斯伯格著，唐維敏譯：〈文化研究的重訪與再版〉，陳光興、楊明敏編：《Cultural Studies：內爆麥當奴》，頁35。

9　〔英〕斯圖亞特・霍爾著，孟登迎譯：〈文化研究：兩種範式〉，陶東風主編：《文化研究》第14輯（北京市：社會科學文獻出版社，2013年3月），頁314。

10　〔英〕斯圖亞特・霍爾著，孟登迎譯：〈文化研究：兩種範式〉，陶東風主編：《文化研究》第14輯，頁314-315。

ated）『各種真實關係』的思想工具，而且認為在馬克思的著作中就存在一種運轉於不同抽象層面之間的連續而複雜的思維運動」；第三種活力在於「整體」這一概念之中，源於它對「經驗」的去中心化和對「意識形態」的原創性闡釋。[11]當然，結構主義也並非無懈可擊，它也存在著先天的局限性，相對而言，「文化主義的活力幾乎全都源自以上所指出的結構主義立場的諸種弱點」，它強調「有意識的鬥爭和組織在某個確定時刻的發展是進行歷史分析、意識形態分析和意識分析不可缺少的要素。」[12]文化主義強調的是「歷史性」，而結構主義則是對非歷史性和共時性的強調，二者在一定程度上可以形成互補。

　　霍爾在綜合考量「文化主義」與「結構主義」這兩種範式利弊的基礎上警惕性地表明：「就目前的情形而言，無論是『文化主義』還是『結構主義』，都不足以將文化研究構造成一個有明確概念和充分理論根據的領域。」[13]儘管這兩種範式都在一定程度上對經濟基礎與上層建築之間關係研究有了新的突破，但是面對日益複雜的社會形勢，對一系列政治問題的解決則暴露了「文化主義」和「結構主義」的無力感。因此，尋求新的理論範式和批判武器成為文化研究的迫切要求，而葛蘭西則適時承擔起了這一重要歷史使命。葛蘭西的著述成為了文化研究新的知識源泉，提供了一套更明晰的術語，為文化研究開拓出了一條嶄新的道路。

---

11 〔英〕斯圖亞特・霍爾著，孟登迎譯：〈文化研究：兩種範式〉，陶東風主編：《文化研究》第14輯，頁318-321。

12 〔英〕斯圖亞特・霍爾著，孟登迎譯：〈文化研究：兩種範式〉，陶東風主編：《文化研究》第14輯，頁321。

13 〔英〕斯圖亞特・霍爾著，孟登迎譯：〈文化研究：兩種範式〉，陶東風主編：《文化研究》第14輯，頁318。

第二節　文化研究的「葛蘭西轉向」

　　如果說二十世紀六十年代的馬克思主義理論史的主要特色是「阿爾都塞主義」，那麼如今完全可以說我們進入到了一個「葛蘭西主義」新階段。[14]

　　一九七〇年代初，葛蘭西的「霸權」概念被引入到了英國的文化研究之中，引發了對大眾文化的重新思考，從而產生了文化研究的「葛蘭西轉向」。通過認真思考葛蘭西的理論主張，文化研究學者們不僅受到了葛蘭西霸權理論的深刻影響，而且重組了這份遺產，並將它融合進自己的研究過程並積極影響和轉變著文化研究的思維與方法。在約翰遜看來，「從生產角度進行的文化研究成為整個文化鬥爭和策略維度的一般關注點。葛蘭西也許是把大眾階級文化作為嚴肅的研究和政治實踐客體的第一個重要馬克思主義理論家和共產黨領導人。……在葛蘭西的著述中，葛蘭西的著作是傳統馬克思主義文化生產研究的最複雜最豐富的發展。」[15]文化研究的「葛蘭西轉向」提供了很多「馬克思主義的結構主義的『極限』案例」，斯圖亞特·霍爾在〈文化研究：兩種範式〉一文中明確指出：葛蘭西「為我們提供了一套更明晰的術語，他用這些術語將很大程度上『無意識的』、既定的文化『共通感』範疇同那種更為積極的、更有機的意識形態形式聯繫在一起，這種意識形態形式能夠干預共通感的基礎和大眾傳統，並能夠通過這些干預將男女大眾組織起來。」[16]不言而喻，文化研究的葛蘭西轉向，某種意義上是嘗試借助葛蘭西確立的一些術語，從文化

---

14 Chantal Mouffe, "Introduction: Gramsci Today," *Gramsci and Marxist Theory*, London: Routledge and Kegan Paul, 1979, p.1.

15 〔英〕理查德·約翰遜著，陳永國譯：〈究竟什麼是文化研究〉，羅鋼、劉象愚：《文化研究讀本》（北京市：中國社會科學出版社，2000年），頁24-25。

16 〔英〕斯圖亞特·霍爾著，孟登迎譯：〈文化研究：兩種範式〉，陶東風主編：《文化研究》第14輯，頁321。

主義與結構主義兩者中汲取最好的因素以推進自己的思考，從而超越
文化主義與結構主義的局限性，力圖將文化研究帶向未來的通途。

　　拉克勞在〈馬克思主義中的政治和意識形態〉一文中指出：「葛
蘭西所闡述的『霸權』概念是馬克思主義政治分析的關鍵性概念，其
內涵需要我們在各個方面進行發展。」首先，「葛蘭西的巨大創新不
在於他堅持上層建築在決定歷史進程中的重要性」，而在於「他努力
同時既克服了經濟主義又克服了階級還原論」。其次，如果離開霸權
理論，如大眾正當、進步民主、工人階級的國家任務等重大主題將不
可理解。第三，「葛蘭西的霸權概念的所有理論含義都在民主意識形
態的非階級特徵這一方面發展，這在某種程度上構成了一個要去完成
的任務。」[17]拉克勞從三個維度闡述了葛蘭西「霸權」理論的貢獻和
重大意義。在「文化主義」與「結構主義」範式危機的時刻，葛蘭西
的「霸權」理論成為了文化研究新的理論資源，這是一種歷史性的選
擇，也是一種策略上的考慮。

　　或許，我們可以從霍爾的表述中看到他「葛蘭西轉向」中的思考
以及初衷：「葛蘭西在他繼續堅持的馬克思主義宏大理論的理論框架
中所發現的那些依然未解決的問題。在某種意義上說，我依舊想簡略
地處理的諸多問題，除非繞道葛蘭西才能接近它們。這並不是因為葛
蘭西解決了這些問題，而是因為他至少正式討論了與它們相關的許多
問題。」[18]「葛蘭西轉向」主要引發了三方面的重新思考：一是引發
了對大眾文化的政治的重新思考；二是引發了對大眾文化概念本身的
重新思考；三是對「有機知識分子的生產」的思考。這種重新思考把
以前的兩種彼此對立的支配性大眾文化的思考方式帶入了積極的關係

17　Emesto Laclau, *Politics and Ideology in Marxist Theory: Capitalism, Fascism, Populism*,
　　pp.141-142.

18　〔英〕斯圖亞特・霍爾著，孟登迎譯：〈文化研究及其理論遺產〉，《上海文化》2015
　　年第2期，頁52。

之中。[19]葛蘭西式的文化研究，尤其關注對文化消費的研究，以及生產與消費間的積極關係。

　　「文化研究的興趣之所在與其說是文化產業所提供的文化商品，不如說是這些商品在消費活動中被挪用、被賦予意義的方式，而這些方式往往是商品生產者所不曾預料到甚至想像不到的。」從某種意義上說，文化研究更加「關注文本使之成為可能的意義的範圍」，更加關注諸多文本的意義，「即它們的社會意義、它們在實踐中被挪用和被使用的方式：作為歸附而非作為銘寫的意義」。[20]文化研究中的霸權理論，已不僅僅局限於從階級角度闡釋權力關係，它已經進一步擴展，將性別、種族、意義以及快感等納入了考察範圍。而且，「有機知識分子」的提出，更促使文化研究學者進一步省思文化研究的歷史責任。

第三節　後現代與文化研究的轉捩

　　隨著「後現代」這一概念的廣泛使用，二十世紀八十年代末到九十年代初的文化研究，尤其是在大眾傳媒與消費文化研究領域，也出現了傾向於「後現代」文化研究的諸種觀點。文化研究的「後現代轉向」已經成為一個不可迴避的重要趨向。「後現代」已經滲透到學術話語的各個層面，從人文藝術到社會科學各個領域。正如霍爾所言：「『後現代主義』是現在最為成功的傳奇」，「它對當代文化的型式與趨勢提出了關鍵問題，它是作為一個辯論的焦點出現在歐洲的，而有

19　〔英〕約翰・斯道雷著，徐德林譯：《記憶與欲望的耦合：英國文化研究中的文化與權力》（桂林市：廣西師範大學出版社，2007年），頁107。

20　〔英〕約翰・斯道雷著，徐德林譯：《記憶與欲望的耦合：英國文化研究中的文化與權力》，頁108。

許多嚴肅的議題牽涉其中。」[21]但是，文化研究的「後現代轉向」並
非是致力於後現代主義的理論建設，而是汲取後現代理論的觀念、主
張與思維方法來完善文化研究的議程。換言之，文化研究學者是將後
現代理論運用到文化研究之中，或者借助後現代理論來解讀大眾文
化、媒介或者身體等。不言而喻，文化研究的後現代轉向並不能簡單
地等同於「後現代理論」本身。

　　如果要追溯文化研究的後現代轉向的理論來源，影響最大的莫過
於詹姆遜和波德里亞的後現代主義理論。詹姆遜享譽盛名的《後現代
主義，或晚期資本主義的文化邏輯》一文往往被視為其對文化研究的
後現代轉向起了奠基性作用。詹姆遜以宏大的理論抱負將現實主義、
現代主義、後現代主義與資本主義發展的三個時期進行了對應，他認
為：「不論是褒是貶，任何對後現代主義的觀點，都同時也必然地表達
了論者對當前跨國資本主義社會本質（或隱或顯）的政治立場。」[22]
詹姆遜進而主張：「必須視『後現代主義』為文化的主導形式，我們
的歷史分區觀才能有出路。我認為只有透過『文化主導』的概念來掌
握後現代主義，才能更全面地瞭解這個歷史時期的總體文化特質。」[23]
作為「文化主導」的「後現代主義」猶如一個偌大的張力磁場，吸引
了來自方方面面、形態各異的文化動力，最後構成了一個聚合不同力
量的文化中樞。詹姆遜精煉地概述了「後現代主義」四個方面的特
點：一是「無深度感」，二是缺乏「歷史感」，三是「精神分裂」式的
文化語言，四是全新的情感「強度」。[24]

---

21 〔英〕斯圖亞特·霍爾著，陳光興、楊明敏編：《後現代主義與接合理論》：《Cultural Studies：內爆麥當奴》，頁187-188。

22 〔美〕詹明信（弗雷德里克·詹姆遜）：《晚期資本主義的文化邏輯》（北京市：生活·讀書·新知三聯書店，1997年），頁426。

23 〔美〕詹明信（弗雷德里克·詹姆遜）：《晚期資本主義的文化邏輯》，頁427。

24 參見〔美〕詹明信（弗雷德里克·詹姆遜）：《晚期資本主義的文化邏輯》，頁432-433。

　　波德里亞則是對文化研究後現代轉向影響至深的另一位後現代理論家。在《象徵交換與死亡》中，波德里亞假設了一個現代性與後現代性之間根本的歷史斷裂，這個斷裂同先前的現代社會和前現代社會之間的決裂一樣徹底。「對於波德里亞而言，後現代性標誌著一個領域，在這個領域中，現代生長和爆炸的動力已經達到了它們的極限，並開始轉向內部，吸收自身了，這導致一個吞噬了所有關係極點、結構差異、衝突、矛盾以及指涉性終點的內爆過程。」[25]在波德里亞看來，當代世界正處於一個激進的符號製造術和內爆過程中，他提出了一種超級內爆的後現代理論。

　　在道格拉斯・凱爾納看來，文化研究的後現代轉向是對於一個全球資本主義新時代的回應，被描述為「新修正主義」的東西絕對切斷了文化研究與政治經濟學以及批判的社會理論的關係。在文化研究的這個新近階段，存在著一種廣泛流行的解中心傾向，甚至完全忽視經濟學、歷史學以及政治學而偏愛對於局部性的快樂、消費的強調，並從流行文化的材料出發來建構雜交身份。[26]後現代主義顯然已經改變了大眾文化賴以思考的理論和文化根基，約翰・斯道雷指出：「高雅文化與低俗文化之間的區隔的倒塌可能意味著這樣一種可能性，即僅僅使用大眾文化這一術語來表示眾人所青睞的文化。」[27]文化研究中的後現代轉向最值得關注的一個方面，乃是文化研究自身在後現代理論挑戰下如何應對，或者說文化研究在這種挑戰下如何重構自己的規劃。「後現代主義理論主要是被用來重新思考當代背景下的文化批評和文化政治，它的效用在於喚起對於文化的新構型和新功能的注意，

25　〔美〕道格拉斯・凱爾納著，陳維振等譯：《波德里亞：一個批判性讀本》（南京市：江蘇人民出版社，2008年），頁65。

26　〔英〕道格拉斯・凱爾納：〈批評理論與文化研究：未能達成的結合〉，陶東風主編：《文化研究精粹讀本》（北京市：中國人民大學出版社，2010年），頁140-141。

27　〔英〕約翰・斯道雷著，徐德林譯：《記憶與欲望的耦合：英國文化研究中的文化與權力》，頁194。

因為後現代理論對於探察新技術、新全球經濟和文化以及新政治勢力
和運動的軌跡和影響，不啻為一張認知地圖。」[28]顯然，文化研究者
借用了後現代的「反本質主義」以及「去中心化」的策略，反思並瓦
解了左派政治僵化的傳統觀念，同時將「主觀維度」及對個體的關注
納入政治話語之中，從而構建了一個能夠回應現實變革和重新動員政
治主體的理論範式。

　　如何思考文化研究在新的後現代消費語境下的出路問題？我們不
應將後現代視為洪水猛獸，認為文化研究的後現代轉向就是一種「衰
退」，而應該積極看到這種轉向為我們闡釋各種社會現象提供了新的
視野。文化研究吸收了後現代的批判因素，堅持對社會問題的批判性
介入與理解。誠然，文化研究的後現代轉向為文化研究開拓了新的視
域，進一步增強了理論活力。

第四節　後馬克思主義轉向

　　二十世紀九十年代以降，「後馬克思主義」成為了「文化研究」
的一種重要理論範式。美國文化研究學者賈妮思·佩克認為，正是由
於二十世紀八十年代以來文化研究經歷的思想轉變和理論轉向，從而
迎來了「後馬克思主義」的黎明。伴隨著「後馬克思主義」的粉墨登
場，文化研究獲得了一種「更高程度的開放性」。[29]

　　關於後馬克思主義與文化研究之間關係的闡釋，以保羅·鮑曼的
《後馬克思主義與文化研究》最具代表性。鮑曼認為，後馬克思主義
對於文化研究的重要性主要體現在話語理論上。「『後馬克思主義』是

---

28 蕭俊明：〈文化研究中的後現代轉向〉，《國外社會科學》2003年第6期，頁39。

29 Anglea McRobbie, "Post-Marxism and Cultural Studies: A Post-Script", in Lawrence Grossberge, Cary Nelson, Paula Treichler (eds), *Cultural Studies,* New York and London: Routledge, 1992, p.724.

這樣一種理論視角，它把歷史、文化、社會和政治都當成是不可還原的『話語性的』東西。」[30]陳光興和戴維·莫利將文化研究與後馬克思主義的相遇看成是「文化研究得以開始新一輪構形的基礎」。[31]不言而喻，後馬克思主義對文化研究的重要性已經很清楚。正如對於麥克羅比而言，後馬克思主義為「文化研究中已經發生的一切提供了理論支撐」。[32]事實上，關於文化研究與後馬克思主義之間的關係遠為複雜。誠如保羅·鮑曼所言：「『後馬克思主義與文化研究』這一短語中的這個『與』實際上遮蔽了一個事實，那就是後馬克思主義與文化研究之間的關係遠不是單純的、固定的、直接的。」[33]他認為，有必要進一步澄清二者之間的關係。

　　「後馬克思主義與文化研究在很大程度上都是為了應對政治和知識領域中的某種解構主義『危機』而出現的。」正如保羅·鮑曼所論證：「後馬克思主義理論和文化研究作為研究方法，都起源於一種介入式的努力，它們也主要地把自身當成一種介入式的努力，試圖挑戰、清除或至少去發展既有的並且通常廣義地說是馬克思主義的各種政治因果關係模式、介入模式以及關於是什麼最終決定了事態、身份和對象的各種理論模式。」[34]事實上，文化研究與後馬克思主義都是試圖回應馬克思主義中的經濟還原論和阿爾都塞的結構主義中存在的某些問題。正如達里爾·弗蘭克主張，我們有必要對這些問題進行重

---

30 〔英〕保羅·鮑曼著，黃曉武譯：《後馬克思主義與文化研究》（南京市：江蘇人民出版社，2011年），頁4。

31 David Morley and Chen Kuan-Hsing eds, "Introduction," *Stuart Hall: Critical Dialogues in Cultural Studies,* London: Routledge, 1996, p.2.

32 Anglea McRobbie, "Post-Marxism and Cultural Studies: A Post-Script," in Lawrence Grossberge, Cary Nelson, Paula Treichler (eds), *Cultural Studies,* New York and London: Routledge, 1992, p.720.

33 〔英〕保羅·鮑曼著，黃曉武譯：《後馬克思主義與文化研究》，頁68。

34 〔英〕保羅·鮑曼著，黃曉武譯：《後馬克思主義與文化研究》，頁5。

新理論思考。拉克勞與墨菲的《霸權與社會主義戰略》一書對後馬克思主義產生了深遠影響，它被視為是斯圖亞特・霍爾文化研究道路一個重要的「起點」。霍爾認為：「我們不可忽視拉克勞和墨菲探討政治主體建構極富潛能的著作，以及他們對政治的主體性源於統整的自我——它也是統整的說話者、確實的表述主體——這個概念的解構。論述的隱喻極其豐富且具有巨大的政治效果，譬如，它使文化理論家體認到，我們所稱的『自我』，是從差異中且經由差異建構出來的，而且仍是矛盾的，同樣的，文化形式也類此方式，不曾全然封閉或『縫合』。」[35]誠然，後馬克思主義的問題範式對文化研究而言意義重大。

　　後馬克思主義範式已經對文化研究產生重要影響，帶來了極大的挑戰。「後馬克思主義範式中發現的問題將有助於我們更全面地瞭解和闡明『文化研究』，什麼是文化研究，它是從事什麼的；文化研究和後馬克思主義之間的關係，它們之間的差異所導致的問題，這不僅對於它們自身，而且對於各種各樣的關於文化、政治的思考，對於責任和政治參與問題，都是非常重要的。」[36]誠然，文化研究的「後馬克思主義」轉向，並非是後馬克思主義戰勝了文化研究，篡奪了文化研究的角色，而是「後馬克思主義」在某些層面上為文化研究提供了新的研究方法，開拓了新的研究視域。

---

35 斯圖亞特・霍爾：〈後現代主義與接合理論〉，陳光興、楊明敏編：《Cultural Studies：內爆麥當奴》，頁187-188。

36 〔英〕保羅・鮑曼著，黃曉武譯：《後馬克思主義與文化研究》，頁12。

第四章
文化研究的理論旅行：
從英國到中國

第一節　理論旅行與跨語境轉換

「當理論從一地向另一地運動時，這種理論到底發生了什麼情況，這個具體問題本身就成了一個興趣盎然的探討題目。」薩義德在〈旅行中的理論〉一文中論述道：「聰明的做法則是用適合於我們所處情境的方式，來提出有關理論和批評的問題。」[1]也就是說，某種與原本語境相關的理論或觀念，由於歷史語境的轉換或新的原因而再次使用，且在更加不同的場域中再一次使用時，究竟會發生什麼新變化尤其值得我們的關注。就理論本身而言，它的界限、內在問題和可能性向我們說明了什麼？就理論與歷史語境的關係而言，它與社會、文化的關係發生了哪些變化，又向我們說明了什麼，如何看待這些問題的相關性？這些都是我們在考察「理論的旅行」所不容忽視的關鍵問題。或許，我們可以將理論旅行的路線圖更為清晰地描繪為：（1）理論的譯介與誤譯，（2）理論的闡釋與誤讀，（3）理論的重新演繹過程，（4）應用理論的批評實踐；至少這四個方面應該納入我們的研究視域。

文化研究「並不是固定的思想內涵，更不能任意由甲地移向乙地，它們在互異的民族國家或地域的脈絡，並不能說是帶有相似的運

1　〔美〕愛德華・W・薩義德：〈旅行中的理論〉，《世界・文本・批評家》（北京市：生活・讀書・新知三聯書店，2009年），頁405-406。

作方式。」反之，「伴隨脈絡的轉換，文化研究的位置與相關性也產生了變異，它們的位置與相關性若何，總是必須扣連當地多種形式之政治與知識論述的特殊性格。」[2]考察中國版的文化研究，話語場域的轉換顯然是不容忽視的重要因素。因為文化研究是西方特殊歷史經驗和社會現實的產物，隨著話語場域的轉換，我們在引入與運用西方「文化研究」的概念與理論時，必須充分意識到中國的本土經驗與特殊性，以免造成「移橘成枳」的效果。誠如摩爾所言，「不是把它當做一個抽象的概念，而是當做一個具體的、複雜的和充滿矛盾的社會空間，在這個空間中，各種特定的文化實踐和生活經驗方式在相互塑造、協調並相互鬥爭著。」[3]考察與研究中國經驗視域中的文化研究，更應當進入「中國經驗」的歷史縱深，這樣才能深切闡釋出「文化研究」對中國歷史與社會現實的真正參與，重構出文化研究多層次、立體的發生圖景。對於文化研究的發生圖景的凝視，不僅能夠有效揭示文化研究發生的內在文化機制，而且對當時的社會歷史能形成某種「反觀」的視野。當我們考察文化研究是如何介入二十世紀九十年代中國的複雜社會場域時，我們應當意識到：文化研究並非是簡單的西方理論的旅行，並非是單純的西方理論的外力影響，而應該考慮到更深層次的、內在的縱深緯度。

檢視各國的文化研究，我們無疑會發現，文化研究大約是在十九九十年代以來才在全球如火如荼地播撒開來。事實上，英國的文化研究在一九六〇年代便已經產生重大影響，但是其理論旅行、翻譯到世界各地可說是一九九〇年代之後的事。事實上，每個國家的文化研究的崛起都有自己的歷史脈絡，即使它們都深受英國文化研究的影響，

2　〔英〕大衛・摩利：《電視、觀眾與文化研究》（臺北市：遠流出版事業公司，1995年），頁7。

3　〔英〕保羅・摩爾：〈歐洲的文化研究〉，陶東風主編：《文化研究精粹讀本》（北京市：中國人民大學出版社，2010年），頁47。

但在各自不同的時空之中，它們都發展出了屬於自己語彙和關注點的文化研究成果。霍爾在接受陳光興的訪談時曾表述過類似的觀點——「文化研究國際化的結果，使得文化研究所處理的問題延伸到更大的規模，但是不管文化研究者挪用哪種典範觀點，針對他們自己的關切問題進行實踐或者轉化工作，都必須持續進行『翻譯』的過程。」[4]顯然，不管是文化研究的理論旅行，還是其所處的歷史語境，文化研究所處的情形與伯明翰當代文化研究中心當時的歷史狀況已經大相逕庭，哪怕是現今的文化研究與上世紀八十年代的文化研究，脈絡上也出現了諸多的差異。文化研究從英國走向全球，使得文化研究所處理的問題延伸到了更為廣泛的範圍，但是，有一點顯然是可以肯定的：無論文化研究者挪用何種典範觀點對其所關注的問題進行介入和實踐，「翻譯」[5]始終是一個持續存在的過程。在霍爾看來，「翻譯是一個重新接合和重新脈絡化的持續過程。」[6]因此，無論「文化研究」在何時何地進入一個新的文化空間，它的文化意涵必然發生轉變，雖然某些元素依然持續相同，但是由於新的元素的出現，其整個組構已經改變了。

　　我們檢視西方文化理論研究，目的就是為了積極瞭解、介入文化研究的多重思考和政治實踐。如果我們在中國經驗的脈絡下思考文化研究，我們應該如何使文化研究在這個極度複雜且充滿活力的文化空間中有所突破、挑戰？或許，我們不應忽視霍爾語重心長的警醒：「我們必須記住，文化研究不是自以為是的孤島。文化研究從社會和文化力量中得到更多刺激，特別是如果你們對文化研究的政治接合感

4　霍爾、陳光興著，唐維敏編譯：《文化研究：霍爾訪談錄》（臺北市：元尊文化出版社，1998年），頁66。

5　「翻譯」在此已非本意，在霍爾的概念中，「翻譯」與「再度結合」、「再度制碼」、「跨越文化」等概念相似。

6　〔英〕霍爾、陳光興著，唐維敏編譯：《文化研究：霍爾訪談錄》，頁68。

到興趣的話。大家必須謹記在心，文化研究的操作場域就在文化和政治空間裡。」[7]「只有你們透過這些結構進入文化研究，而不是從文化研究內部，而是從這些外在特性，你們才真正地開始『翻譯』文化研究；否則你們只是對文化研究加以借用、和修補，再玩弄一番之後，又將其丟棄。」[8]只有從中國經驗的脈絡出發，才能實現文化研究與中國問題的接合，確實進入中國經驗的問題場域。

第二節　文化研究興起的「中國語境」

　　不可否認，當代中國大陸文化研究的興起與理論旅行顯然受到英國「文化研究」、美國大眾文化以及臺灣、香港文化研究的影響，但這種理論旅行只是外部因素，並非構成文化研究興起的決定性因素。上海當代文化研究中心創始人王曉明回顧文化研究在中國大陸興起的短時間內卻形成了「文化研究熱」時，將其歸結為兩個方面的原因：「一是學術／學院體制運轉的需要；二是——更重要的——社會現實的刺激。」[9]第一個方面，顯然是與一九八〇年代以來中國的學術／學院體制所形成的追逐歐美學術潮流的趨勢緊密相關，而這種趨勢發展到一九九〇年代更為膨脹。作為當時西方「顯學」的文化研究，「無論對於學院知識生產，還是對於謀取話語權的學術政治，它都顯得非常重要，成為關注、引進和模仿的對象。」[10]而第二個方面的原因，顯然要更為複雜——市場經濟的改革大潮使當時的中國現實發生了巨大變化與分化，而人文社會科學界對這一重大的歷史轉型所產生

7　〔英〕霍爾、陳光興著，唐維敏編譯：《文化研究：霍爾訪談錄》，頁76。

8　〔英〕霍爾、陳光興著，唐維敏編譯：《文化研究：霍爾訪談錄》，頁77-78。

9　王曉明：〈文化研究的三道難題——以上海大學文化研究系為例〉，《上海大學學報》（社會科學版）2010年第1期。

10　王曉明：〈文化研究的三道難題——以上海大學文化研究系為例〉，《上海大學學報》（社會科學版）2010年第1期。

的新變化和新現象在認識產生了巨大的分歧。一部分人樂觀地歡呼，中國已經進入了消費社會和大眾文化的時代，因此急需引入文化研究來確認這一新現實；而另一部分人則對當時社會轉型所帶來的負面現象滿懷憂慮，並且批判性地反思中國正在向何處去？未來的出路在哪裡？他們更傾向於以批判的眼光看待當時的社會現實與文化現象，而且試圖通過開展文化研究，獲得對社會轉型理解與闡釋。正是在這樣的時代轉型浪潮中，文化研究進入了當時中國知識分子的視野，成為了他們重要的理論資源，並且通過借用「文化研究」之名來為自己的批判性分析命名。

除了以上兩個重要因素，我認為以下諸因素對於構成中國大陸「文化研究」興起的歷史語境同樣不可忽略的：

一是意識形態的分歧與衝突。隨著中國社會轉型與市場經濟的崛起，許多長期被壓抑的矛盾漸次浮出歷史地表。諸如傳統與現代、全球化與本土化、學術與日常生活、激進與保守、人文精神與商品化邏輯等等，構成了當代中國社會錯綜複雜的面貌以及話語變遷史。一九八〇年代以來，中國文化場域之中發生的「人文精神大討論」、「純文學」、「現代性問題」等一系列論爭，在某種意義上折射出了當時中國社會面臨的思想觀念上的衝突。各種原先被壓抑的矛盾與能量，剛好在社會轉型和碰撞中爆發出來，而文化研究所具有的批判精神恰恰與當時的時代氛圍不謀而合了。

二是理論資源的更新與研究範式的變革。「諸如傳統與現代、激進與保守、學術與政治、主義與問題、知識分子與意識形態、全球化與本土化、啟蒙思想與後烏托邦、現代化代價與當代人文精神等，使二十世紀文化史、思想史成為問題生成史和話語變遷史。」[11]但是，由於社會現實的急劇轉型與巨變，使各個方面的發展出現了游離傳統

11　王岳川：〈90年代文化研究的方法與語境〉，《天津社會科學》1999年第4期。

理論譜系覆蓋的情況，需要呼喚新的理論和方法範式來予以闡釋。實際上，後殖民主義理論、現代性理論和後現代主義理論構成了中國大陸文化研究的重要知識語境。當時傳統研究範式遭到了後現代主義和後殖民主義的全面挑戰，許多跡象表明，這種後結構轉向對文化研究的產生具有深遠影響。正如王寧所分析：「後現代主義在中國文學藝術中的直接作用是導致了兩個極致的變體的產生：一方面是先鋒派的智力反叛和觀念上技巧上的過度超前；另一方面則是大眾文化乃至消費文化的崛起。」[12]後現代主義理論消解了傳統僵化的美學成規，打開了文學研究的多元化發展空間；同時，經過後現代主義的洗禮，中國社會敞開了文化研究興起的思想空間。而中國學界對後殖民理論情有獨鍾，薩義德的「東方學」一經引入，後殖民主義理論就在中國文學研究領域持續發酵，引發了學界對民族認同、自我與他者之間關係的重新闡釋，從而打開了文化研究的闡釋空間。

　　三是大眾傳媒的興起。毫無疑問，大眾傳媒的興起在傳統的新聞禁錮之中打開了一條裂縫，它表達了人們對於社會公正與自由開放的嚮往與期待。大眾媒介的興起深刻地改變著人們的生活，「視覺文化占據著人們生活的主要空間，在這樣一個讀圖時代裡，甚至視像已反過來影響紙媒介文化，而網絡文化也正在逐步改變著我們的交往方式。還有在新的現實條件下的政治意識形態、性別文化、身體文化、邊緣弱勢群體的生存狀態，以及新的生態文化，都已經現實地進入我們的生活。」[13]大眾傳媒，它已絕不簡單是一個聲色地帶了，而是一個相互爭鬥的場域。

　　四是文化研究剛好契合了當時知識分子回應、參與、介入新的社會現實的批判性需求。一九九〇年代以來，中國社會文化發生的巨大

12　王寧：〈全球語境下的中國當代文學與文化研究〉，《探索與爭鳴》2007年第10期。
13　金惠敏主編：《文化研究：理論與實踐》（鄭州市：河南大學出版社，2004年），頁1-2。

變化，不同形態的各種流行文化在商業化、市場化的推動下，表現出巨大的吸納性，大眾文化研究儼然成為現代知識體系中的一個必不可少的領域。同時，中國社會在全球化與市場化的推動進程之中，從國家、體制、階級、意識形態等諸多方面都發生了巨大的變化，那麼，應該如何認識這種變化？它們又是怎樣形成的？社會是否面臨著危機？由於原有的理論系統與知識方式已無法有效展開對新社會現實的分析與闡釋，所以諸如李陀、王曉明、戴錦華等一批學者希望從一個更廣泛的知識和問題意義上處理當下問題，而「文化研究」則適時地成為了他們的期盼與選擇。與那些純粹從事文化研究理論譯介或者照搬西方理論的人不同，他們已意識到：由於中國社會所特有的複雜性與獨特經驗，僅僅嫁接與位移西方文化研究顯然無助於對中國當下問題的思考與解決；「文化研究」必須直面「中國經驗」，進入中國社會現實，才能發揮其闡釋的效應與能量。

　　文化研究在二十世紀九十年代中後期，尤其是新世紀以來成為大陸學術界的學術熱點，與其說是又一次西方理論的旅行，不如說是當代中國學者在面對複雜的現實所作出的學術選擇，是人文社會科學知識分子試圖重新介入社會現實的一種努力與嘗試，儘管他們的知識背景和專業並不相同，他們選取的議題差異甚大，但是，他們那種試圖突破原有的知識界限，介入、批判社會的期待與目的卻是共有的。[14]誠如戴錦華所言，「文化研究的興起，不僅是對方興未艾的大眾文化、媒介文化與文化工業的回應，而且是對激變中的社會現實的回應與對新的社會實踐可能的探尋；不僅意味著一種新的學術時尚的到來，或始自八十年代的西方理論思潮的引入及其本土批評實踐的又一浪，而且是直面本土的社會現實，尋找並積蓄新的思想資源的又一次

---

14 張慧瑜：〈文化研究在大陸〉，《賽博文萃》第2期（2003年8月）。

嘗試和努力。」[15]我們的研究將不僅依據既存的文化研究理論，更不是試圖以中國文化現象印證西方文化理論，而是努力對豐富而複雜的中國當代文化作出我們的解答。

第三節　文化研究在中國大陸的理論之旅

在簡要梳理和討論文化研究的理論旅行和脈絡之後，我們可以將討論的焦點聚焦於：文化研究在中國大陸的發展狀況。首先，我們從一個最為簡單但卻不容忽視的問題開始：文化研究何時開始進入中國學術界的視域？關於這個問題，現今學界一般有四種看法。第一種是將詹姆遜的《後現代主義與文化理論》視為「西方文化研究成果在中國的第一次亮相」。詹姆遜於一九八五年到北京大學演講，其演講錄於一九八六年結集為《後現代主義與文化研究》出版。《後現代主義與文化研究》一書的出版在當時產生了較大反響，雖然將其視為「文化研究」在中國的開端並不確切，但是將其視為「文化研究」的火種卻是恰當的。第二種看法是將文化研究的在中國大陸的正式登場時間設在一九八八年，緣由是文化研究的兩位理論先驅威廉斯與霍加特著作的部分章節被翻譯到中國了，而且中國學界的「文化熱」轟轟烈烈地開展。但是，如果我們深入到二十世紀八十年代中後期的中國大陸文化語境中，我們顯然可以清楚地辨析出轟轟烈烈的「文化熱」討論與「文化研究」並非是在相同脈絡上來探討問題。伯明翰學派的思想觀念和譯作在中國學界也並未產生反響，因此，一九八八年作為「文化研究」登陸中國的起點並未獲得共識。第三種觀點認為文化研究正式進入中國學術界的視野並獲得關注是從一九九四年開始的。其標誌

---

15 戴錦華：〈文化研究的理論與實踐（代前言）〉，見阿蘭·斯威伍德著，馮建三譯：《大眾文化的神話》（北京市：生活·讀書·新知三聯書店，2003年4月），頁1。

是一九九四年《讀書》雜誌在第七、八期連續發表了李歐梵的訪談——《什麼是「文化研究」》和《文化研究與地區研究》——介紹了文化研究的歷史淵源和美國文化研究的發展動態。第四種觀點認為一九九五年八月在大連召開的「文化研究：中國與西方」的國際研討會是一個標誌性的劃界事件，正是這次研討會正式拉開了中國學界文化研究的大幕，文化研究從此聲勢愈隆，一時被稱為顯學。

　　文化研究理論何時開始進入中國大陸文學理論研究的視域？對這個看似簡單的問題的不同回答和描述，這顯然是一個很有「意味」的問題。其實，通過對它們觀點的分析，我們可以發現它們所隱含著的不同的學術背景和知識譜系。將《後現代主義與文化研究》的出版視為中國文化研究緣起的學者更多的是詹姆遜的信徒，他們大多是留美的或者接受美國大眾文化研究的一批學者。而持第二種觀點的學者接受的是英國文化研究的學術脈絡，但是可能出於個人的偏愛，未能客觀地界定，或許是源於「話語權的圈地運動」之故，遂將最早的零星理論譯介視為開端。這顯然有失公允。第三、四種觀點較為客觀地從理論譯介與中國學界的接受、批評實踐進行判斷，此時，中國社會已具備了文化研究興起的歷史語境。

　　從一九九四年李歐梵的訪談〈什麼是「文化研究」〉和〈文化研究與區域研究〉在《讀書》雜誌發表後，《讀書》雜誌在一九九四年九月又舉辦了主題為「文化研究與文化空間」討論會，可以說，這是國內第一次真正意義上的「文化研究」研討會。[16]一九九五年八月，在大連舉辦的主題為「文化研究：中國與西方」國際學術研討會著重探討了西方文化研究的歷史演變和現狀、比較文學和文化研究的關係、中國當代文化研究的理論課題等。緊接一年後的一九九六年七月，在南

---

16 〔美〕湯尼・白露：《生活在不可理解之中——對〈讀書〉9月份〈文化研究與文化空間〉討論會的記錄與感想》，《讀書》1994年第12期。

京舉辦了主題為「文化接受與變形」國際研討會，會議的議題主要涉及到了「歐美大眾文化在中國的影響」、「文化全球化和文化身份研究」以及「文化研究的衝擊和對策」等。這三次以「文化研究」為主題的學術會議的舉辦，顯然對「文化研究」在中國的理論旅行與落地生根具有重要意義。值得一提的是，一九九五年十月，北京大學成立了「文化研究工作坊」，成為中國文化研究建制化的早期探索模式。

　　談到文化研究在中國大陸的興起，顯然不能忽略以下理論家的相關重要著述：周小儀的〈文學研究與理論——文化研究：分裂還是融合？〉一文，從文學研究與文化研究的關係軸上對英國文化研究的發展進行了詳細梳理，他吸收了伊格爾頓和阿爾都塞關於「審美是一種意識形態」的觀念，提出了「我們的注意力不僅要放在美學和闡釋學方面，還要放在這種審美趣味、闡釋方式的社會文化基礎方面。我們不僅要研究文本和形式，還要研究這些形式構成的社會、歷史、文化因素。」[17]汪暉的〈九十年代中國大陸的文化研究與文化批評〉一文是一九九四年九月《讀書》雜誌關於「當代文化問題和文化研究」討論會的綜述，文章對中國大陸文化研究與文化批評產生的背景與動因作了說明，結合當代中國的本土問題展開了討論。此後，從一九九五年至一九九九年之間，一系列關於「文化研究」的研究成果獲得了關注：王寧的〈「文化研究」與經典文學研究〉、〈文化研究語境下的傳媒現象分析〉、《文化研究在九十年代的新發展》，劉康的〈從比較文學到文化研究——西方比較文學發展三人談〉，李陀的〈「文化研究」研究誰？〉、〈我們為什麼要搞文化研究〉，孫衛衛的〈需要什麼樣的大眾文化研究？〉，陶東風的〈文化研究與中國國情〉、〈文化研究：西方話語與中國語境〉，鍾健夫的〈從「文化操作」看「文化研究」〉，

---

17 周小儀：〈文學研究與理論——文化研究：分裂還是融合？〉，《國外文學》1995年第4期，頁5-6。

周憲的〈文化的分化與「去分化」〉，牟岱為的〈文化研究學派元析〉，戴錦華的〈文化研究面對後現代噩夢〉，張建、吳汝仁的〈文化研究與中國文化建設〉，趙勇的〈文化批評：為何存在和如何存在〉，王岳川的〈九十年代文化研究的方法與語境〉、〈中國九十年代話語轉型的深層問題〉，石恢的〈從「文學研究」到「文化研究」〉，李歐梵、陳建華的〈「文化研究」訪談錄〉。自一九九九年開始，由李陀主編的《當代大眾文化批評叢書》由江蘇人民出版社出版發行，該叢書包含十種；由李陀主編的另一套「大眾文化研究譯叢」，[18]也由中央編譯出版社出版發行，這有效地推動了中國的文化研究的發展。從一九九四年文化研究在中國大陸的出場到一九九九年李陀「大眾文化批判叢書」的出版，文化研究在中國大陸經過了五年多的醞釀和探索，逐漸走向一種自覺的批判實踐。從二〇〇〇年《文化研究》雜誌的創刊到新世紀的第一個十年，文化研究在中國大陸學界已經形成聲勢浩大的人文思潮，其影響已經擴散到文學、藝術學、傳播學、社會研究、歷史學、人類學、地理學、都市研究等廣泛領域。

　　二〇〇〇年六月，由陶東風、金元浦、高丙中主編的《文化研究》第一輯出版，可以說是「文化研究」在中國大陸發展的一件標誌性大事。其宗旨是「致力於中國文化研究的推廣與傳播，介紹國外前沿理論及重要理論家，力倡文化研究理論的本土化及中國學派的建立。」《文化研究》以專題作為編輯形式，既有外國的文化研究理論譯介，又有本土的文化研究實踐，至今（2023年12月）已經出版了五十輯。從二〇一三年開始，《文化研究》每年出刊四期，由社會科學文獻出版社出版，其主要專題涉及「哈貝馬斯論話語政治」、「視覺文

---

18 目前譯叢已出版《時裝的面貌—時裝的文化研究》（〔美〕珍妮弗・克雷克著）、《午後的愛情與意識形態——肥皂劇、女性及電視劇種》（〔英〕勞拉斯・蒙福德著）、《電視的真相》（〔英〕A・古德溫著）、《後現代主義與大眾文化》（〔英〕安吉拉・默克羅比著）、《理解大眾文化》（〔美〕約翰・費斯克著）。

化研究」、「文化與權力」、「文化與集體記憶」「解讀身體」、「紀念皮
埃爾‧布爾迪厄逝世一周年」、「文化研究的中國問題與中國視角」、
「中國當代文化專案研究」、「全球化語境中的中國大眾傳播」、「文化
記憶：西方與中國」、「新媒介與青年亞文化專題」、「城市文化專
題」、「華語電影研究」、「空間政治與城市身份」等。

　　由中國學者王逢振和美國學者希利斯‧米勒共同主編推出的「知
識分子圖書館」叢書二十六種由中國社會科學出版社出版，主要譯介
了二十世紀八十年代以來對中國學界影響較大的理論著作。由羅鋼、
劉象愚主編翻譯的《文化研究讀本》於二〇〇〇年一月問世。《文化
研究讀本》主要內容包括五個專題：一是「什麼是文化研究」，譯介
了理查德‧約翰生的〈究竟什麼是文化研究〉、斯圖亞特‧霍爾的〈文
化研究：兩種範式〉、勞倫斯‧格羅斯伯格的〈文化研究的流通〉、亨
利‧吉羅等的〈文化研究的必要性〉以及托尼‧貝內特的〈置政策於
文化研究之中〉；二是「文化研究的起源」，譯介了理查德‧霍加特的
〈人民的「真實」世界：來自通俗藝術的例證——《派格報》〉、雷
蒙‧威廉斯的〈文化分析〉以及湯普森的〈《英國工人階級的形成》
序言〉；三是「差異政治與文化身份」，主要有科內爾‧韋斯特的〈新
的差異文化政治〉和〈少數者話語和經典構成中的陷阱〉、布朗和喬
達諾娃的〈壓抑性二分法：自然／文化之爭〉、杜西爾的〈染料和玩
具娃娃：跨文化的芭比和差異銷售規則〉以及霍爾的〈文化身份和族
裔散居〉；四是「大眾文化的政治經濟學」，包括費斯克的〈大眾經
濟〉、費里思的〈通俗文化：來自民粹主義的辯護〉、拉德維的〈浪漫
小說的機構形成〉、莫里斯的〈購物中心何為〉、德塞都的〈走在城市
裡〉以及布爾迪厄的〈如何才能做一個體育愛好者？〉；五是「傳媒
研究」，有霍爾的〈編碼，解碼〉、馬特拉爾和德爾古的〈國際影像市
場〉、萊恩‧昂的〈《達拉斯》與大眾意識形態〉、奧曼的〈廣告的雙
重言說和意識形態：教師手記〉、格羅斯伯格的〈MTV：追逐（後現

代）明星〉以及斯托雷的〈搖滾霸權：西海岸搖滾樂與美國的越戰〉。
此外，羅鋼和劉象愚為該讀本寫作了一篇題為〈文化研究的歷史、理
論與方法〉的前言，詳細介紹了文化研究的發展歷史、理論方法以及
所選篇章的相關內容。可以說，該讀本的「五個專題」既涵蓋了文化
研究的理論成果，也涉及了文化研究的實踐個案，同時涉及的領域也
十分廣泛，選取的文獻包括了英國、美國和澳洲的文化研究成果，這
對較為全面地瞭解「文化研究」無疑具有重要意義。影響較大的還有
羅鋼、王中忱主編的《消費文化讀本》，詹姆遜的《文化轉向》，謝少
波、王逢振編《文化研究訪談錄》等，它們成為了瞭解文化研究的重
要參考書目。

　　此外，涉及文化研究的一系列叢書陸續推出，不斷豐富了文化研
究的理論資源，主要有：周憲、許鈞主編的「文化與傳播譯叢」[19]（商
務印書館），張一兵、周憲、任天石等主編的「當代學術稜鏡譯叢」[20]

---

19 已出版十二種，包括《信息方式──後結構主義與社會語境》（〔美〕馬克·波斯特
　　著，2001年1月）、《文化：社會學的視野》（〔美〕約翰·R·霍爾等，2002年8月）、
　　《認識媒介文化──社會理論與大眾傳播》（〔英〕尼克·史蒂文森，2003年4月）、
　　《通俗文化理論導論》（〔英〕多米尼克·斯特里納蒂，2003年4月）、《表徵──文
　　化表象與意指實踐》（〔英〕斯圖爾特·霍爾著，2003年11月）、《做文化研究──索
　　尼隨身聽的故事》（〔英〕保羅·杜蓋伊等著，2003年12月）、《電視受眾研究──文
　　化理論與方法》）（〔英〕約翰·塔洛克，2004年2月）、《媒體文化──介於現代與後
　　現代之間的文化研究、認同性與政治》（〔美〕道格拉斯·凱爾納，2004年3月）、
　　《商業文化禮贊》（〔美〕泰勒·考恩，2005年2月）、《理解媒介──論人的延伸》
　　（〔加〕馬歇爾·麥克盧漢，2005年9月）、《媒介、傳播、文化──一個全球性的途
　　徑》（〔美〕詹姆斯·羅爾，2005年11月）、《理解視覺文化的方法》（〔英〕馬爾科
　　姆·巴納德，2005年11月）。
20 此叢書已出版三十九種，其中涉及文化研究的有：《消費社會》（〔法〕讓·波德里
　　亞，2001年5月）、《電視與社會》（〔英〕尼古拉斯·阿伯克龍比，2002年2月）、
　　《消費文化──二十世紀後期英國男性氣質和社會空間》（〔英〕弗蘭克·莫特著，
　　2003年6月）、《認同的空間──全球媒介、電子世界景觀與文化邊界》（〔英〕戴
　　維·莫利、凱文·羅賓斯，2003年6月）、《解讀大眾文化》（〔美〕約翰·菲斯克
　　著，2003年6月）、《通俗文化、媒介和日常生活中的敘事》（〔美〕伯格，2003年6

（南京大學出版社），王逢振主編的「先鋒譯叢」[21]（天津社會科學出版社）。廣西師範大學在二○○五年推出了兩套文化研究叢書：一套是「文化研究關鍵詞叢書」[22]，一套是「文化研究個案分析」。[23]除此之外，重要的譯著還有：安吉拉・麥克羅比的《文化研究的用途》（李慶本譯，北京大學出版社，2007年），陸揚、王毅選編的《大眾文化研究》《大眾文化與傳媒》，斯道雷的《記憶與欲望的耦合——英國文化研究中的文化與權力》（徐德林譯，廣西師範大學出版社，2007年），李歐梵的《上海摩登——一種新都市文化在中國（1930-1945）》，阿蘭・斯威伍德的《大眾文化的神話》，張英進《影像中國——當代中國電影的批評重構及跨國想像》（胡靜譯，上海三聯書店，2008年），周蕾《婦女與中國現代性》（上海三聯書店，2008年），保羅・鮑曼《後馬克思主義與文化研究》（黃曉武譯，江蘇人民出版社，2011年），約翰・傑羅瑞的《文化資本——論文學經典的建構》（江寧康、高巍譯，南京大學出版社，2011年），克里斯・巴克的《文化研究：理論與實踐》（孔敏譯，北京大學出版社，2013年）等。另外，文化研究的理論先驅 E・P 湯普森的《英國工人階級的形成》，雷蒙德・威廉斯的《關鍵詞：文化與社會的詞彙》、《文化與社會》、《漫長的革命》、《鄉村與城市》等著作也被重新翻譯出版，引起了廣泛的關注。

　　從以上如此眾多關於文化研究的理論資源譯介，既可以看出文化

月）、《文化理論與通俗文化導論（第二版）》（〔英〕約翰・斯道雷，2003年6月）、《第二媒介時代》（〔美〕馬克・波斯特，2003年6月）、《文化的觀念》（〔英〕伊格爾頓，2003年6月）、《消費文化》（〔英〕西莉亞・盧瑞，2003年6月）、《全球化的文化》（〔美〕弗雷德里克・傑姆遜，2003年6月）、《全球化與文化》（〔英〕約翰・湯姆林森，2002年4月）。

21 已出版：《網絡幽靈》、《電視與權力》、《六十年代》、《怪異理論》、《搖滾文化》、《全球化政治》、《性別政治》。

22 已出版了《現代性》、《意識形態》、《互文性》、《文化與文明》。

23 已出版了《抵達生命的底色——老照片現象研現象研究》（趙靜蓉）、《「美女文學」現象研究》（邵燕君）。

研究理論本身的豐富性與廣泛性，也體現了中國學界對文化研究的理論期待。實際上，對西方理論資源的翻譯本身就是一種重要的文化行為，翻譯並非只是提供理論資源的可能，它也並不僅僅只是對異域理論的再現，無論是對翻譯資源的選擇還是翻譯者本身而言，文化研究的翻譯本身就隱含著一種介入的意圖和期待。從某種意義上說，這本身就是一種本土化實踐。因此，翻譯並不僅僅是理論的旅行，更重要的是提供了介入本土實踐的可能。

北京大學、北京師範大學、中國人民大學、首都師範大學、華東師範大學、上海大學、福建師範大學等高校的文學專業為研究生或本科生開設了「文化研究」的課程。文化研究在高校體制內的學科建制逐漸完善。文化研究教材的建設成果主要有：二〇〇四年三月，王一川主編的《大眾文化導論》由高等教育出版社出版；二〇〇四年七月，鮑爾德溫等人撰寫的教材《文化研究導論》被翻譯過來，這部翻譯的文化研究的教材，以教科書形式較為系統介紹了西方文化研究的主要概念、發展脈絡、代表人物、重要流派和重要觀點。二〇〇七年，陸揚、王毅著的《文化研究導論》作為研究生教學用書，由教育部學位管理與研究生教育司推薦出版。二〇一三年一月，郭鎮之、任叢、秦傑、鄭宇虹等人翻譯的澳大利亞文化研究學者杰夫·劉易斯的《文化研究基礎理論》在清華大學出版，該書創造了一種文本的繪製法，將豐富、複雜的知識譜系匯聚一堂，標記出學科形成的過程，以及對當代文化的理解。

繼北京大學的「文化研究工作坊」之後，二〇〇一年十一月上海大學成立了中國當代文化研究中心，簡稱 CCCS，這是國內第一所從事中國當代文化研究的專門學術機構。中心的負責人是王曉明，研究成員主要有蔡翔、羅崗、倪文尖、薛毅、包亞明等，中心還出版了一本學術刊物《熱風學術》，至今已出版七期。《熱風學術》的宗旨是：「取法魯迅『熱風』的立場和態度，以『學術』方式關注當代中

國。」[24]他們明確指出:「文化已經成為決定當代全球社會的關鍵因素」,無論是現狀的改善還是未來的求索,我們社會的文化狀況都是關鍵性條件。因此,「深入分析當代文化狀況,特別是分析當代文化所以形成如此情狀的社會『生產機制』,梳理其各種歷史、現實的條件和資源,就成為當代社會對中國人文和社會科學研究的迫切要求。」[25]而他們所「取法」和「關注」的焦點正是「當代文化的生產機制及其條件和資源」。《熱風學術》主要分成五大版塊:「閱讀當下」、「重返現場」、「再解讀」、「熱風‧觀察」,以及「理論‧翻譯」。根據他們的關注焦點,大致可以發現它們主要集中於:一是對「新意識形態」的批判;二是對純文學觀念的反思;三是對上海都市空間的研究,如包亞明對上海酒吧和「新天地」的分析,以及羅崗等以上海曹楊新村為中心來考察工人社區的形成變遷與工人形象的媒體呈現等問題。此外,還湧現出了大批文化研究專著:如陶東風的《文化研究:西方與中國》,于文秀的《「文化研究」思潮導論》,王岳川的《中國鏡像:九十年代文化研究》,董新宇的《看與被看之間——對中國無聲電影的文化研究》,葉志良的《大眾文化》,陶東風與徐豔蕊的《當代中國的文化批評》,張貞的《日常生活與中國大眾文化研究》,武桂傑的《霍爾與文化研究》,戴錦華的《霧中風景》、《性別中國》,管寧的《消費文化與文學敘事》,滕翠欽的《被忽略的繁複——當下中國「底層文學」的文化研究》,周志強的《闡釋中國的方式:媒介裂變時代的文化景觀》、《大眾文化理論與批評》,段吉方的《審美文化視野與批評重構:中國當代美學的話語轉型》、《文化唯物主義與現代美學問題》,曾軍的《歐美左翼文論與中國問題》、《城視時代——社會文化轉型中的當代中國文學與文化》等。

---

24 王曉明、蔡翔主編:《熱風學術》第2輯(上海市:上海人民出版社,2009年3月),頁291。

25 王曉明、蔡翔主編:《熱風學術》第2輯,頁297。

　　儘管以上的梳理不免疏漏，但文化研究的火爆勢頭可見一斑。為什麼文化研究能夠成為世紀之交新的學術景觀？顯然，要對這一問題做出全面、系統的思考與回答，需要回到中國語境，從「中國經驗」視域對文化研究進行深入探究與闡釋。

中編
文化研究的本土化實踐

物無非彼,物無非是。自彼則不見,自知則知之。

——莊子《莊子·齊物論》

他們無法表述自己;他們必須被別人表述。

——卡爾·馬克思《路易·波拿巴的霧月十八日》

完美的批評只能參照特定的文化語境,而不是參照擬想之中現成的理念。這就需要持續不斷地實踐、質詢和試驗。

——南帆《理論的緊張》

第五章
選擇與進路：
中國文化研究的四條路徑

　　法蘭克福學派與伯明翰學派往往被視為文化研究的兩種經典路徑。斯圖亞特‧霍爾在他那篇廣為人知的經典論文〈文化研究：兩種範式〉中所概括的文化研究的兩種主導性範式——文化主義與結構主義，同樣意義深遠。無論是法蘭克福學派，還是伯明翰學派；無論是「文化主義」範式，還是「結構主義」範式，或是晚近出現的文化研究的後現代轉向、「視覺化」轉向、空間轉向等，它們都在文化研究的理論史上寫下了隆重的一筆。那麼，當文化研究介入中國獨特的問題脈絡以及經驗場域之中，它又開拓了哪些路徑、方法、形態或範式？根據前面我們對中國大陸文化研究的論述，我們有必要對文化研究介入中國文化場域的獨特發展路徑及方法進行進一步釐清與探討，這不僅有助於我們認識文化研究的多元脈絡及豐富性、可能性，而且對於當代中國文學理論與文化研究的發展具有啟迪意義。

第一節　法蘭克福學派路徑

　　「法蘭克福學派」無疑是中國文化研究的重要路徑之一。自二十世紀九十年代以來，隨著中國社會政治、經濟、文化的全面快速轉型，各式各樣的大眾文化現象在如雨後春筍般紛紛亮相。與此同時，形形色色的大眾文化批判也相繼登場，呈現出熱鬧非凡的景象。當我們搜尋並面對著如此豐富且繁雜的大眾文化批判的歷史資料與景象

時，探索歷史的衝動時常召喚著我們進入當時的歷史場域。只有介入中國二十世紀九十年代的歷史場域，才能真正理解大眾文化在中國的發展狀況，為何採取的是激進的批判立場？「人文精神」與大眾文化批判關係如何？中國的大眾文化批判與法蘭克福學派的關係如何？法蘭克福學派的文化工業批判理論能否有效地闡釋中國問題，以及存在哪些局限性？如何看待中國大眾文化批判的現代化理論範式與新「左」派理論範式，它們的產生與中國語境又有何關係、闡釋效應如何？這一系列的問題迫使我們必須進入中國獨特的問題脈絡，深入歷史語境中研究大眾文化批判的諸種主導性範式以及它們的批判性實踐。

　　二十世紀九十年代以來大量地移植了法蘭克福學派的大眾文化批判理論，以作為觀察、分析中國大眾文化現象的主要理論視野。中國的大眾文化研究是在大眾文化萌芽、發展並漸成氣候的情況下起步的，因此一開始就存在著本土理論準備先天不足的現象。在二十世紀八十年代初期和中期，大眾文化現象曾經被一些中國學者納入傳統的理論框架中予以闡釋。戴錦華發表於一九九九年的〈大眾文化的隱形政治學〉一文，也具有一定的代表性。文章認為：

　　　　一九九〇年代，大眾文化無疑成了中國文化舞臺的主角。在流光溢彩、盛世繁華的表象下，是遠為深刻的隱形書寫。在似乎相互對抗的意識形態話語的並置與合謀之中，在種種非／超意識形態的表述之中，大眾文化的政治學有效地完成著新的意識形態實踐。從某種意義上說，這一新的合法化過程，很少遭遇真正的文化抵抗。在很多人那裡，社會主義時代的精神遺產或廢棄，或被應用於相反的目的。我們正經歷一個社會批判立場缺席的年代。[1]

1　戴錦華：〈大眾文化的隱形政治學〉，《天涯》1999年第2期。

一　重要語境：「人文精神」討論

　　二十世紀九十年代以來，中國社會的急劇轉型，文學已經失去了八十年代的轟動效應，陷入了危機。以王朔為代表的痞子文學、張藝謀的《大紅燈籠高高掛》受熱捧、通俗連續劇《渴望》的播出及其驚人的流行程度，無不昭示了大眾文化的迅猛發展。伴隨著大眾文化而來的是文學陷入了危機，「今天的文學危機是一個觸目的標誌，不但標誌了公眾文化素養的普遍下降，更標誌著整整幾代人精神素質的持續惡化，整個社會對文學的冷淡，正從一個側面證實了，我們已經對發展自己的精神生活喪失了興趣。」[2]一九九三年，王曉明、徐麟、張宏、張檸、崔宜明等人在《上海文學》第六期發表了對話〈曠野上的廢墟──文學和人文精神的危機〉。他們從文學的危機角度提出了「文化廢墟」與「人文精神」喪失的憂思。隨之《讀書》雜誌在一九九四年推出了一組「人文精神」討論文章：〈人文精神：是否可能與如何可能〉、〈人文精神尋蹤〉、〈道統、學統與正統〉、〈我們需要怎樣的人文精神〉、〈文化世界：解構還是建構〉、〈選擇的自由與文化態勢〉、〈危機？進步？〉，將「人文精神」的討論拓展到了二十世紀九十年代中國社會生活的方方面面，但其核心依然是商品化、市場化、世俗化所帶來的「人文精神」的喪失。通過王曉明選編的《人文精神尋思錄》及其所輯錄的百餘篇論文目錄，我們不難發現當時知識分子參與這一討論的興趣以及製造的歷史震盪。圍繞「人文精神」這一概念，一大批相關話題逐漸匯攏、聚合，形成了一個巨大的話語場。

　　無論如何，我們始終無法迴避這樣的歷史事實：市場經濟對知識分子形成了巨大的衝擊，知識分子再度被邊緣化了。蔡翔清晰地描繪了這一過程：「經濟一旦啟動，便會產生許多屬自己的特點。接踵而

2　王曉明等：〈曠野上的廢墟──文學和人文精神的危機〉，《人文精神尋思錄》（上海市：文匯出版社，1996年），頁2。

來的市場經濟，不僅沒有滿足知識分子的烏托邦想像，反而以其濃郁的商業性和消費性傾向再次推翻了知識分子的話語權力。知識分子曾經賦予理想激情的一些口號，比如自由、平等、公正等等，現在得到了市民階級的世俗性闡釋，製造並復活了最原始的拜金主義，個人利己傾向得到實際的鼓勵，靈一肉開始分離，殘酷的競爭法則重新引入社會和人際關係，某種平庸的生活趣味和價值取向正在悄悄確立，精神受到任意的奚落和調侃。一個粗鄙化的時代業已來臨。……知識分子有關社會和個人的浪漫想像在現實的境遇中面目全非。」市場化、世俗化顯然是引發「人文精神」討論的最直接原因。市場經濟的降臨，使知識分子捲入了思想危機。正如王曉明所言，「人文精神」的提倡其實是知識分子的自救行為。而「人文精神」的展開與理論期待，是為了「提倡一種關注人生和世界存在的基本意義，不斷培植和發展內心的價值需求，並且努力在生活的各個方面去實踐這種需求的精神」。[3]「人文精神」的核心是以終極關懷拒斥世俗訴求，用道德理想主義與審美主義拒斥大眾文化與商品化。顯然，「人文精神」討論具有精英主義色彩。不可否認，大眾文化的興起與「人文精神」的討論共同構成了中國大眾文化批判理論的重要語境，這是我們考察法蘭克福學派路徑的大眾文化批判所無法迴避的。

二　法蘭克福學派批判理論

　　文化批判中首當其衝的是大眾文化的批判，而批判的理論後援則無一例外是法蘭克福學派的文化工業批判理論。法蘭克福學派的批判理論在相當程度上塑造了二十世紀九十年代中國大眾文化研究的面貌。從理論淵源上考察，法蘭克福學派的大眾文化批判理論是中國大

3　王曉明編：《人文精神尋思錄》，頁272-273。

眾文化批判理論應用得最早、最為普遍的範式，對中國大眾文化研究無疑產生了深遠影響。法蘭克福學派作為文化研究的早期模式，在二十世紀三十年代就開創了文化和傳播領域的跨學科批判研究方法，他們將文本分析、政治經濟學批判，以及受眾對於大眾文化和意識形態的接受效果的研究結合起來。例如，法蘭克福學派的主要代表人物霍克海默、阿多諾著名的「文化工業」研究、阿多諾對於流行音樂的分析、洛文塔爾對於流行文學和雜誌的研究、赫爾佐戈對廣播肥皂劇的研究等對大眾文化的批判和研究範式，成為法蘭克福的經典範式。法蘭克福學派對於中國社會和文化的分析極其重要，因為它聚焦於當代社會中的技術、文化工業和經濟狀況之間的相互滲透研究。正如凱爾納所言：「由於當代社會正在明顯地被新媒體和計算機技術所塑造，所以我們需要新的視角，對技術、文化和日常生活的交叉滲透關係進行闡釋。」[4]實際上，早在一九八○年徐崇溫的〈法蘭克福學派書評〉以及一九八一年江天驥主編的《法蘭克福學派——批判的社會理論》就已經對法蘭克福學派的大眾文化批判理論有所譯介，隨後一九八六年劉繼的〈法蘭克福學派對文化的批判〉與一九八九年趙一凡的〈法蘭克福學派旅美文化批判〉兩文都專門介紹了該學派的文化批判理論。然而，我們不難發現，在一九九○年代之前，法蘭克福學派的大眾文化批判理論在中國學界並未獲得多少關注，更不要說與本土化的批判實踐相結合了。

　　一九九○年代中期，這是一個非常「法蘭克福」的時期。[5]法蘭克福學派的大眾文化批判理論在我國得到了迅猛傳播，這顯然與前文我們所談到的大眾文化迅速升溫以及「人文精神」討論這一歷史語境緊密相連。正是在這一歷史語境中，中國知識分子從法蘭克福文化工

4　〔英〕吉姆·麥奎根編，李朝陽譯：《文化研究方法論》（北京市：北京大學出版社，2011年5月），頁4。

5　雷頤：〈今天非常「法蘭克福」〉，《讀書》1997年第12期。

業批判理論中得到了共鳴，並將之作為觀察和分析中國大眾文化現象的主要理論資源。主要代表性學者有張汝倫、金元浦、陶東風、尹鴻、趙勇等。陶東風的〈欲望與沉淪──大眾文化批判〉一文是最早使用法蘭克福學派批判理論範式來分析中國本土大眾文化現象的研究成果。尹鴻的〈為人文精神守望：當代大眾文化批判導論〉與〈大眾文化時代的批判意識〉是運用法蘭克福批判理論對中國大眾文化進行研究的代表性成果。〈為人文精神守望：當代大眾文化批判導論〉一文認為，由於中國社會、政治、經濟的轉型，消費主義觀念開始滲透到文化之中，標誌著中國文化從啟蒙文化向娛樂文化的轉變。當代中國的大眾文化「在功能上，它是一種遊戲性的娛樂文化；在生產方式上，它是一種由文化工業生產的商品；在文本上，它是一種無深度的平面文化；在傳播方式上，它是一種全民性的泛大眾文化。」[6]他對中國大眾文化的特徵概括顯然受到了法蘭克福學派批判理論的影響，但是文章並未充分深入當時的歷史場域進入批判性考察，而是從道德理想主義與審美主義層面分析了大眾文化對人們認知世界與審美理想的影響。猶如題目「為人文精神守望」的表述，作者明確「提倡一種具有精英意識的大眾文化，反對以媚俗為榮的大眾文化；我們鼓勵一種具有高雅品味的大眾文化，反對以庸俗自許的大眾文化。從根本上說，我們希望的是一種以人文理想為終極價值的大眾文化，而反對的則是一種以商業利潤為最高標準的大眾文化。」[7]張汝倫的〈論大眾文化〉可以視為國內大眾文化研究的早期代表作之一。作者指出大眾文化與在生活中自生自發的民間文化不是一個概念，也不等同於獨一無二的藝術，大眾文化是統治機器從上面灌輸下來，它「其實是一種

6　尹鴻：〈為人文精神守望：當代大眾文化批判導論〉，《天津社會科學》1996年第2期，頁77。

7　尹鴻：〈為人文精神守望：當代大眾文化批判導論〉，《天津社會科學》1996年第2期，頁86。

文化工業，商業原則取代藝術原則，市場要求代替了精神要求，使得大眾文化注定是平庸和雷同的。」[8]所以在某種程度上說，大眾文化應正確地解釋為操縱大眾的文化。作者進而從大眾、大眾文化、大眾社會三者關係，及大眾文化與民間文化關係的分析來界定大眾文化，認為大眾文化就是重複批量生產和強迫性。張汝倫對大眾文化的全盤否定，顯然是移植了西方法蘭克福學派的大眾文化批判立場，同時也是「人文精神」批判範式的延續──表徵了知識精英對於大眾文化不屑一顧的傲慢。[9]陳剛的《大眾文化與當代烏托邦》是一部較早地系統研究當代中國大眾文化現象的專著。他援引了法蘭克福學派代表人物洛文塔爾等關於大眾文化特徵的論述，認為大眾文化是在工業社會中產生，以都市大眾為其消費對象，通過大眾傳播媒介傳播的無深度的、模式化的、易複製的、按市場規律批量生產的文化產品。[10]他認為，隨著中國大眾文化市場日益走向成熟，大眾文化對精英文化的鯨吞蠶食也在加劇，這顯然是源於法蘭克福學派的經典立場。

　　不可否認，批判理論所具有的強烈道德批判與審美批判體現了知識分子的使命感與憂患意識，但也同時暴露了其存在的缺陷。旅美學者徐賁的〈美學‧藝術‧大眾文化〉一文指出了法蘭克福學派批判大眾文化的特殊歷史原因，以及批判理論存在著保守主義和審美主義傾向等理論缺陷，他鮮明地提出了「走出阿多諾模式」的口號。這篇文章揭開了國內反思法蘭克福學派大眾文化批判理論的序幕，不少學者開始自覺地對批判理論進行質疑與反思，主要表現為三個方面：一是反思法蘭克福學派大眾文化批判理論自身的歷史語境與局限性；二是反思其與中國大眾文化研究之間的契合關係；三是反思國內學界對這種理論的引介、闡釋是否存在誤讀與過度闡釋。在二十世紀九十年代

8　張汝倫：〈論大眾文化〉，《復旦學報》1994年第3期，頁16。

9　陸揚、路瑜：〈大眾文化研究在中國〉，《天津社會科學》2003年第6期，頁109。

10　陳剛：《大眾文化與當代烏托邦》（北京市：作家出版社，1996年），頁22-23。

初，法蘭克福學派的批判理論之所以能夠成為中國當代文化批判的重要資源，顯然是由於法蘭克福學派批判理論本身契合了當時中國的現實。隨著市場經濟機制的啟動，各種各樣的問題蜂擁而來，法蘭克福學派正好契合了知識分子試圖開闢新的話語空間尋找新的表達方式的需要。但事實上，「中國版的批判理論明顯流於抽象的文化主義、道德主義與審美主義。」[11]這導致了法蘭克福學派的批判理論與中國的大眾文化之間存在著一種錯位。深入考察這種「錯位」是如何產生的，以下三方面是無法迴避的歷史事實：一是機械套用法蘭克福學派的批判理論，並沒有充分顧及到中國大眾文化研究本身的獨特性。二是從精英文化的標準來衡量大眾文化，結果很難深入到大眾文化的文本特徵內部；三是抽象的道德批判與審美批判常常不能切入具體的社會歷史語境，沒能結合具體的中國語境分析中國大眾文化的特殊政治功能。[12]隨著伯明翰學派等英美文化研究理論逐漸成為學界新寵，非常「法蘭克福」的時代已經過去，但這種喧嘩之後的平靜更有利於對法蘭克福學派展開深入研究。

三　新「左」派的大眾文化研究

法蘭克福學派路徑的「激進的大眾文化批判」並非是鐵板一塊，除了傳統的法蘭克福學派批判理論之外，新「左」派大眾文化研究與現代化和社會轉型話語研究範式也從某種意義上豐富著中國大眾文化研究的內涵及其批判性實踐。新「左」派的大眾文化研究同樣採取了激進的批判立場，但是它已不再沉迷於抽象的道德批判與審美批判，也不是簡單地對大眾文化的肯定，而是更加注重政治經濟學與階級分

---

11 陶東風：《文學理論的公共性——重建政治批評》（福州市：福建教育出版社，2008年），頁171。

12 陶東風、和磊：《文化研究》（桂林市：廣西師範大學出版社，2006年），頁101。

析。新左派的大眾文化批判範式最早的一次集體亮相是在一九九七年第二期《讀書》上。《讀書》的專題文章「大眾、文化、大眾文化」奠定了新左派大眾文化理論的核心：大眾文化是中產階級／特權階級的文化。韓少功的《哪一種「大眾」》和曠新年的〈作為文化想像的「大眾」〉明確指出：「大眾文化」是中產階級與白領的文化。大眾文化是中產階級文化，是資本主義與資產階級的意識形態——這是新左派的核心觀點。

　　新左派的大眾文化批判理論較為敏銳地抓住了大眾文化的發展趨勢，突出了政治經濟學分析與階級分析的優勢，特別突出了它與國際、國內資本之間的勾連。但是，新左派也存在將大眾文化進行化約化處理，他們通常將所有的大眾文化視為是中產階級的意識形態，未能看到大眾文化本身具有的複雜性。正如陶東風所指出，「新左派並沒有對於資本與權力的關係、對於大眾文化的生產機制真正進行深入的剖析，沒有令人信服地揭示出資本是如何在中國特殊的經濟與政治體制中運作的，在資本與權力、市場與原先遺留的政治體制之間存在怎樣的關係。這就很大程度上削弱了資本批判的理論深度，同時也難以在一個更深的層次上解釋大眾文化——資本——權力之間的複雜關係。」[13]劉小新在〈文化研究的激進與曖昧〉一文中也對新左派將問題化約化進行了批判，他指出：「王曉明對新意識形態的分析與描述可能有些印象化並過於簡單，沒有揭示出新意識形態的複雜結構及其生產機制。所以，他大步從新意識形態批判邁向『新富人』、『成功人士』形象批判。這樣一來，批判的焦點縮小了、明確了，但批判的力度與意義卻也減弱了。」[14]這種以「新富人」的想像性批判代替複雜的中國問題批判，顯然已經將批判視域縮小了，陷入了化約主義的危險，同時也暴露了這種理論視域的闡釋限度。

---

13 陶東風：《文學理論的公共性——重建政治批評》，頁187。
14 劉小新：〈文化研究的激進與曖昧〉，《文藝研究》2005年第7期。

四　現代化與社會轉型話語

　　法蘭克福學派批判理論是對大眾文化的激烈批判，而新左派理論
則是批判與反思，除此之外，中國社會還存在著另外一種大眾文化研
究範式——我們姑且稱之為「現代化與社會轉型話語」。從現代化理
論視角與社會轉型話語研究中國大眾文化研究，是中國文化研究的另
一個重要範式。與法蘭克福的文化工業批判理論不同，「現代化理論
範式更多地從中國社會的現代化、世俗化轉型角度肯定大眾文化的進
步政治意義而不是審美價值。」[15]陶東風在二十世紀九十年代中後期
關於大眾文化研究觀念的轉折，鮮明體現了他乃至中國學界諸多學者
從道德理想主義、審美主義向現代化理論的範式轉變。正如陶東風自
己所談及，「正是在與『人文精神』與『道德理想主義』的論爭中，
我逐漸修正了前期機械搬用批判理論的做法，形成了自己的大眾文化
觀。」[16]陶東風在二十世紀九十年代的中後期發表論文一系列反思批
判理論與中國大眾文化關係的文章：〈批判理論與中國大眾文化批
評——兼論批判理論的本土化問題〉、〈超越歷史主義與道德主義的二
元對立：論對於大眾的第三種立場〉以及〈人文精神與世俗化〉等。
顯然，僅僅從道德理想主義、審美主義的立場來批判或否定大眾文化
已經喪失了闡釋效應，中國的社會文化發展更加急迫呼喚一種新的理
論範式來對其加以闡釋。

　　經過法蘭克福的文化工業批判理論的洗禮，中國學界對於大眾文
化已然出現了肯定性的看法。正如陶東風指出，要理解和評價世俗化
與大眾文化，首先必須要有一種歷史主義的視角——即「立足於中國
社會的歷史轉型來分析與審視當今社會文化問題的角度與方法，強調

---

15 陶東風：《文學理論的公共性——重建政治批評》，頁172。
16 陶東風：《文學理論的公共性——重建政治批評》，頁172。

聯繫中國的歷史，尤其是解放後三十年的歷史教訓來確定中國文化的發展方向，即把大眾消費文化放在中國社會轉型的歷史進程中來把握。」[17]強調對大眾文化研究要採取「歷史主義」的視角，從某種意義上也說明了我們對於大眾文化的理解要結合中國的社會轉型，在具體的歷史語境中來對其加以闡釋。大眾文化的發展顯然具有其合理性與正面的歷史意義，它的發展與中國現代化及社會轉型密切相關。早在「人文精神」討論的時期，王蒙在〈人文精神問題偶感〉中就指出，「市場，包括文化市場，反映的畢竟是是人的需要。」[18]在王蒙看來，市場、大眾文化與人文精神並不矛盾。李澤厚在談及大眾文化的功能時指出：「大眾文化不考慮文化批判，唱卡拉 OK 的人根本不去考慮要改變什麼東西，但這種態度卻反而能改變一些東西，這就是……對正統體制、對政教合一的中心體制的有效的侵蝕和解構。」[19]隨著改革開放的進程與社會轉型，思考大眾文化與社會、政治、經濟之間的關係越發引起人們的關注。金元浦的〈重新審視大眾文化〉一文指出，大眾文化不僅對於意識形態具有衝擊和批判，而且還具有一種依託大眾的、趨向民族的品格，能使大多數人可以更自由方便快捷地獲得自己喜愛的文化資源。

　　大眾文化還創建了新的文化時尚和公共文化話題。一系列具有代表性和思想含量的成果紛紛出爐，諸如周憲主編的《世紀之交的文化景觀》、《中國當代審美文化研究》，黃會林的《當代中國大眾文化研究》，王岳川的《中國鏡像──九十年代文化研究》，陶東風的《社會轉型期審美文化研究》以及許文郁、朱元忠的《大眾文化批評》等。周憲將文化視為一個複雜的主體實踐過程。他認為，作者的立場是一種文化批判，一方面，必須對中國複雜的當代文化現象進行深入的分

---

17 陶東風：《文學理論的公共性──重建政治批評》，頁173。

18 王曉明編：《人文精神尋思錄》，頁115。

19 李澤厚：〈關於文化現狀與道德重建的對話〉，《東方》1994年第5期。

析和解剖，甚至對文化研究者自身進行反思。同時還要對文化的前提
條件——理想的文化範式和烏托邦本身，進行必要的批判。因此文化
批判是對文化本體和文化研究者自身合法化根據的雙重批判。黃會林
的《當代中國大眾文化研究》可以視為國內第一部比較系統和全面地
描述、分析和評價當代中國大眾文化的歷史、現狀和發展趨勢的著
作。王岳川的《中國鏡像——九十年代文化研究》一書以「文化研
究」的思維範式作為出發點，從公共空間和個體倫理入手，將現代性
和後現代性作為一種當代「文化鏡像」分析視角，去審理九十年代中
的文化症候和思想景觀，關注被各種主義所掩蓋的真實問題，以及問
題的前提和產生的後果。陶東風的〈社會轉型期審美文化研究〉主要
選取二十世紀九十年代比較有代表性的幾種審美文化形式，從社會一
文化心理的角度分析其產生與流行的原因；同時也通過對這些作品的
分析和解讀，進一步瞭解社會—文化心理的變化，瞭解當代中國民眾
的生活方式、價值觀念和審美趣味。許文郁、朱元忠的〈大眾文化批
評〉較為系統化地對大眾文化進行批評，其批評的核心精神是人文精
神：科學、道德、價值原則、人本主義、終極關懷。在現代化理論範
式視域之中，人們間或擺脫了法蘭克福學派對大眾文化激烈的批判立
場，肯定了大眾文化具有進步意義。大眾文化的支持者認為大眾文化
的進步意義有以下幾個方面：第一，大眾文化的世俗化適應和推動了
市場經濟的建立和發展，滿足了大眾多種多樣的世俗文化需要；第
二，大眾文化的商業化世俗化消解了傳統的道德主義一元化的意識形
態，促進了文化的多樣性，消除封建的文化對於大眾的影響，促進大
眾現代意識的形成；第三，為大眾參與文化的創造與消費提供機會，
有利於促進大眾的參與意識、平等意識的形成，從而也有利於現代化
民主法制建設的進程。

　　以上主要梳理了中國大陸大眾文化批判路徑的三種範式，它們都
在不同程度上為中國文化研究的發展與深化開拓出了新的視域。關於

大眾文化批判問題的對話與討論，從不同領域與思想層面為「中國問題」打開了闡釋的空間。這對文化研究在中國大陸的興盛與發展起到了推波助瀾的作用，不可否認，大眾文化批判問題構成了中國文化研究的核心命題之一。大眾文化批判的各種理論範式在西方有其各自的理論譜系，它們介入中國場域之中，既要考慮到各種理論範式對中國現實問題的有效性闡釋，也要關注這些理論範式與中國問題接合後的自我理論調適。或許，有兩個明顯的問題值得我們重視：一是機械套用法蘭克福學派的大眾文化批判理論，未能結合中國社會與文化結構的歷史性轉型，把大眾文化的出現與特徵放置在這個整體性轉型的過程中來把握。二是中國的大眾文化批判帶有明顯的知識分子個人情緒色彩以及精英主義的價值取向。事實上，法蘭克福學派批判理論本身就是特定社會文化語境的產物，因此，在「中國經驗」視域中導入法蘭克福學派路徑進行文化研究，必然要重新「語境化」。

第二節　伯明翰學派路徑

　　從一九六四年伯明翰大學成立當代文化研究中心算起，伯明翰學派在四十餘年的發展歷程中不斷成長為一股聲勢浩大的學術潮流和知識傳統，對世界文化研究的發展產生了巨大的輻射效應。正如有學者指出，世界性文化研究起源於英國，而英國文化研究起源於伯明翰大學。這種說法雖然遮蔽了文化研究多元的歷史起源，但卻形象說明了伯明翰學派文化研究的重要地位。英國文化研究理論在中國文化研究的發展中扮演了舉足輕重的角色，其中，伯明翰學派的影響尤為深刻。雖然不能簡單地將中國文化研究歸結為「伯明翰學派化」，但是中國大陸文化研究的確深受伯明翰學派的影響，不少學者自覺選擇了「伯明翰學派路徑」來開展中國自身的文化研究。中國學派文化研究對英國文化研究尤其是伯明翰學派理論的引介，並非是知識學意義上

的拾遺補闕，而是源自於「闡釋中國的焦慮」。正如前文我們已經描述的，當代中國正經歷著急劇的轉型，一系列的新現象、新問題急需新的理論來予以闡述，而伯明翰學派的文化研究理論正契合了當時社會的需要。儘管二〇〇二年六月伯明翰大學的「當代文化研究中心」被校方關閉，但伯明翰學派作為一個具有象徵性意義的符號存在，伯明翰研究中心的理論遺產以及學術影響力並未終結，必將持續不斷地給整個學術界產生廣泛而深遠的影響。本部分我們擬從伯明翰學派在中國的引介及成果、伯明翰學派理論的主要影響以及這一路徑是否能夠有效闡釋中國問題，路徑的適用性與活力何在等問題展開討論。同時，我們也要對中國學界在實踐伯明翰學派理論的狀況進行批判性反思——學習了哪些方面，同時有遮蔽了哪些方面？

一　關於伯明翰學派的理論譯介及主要成果

　　目前，中國學界在譯介伯明翰學派理論方面取得了豐碩的成果。正如前文我們所述，無論是對翻譯資源的選擇還是翻譯者本身而言，翻譯本身已不僅僅只是對異域理論的再現，文化研究的翻譯本身就隱含著一種介入的意圖和期待。綜觀中國學界對伯明翰學派的理論譯介，主要有以下幾個方面：

　　一是國內學界對伯明翰學派原著的譯介，主要成果包括：威廉斯的《文化與社會》、《電視、科技與文化形式》、《現代主義的政治：反對新國教派》、《關鍵詞》、《漫長的革命》、《鄉村與城市》，斯圖亞特·霍爾的《表徵：文化表象與意指實踐》、《文化身份問題研究》，湯普森的《英國工人階級的形成》、《共有的習慣》，費斯克的《傳播符號學理論》、《關鍵概念：傳播與文化研究辭典》、《解讀大眾文化》、《解讀電視》、《理解大眾文化》，默克羅比的《後現代主義與大眾文化》、《女性主義與青年文化》，尼古拉斯·阿伯克龍比的《電視

與社會》，戴維・莫利的《電視、受眾與文化研究》等。單篇重要論文翻譯主要有：威廉斯的〈文化分析〉、〈馬克思主義文化理論中的基礎和上層建築〉、〈現實主義與當代小說〉、〈電視：文化形式與政治〉、〈科技與社會〉、〈出版業和大眾文化：歷史的透視〉，霍加特的〈文化研究四十年〉，霍爾的〈文化研究：兩種範式〉、〈編碼，解碼和意識形態〉、〈後現代主義與結合理論〉、〈解構「大眾」筆記〉、〈電視話語的制碼解碼〉、〈文化身份與族裔散居〉，費斯克的〈牛仔褲：一種理解美國大眾文化的視角〉、〈符號學方法與應用〉、〈電影與電視英國文化研究和電視〉、〈大眾經濟〉等。

　　二是譯介國外研究伯明翰學派的相關成果以資借鑒，主要如吉姆・麥克蓋根的《文化民粹主義》、約翰・斯道雷的《文化理論與通俗文化導論》、多米尼克・斯特里納蒂的《通俗文化理論導論》、美國 E・T・霍爾的《超越文化》、D・佛克馬與 E・易布思合著的《文學研究與文化參與》以及阿雷恩・鮑爾德溫等人的《文化研究導論》等。另外，這種譯介還包括相關的單篇文章，如由道格拉斯・凱爾納的〈失去的聯合──法蘭克福學派與英國文化研究〉、英國著名文化研究學者約翰・斯道雷的〈文化研究中的文化與權力〉等都對伯明翰學派有或多或少的論。

　　三是在對國內文化研究的介紹和研究中對伯明翰學派的理論有所提及，其中研究著作如王岳川的《中國鏡像：九十年代文化研究》、邵漢明主編的《中國文化研究二十年》、王岳川的《目擊道存：世紀之交的文化研究散論》、黃會林主編的《當代中國大眾文化研究》、李應龍的《審美研究的文化轉向》、蔣述卓編著的《文化視野中的文藝存在》、朱效梅的《大眾文化研究：一個文化與經濟互動發展的視角》、戴錦華的《隱形書寫：九十年代中國文化研究》等；單篇文章如楊俊蕾的〈「文化研究」在當代中國〉、周憲的〈文化研究：學科抑或策略？〉、趙建紅的〈論文化研究的跨學科特徵〉、張紅兵的〈文論

熱點評述：九十年代中國的文化研究〉等。

　　四是對伯明翰學派進行綜合研究。楊東籬的博士論文《伯明翰學派的文化觀念與通俗文化理論研究》對通俗文化進行深入的分析並論及其在中國的研究發展情況。徐德林的《英國文化研究的形成與發展》重點在於考察文化研究的理論發展，對結構主義、後現代主義與葛蘭西的理論對文化研究的影響進行了綜合概括。李純一的《文化與階級：早期英國文化研究初探》描述了早期人物文化與階級地位的關係，也注意到了歐洲大陸與美國知識背景的影響。于文秀的《「文化研究」思潮中的反權力話語研究》分別闡釋了文化研究中的大眾文化理論、後殖民理論與性別文化理論。劉婧的《伯明翰學派早期領軍人物文論研究》以霍加特、威廉斯為中心，主要論述其工人階級文化觀。畢嘉耘的《伯明翰學派大眾文化主體研究》在與法蘭克福學派的比較中，著重論證了該派關於大眾「在大眾文化活動中的主體地位思想。趙建國的《論伯明翰學派的媒介文化理論》對其文化理論及影響做了系統總結，認為其主要思想為媒介即文化、意識形態與權力。王一裙的《伯明翰學派的消費文化思想》評析了該派消費文化思想的發展、演變。胡疆鋒的《亞文化的風格：收編與抵抗》「運用了文本分析、文化語境分析及個案分析方法闡釋了伯明翰學派關於亞文化風格的構成、產生原因、抵抗、收編方式的基本觀點，概括出其文化理論的特點和價值」。此外，主要論文還有：蕭俊明的〈英國文化主義傳統探源〉、〈文化研究的發展軌跡〉，趙國新的〈英國文化研究的起源述略〉，張平功的〈批評理論：從法蘭克福學派到英國文化研究學派〉、郁芬的〈英國文化學派及其通俗文化批評〉、陸道夫的〈英國伯明翰學派文化研究特質論〉等等。

　　五是對伯明翰學派主要理論家進行個案研究的狀況，涉及到伯明翰學派幾乎所有的主要理論家，主要專著有：武桂傑的《霍爾與文化研究》，它分別從霍爾的文化理論淵源、閱讀政治學、差異政治學思

想及對中國的影響等方面闡述了霍爾的思想發展；黃卓越的《英國文化研究：問題與事件》，包含了對威廉斯、《銀幕》雜誌、赫布迪基、貝內特（Tony Bennett）、麥克羅比、「新時代」理論等個案思想研究。重要論文主要有：張平功的〈雷蒙德‧威廉斯的文化闡釋〉、傅德根的〈威廉斯與文化領導權〉、劉軍的〈史學理論和方法論：E‧P‧湯普森階級理論述評〉、王立端的〈論盧卡奇，葛蘭西和湯普森的階級意識理論〉、劉海龍的〈從菲斯克看通俗文化的轉向〉、魯哲的〈菲斯克〈電視文化〉述評〉、陶東風的〈論費斯克的大眾文化理論〉、陸道夫的〈菲斯克電視文化理論研究〉、王磊的〈重新解讀霍爾的電視話語制碼解碼理論〉、楊擊的〈理解霍爾〉等等。主要學位論文主要有：邱炳軍的〈理查德‧霍加特與伯明翰早期文化研究〉探究了霍加特早期的研究活動：「成人教育、工人階級文化、文學文化分析與跨學科」；朱亞輝的〈葛蘭西與伯明翰學派〉闡釋了葛蘭西的文化領導權等概念及其對伯明翰學派的影響；周麗萍的〈麥克羅比與英國文化研究〉就麥克羅比的性別、階級、青年亞文化、大眾文化生產、後女性主義時代研究思想作了闡述。

二　伯明翰學派開拓的學術視域

隨著世界歷史的發展和社會現實的變化，「伯明翰學派」經歷了一個從民族的學術思潮走向世界的學術思潮的國際化過程。「伯明翰學派」的這種強大生命力和獨特魅力就在於它始終保持對社會現實的密切關注和批判態度。從二十世紀五、六十年代對工人階級大眾文化的關注，到七、八十年代對工人階級亞文化、大眾傳媒的關注，再到後來受到女權主義運動、種族主義運動的影響轉向對性別、種族的關注，它始終試圖以開放性、批判性的姿態「介入」各種文化現象背後的權力與意義鬥爭。伯明翰學派開拓了文化研究的新視域：

　　（一）**對「文化」的重新定義，打開了文化研究的廣闊空間。**重新定義文化，是英國新左派學者開創文化研究的理論起點。這種工作，最早由威廉斯開啟。他在一九五八年出版的《文化與社會》中將文化定義為「一種整體的生活方式」。同年隨後發表的〈文化是日常的〉（Culture is Ordinary）一文，在強調文化的日常性質時，特別指出其相互關聯的兩層含義：「既是傳統的又是創新的；既是日常的共同意義，又是卓越的個人意義。我們在兩種意義上使用文化一詞：既是一種整體的生活方式——一種共同的意義，也是藝術和學問——發現和努力創造的特殊過程。」其後，他在《漫長的革命》中由此引申出「一種特殊的生活方式」的文化定義。如霍爾所言，這種定義突出了文化的人類學意義，強調了文化與社會實踐之間的密切聯繫。

　　（二）**大眾傳媒與積極的受眾理論。**大眾傳媒研究是伯明翰學派文化研究的一個重要主題，並取得了舉世矚目的成就，而其中尤以電視研究最為突出。特納在對英美兩國的大眾文化研究比較時發現，「對於觀眾的重新發現，對於觀眾所使用的抵抗策略的新理解，以及這些策略在大眾文化的界定領域的啟用，等等，都是英國文化研究中最重要的、糾偏的發展。」[20]與法蘭克福學派的「媒介控制」思想不同，伯明翰學派不是把媒介看成僅僅是國家用以維護意識形態和傳遞統治階級意志的一種工具，而是把大眾傳媒視為一個公共空間，不再把受眾當作順從主流生產體系的消極客體，而是具有能動性的可以進行選擇的積極主體。在威廉斯等人的影響下，根據霍爾的「編碼-解碼」理論，伯明翰學派的許多學者對電視媒介和電視觀眾的消費進行了研究，霍爾的學生戴維‧莫利對電視節目《舉國上下》的研究更是掀起了對這一模式的實證研究或證偽研究的持久不息的浪潮。

---

20 格雷姆‧特納：〈為我所用：英國文化研究，澳大利亞文化研究與澳大利亞電影〉，陶東風主編：《文化研究精粹讀本》（北京市：中國人民大學出版社，2006年），頁60。

（三）**亞文化研究**。亞文化研究是英國伯明翰學派的工作重點。伯明翰學派研究了歐美特別是英國自一九五〇年代以來幾乎所有青少年亞文化現象，如無賴青年、光頭仔、摩登派、朋克、嬉皮士等。伯明翰學派的亞文化研究在亞文化的起因、亞文化風格的形成、風格與媒體、道德恐慌和大眾文化的關係、風格的收編、風格的功能等方面都提出了許多重要觀點，形成了在當時乃至今日的極富影響力的亞文化理論體系。伯明翰學派把亞文化看作一種「巨型文本」和「擬語言」，主要是對風格的抵抗功能和被收編的命運進行解讀。放在中國大陸既有的亞文化研究脈絡下來看，亞文化研究或可粗略分為兩個方向：第一種是從社會功能論的角度出發，關切的是亞文化如何在良好的引導之下達成社會整合並使社會秩序有效維持。它對亞文化經常出現價值判斷的負面描述。第二種則嘗試通過個案研究展示亞文化的形式與內容及其背後的社會意義。然而，抵抗、商業化、主流文化、後現代到底是在什麼樣的脈絡下發生的？特別是論者經常強調抵抗是亞文化的重要元素，不過，抵抗卻成為曖昧不明的語彙，抵抗的對象是什麼？英國文化研究所側重的意識形態等結構因素仍有其參考價值。它吸收了抵制的模式和風格，由此將它們融合在主導意識形態之中。在這種情況下，統治者與被統治者的關係，自然無法像過去那樣涇渭分明，而處於一種你中有我、我中有你的糾纏之中。亞文化所折射出的正是這種複雜關係，他們無法擺脫主流文化無處不在的「文化霸權」，而只能以一種戲仿的形式予以認同，因而，他們的抵抗也只能是一種「儀式抵抗」。

此外，伯明翰學派還開拓了工人階級文化研究、女性主義文化、種族、身份認同等眾多理論維度。因為上述這些維度已在前文中有較多涉及，在此就不一一展開論述。毫無疑問，伯明翰學派的文化研究是來西方學術界文化研究的重要發源地和理論資源。通過挖掘、梳理、歸納、整理近半個世紀以來伯明翰學派文化研究的學術傳統，我

們就可以客觀地洞察並評價伯明翰學派在西方學術界的發展現狀，系統地研究伯明翰學派卓然的文化研究成果，剖析伯明翰學派文化研究的功過得失，釐清並改良伯明翰學派文化研究的學術傳統，從而達到借鑒伯明翰學派文化研究的概念、理論和研究手段以推動我國學術界文化研究的目的，為國內文化研究的縱深發展提供一些新的研究路數和方法論意義上的學術範式。如果能將「中國經驗」的獨特歷史背景與文化研究結合，無疑能夠拓展伯明翰學派文化研究的理論版圖，同時也為文化研究在闡釋本土問題提供了可能性與有效性。

三　對伯明翰學派路徑的批判性反思

首先，由威廉斯開拓的「文化研究」拓寬了我們對文化的理解，讓我們將目光轉向了對「日常生活」的關注。理論家們的主要研究對象不再是局限於精英文化，而恰恰相反，他們把注意力轉向了被傳統文化定義所排斥或推向邊緣的領域。大眾文化，以及與大眾文化密切相關的大眾日常生活，成為文化研究的主要對象，那些過去根本不能進入學術，不能進入課堂，不能被知識生產所關注的種種通俗、時髦、日常的低級文化現在一下子成了研究對象。正如李陀所指出：「這個改變是深刻的。但其深刻還不在於它改變了人們的知識視野，而在於通過這個改變人們找到了一個途徑，一種方法，使理論的觸角伸向了對當代資本主義的有效的批判分析。這種分析批判不僅涉及到二十世紀資本主義的文化生產，而且涉及到當代資本主義的意識形態建構和新的結構性壓迫的形成，涉及到它們和文化、經濟生產之間的複雜關聯。可以說，文化研究已經成為認識、批判當代資本主義的一個最活躍也最重要的理論領域。」[21]但是，中國文化研究並未能有效

---

21 李陀：〈失控與無名的文化現實〉，韓少功、蔣子丹主編：《失控與無名的文化現實》（昆明市：雲南人民出版社，2003年），頁82-83。

結合威廉斯的「文化主義」傳統，並沒有對日常生活進行有效的闡釋與批判。

其次，中國文化研究對伯明翰學派的學習與借鑒，並未像法蘭克福學派理論那般產生全面的滲透與介入。可以說，法蘭克福學派在中國的影響力遠大於伯明翰學派。在二十世紀九十年代，伯明翰學派的理論並未在中國產生多大的反響，猶如雷蒙·威廉斯的代表性著作《文化與社會》一書早在一九九一年就已經被譯介至中國，但是甚少人對其加以關注，並未產生廣泛影響。而伯明翰學派的當家人霍爾被國內學界所認識，也已是新世紀以來的事情。

第三，中國學界對霍爾的編碼與解碼理論、莫利的積極受眾理論、麥克羅比的女性主義理論瞭如指掌，但是卻放棄了伯明翰學派最重要的實踐接合精神，這一路徑未能有效地學習並接受伯明翰從威廉斯、霍加特到霍爾注重實踐的傳統。或許，中國學界過於重視理論的借鑒，從而遮蔽了實踐的學習，未能有效地接合本土經驗，從而丟失了文化研究的靈魂與精髓。

第四，新世紀以來，中國學界對伯明翰學派這一理論路徑的過於狂熱，從而使中國的文化研究出現了一邊倒的局面，加之伯明翰學派理論本身的局限性，因此，導致了中國的文化研究未能形成一種客觀的認識。

第五，伯明翰學派理論的產生與興盛是立足於英國獨特的歷史語境，因此，應該充分認識這一路徑由於理論的跨語境轉換所帶來的理論闡釋限度。面對複雜的中國問題，伯明翰學派文化研究是否能夠形成有效的闡釋，是否會形成某種遮蔽或者壓抑？顯然，這些問題都應該納入我們的視野與思考之中。

或許，通過挖掘、梳理、歸納、整理伯明翰學派文化研究的學術傳統，我們就可以客觀地洞察並評價伯明翰學派在西方學術界的發展現狀。而對於伯明翰學派路徑對中國文化研究的影響，我認為可以從

兩個方面來加以批判性地認識：一方面，伯明翰學派文化研究打開了
中國問題研究的新視域，為中國文化研究的縱深發展提供了一些新的
研究路數與方法論意義上的學術範式；另一方面，伯明翰學派理論的
導入也可能對「中國問題」形成某種遮蔽與壓抑，應該充分認識這一
路徑的闡釋限度。

第三節　後殖民理論路徑

　　後殖民理論的導入為文化研究的發展注入了巨大的能量，它為文
化研究者提供了在新的歷史語境中既挑戰他人又反思自我的一套話語
體系。由於思想背景和學術脈絡的差異，西方後殖民理論一般被認為
存在著四個主要的流派：一是以薩義德、法農、霍米‧巴巴和斯皮瓦
克等人為代表的後結構主義流派；二是以莫漢蒂和胡克斯等為代表的
女性主義流派；三是以阿赫默德和阿里夫‧德里克等為代表的馬克思
主義流派；四是以詹穆罕默德、戴維‧勞埃德為代表的「少數派話
語」及「內部殖民主義」理論。[22]其中，以薩義德等人為代表的後結
構主義流派無疑是後殖民理論譜系中影響最為廣泛的一派。正如詹姆
斯‧克利福德所指出，「薩義德向我們揭示出一種更為複雜的知識體
系是如何發揮其作用的；以它為支撐，當代文化又是如何不斷地通過
對『異己的』形而上的建構，來建構它自己的。從這個意義上說，
『西方』自身則成為一系列投射、兩極化、理想化的集合體，異己對
於一種多變的、複雜的他者的排斥。」[23]本部分擬致力於探討後殖民
理論介入中國文化場域所開拓的學術空間，以及這一路徑本身存在的
局限及其在批評實踐中的一系列分歧。

---

22 劉小新：〈後殖民理論的意義與局限〉，《福建江夏學院學報》2012年第3期。
23 詹姆斯‧克利福德：〈論東方主義〉，羅鋼、劉象愚主編：《後殖民主義文化理論》，
　　北京市：中國社會科學出版社，1999年。

　　後殖民理論在中國大陸的出臺，標誌是一九九三年《讀書》第九期同時推出的三篇論述後殖民的文章：張寬的〈歐美人眼中的「非我族類」〉、錢俊的〈談薩伊德談文化〉和潘少梅的〈一種新的批評傾向〉。這些文章介紹了薩義德的《東方主義》及《文化與帝國主義》等後殖民經典，並應用到對於中國問題的論述中。這些文章在國內文壇上產生了強烈反響，引發了一系列的評論和爭議。趙稀方認為，在中國大陸的後殖民批評中，後殖民理論是作為一種消解西方現代性話語、建立中國的「民族性」的工具而出現的。[24]後殖民理論在中國產生了較大的影響，概括而言，中國的後殖民路徑主要可以分為兩個方面：其一是後殖民理論在中國；其二是中國的後殖民批評實踐。後殖民理論在中國，主要是指中國學界對來自西方的作為一種話語邢臺的後殖民理論的譯介、研究、批評與對話，這方面主要的代表性人物主要有王寧、張京媛、劉康、趙稀方、單德興、王宇根、邵建、徐賁等。而中國的後殖民批評實踐則主要是指中國學者借助西方後殖民理論回應「中國問題」所產生的具有獨特「中國經驗」的批評性話語，其問題的焦點是中國的本土經驗與文化現實。中國的後殖民批評實踐方面取得了一些不可忽視的成果：張法、張頤武、王一川合著的〈從「現代性」到「中華性」——新知識型的探尋〉，張頤武的〈死三世界文化與中國文學〉、〈全球性後殖民語境中的張藝謀〉，陶東風的〈全球化、文化認同與後殖民批評〉、〈社會轉型與當代知識分子〉，王寧的〈全球化與文化：西方與中國〉、〈全球化時代中國電影的文化分析〉，王岳川的〈「後學」話語與中國思想拓展〉、〈後現代後殖民主義在中國〉，趙稀方的〈中國後殖民批評的歧途〉，章輝的〈後殖民理論與當代中國文化批評〉等等。不可否認，正是在對西方後殖民理論的介紹和接受之中產生了中國後殖民批評；然而，中國後殖民批評多

---

24 趙稀方：〈一種主義，三種命運——後殖民主義在兩岸三地的理論旅行〉，《江蘇社會科學》2004年第4期。

方面展開及其局限，又需要對西方後殖民理論的深入研究。顯然，這兩方面交錯並行，互相關聯又互相激發。概括而言，文化研究的後殖民路徑既開拓了新視域，同時也可能對某些問題形成新的遮蔽。

　　第一，後殖民理論提出了東西方之間的文化關係問題，它揭示出隱藏在其中的不平等權力關係以及使這種權力關係合法化的意識形態運作方式。臺灣學者廖炳惠認為：薩義德「結合了福柯的權力話語和知識體系的觀念，將殖民主義與生活文化的支配形式，通過知識的架構與其工具加以傳播，形成一種交織於知識及權力關係中的『殖民話語』。」[25]福柯關於「知識／權力」的論述，顛覆了西方傳統的知識論，深刻地揭示出知識與權力的共生和共謀關係：「權力和知識是直接相互連帶的；不相應地建構一種知識領域就不可能有權力關係，不同時預設和建構權力關係就不會有任何知識。」[26]福柯的這種觀念已經有效地改變了人文知識界對對知識生產與社會環境、權力系統運轉之間複雜關係的認識方式，也深刻地改變了知識分子對真理的根本看法。正是經歷了如此深刻的轉折，後殖民理論揭示了在漫長的殖民擴張歷史中形成的西方關於東方的種種知識與想像，並不是所謂純粹的普遍的知識或學術，而是一種與殖民統治意識形態有著千絲萬縷聯繫的「政治知識」。或許，這種「知識政治」的闡釋可以從兩個維度加以認識：一方面，知識是權力生產出來並加以傳播的，其功能在於為權力運轉提供某種合法性的論證；另一方面，知識的生產與傳播又再生產著權力。從法農到薩義德，從斯皮瓦克到霍米·巴巴，後殖民理論已然從早期對西方與東方、第一世界與第三世界的壓迫與殖民的揭示，轉向了發掘那些被壓抑、被邊緣化的歷史諸如底層、少數族裔、女性等。如章輝所指出：「在其初期，後殖民主義批判西方的殖民活動對於第三世界文化的摧殘，隨後揭示西方現代文化和文學的帝國主

---

25 廖炳惠：《關鍵詞200》（南京市：江蘇教育出版社，2006年），頁34。
26 〔法〕福柯：《規訓與懲罰》（北京市：生活·讀書·新知三聯書店，1999年），頁29。

義共謀，最近則致力於關注全球化時代的文化混雜、邊緣文化的發聲、資本主義批判等文化研究問題。從種邊緣性產生於非洲殖民地針對帝國主義的文化批判活動延伸到西方文化學術中心，從單純的批判揭露西方的文化殖民到借助西方的思想理論反思批判西方文化中心論，其主題從種族到性別到民族再到階級等，後殖民主義文化批判活動在時間、空間和論題方面代表了全球化時代文化研究的趨向。」[27]後殖民理論的批判性主題和範圍得到更為深入和廣泛的拓展。

第二，文化研究的後殖民路徑開闢了反思與批判中國思想史與學術史上的現代化敘事和啟蒙主義立場。後殖民路徑改變了中國知識分子對西方現代性的認識以及對中國自身現代化歷史的認識。後殖民主義、第三世界批評、全球化理論等等在二十世紀九十年代中國粉墨登場，開始了批判西方中心主義、反思啟蒙主義、重估「現代性」思想史的研究「新時代」。這顯然與二十世紀八十年代中國學界繼承「五四」傳統、高揚西方現代性的精神氣候形成了鮮明對比。中國學界對於中西方文化關係的思考出現了新的維度，發現了新問題，採取了新的立場與視角。諸如中國知識分子的民族文化身份問題、中國文化如何擺脫西方中心主義、如何構建本土化的學術話語、中國古代文論的現代轉型等問題，在新的歷史語境中進入了學者的視野。後殖民話語進入中國場域，與當時的社會現實契合並發揮了積極闡釋效應。

後殖民理論的引入，對於現代化的理解已經發生了根本性的改變，對中國現代性的解讀拓展出了新的視域。〈從「現代性」到「中華性」〉一文就是用後殖民理論重新解讀與反思「五四」啟蒙主義運動的代表之作。第三世界、文化霸權、中國本土經驗等新思維和話語方式開始進入中國文學批評視野。猶如薩義德不僅將文本與世界和批評家聯繫起來，而且將文學經驗與文化政治聯繫起來，進而強調政治

---

27 章輝：〈後殖民理論與當代中國文化批評〉，《文學評論》2011年第2期。

和社會意識與文學研究的關係，推行文化政治批評，並強調跨學科研究對後殖民主義文學研究的重要性。無疑，薩義德的文學文本理論已經成為他後殖民主義文論的重要內容，在當代文壇產生了不可忽視的影響。在全球化的大潮中，第三世界國家一方面被迫納入西方現代化體系之中，在一定程度上認同西方現代化模式；但另一方面，又存在傳統文化與西方現代文化的衝突，因此，民族性／世界性、傳統／現代、本土／全球等成為學術爭論的問題。從某種意義上看，後殖民理論在中國的興起可視為人文思想領域「文化轉向」的重要表徵之一。

　　第三，後殖民理論進入中國社會文化場域，一方面使那些被邊緣化的聲音、群體浮出歷史地表，另一方面也改變了我們闡釋世界與重建意義的符碼。正如王寧所言，「如果說，後現代主義關注文本之外的邊緣問題和被中心話語遮蔽的問題，那麼，後殖民主義則注重在文本政治的解讀中轉換文本的解釋語境和意義結果，在新的政治話語體系中重新尋覓文本失落的意義，進一步關注資本主義在全球範圍滲透中所暴露出來的第一世界和第三世界的內在緊張問題。」[28]後殖民批評的獨特視角，也迫使我們去思考我們的民族文化和在新情境下的文化認同和文化創造等問題。然而，後殖民主義的理論定位也應該引起我們的注意，它從邊緣的角度、他者的角度出發，對西方現代性進行批判和解構，雖然是在批判西方文化中心論，但仍然把西方的現代化及其知識體系視為最基本的思想空間，並未跨越西方中心論。顯然，後殖民主義理論仍然是西方在後現代主義語境中自我反思的一個組成部分。它的確提出了新問題，並且指出了新的理論和批評的方向，但它仍局限於西方學術界和知識界的體系之內，這就是後殖民主義理論的一個根本性的內在矛盾。

　　如同薩義德所言，後殖民理論最為關注的是如何能夠生產出非支

28　王寧：〈後現代後殖民主義在中國〉，《江蘇行政學院學報》2001年第1期。

配性與非壓迫性的知識，尋找出建構「非支配性與非壓迫性」的和「非本質主義」的知識的路徑與方法，進而重構人文世界的嶄新圖景。[29]儘管後殖民理論在推進我們對於東西方乃至階級、種族、性別等多種維度的不平等權力的有效認識，但是，後殖民理論作為文化研究的路徑在闡釋「中國問題」時，也存在著某些問題，甚至可能造成某種意義上的遮蔽。

首先，從文化語境看來，後殖民理論是產生於西方歷史語境之中，雖然其立足於邊緣立場批判西方主流文化，顯示出了批判性立場，但是這種對於文化主流的批判到了中國語境之中，卻承擔了完全不一樣的功能。誠如汪暉所感慨：「沒有一位中國的後殖民主義批評家採取邊緣立場對中國文化的內部格局進行分析，而按照後殖民主義的理論邏輯這倒是應有之義。」[30]徐賁、趙毅衡等人則更為直白地指出：中國大陸的後殖民批評迴避本土社會文化對抗，卻大談西方對於中國的話語壓迫，這是有意無意地迎合主流意識形態。這些批評都清楚地顯示了中西後殖民批評的錯位情景。

其次，由於後殖民理論關心的最根本問題，是資本主義和殖民主義的文化問題。他們試圖從文化的批判角度，來尋找想像新社會結構的可能性，這構成了後殖民批評的烏托邦色彩。後殖民主義批評基本放棄了社會政治層面上的實踐，把現實社會中的種種問題轉化、化約成一個文化問題。中國後殖民批評偏重於文化批判，它們著力揭示文化背後隱藏的殖民意識形態與權力關係，發展了意識形態批判理論，但同時卻放棄了政治經濟學批判。由於缺乏政治經濟學批判的視域，後殖民理論對帝國主義和殖民主義的批判必然是軟弱無力的，也不可能整體地認識帝國主義與第三世界歷史與現實的複雜關係。許多事實

---

29 劉小新：〈後殖民理論的意義與局限〉，《江夏學院學報》2012年第3期。
30 汪暉：〈當代中國的思想狀況與現代性問題〉，《天涯》1997年第5期。

已經表明，後殖民理論只是人文知識分子一種理想和願望的表達。[31]

　　第三，從當代文化政治身份的角度看，中國後殖民批評者所秉承的是本土主義身份政治。在薩義德看來，長期以來，民族主義無疑是抵抗帝國主義的積極力量，但民族主義和本土主義意識卻存在一種法儂曾經指出過的「陷阱」，在舊的殖民統治結束之後，它可能演變為一種使新的壓迫和控制結構合法化的意識形態，可能轉變為殖民統治權力結構的某種複製。正如後殖民理論家斯皮瓦克所提醒，要注意後殖民理論的「異質性」的成分，沒有必要絕對區分反抗者和壓迫者，因為二元對立其實是共謀的關係。後殖民批評的本土主義身份政治往往以國際性的壓迫關係來取消本土壓迫關係對於第三世界人民實際生存處境的重要性和迫切性，從而遮蔽了中國內部的複雜性與差異性。或許我們不難發現，中國城市與貧困山村的差異往往比這些城市與紐約、倫敦、巴黎之間的差異更加刺眼。然而，後殖民理論的批判實踐往往將興趣與精力集中於中國與「他者」的批判，有意無意地遮蔽了內部的巨大差異與矛盾，或許，這也正是後殖民批評理論的局限。

　　後殖民理論與批評實踐作為文化研究介入中國問題場域的一種重要路徑，對於中國的批判知識分子而言，無疑具有重要的思想意義。然而，如果想要全面而深刻地闡釋帝國現代性與全球化、西方現代化與中國本土經驗的複雜關係，僅僅依靠後殖民理論顯然是不夠的。或許，將「偏重意識形態批判和話語分析的後殖民理論與注重政治經濟學批判的『世界體系理論』深度接合，有可能重構批判性思想的總體視野。」[32]而這樣的接合，也正是文化研究所倡導的。

---

31 劉小新：〈後殖民理論的意義與局限〉，《江夏學院學報》2012年第3期。

32 劉小新：〈後殖民理論的意義與局限〉，《江夏學院學報》2012年第3期。

第四節　反本質主義路徑

　　新世紀以來，文藝理論和文化研究領域圍繞「本質主義」的論爭方興未艾。反本質主義的導入，「拓展了文學理論研究的新視野，打破了傳統的文學研究的模式，特別是形而上學的本質主義的模式，從而與當代世界文學理論接軌」。[33]反本質主義在中國的三種基本形態——關係主義、整合主義與本土主義——進一步拓展了文化研究的理論空間，為應對日益複雜化的中國經驗與文化問題提供了新的可能性。本部分擬從本質主義與反本質主義之間的論爭展開論述，簡要勾勒出中國文學界關於反本質主義的三種理論形態，並以關係主義為例探討其如何為文學研究、文化研究打開新的學術視域以及存在的局限性。

一　本質主義與反本質主義

　　本質主義與反本質主義作為一個全球性哲學文化問題，近年來在中國學界尤其是文學研究領域製造了持久的理論震盪。一大批的理論家匯聚在「本質主義與反本質主義」[34]話題四周，形成了緊張的理論對壘，但這個看似簡單的二元對立選擇，卻著實製造了不小的麻煩，

---

33 楊春時：〈後現代主義與文學本質言說之可能〉，《文藝理論研究》2006年第6期。

34 主要文章有：蓋生：〈質疑「反本質主義」並商榷「文學理論的批評化」〉，《浙江社會科學》2003年第1期；王坤：〈經典文藝學與反本質主義〉，《中山大學學報（社會科學版）》2006年第3期；唐鐵惠：〈「反本質主義」的悖謬與霸權意識〉，《長江學術》2006年第4期；支宇：〈「反本質主義」文藝學是否可能——評一種新銳的文藝學話語〉，《文藝理論研究》2006年第6期；南帆：〈文學研究：本質主義，抑或關係主義〉，《文藝研究》2007年第8期；章輝：〈反本質主義思維與文學理論知識的生產〉，《文學評論》2007年第5期；李濤：〈「後本質主義」文藝學真的可能——「反本質主義」文藝學批判的再批判〉，《東方叢刊》2007年第4期；陶東風：〈反思社會學視野中的文藝學知識建構〉，《文學評論》2007年第5期；楊春時：〈後現代主義與文學本質言說之可能〉，《文藝理論研究》2007年第1期；方克強：〈文藝學：反本質主義之後〉，《華東師範大學學報（哲學社會科學版）》2008年第3期。

久久未能攻克。迄今為止，本質主義與反本質主義的論爭方興未艾。
從熱鬧紛繁的論爭中，我們顯然可以察覺，「本質主義」通常是作為
貶義詞出現的，至少沒有哪位理論家認為被指認為「本質主義」是一
種榮耀。「『本質主義』典型症狀就是思想僵硬，知識陳舊，形而上學
猖獗。」[35]雖然本質主義似乎已陷入了較為尷尬的境地，但是很多學
者並未將本質主義丟入歷史的收納袋，正如有人堅定地宣稱：即使傳
統文學理論在「本質主義」的影響下所構建起來的「單一本質」論已
經失效，但是這不能作為我們「放棄對文學本質回答」的藉口。[36]形
而下者謂之器，形而上者謂之「本質」。古往今來，諸多的理論家在
搜尋各種「本質」上投入了大量的兵力，試圖找到「本質」這把打開
大千世界的萬靈鑰匙。但是，「本質」似乎並未顯現其神秘蹤跡，否
則的話，如若已經掌握文學的「本質」，我們還有必要為關於文學的
具體問題而糾結嗎？在紛繁變幻的表象之下是否存在一個本質？本質
是永恆不變的嗎？「本質」一詞來源於對於一事物之所以為該物之決
定性因素。如亞里士多德指出，如果謂揭示了主詞的本質，這一表述
就是定義——定義就是揭示事物的本質規定。[37]本質往往被視為隱藏
在表現之後，雖然不露面，但是卻主宰這表象、決定著表象的運行方
式和表現形式。以「本質-現象」、「因-果」為中心，本質主義完成了
對事物的分類和概括，並因此樹立起了一系列的二元對立：內容——
形式，中心——邊緣，意義——符號，男——女，真理——謬誤等
等。顯而易見，「這種模式包含了二元對立，並且將這種二元對立設
置為主從關係。本質顯然是深刻的，是二者之間的主項；表象是僅僅
是一些膚淺的經驗，只能從屬本質的管轄。前者理所當然地決定後
者——儘管後者在某些特殊時刻具有「能動」作用。換一句話說，這

---

35 南帆：《關係與結構》（長春市：吉林出版集團公司，2009年），頁3。

36 楊春時：〈後現代主義與文學本質言說之可能〉，《文藝理論研究》2007年第1期。

37 和磊：〈反本質主義〉，《國外理論動態》2006年第11期。

種二元對立是決定論的。」[38]所謂「本質主義」，就是承認世界上萬事萬物皆有其本質，人們可以運用理智與知識，通過嚴謹的科學推理和哲學的洞察力，透過現象給揭示出來。本質主義一般有三種表現形式：絕對主義、基礎主義（原子主義）和科學主義；雖然表現形式不一，但是存在一個永恆不變的、僵化的「本質」的認識是他們的共識。

　　由於啟蒙理性和形而上學在社會與哲學上出現諸多的問題，出現了對本質主義的反思與批判。以德里達為代表的解構主義認為，事物並沒有一個固定不變的本質，這個作為事物之原因和根源的東西是「不在場」的，我們對事物的把握是根據事物之間的差異，而非本質。二十世紀八十年代以來，隨著人們對邏各斯中心主義反思的深入與擴展，以及對階級、種族、性別等社會不平等問題的關注，各種批評理論逐漸轉向了反本質主義立場。反本質主義是美國哲學家理查德・羅蒂提出的關鍵概念，它對於不平等的二元對立秩序有著強大的衝擊力。「如果說本質主義關心的是知識的完善，那麼，反本質主義則旨在知識的創新，它為人類重新審視世界提供了立足於生活形式之上的腳手架，呈現出了本體論的嶄新境界。」[39]本質主義以一個被發現的「事物」的觀點為前提，正如本質主義者，往往將「文學性」視為文學的本質，試圖通過對文學性的考察搜索文學。霍爾指出，定型化是一種本質主義的思考方式：一、定型化就是對差異加以簡化、提煉並使差異本質化和固定化的結果；二、定型化有效地應用一種「分裂」的策略，通過排他的實踐，把自己封閉起來，把其他排除出去，從而維護一種既定的秩序；三、定型化傾向於在全力明顯不平衡處出現，黑人和白人之間從一開始顯然就出在一個不平等的權力結構之中。[40]與此相反，反本質主義者認為，事物是建構的、形成的，而不是

38　南帆：《關係與結構》，頁4。

39　王治河主編：《後現代主義辭典》，北京市：中央編譯出版社，2004年。

40　霍爾著，徐亮等譯：《表徵：文化表象與意指實踐》（上海市：商務印書館，2003年），頁261-262。

被發現的。正如身份，它不是一個事物，而是一種語言的描述，身份是話語的構形，根據時間、地點和使用改變它們的含義。文化身份不是反映一個固定的、自然的、存在狀態，而是一個變化的形成過程。「文化身份不是一種本質，而是一個不斷轉移的主體位置的集合。」身份成為了一個展開意義的「剖面」或者片段，這是一個戰略性的定位，它使得意義成為可能。這種反本質主義的立場並不意味著我們不能談論身份。相反，它為我們指出身份作為一種「產物」，可以用各種方式連接在一起，多重的、轉移的和斷裂的身份的可能性。[41]正如格羅斯伯格所言，「反本質主義描述的是一個偶然的歷史，一切都無法預先保證，沒有任何關係是必然的，沒有任何特性是內在地固有的。那些『本質』可以是歷史地真實的，但並非必然的。」[42]

二　關係主義、整合主義與本土主義

　　本質主義與反本質主義之爭的戰火也蔓延至中國，並展開了劇烈交鋒。不言而喻，這場理論戰役對中國當代文學理論影響至深。新世紀初，以南帆主編的《文藝理論（新讀本）》、陶東風主編的《文學理論基本問題》以及王一川著的《文學理論》的相繼出版，構成了中國文藝學界的一個重要事件。正如方克強所言：「這不僅是因為他們都對當下後現代語境的挑戰作出了回應，都在不同程度上與本質主義思維方式進行了切割，而且更引人注目的是，他們選擇了文學概論系統性知識生產和教學體制中教科書的知識傳播方式。這意味著他們是以

41　〔英〕克里斯・巴克著，孔敏譯：《文化研究：理論與實踐》（北京市：北京大學出版社，2013年），頁223。

42　勞倫斯・格羅斯伯格：〈文化研究的流通〉，羅鋼、劉象愚主編：《文化研究讀本》（北京市：中國社會科學出版社，2000年），頁72。

翻新一代教材的策略來達成更新一代人理念的目的。」[43]圍繞著「反本質主義之後文藝學如何可能」這一命題，新的建構性理論已然在摸索中推出──以南帆為代表的「關係主義」、以陶東風為代表的「整合主義」以及以王一川為代表的「本土主義」。

南帆是在批判本質主義意義上提出「關係主義」的，從論文〈文學研究：關係主義，抑或本質主義〉到文集《關係與結構》，南帆對「關係主義」的內涵與意義進行了系統性闡發：「關係主義強調進入某一個歷史時期，而且沉浸在這個時代豐富的文化現象之中。理論家的重要工作就是分析這些現象，從中發現各種關係，進而在這些關係的末端描述諸多文化門類的相對位置。」[44]「關係主義」傾向於闡釋事物之間的深刻而隱蔽的關聯性，認為任何事物的意義「只能從它與其他事物之間的相對關係中予以理解，只能從該事物所置身的複雜的結構性關係中獲得歷史性的理解。」[45]關係主義強調的是多元關係，而不是二元對立的關係，誠如南帆所言，關係主義的理論預設不再指向永恆不變的「本質」，而是更多地關注多元變項之間形成的關係網絡。南帆謙遜地強調，「我並沒有期待關係主義全面覆蓋本質主義」，「關係主義只不過力圖處理本質主義遺留的難題而已。」[46]

對於陶東風而言，其「反思的學術資源比較龐雜，主要有形形色色的文化研究、布爾迪厄的知識社會學和文化社會學、福柯等人的後現代主義、羅蒂的實用主義，等等。這些學術或思想流派都不同程度地存在反本質主義傾向。」[47]正如其所言，布爾迪厄的反思社會學、

---

43 方克強：〈文藝學：反本質主義之後〉，《華東師範大學學報（哲學社會科學版）》2008年第3期。

44 南帆：〈文學研究：本質主義，抑或關係主義〉，《文藝研究》2007年第8期。

45 劉小新：〈關係主義與文學研究〉，《海南師範大學學報》2011年第4期。

46 南帆：〈文學研究：本質主義，抑或關係主義〉，《文藝研究》2007年第8期。

47 陶東風：〈文學理論：建構主義還是本質主義──兼答支宇、吳炫、張旭春先生〉，《文藝爭鳴》，2009年第4期。

文化社會學理論，以及文化研究，特別是女性主義和後殖民主義的身份建構理論，對他的影響更大一些。「也正因為這個原因，我的反本質義（如果可以這樣稱呼的話）更接近於建構主義的反本質主義，而不是後現代的激進反本質主義。」[48]在方克強看來，陶東風強調以「歷史化與地方化」、「交叉共識」作為文藝學知識的重建思路，他將「這種在開放、包容的理論視野下發現共識、提升共識的思路，稱為整合主義的建構方法。」[49]所謂的「整合主義」，就是「整合人類已有的文學經驗、理論知識，尋求『最大公約數』，使之成為不斷翻新的、有根基的理論體系形態。……當然，整合主義不是簡單的歸納和疊加，而是對原有理論之間既定關係的創造性調整，是對新產生的文學經驗及時的關注、吸納與應因。」[50]而王一川的理論建構路向，則可以稱之為「本土主義」，它是「強調本土的文學經驗、文學實踐、文學理論連續性與特色性的一種構想。」[51]這種本土主義理論建構，更多地借助和開掘本土的文學資源，借助中國古代的概念及精神內涵，突出文學創作與文學經驗中的傳統「中國經驗」。或許，「本土主義」是全球化語境下尋求民族性的一種策略。

根據以上梳理，反本質主義在中國的三種理論形態 —— 關係主義、整合主義、本土主義 —— 已然較為清晰，但我無意對每一種形態進行詳細的闡釋，而是選擇其中具有代表性意義且已形成較為系統的理論譜系的「關係主義」展開論述。

---

48 陶東風：〈文學理論：建構主義還是本質主義 —— 兼答支宇、吳炫、張旭春先生〉，《文藝爭鳴》，2009年第4期。

49 方克強：〈文藝學：反本質主義之後〉，《華東師範大學學報（哲學社會科學版）》2008年第3期。

50 方克強：〈文藝學：反本質主義之後〉，《華東師範大學學報（哲學社會科學版）》2008年第3期。

51 方克強：〈文藝學：反本質主義之後〉，《華東師範大學學報（哲學社會科學版）》2008年第3期。

三　「關係主義」路徑打開新視域及其局限

　　迄今為止，學界關於「關係主義」的討論，主要有三種觀點值得我們關注：第一種觀點把「關係主義」劃入後現代主義範圍，認為關係主義取消了關於文學本質的探究，代之以文學理論的歷史描述，文學和文學理論都被視為話語建構的產物，這有可能導致相對主義乃至虛無主義；第二種觀點認為關係主義是文化研究的一種方法，這種方法在處理文化網絡內文學與其他多元因素的互動關係上它是勝任的，在對文學進行文化研究時它是卓有建樹和成效的。但是，關係主義並沒有被運用於文學內部多元因素的網絡，或雖有所運用卻在力度與廣度上都不及它在文化網絡分析時的作用。第三種觀點則把南帆的「關係主義」文學研究界定為「充滿活力的結構主義」。[52]這些分歧或許從某種意義上表明了「關係主義」本身具有某種複雜性、非定型性以及思想資源的多元性。那麼，關係主義能夠做什麼？文化研究的「關係主義」路徑能夠為我們提供什麼樣的新視域？

　　首先，關係主義打破了本質主義的獨一無二的「本質」觀念，敞開了通往世界複雜性和豐富性的通道。在反本質主義的有力衝擊之下，「本質」這個概念正在喪失解釋的效力，而世界圖景之中所包含著的複雜博弈的關係則得到了有效的凸顯。正如在文學研究之中，關係主義不再預設某種堅不可摧的「本質」充當文學的秘密內核，而是解除了文學的本質主義觀念，將文學置身於眾多關係的核心，致力於考察文學的意義如何鑲嵌於各種關係網絡，遭受種種改造以及重新定位。「按照關係主義的目光，這些特徵與其說來自本質的概括，不如說來自相互的衡量和比較——形象來自文學與哲學的相互衡量和比較，人物性格來自文學與歷史學的相互衡量和比較，虛構來自文學與

52　參見劉小新：〈關係主義與文學研究〉，《海南師範大學學報》2011年第4期。

自然科學的相互衡量和比較……生動的情節來自文學與社會學的相互
衡量和比較，特殊的語言來自文學與新聞的相互衡量和比較，如此等
等。我們論證什麼是文學的時候，事實上包含了諸多潛臺詞的展開：
文學不是新聞，不是歷史學，不是哲學，不是自然科學……當然，這
些相互衡量和比較通常是綜合的，交叉的，而且往往是一項與多項的
非對稱比較。紛雜的相互衡量和比較將會形成一張複雜的關係網絡。
文學的性質、特徵、功能必須在這種關係網絡之中逐漸定位，猶如許
多條繩子相互糾纏形成的網結。」[53]這種關於文學的定位遠比直奔一
個單純的「本質」更為複雜，諸多的關係游移不定，或左或右，或上
或下，向著所有的方向開放，正是各種各樣錯綜複雜的關係，組織生
產了文學乃至世界的多維意義。正如南帆所指出：「關係主義傾向於
認為，圍繞文學的諸多共存的關係組成了一個網絡，它們既互相作用
又各司其職。總之，我們沒有理由將這些交織纏繞的關係化約為一種
關係，提煉為一種本質。文學的特徵取決於多種關係的共同作用，而
不是由一種關係決定。」[54]或許，一個人在社會中所扮演的角色，可
以清晰地凸顯出他所進入的關係層面：對於父母來說，他是一個兒
子；對於愛人來說，他是一個丈夫；對於子女老說，他是一位父親；
對於弟弟來說，他是一個哥哥；對於同事來說，他是一個科長；對於
不喜歡抽菸的人來說，他是一個喜歡抽菸的人……。在關係主義視域
中，任何人與事物都處於多種關係的交匯之中，因此，從關係主義的
視角闡釋文化研究能夠為我們創造更多精彩的可能性，正如前文中所
闡述：文化研究中的階級、民族、性別、身體以及空間等等並非是互
不交集的平行線，而是相互糾纏在一起，形成複雜的關係。當我們面
對如此複雜的問題時，關係主義的細緻、多維的關係譜系分析無疑為
文化研究提供了有效闡釋路徑。

---

53 南帆：〈文學研究：本質主義，抑或關係主義〉，《文藝研究》2007年8期。
54 南帆：〈文學研究：本質主義，抑或關係主義〉，《文藝研究》2007年8期。

　　其次，關係主義路徑的文化研究強調問題的譜系性追溯和結構性分析。「關係主義」作為一種闡釋策略，它是文學理論應對日益複雜化的中國經驗與文化問題的一種論述策略。正如劉小新所言：「從『歧義的讀者』到『不可概括』的龐雜的『民間』，從變動不居的『本土』到歷史的『文學性』，南帆從當代批評學術史內部引申出一系列複雜的理論問題，但這不是純粹思想或學術領域內部的思維演繹，而是強調問題的譜系性追溯和結構性分析。這種研究路徑形成了南帆對『中國問題』與文學經驗複雜性的基本觀點。」[55]在面對「文學理論與批評如何有效應對問題的挑戰？」這一問題時，南帆一如既往地強調文學研究應該注意到「中國問題」的複雜性。他如是而言：「許多時候，問題出現於學術史內部，但是，現實是這些問題的策源地，問題的追溯時常將學術研究引入現實。」因此，他十分重視對於文學批評學術內部注重概念與命題，諸如對「文學性」、「大眾」、「本土」、「知識分子」、「典型」、「小資產階級」、「現代主義」、「底層」等的質疑與重新闡釋。或許，《五種形象》可以視為南帆關係主義批評範式的一個重要範本。正如他所言，「五個問題的考察有一個共同點，即分析各個概念術語背後的淵源、背景、脈絡、譜系、意識形態以及權力關係──我一度想將這本書取名為『概念的現場』。回到歷史是許多『文化研究』的意向，歷史反對形而上學。這種研究必然要進入特殊的『中國問題』而不是熱衷於套幾個理論公式。」[56]顯然，關係主義強調進入特定歷史時期，而且沉浸在這個時代豐富的文化現象之中，理論家的重要工作就是分析這些現象，從中發現各種關係，進而在這些關係的末端描述諸多文化門類的相對位置。顯然，關係主義傾向於闡釋事物之間的深刻而隱蔽的關聯性，認為任何事物的意義

55　劉小新：〈關係主義與文學研究〉，《海南師範大學學報》2011年第4期。

56　南帆：《五種形象》，上海市：復旦大學出版社，2007年。

都無法從該事物本身孤立地獲得闡釋，而只能從它與其他事物之間的相對關係中予以理解，只能從該事物所置身的複雜的結構性關係中獲得歷史性的理解。或許，從南帆一系列的理論著作中可以看出，他總是在由兩組概念六個範疇——前現代、現代、後現代；政治、經濟、美學——所構成的框架與坐標中描繪與闡釋中國文學。這些範疇構成的複雜交錯的文化網絡，正是南帆所強調的「中國問題」現場。

第三，「關係主義」不僅僅是一種文學研究的方法論，而且還是一種知識立場，關係主義的文化研究不僅僅是一種闡釋，而且還是一種批判，一種批判的闡釋與闡釋的批判，一種「廣譜的批判」。從《問題的挑戰》、《理論的緊張》到《關係與結構》、《無名的能量》，從《文學理論（新讀本）》（浙江文藝出版社，2002年）到《文學理論》（北京大學出版社，2008年7月），始終貫穿著這樣一個核心命題：理論的緊張是源於「中國問題」的複雜性所產生的壓力，文學、文學理論如何介入複雜的中國社會現實？文學、文學理論如何能夠更加有效地闡釋當代中國複雜的文化問題？南帆認為，文化研究在闡釋中國問題時需要充分關注這種複雜性，無論是德里克的「地域」還是詹姆遜的「第三世界」都過於單純了。如果進入地域或者第三世界內部，問題就會驟然地複雜起來。對於「本土」，也不能將本土想像為某種靜態的、單一的、純粹的文化形象，本土是處於歷史脈絡之中，它是在與全球種種文化的不斷對話之中呈現出來。即使是本土內部，它也並非是鐵板一塊，本土內部除了文化問題，還存在著政治問題、經濟問題與社會問題，這些問題始終互相糾纏在一起，相互影響。

現今，在中國文化研究領域，關係主義尚屬一種少數話語。但是在西方理論界，關係主義文化研究並不缺少同道，羅蒂對「關係主義」情有獨鍾，布爾迪厄聲稱自己是「關係主義者」，以及德里達、福柯、利奧塔等一大批思想家的觀點對我們形成了種種深刻的啟示。或許，與西方這些重要理論家的論述展開對話是中國關係主義文化研

究進一步拓展理論空間的可能途徑。「關係主義」文化研究的興起，將對文學研究與闡釋中國的社會、文化現實產生不可忽視的影響。

　　然而，關係主義也並非是完美的，正如方克強所指出，它「在理論建構的實際操作中也顯露出某種弱項或不徹底性。也就是說，關係主義在處理文化網絡內文學與其它多元因素的互動關係上它是勝任的，在對文學進行文化研究時它是卓有建樹和成效的；但是，關係主義並沒有被運用於文學內部多元因素的網絡，或雖有所運用卻在力度與廣度上都不及它在文化網絡分析時的作用。」「當關係主義與文化研究、意識形態理論結合在一起時,它本身固有的邏輯卻不能貫徹到底了。」[57]因此，我們在應用關係主義闡釋文學時，不僅僅要關注其與外部諸多因素的複雜關係，同時也應關注文學內部眾多因素之間的複雜關聯。

小結

　　以上探討的四種路徑只是文化研究介入中國文化場域的四種主要形態。此外，還存在一系列其他的路徑，諸如現代性反思路徑、文化主義路徑、結構主義路徑、文化霸權理論路徑，以及階級、國族與性別路徑。如此之多的路徑，恰恰說明了文化研究本身的開放性及包容性。毋庸置疑，它們為中國文化研究的導入與發展所做出的努力與嘗試值得肯定，並對中國問題的闡釋與理解提供了有效的啟發與推動作用。

---

57 方克強：〈文藝學：反本質主義之後〉，《華東師範大學學報（哲學社會科學版）》2008年第3期。

第六章
接受的症候：
文化研究在中國大陸的本土化實踐

第一節　文化研究的主題「變奏」
　　　　——以《文化研究》和《熱風學術》為例

　　二十一世紀以來，「文化研究」在中國大陸的興起與蓬勃發展，成為當代中國一股極為重要的文化思潮。「文化研究」本身開放的話語場域和多元的研究方法，加之由於中國複雜的社會現實以及不同政治、學術立場的嵌入，中國文化研究更是顯得多元紛呈。從《文化研究》與《熱風學術》兩個文化研究刊物多年來的論述實踐看，文化研究正朝著開放性的理論探索與批判性的闡釋實踐邁進，顯示出了蓬勃的生命力、創造力、批判力和闡釋力。

　　由陶東風、周憲等人主編的《文化研究》和王曉明、蔡翔主編的《熱風學術》扮演了十分重要的角色，尤其是近年來隨著文化研究本土化實踐的深入，《文化研究》與《熱風學術》逐漸成為當代中國「文化研究」的兩大重鎮。《文化研究》在其創刊詞中就宣稱以「介紹西方的文化研究與推進中國自己的文化研究並重」為宗旨：「介紹國外文化研究的歷史、最新研究成果以及重要的文化理論家，翻譯西方文化研究的經典文獻，研討中國當代文化問題（如大眾文化問題、傳媒與公共性問題、後殖民批評問題、民族文化認同問題、性別政治問題、文化研究與人文學科重建問題、知識分子角色與功能問題等），考辨西方文化理論在中國的傳播與運用，探索西方文化理論與

中國本土經驗的關係。」[1]而《熱風學術》則「取法於魯迅『熱風』的立場與態度，以『學術』方式關注當代中國。它聚焦於今日支配文化及其生產機制，和現代中國革命的經驗教訓，正是這二者的互相作用，構成了當代中國社會文化再生產的關鍵環節。」《文化研究》從二〇〇〇年創刊開始，每年出版一輯，先後由天津社會科學出版社、中央編譯出版社、廣西出版社、社會科學文獻出版社等出版社出版，從二〇一三年開始，刊物改版為季刊，一年出版四期，由首都師範大學文化研究中心和南京大學聯合主辦，由社會科學文獻出版社固定出版，《文化研究》的出版開始走上常態化道路，至今已經推出了一至五十輯。從二〇一〇年開始，由陶東風每年主編出版一本《文化研究年度報告》，現也已出版了五個年度的報告。而《熱風學術》叢刊至今已出版了一至十一輯，上海大學中國當代文化研究中心同時還策劃出版了「熱風書系」，包括：「熱風·研究坊」已出版：《傳媒的幻象》、《身份構建與物質生活》、《神聖書寫帝國》、《大眾傳媒與上海認同》、《形式的獨奏》；「講義與讀本」出版：《中文世界的文化研究》、《中國現代思想文選》、《巨大靈魂的戰慄》；「熱風·譯叢」包括：《慢生活》與《全球左派的興起》；「熱風·思想論壇」包括：《當代東亞城市》、《鄉土中國與文化研究》、《魯迅與竹內好》、《方法與個案》、《巨變時代的思想與文化》、《製造國民》、《生活在後美國時代》、《從首爾到墨爾本》；「當代觀察」：《「城」長的煩惱》等。不言而喻，《文化研究》與《熱風學術》現已成為介紹國外文化研究理論成果，同時也是進行本土化實踐及推廣國內學者理論成果的重要學術陣地。

　　《文化研究》創刊以來，其發展主要沿著兩個方向展開：一是譯介和引進西方文化研究界的優秀理論成果，二是開展中國本土文化研

1　陶東風、金元浦、高丙中主編：《文化研究》第1輯，天津市：天津社會科學出版社，2000年。

究實踐，尤其是注重對當下和現代的個案分析。「文化研究」正朝著批判性的、多元開放的而且具有闡釋力和本土經驗的方向發展，「文化研究」也逐漸成為批判知識分子重新介入當下社會的重要場域。「借助『文化研究』，人文知識界有可能再次獲得一種介入式的知識位置。在『文化研究』的名目下聚集起來的這些學者有著相同或相近的基本認識，即大眾文化是九十年代以來中國文化現實的重要構成。因而，大眾文化批評就成為人文知識分子重新返回文化現場的一個重要入口。」[2]中國知識分子的這種介入性努力與實踐，《文化研究》與《熱風學術》各輯的專題所探討主題的多元化與豐富性就是一個明證。我們無意也毫無必要逐一羅列出各輯的專題並進行具體論述，而是試圖對這兩個期刊各期的主題與批判實踐進行整體性考察與分析，進而重繪出當代中國文化研究的主題嬗變的理論圖譜，以及闡釋當代中國問題的多元視域。

一　文化研究理論譯介：文本選擇與翻譯策略

　　《文化研究》透過特定的文本選擇和翻譯策略，力圖有效地介入並闡釋當代中國的諸種社會現實和文化現象。翻譯作為一個重新結合與重新脈絡化的過程，在新的社會歷史語境之中，所譯介與引進的理論資源本身也構成了對現實的一種批判與介入。對於中國文化研究的知識分子而言，對文化研究理論文本的選擇與譯介，實際上隱含著思想的接合與「衍異」。《文化研究》每一輯都安排了一個譯介西方文化研究理論資源的版塊，並且取得了顯著效果。綜觀《文化研究》各輯的理論譯介：第一輯主要有〈文化研究：兩種範式（節譯）〉、〈誰需

2　劉小新：〈文化研究的激進與曖昧——評李陀主編的／大眾文化批評叢書〉，《文藝研究》2005年第7期，頁137。

要文化研究？（節選）〉、〈全球化與文化研究的歷史與現狀：西方與
中國（節選）〉、〈詹姆遜談現代性、後現代性及其他（節選）〉、〈關於
全球化與中國當代文化思潮的答問（節選）──劉康訪談錄劉康美國
賓州〉、〈文化批評的記憶和遺忘（節選）〉、〈視覺文化與現代性（節
選）〉、〈民間：想像中的社會（節選）〉、〈貨幣文化論（節選）──西
美爾〈貨幣哲學〉之現代性闡釋〉、〈總體性與詹姆遜的文化政治詩學
（節選）〉、〈文化工業再思考（全文）〉、〈全球化消費主義中的當代傳
媒問題〉等；第四輯「紀念皮埃爾·布爾迪厄逝世一週年的專題」中
翻譯了克雷格·卡爾豪恩、羅克·華康德的〈「一切都是社會的」：緬
懷皮埃爾·布爾迪厄〉、布爾迪厄的〈區隔：趣味判斷的社會批判〉
引言、華康德〈解讀皮埃爾·布爾迪厄的「資本」──《國家精英》
英譯本引言〉、徐賁的〈布爾迪厄的科學知識分子和知識政治〉；在
「文學與文化」專題中，主要翻譯了珍妮特·沃爾芙的〈文化研究與
文化社會學〉，希利斯·米勒的〈論文學的權威性〉，以及謝少波、王
逢振的〈重繪中國現代性的路線圖〉，龔浩群的〈公共領域的雙重要
求──「9·11」事件與中國的媒介事件〉，陳龍、曾一果的〈儀式抵
抗：青年亞文化與「新人類文學」品格〉等。以及兩篇訪談：羅克·
華康德的〈實地運用布爾迪厄──羅克·華康德〉，陸揚〈本體論·
中西文化·解構──德里達在上海〉。第五輯主要翻譯了艾倫·盧克的
〈超越科學和意識形態批判──批判性話語分析的諸種發展〉，克勞拉
的〈話語〉，以及弗蘭克·韋伯斯特的〈社會學、文化研究和學科疆
界〉。第七輯：由王曉路翻譯了約翰·斯托里的〈英國的文化研究〉，
全面梳理了英國文化研究的發展狀況，包括思想資源、體制化機構、
代表人物、刊物及代表性論著。論文著重從文本的意義的多聲部、葛
蘭西霸權理論和福柯理論的引入、對通俗文化及亞文化的關注、消費
社會中文化問題以及表徵等角度，對文化研究中的諸項關鍵性問題進
行了線性論述，並指出了文化研究的未來在於是否可以有機地融合在

多種理論探討之中，作為一門學科進行運作。另外，還有文森特·利奇、米切爾·R·劉易斯的《美國的文化研究》。第八輯霍爾與伯查爾的《新文化研究的理論探險》。第十四輯再次刊載了霍爾的〈文化研究：兩種範式〉，實際上，在《文化研究》第一輯中就刊載過陶東風譯的版本，但是當時的翻譯主要是國外學者的英文刪節稿，而此次刊載譯文則為一九八〇年初刊的原文重譯，更為全面且真實地貼近了原文。《熱風學術》各輯也開設有「理論·翻譯」專欄，專門譯介了文化研究的理論資源，但是《熱風學術》翻譯的文本選擇與策略顯然有別於《文化研究》。正如《熱風學術》第四輯的「編後記」所言：「來自非歐美主流學界的思想，換句話說，對於那些在邊緣處的理論思考，一直是《熱風學術》所推重的並由『理論·翻譯』引介的。」[3] 如其所言，該輯主要翻譯與推介了日本學者阪井洋史的〈為了圍繞『現代』的對話之開端〉、加藤周一的〈日本文化的混雜性（節譯）、荒正人的〈要是魯迅還活著──關於某種「負」面〉、佐藤忠男的〈關於微笑──拓植義春和他的作品〉、岡本惠德的〈水平軸思想──關於沖繩的「共同體意識」〉以及屋嘉比的〈穿透自我的思想──關於岡本惠德的《水平軸的思想》〉，這樣的選文與用意值得深入體會──「不簡化地認識事物，不同質化地看待問題」。在最新出版的《熱風學術》第九輯，理論·翻譯專欄推出了「霍爾紀念小輯」，其中包括斯圖亞特·霍爾的三篇論文翻譯〈新自由主義的革命〉、〈常識形態的新自由主義〉、〈新自由主義之後：對現狀的分析〉以及兩篇研究霍爾的論文章戈浩的〈分析當下：霍爾與情勢的相遇〉、朱傑的〈霍爾與我們〉，此外附上〈霍爾著述年表〉。

　　通過對以上諸多翻譯成果的分析，或許我們可以發現《文化研

3　王曉明、蔡翔主編：《熱風學術》第4輯（上海市：上海人民出版社，2010年），頁333。

究》與《熱風學術》在引介西方文化研究理論資源的旨趣是雙重的：一方面，力求如實深入地譯介西方最新的理論成果，提供觀照中國現實的理論資源；另一方面，這些理論資源必須能夠納入現實的視域，並進行有效轉化的詮釋與運用。顯然，「翻譯」作為一種重要的理論的裝置與集合，成為當代中國文化研究的理論生發場、衍異場，甚或是實踐的操作場。

二　文學研究與文化研究之關聯性研究

　　正如文化研究的起源與文學研究有著複雜的淵源，中國的文化研究也不例外。中國文化研究的大部分學者也大多出身於文學研究，尤其是文藝學學科。因此，文化研究與文學研究的關係問題一開始就成為文化研究領域的焦點問題。文學理論如何應對文化研究的挑戰？在文化研究的巨大衝擊之下，文學理論是陷入了危機，抑或面臨著新的契機？文學理論未來的出路何在？文化研究使文學從內部研究走向了外部研究，審美與詩意喪失了？文學的本身何在？文學研究是否淪為庸俗的社會學方法論？一系列問題成為一九九〇年代以來中國學界的理論焦點，有些學者認為文化研究造成了審美的遠離，從而使文學再度走向了庸俗社會學；也有學者認為，「文化研究包括並涵蓋了文學研究，它把文學作為一種獨特的文化實踐去考察。」[4]從某種意義上說，文化研究拓寬了文學研究的思路，打開了文學研究的視域。此外，學界還圍繞文學研究與文化研究開展了一系列學術研討會，取得了諸多客觀的研究成果，深化了對該問題的認識。

4　石恢：〈從「文學研究」到「文化研究」〉，《理論月刊》1999年第8期。

三　大眾文化及消費文化研究

　　大眾文化是中國文化研究關注的核心命題。自一九九〇年代開始，中國大眾文化研究經歷了從精英主義的激進批判到對大眾文化價值的積極肯定過程。或許，這一轉變過程可以視為是中國文化研究理論資源接受與吸收的轉變──由法蘭克福學派向伯明翰學派的轉變。縱觀《文化研究》與《熱風學術》兩個期刊各輯的大眾文化研究論文，我們可以發現它們較少從美學、闡釋學的角度來分析經典文學作品，而是將「文本」擴展到包括廣告、小說、詩歌、電影、音樂、藝術展等領域，試圖將文學、藝術形式與微觀政治權力結合起來討論大眾文化現象。《熱風學術》有三個專欄「重返現場」、「再解讀」與「文學內外」，實際上都是採用文化研究方法進行的「文本」解讀與批判性事件。第四輯的「重返現場」刊載了羅崗、李芸的《作為「社會主義城市」的「上海」與空間的再生產──「城市文本」與「媒介文本」的「互讀」》，「再解讀」刊載了程光煒的〈二十世紀八十年代文學研究的「文學社會學」〉、楊慶祥的〈「唐弢版」〈中國現代文學史〉的生成與建構〉、黃平的〈賈平凹與二十世紀八十年代的「尋根意識」〉、虞金星的〈這一個「福奎」──重讀〈最後一個魚佬兒〉〉，而「文學內外」則刊載了〈歷史記憶的償還與新歷史主體的詢喚〉、〈家庭革命與倫理重建──對晚晴思想的一種考察〉。或許，不難發現：這些專欄的設置以及所刊載的文章的理論焦點已然不只是專注於文學文本的審美分析與解讀，而且視野更為開闊。

四　文化研究的空間轉向

　　「空間」概念的引入，建構文化研究的空間維度，也是「文化研究」值得我們關注的特點之一。對「空間」的文化研究涉及這樣一些

問題：空間與權力的關係？「『全球經濟再結構』與中國空間結構變遷的關係為何？空間是如何被感覺的？空間感是怎樣被編碼的？空間與身份認同、空間與性別的關係為何？」[5]這一系列富有意味問題的提出與分析的展開，在某種程度上意味著文化研究「空間轉向」的到來。在中國文化研究領域，「空間」更多地與「城市空間」相關，側重於空間的社會與文化分析方向，諸如戴錦華的「廣場」、包亞明的「上海酒吧」、羅崗的「上海工人新村」研究等等。

　　《文化研究》叢刊第十輯匯集了五個專題：作為基本問題的空間、現代性和歷史記憶中的權力空間、當代中國的空間問題、城市建築的空間問題、空間的速度政治：諸如〈空間的建築學〉、〈作為關鍵詞的空間〉、〈空間概念的演化：物質的、地理的抑或是精神的？〉、〈建築與空間生產（回應）〉、〈權力、資本與縫隙空間〉、〈縫隙空間與都市中的社會認同危機（回應）〉、〈歷史語境中的南京長江大橋——一個能指的漂浮〉、〈作為現代性象徵的中山公園〉、〈農業集約化的居民空間重構〉、〈關於空間的集約化（回應）〉、〈城市交通工程與空間社會關係——以南京漢口路西延工程為例〉、〈反思城市規劃（回應）〉、〈空間生產中的城市消費空間塑造〉、〈作為中國現代化進程表徵的空間隱喻（回應）〉、〈書法故事、地方文脈與書法的空間生產——南京、北京書法文脈與城市書法景觀的案例〉、〈從「民族主義的風格」到「地域主義的建構」〉、〈誰的地盤，如何做主？（回應）〉、〈歷史和空間的重寫（回應）〉、〈速度政治與空間體驗〉、〈空間的廢墟化與歷史之蝕——現代性矛盾與速度〉、〈回憶與遺忘：空間的兩種速度形式〉、〈空間速度與社會控制〉。文化研究第十四輯的「城市文化」專題：季劍青的〈二十世紀三十年代北平「文化城」的歷史建

5　參見夏鑄九：〈空間、歷史與社會〉，《臺灣社會研究叢刊》1995年；夏鑄九、王志弘編譯：《空間的文化形式與社會理論讀本》，明文書局，1994年。

構〉、許苗苗的〈寫字樓的空間意義〉、唐宏峰的〈雙城之辯與「社會學的情景」──晚晴小說的空間意義〉、〈《上海的早晨》與「早晨」的「上海」──論〈上海的早晨〉中的上海都市空間想像〉。〈熱風學術〉第四輯的羅崗、李芸〈作為「社會主義城市」的「上海」與空間的再生產──「城市文本」與「媒介文本」的「互讀」〉。如此紛繁的「空間」論述，無論是真實的地理空間，還是想像性的空間；無論是空間的生產，還是空間的消費，它們無疑都為文化研究的「空間」維度打開了新的研究視域。

五　大眾傳媒與公共性研究

　　當代社會的大眾傳媒異常發達，我們每個人都生活在大眾傳媒提供的信息海洋中。但是信息的大量增加是否意味著公共性的增加？是否意味著我們的社會民主化程度和大眾政治參與程度的提高？我們應該如何理性地認識媒介在多大程度上並以何種方式制約乃至操控著我們的社會生活和個人生活？我們應該如何批判性地對待媒介提供給我們的信息，而不是盲目接受媒介提供的一切？我們是否擁有批判性地解讀分析媒介的能力？如何認識大眾媒介的批判性意義？《文化研究》第六輯「大眾傳媒與公共性」專題，其中包括喬蒂‧迪恩的〈交際資本主義：傳播和政治預〉，馬克‧波斯特的〈哈特和奈格里的資訊帝國：一個批判性回應〉、約翰‧斯道雷的〈霸權與大眾媒介的符號權力〉、徐賁的〈傳媒公眾和公共事件參與〉、張英進的〈公共性‧隱私性‧現代性──中國早期畫報對女性身體的表現與消費〉等文章。這些文章雖然研究對象、角度以及立場都各不相同，但都可以歸入批判性的媒介研究這個範疇，它們都從不同的角度涉及到大眾傳播與權力、大眾傳播與公共性的關係這個核心問題。一九九九年由北京大學和美國 DUKE 大學「中國現當代大眾文化研究」（1997-2001）LUCE

課題組主辦的「媒介與本土文化生產」學術研討會召開，吸引了香港、
臺灣地區、美國、韓國在內眾多學者參加。會議圍繞「權力與文化生
產」、「消費現代性」等議題展開討論，產生了諸如王瑾的〈中國大眾
文化研究中的國家問題〉，臺灣清華大學的陳光興的〈KTV 形成的政經
殖民地理學〉，戴錦華的〈文化地形圖與媒介權力〉等有見解的成果。

六　亞文化研究

　　亞文化主要是指通過風格化的另類符號對強勢文化或主導文化進
行挑戰從而建立認同的附屬性文化。亞文化群體多處於邊緣位置，但
隨著新媒介或「自媒體」的發展，亞文化群體在新媒介的使用中占據
了優先地位，中國亞文化研究成為一個主要命題。諸如《文化研究》
第九輯「亞文化研究」專題翻譯了伯明翰學派的克拉克、霍爾等人合
作的〈亞文化、文化和階級〉、彌爾頓·英格的〈反文化的衡量與根
源〉、霍加特的〈自動點唱機少年和獎學金男孩〉，奧斯提納克斯的〈西
阿提卡地區鐵杆球迷亞文化〉等四篇文章；專題二「粉絲文化研究」
翻譯了斯密斯的〈受難和慰藉：一種關於痛的文類〉、西爾斯的〈在
「知識」和「辯護」之間的粉絲文化〉、康德里的〈B-Boys 和 B-Girls：
日本的饒舌粉都和消費文化〉、戴爾的〈「瞧，那個大塊頭！」——顛
覆性快感、女性粉都和職業摔跤〉、托馬斯的〈受眾研究導論〉以及
楊玲的〈「弄彎的」羅曼司：超女同人文、女性欲望與女性主義〉。此
外，亞文化研究從各個方面切入，既有總體上的理論探討，也有微觀
的個案分析，諸如〈中國九十年代以來的亞文化〉、〈論青年亞文化與
「第六代」電影的青春〉、〈論「像市民一樣生活，像上帝一樣思考」〉、
〈儀式抵抗：青年亞文化與「新人類文學」品格〉、〈「亞文化」視野
中的青年流行文化〉、〈青年亞文化：從邊緣到被主流所接受的時尚風
格〉、〈亞文化音樂：「我曾經問個不休」〉、〈亞文化：無法忽視的另一

種力量〉、〈青年亞文化現象背景下的中國流行音樂研究之設想〉、〈流
行歌曲：一種青年亞文化〉、〈數字短片的青年亞文化特徵解讀——以
優酷網和56網的原創數字短片為例〉、〈「微視頻」的青年亞文化分析〉、
〈數字短片的青年亞文化分析〉、〈「微傳播」時代的文化特質〉、〈80
後：網絡江湖與另類文化〉、〈現實的困頓與精神的探望——論青年亞
文化的「80後」〉、〈從「青年亞文化」角度淺談達人秀〉、〈青年亞文
化的跨文化解讀——對〈緋聞少女〉中美粉絲群的比較研究〉、〈從動
漫流行語解讀中國青年亞文化的心理症候——以「蘿莉」、「偽娘」、
「宅男」〉等等。

七　視覺文化與身體景觀研究

　　視覺文化研究是當代中國文化研究一個引人注目的領域。視覺文
化研究關注的不僅僅是當代世界紛繁複雜的各種視覺符號和景觀，而
且關注其背後隱含的意識形態與權力結構。「視覺文化的理論及其問
題史研究，著重探討視覺文化的當代轉向、從傳統形態到現代形態的
發展，以及視覺主體之視線的複雜文化意義。」[6]而視覺文化的具體
層面研究，涉及了視覺文化消費、身體景觀、電影、旅遊、虛擬現實
等重要領域。視覺研究力圖闡釋與揭示出視覺表徵系統背後的意識形
態霸權的過程。《文化研究》第三輯「視覺文化」專題刊載了：〈什麼
是視覺文化？〉、〈圖像轉向〉（節選）、〈視覺文化研究〉（節選）、〈景
象的社會〉（節選）、〈讀圖，身體，意識形態〉、〈圖像意識的現象
學〉（節選）、〈形象、幽靈與景象：視像的技術〉（節選）、〈表徵社
會：戰後平民主義攝影中的法國與法國性〉（節選）、〈市場、文化、
權力：中國第二次「文化革命」的形成〉（節選）、〈阿多諾的絕望：

6　周憲：《視覺文化的轉向》（北京市：北京大學出版社，2010年），頁23。

大眾文化如何重振其創造性〉（節選）、〈意識形態：權力關係的再現系統〉（節選）、〈日常生活的審美化與消費文化〉、〈弱者的抵抗（節選）──詹姆斯·斯考特的弱者抵抗理論〉、〈波鞋與流行文化中的權力關係〉、〈狂歡在秋雨中的身體──解碼第二屆金鷹電視節現場直播〉、〈解讀苗條的身體〉等等。此外，羅崗、顧錚主編的《視覺文化讀本》，吳涼、杜予主編的「視覺文化系列」叢書，張舒予的《視覺文化概論》，李鴻祥的《視覺文化研究：當代視覺文化與中國傳統審美文化》等理論譯介和研究成果陸續出版。近年來，視覺文化研究出現了一些有影響的成果，主要體現在：一方面，視覺文化對文學、傳播學、歷史學等話語空間具有開拓性的積極意義；另一方面，要對視覺文化進行意識形態分析，揭示圖像背後錯綜複雜的權力糾葛。

　　學術期刊與時代有著緊密的契合度，它強調與時代、社會緊密貼合，因此，對一些重大社會問題和社會現象的介入也更為及時與活躍。不言而喻，對當代中國大陸文化研究的重要刊物《文化研究》與《熱風學術》的主題嬗變、理論視域與本土化實踐成果進行梳理，對瞭解中國大陸文化研究的發展譜系與脈絡大有裨益。當然，以上六個方面的概述只是簡要地圖繪出當前中國大陸文化研究的大體樣貌，而其中任何一個主題都值得濃墨重彩地深入開掘與探求。

第二節　接受症候：文化研究在當代中國

　　文化研究已經在中國大陸走過近三十年的歷史，成為中國學界一股影響廣泛且深遠的重要文化思潮。可以說，文化研究深刻地捲入中國近三十年來的社會歷史，這意味著其有效介入了中國本土問題脈絡之中。文化研究作為一個重要的話語平臺、一個重要的論述空間，諸多學者的觀點、思想與方法匯聚在這一論述空間中形成互相對話與質疑，從而也形成了對「中國經驗」的多角度闡釋的關係。因此，進入

中國文化研究的接受現場，直面文化研究諸種差異性接受的立場與觀點，既可以深刻體察中國學者在面對文化研究挑戰與博弈的諸般反應，同時也折射出了當代中國人文思想的發展狀況。通過對二十世紀九十年代以來中國文學研究領域的學者對文化研究的立場與觀點的梳理，我們可以大致可以圖繪出中國文化研究的五種代表性觀點：

　　一種代表性的觀點，是對西方文化研究的肯定性接受與積極譯介。這一觀點主要以王逢振、羅鋼、劉象愚、黃卓越、汪民安、陸揚、王曉路等人為代表，他們對文化研究進行積極肯定並全力引介，翻譯出版了雷蒙・威廉斯、湯普森、薩義德、斯圖亞特・霍爾、托尼・本尼特、羅蘭・巴特、福柯、德里達、安德森、詹姆遜等思想家的主要論述。[7]同時，他們通過對西方文化研究的闡釋與研究，為中國文化研究的興起與發展繁盛提供了重要思想資源與理論資源。

　　另一種代表性觀點，是以王曉明、戴錦華、李陀等人為代表的對大眾文化的激進批判。在他們看來，一九九〇年代文化研究之所以在中國崛起，是與這一時期中國的社會轉型密切相關的。異軍突起的大眾文化參與了作為社會轉型觀念基礎的「新意識形態」[8]的建構，而這種「新意識形態」無疑遮蔽了現實的複雜性與差異性。李陀主編的「大眾文化批判叢書」[9]是文化研究進入中國之後，中國學者進行文化

7　涉及文化研究的一系列叢書陸續推出，主要有：王逢振和美國學者希利斯・米勒共同主編推出的「知識分子圖書館」叢書由中國社會科學出版社陸續出版，該叢書共二十六種；周憲、許鈞主編的「文化與傳播譯叢」（商務印書館），張一兵、周憲、任天石等主編的「當代學術稜鏡譯叢」（南京大學出版社），王逢振主編的「先鋒譯叢」（天津社會科學出版社）。廣西師範大學在2005年推出了兩套文化研究叢書：一套是「文化研究關鍵詞叢書」，一套是「文化研究個案分析」。

8　王曉明：《在新的意識形態的籠罩下——90年代的文化與文學分析》（南京市：江蘇人民出版社，2000年），頁1。

9　由李陀主編、江蘇人民出版社出版的「大眾文化批判叢書」，可以視為文化研究本土事件的第一批標本。本叢書出版了十種：《隱形書寫——90年代中國文化研究》（戴錦華著）、《雙重視域——當代電子文化分析》（南帆著）、《在新的意識形態的籠罩

研究本土實踐的第一批代表性作品。在《在新的意識形態的籠罩下——九十年代的文化與文學分析》一書之中，王曉明敏銳地將當時諸如「進步」、「現代化」、「成功」、「消費社會」等一系列話語混合而成的「新思想」稱之為「新意識形態」。在中國的社會轉型之中，這種「新意識形態」產生了新的壓抑與遮蔽。他認為，文化研究要批判的正是這種新意識形態，尤其要反省知識界對這種新意識形態有意識或無意識的參與和共謀。王曉明這種批判姿態具有鮮明的新左翼色彩。雖然他對「新意識形態」進行了激進批判，但對於「新意識形態」的複雜結構與生產機制還可以更進一步進行深入揭示。從他其後由「新意識形態」批判大步邁向「新富人」、「成功人士」形象以及房地產廣告等批判，我們可以發現其更多地以感性批判替代了對中國問題複雜性的理性分析。在這套叢書中，戴錦華與王曉明的批判立場相近，都認為大眾文化對現實產生了壓抑與遮蔽——「迷人的消費主義風景線，遮蔽了急劇的市場化過程中中國社會所經歷的社會再度分化的沉重現實。」[10]她通過借助福柯知識考古學與譜系學的方法，力圖在歷史維度之中揭示被「遮蔽」的東西。在她看來，二十世紀九十年代的大眾媒介文化是對重組中的階級現實的遮蔽。每一次遮蔽的「合法化」都是由一整套的社會修辭與文化邏輯建構而成的。因此，文化研究的批判意義在於：一方面要揭示出在社會意識形態話語轉換與重構過程中發生的遺忘、壓抑與遮蔽，另一方面要揭示出知識分子參與這種話語轉換從而獲得話語／文化權力的隱蔽機制。顯然，這樣的反思是深刻

下——90年代的文化與文學分析》（王曉明主編）、《書寫文化英雄——世紀之交的文化研究》（戴錦華主編）、《上海酒吧——空間、消費與想像》（包亞明等著）、《傾斜的文學場——當代文學生產機制的市場化轉型》（邵燕君著）、《崇高的曖昧——作為現代生活方式的休閒》（胡大平著）、《在角色與非角色之間——中國的青年文化》（陳映芳著）、《從娛樂行為到烏托邦衝動——金庸小說再解讀》（宋偉傑著）、《救贖與消費——當代中國日常生活中的消費主義》（陳昕著）。

10　戴錦華：《隱形書寫——90年代中國文化研究》，頁266。

的，但事實上，社會歷史的轉型遠比「遮蔽」複雜得多，我們有必要追問——歷史出了遮蔽之外還發生了什麼？戴錦華的「反遮蔽」是否可能形成另一種「遮蔽」？戴錦華以「中產階級」去想像二十世紀九十年代的大眾文化，做出的判斷在多大程度上是可靠的？在我看來，在文化研究早期本土化實踐的第一批代表性著作中，以「文化研究」的名目下聚集起來的這一批知識分子大多有著相同或相近的立場，他們高度關注中國社會歷史的轉型和趨勢，具有非常敏銳的現實感和洞察力，力圖參與到社會文化中進行發言。正如劉小新在〈文化研究的激進與曖昧〉一文中所指出：「對於中國人文知識界而言，文化研究的興起以及與之相關的對專業化純文學研究的攻擊，都是企圖重新介入當代文化場域以重獲闡釋現實能力的願望表達。」[11]因此，大眾文化批判成為他們重新介入中國當代社會文化現場的一個重要入口，是重獲闡釋與批判現實能力的一種嘗試。

　　第三種代表性觀點，是以童慶炳、孫紹振、朱立元等人為代表。這一批學者關注的重點不是「文化研究」本身，而是文化研究帶給文學的影響。在關於文化研究與文學研究的論爭過程之中，一些潛伏已久的觀念分歧開始漸次浮出歷史地表，主要分歧大致包括：文化研究對文學批評產生了什麼影響？如何認識文化研究視野中的「內部研究與外部研究」？怎樣理解「文學性」？文化研究是否會造成審美和詩意的再度遠離？知識分子是否能夠「代言」？文化研究及其跨學科思維的蔓延及縱深化不斷刷新了文學理論的版圖。不言而喻，文化研究的崛起對文學理論產生了強大衝擊，引發了對「文學性」、文學經典、文學研究的「文化轉向」乃至文藝學的學科反思。以童慶炳、孫紹振等一批堅定的「審美主義」學者為代表，他們堅守著文學經典的審美立場，猶如布魯姆所言，「審美批評使我們回到文學想像的自主性

---

11 劉小新：〈文化研究的激進與曖昧——評李陀主編的大眾文化批評叢書〉，《文藝研究》2005年第7期，頁137。

上去，回到孤獨的心靈上去。」[12]相對於文化研究而言，文學批評更加關注文學作品的虛構想像世界，關注文學的美學價值、人性書寫與道德倫理。在他們看來，文化研究與文學研究存在著一種「難以相容的異質性」，文化研究是「反詩意」的，它造成了「審美」的再度遠離。童慶炳在對現代性帶來的種種文化失範以及「反詩意」進行理性批判的基礎上，作為對當代社會現實生活的一種積極回應，提出了建構一種文學理論的新格局——「文化詩學」。[13]孫紹振認為，文化研究比傳統的主流文論更不重視藝術本身的奧秘，從方法論上雖然有進步，但是造成了「審美價值」的撤退，產生了文化價值第一的潮流。[14]在他們看來，文化研究的出現在某種程度上對文學研究造成難以彌補的傷害，因為文化研究轉向了審美之外的社會歷史、權力運作機制以及符號編碼與解碼的闡釋。這在學界是一種主流性觀念，具有強大的影響力。

　　事實上，文化研究遭遇的這一挑戰主要來源於對「文學性」的質疑與追問？一種主要的反對意見即是文化研究對文本分析技術的發展極大地精細化了。在階級、性別、民族、意識形態、權力等因素的全面覆蓋之下，焦慮之聲再度響起：審美似乎已經遠離，文學又到哪裡去了呢？洪子誠曾針對此症候分析道：「人們憂慮的，恰恰不是『審美』、『形式』的內部研究所造成的封閉性，而是闡釋方向轉向社會歷史問題，轉向種族、性別、政治制度、民族國家之後，對『文學性』，對『個人經驗』，對『形式因素』可能造成的遺漏。」[15]由於審

---

12 〔美〕哈羅德‧布魯姆著，江寧康譯：《西方正典》（南京市：譯林出版社，2005年），頁8。

13 童慶炳：〈代前言——我的新時期文學理論研究之旅〉，《童慶炳文集（第十卷）：文化詩學的理論與實踐》（北京市：北京師範大學出版社，2016年），頁15。

14 孫紹振：《文學解讀基礎》（福州市：福建教育出版社，2017年），頁2。

15 洪子誠：〈關於「文本分析」與「社會批評」的筆談〉，《鄭州大學學報》2004年第2期。

美話語和文本分析更多關注的是經典文本，而對那些毫無美感可言的公文、廣告的文本從不涉足；但是，文化研究解除了僅僅從審美角度進行分析，它可以分析一個並無審美意味的文本，或對其作出意識形態的闡釋，或分析其敘事模式與修辭手法，或分析其傳播路徑與受眾的接受方式。必須承認，文化研究大膽地突破了審美的束縛。事實上，無論是逾越傳統學科邊界而進入跨學科領域，還是逾越傳統的文學經典作品而進入通俗大眾文化，文化研究都是試圖將自身置身於其研究對象所棲身的社會文化網絡之中。

我們有理由相信，文化研究談論意識形態、性別、階級、民族、空間等等，並不意味著文化研究就拋棄了審美。重要的是，文化研究如何處理與審美之間的關係，以及二者之間構成的富有意味的張力。

第四種代表性的觀點，是以蔡翔、汪暉等為代表，他們是將文化研究視為一個「能指」、一種策略。正如蔡翔所言：「接受或部分地接受所謂的『文化研究』，並不僅僅只有一種知識上的需要，更多的，仍是現實使然，是我在一個批判知識分子的確立過程中，渴望找到的某種理論資源或者寫作範式。因此，在另一種意義上，對我，或者對我的朋友來說，『文化研究』更多的可能只是一個能指，我們依據這個『能指』來重新組織我們的敘述，包括對文學的敘述。」事實上，對於蔡翔而言，文化研究的重要性並非是由於其西方理論資源，而更因為文化研究帶來的學術轉型可以更為有效地接通其歷史記憶。顯然，文化研究對於他們而言只是一種理論或方法論上的過渡，正如其所言——「如果哪一天，『文化研究』控制或者開始限制我的思考，我想我也會毫不猶豫地離開它。」[16]在我看來，蔡翔等人的觀點只是將文化研究當作一種功能性的知識範式，這是一種「策略」。這種「策

16 蔡翔：《當代文學與文化批評書系‧蔡翔卷》（北京市：北京師範大學出版社，2010年），頁8。

略」更多的是出於其自身的現實需求而借用的，他們對文化研究的認知往往會具有較強的個人傾向性。

　　第五種代表性觀點，是以南帆等為代表，充分關注與挖掘文化研究在闡釋「中國問題」的複雜性。相對而言，南帆總是力圖將問題看得更為複雜一些。從早期的《雙重視域》〈文化研究：轉折的依據〉、〈文化研究：開啟新的視域〉到近期的〈文學研究：本質主義，抑或關係主義〉、〈挑戰與博弈：文化研究、闡釋與審美〉等著述，他都強調要回到歷史現場，考察諸多因素之間的複雜博弈，挖掘文化研究在面對「中國經驗」的複雜性。在《雙重視域》中，他強調從「雙重視域」考察大眾文化的複雜性，要在相互辯論中勘探電子媒介的價值坐標。對於大眾文化研究，重要的不是做出非此即彼的肯定或者否定判斷，而是應該根據語境展開具體的分析，辨別出具體哪些方面呈現為一種解放或者一種壓抑。他始終提醒人們，要關注大眾文化研究的這種雙重性。在〈挑戰與博弈：文化研究、闡釋與審美〉一文中，他從關係主義視角考察諸多話語系統之間的「博弈」關係。南帆的理論興趣大多聚焦於文學與文化研究的關聯性問題，從雙重視域到關係主義，他以文化研究的視域敞開了文學與社會歷史之間的多維聯繫。

　　當然，還存在其他關於文化研究的觀點與論述，諸如陶東風、金元浦、周憲、周志強、段吉方、曾軍、包亞明、趙勇、羅崗、胡疆鋒、周計武等學者關於文化研究的論述，我們無法一一進行全方位概述，但以上五個方面相對全面地涵蓋了當前中國文化研究富有代表性的立場與觀點。誠然，沒有哪種觀點是絕對客觀或者「純粹的」，事實上，每一種觀點都在某種程度上是一種理論立場的產物，無論這種立場是否被意識到或者無意識。我們在接受與運用文化研究過程中，不能簡單化約地加以肯定或者否定，而是應該將其放置到歷史現場，考察期闡釋「中國經驗」的有效性與複雜性。而一味地將文學研究與文化研究分離的看法既歪曲了它們內在的共生關係，也無助於我們研究視野

的開拓與方法的更新。事實上，抽空了文化研究的發展背景、譜系與具體情境，而僅從諸如「衝擊」「消解」「終結」等「危機感」十足的概念展開文化研究與文學研究的關係論辯，得出的論斷顯然缺乏說服力。因此，回到文化研究接受的歷史現場考察諸多學者在接受過程中吸收的理論資源、持有的理論立場以及學術觀點就顯得有為重要。種種觀點的論辯、交鋒與博弈，不僅僅呈現了知識分子參與、介入當下社會的熱情與姿態，而且映射了這個時代的文化症候與思想活力。

第七章
文化研究視域中的階級想像與話語重構

　　階級，一個揮之不去的話題。「階級」是文化研究一個無法繞開的主題，階級問題往往也被定位為英國文化研究早期的核心命題。從文化研究的先驅雷蒙・威廉斯和湯普森開始，階級始終是文化研究的三大母題之一。在全球化的後革命時代，階級對立消失了嗎？在後革命的中國語境中，我們怎樣看待馬克思當年耿耿於懷的工人階級和資產階級的對立？後馬克思主義的「階級觀」能否有效地闡述當今的階級問題？我們應該重新啟用人類思想史中的哪些理論資源來理解與闡釋這一越發顯得迫切的問題？文化研究介入中國文化場域之後，「階級」呈現了哪些新的向度？這種有效性在歷史現場發生了哪些變化？以上一系列的問題應該納入我們研究的視界。本文我們力圖集中考察的並非傳統意義上的「階級」理論與階級運動，而是將焦點聚焦於中國問題脈絡之中，考察二十世紀九十年代以來在中國社會變遷之中階級的分化與重構，階級話語的多重呈現與複雜表述。

第一節　「階級」在文化研究中重返與復甦

　　「階級」這個鼎盛一時的術語在當今文學批評之中使用的頻率愈來愈低。階級概念是否依然有效？顯然，對「階級」理論譜系的考察必然在相當程度上涉及文化理論內部意味深長的轉向。在英國文化研究的奠基之作《文化與社會》一書中，「階級」一詞與工業、民主、

藝術和文化一併被雷蒙‧威廉斯稱為：對繪製「那些與語言變化明顯相關的生活和思想領域所發生的更為廣闊的變遷」地圖至關重要的五個詞語。「它們在這一個關鍵時期用法的改變見證著我們在思考公共生活問題時特有的思維方式的總體變化，也就是說，在思考社會、政治和經濟體制，其創立目的以及如此種種與我們學習、教育及藝術活動呈現何種相關性等問題時，我們的思維方式發生了重要轉變。」[1]雷蒙‧威廉斯指出，「階級」一詞的社會含義具有現代架構是從十八世紀末開始的。十九世紀的階級概念是基於英國業已變更了的社會結構和社會情感而建立的。根據雷蒙‧威廉斯考證，class 在不同的階層裡到底是用來指涉「群體」或者是「經濟關係」，一直搖擺不定；而從經濟關係所看到的 class 可以視為一種「類別」或是一種「形構群」。[2]

實際上，自馬克思以來，圍繞階級展開的研究及其爭論就從未間斷過。《共產黨宣言》開篇就提到：「到目前為止的一切的歷史都是階級鬥爭的歷史」，可能我們都耳熟能詳，那麼，階級鬥爭的重要性究竟體現在哪些方面？階級鬥爭是不是比宗教、科學或者性別壓迫更重要？馬克思的「歷史」是什麼樣的？為什麼是這樣的，而不是其他的？在英國文學理論家伊格爾頓看來，「在馬克思的眼中，『歷史』並非是『曾經發生過的事件』，而是指隱藏在這些事件背後的某種特殊的軌跡。」[3]以階級鬥爭為綱，曾經在中國大地製造了持久的震盪。或許，很多人依然對「階級」一詞曾經製造的歷史震撼心有餘悸。顯然，「階級」在中國特定時期已經成為一種本質的認定，這可能也是中國獨特歷史時期的產物——階級成分。然而，諸如資產階級、無產階級、小資產階級、中產階級等一系列的階級劃分，顯然是以經濟利

1　〔英〕雷蒙‧威廉斯：《文化與社會》（長春市：吉林出版集團，2011年），頁1。
2　〔英〕雷蒙‧威廉斯：《關鍵詞：文化與社會的詞彙》（北京市：生活‧讀書‧新知三聯書店，2005年），頁62。
3　〔英〕特里‧伊格爾頓著，李楊等譯：《馬克思為什麼是對的》（北京市：新星出版社，2011年），頁41。

益作為階級劃分的基礎。我們溯源到馬克思原著關於「階級」的論述，在《德意志意識形態》一書中，馬克思傾向於將「階級」視作為「形構群」：「不同的個體構成一個階級，僅僅是因為他們必須對另外一個階級打一場共同的戰爭；否則他們會彼此樹敵，視對方為競爭對手。另一方面，階級從而可以獨立存在，反過來對抗個體，因此後者將發現他們的生活狀況是被預先安排好的，並且任由他們所屬的階級來安排生活上的職位與個人發展。」[4]而在《路易斯·波拿巴的霧月十八日》一書中，馬克思則進一步深入闡述了作為「經濟類別」的 class 隨著歷史的發展產生了相應的「處理這種經濟狀況的組織」：「數以百萬的家庭，處在這種生存的經濟狀況下——其生活模式，利益、文化與其他階級不同，因而產生對立——於是，他們一個階級。在這些小自耕農間，只存在著地方性的相互關係，其相同利益無法產生社會共同體、全國性的結盟或是政治的組織，因此他們無法形成一個階級。」從馬克思關於階級的表述可以看出，「階級」是以經濟利益為基礎而聯結在一起的利益共同體。

如果說經濟利益通常被視為階級劃分的基礎，那麼，湯普森、威廉斯、布爾迪厄、霍爾等理論家則為我們開闢了一條考察階級背後的文化淵源的道路。湯普森的《英國工人階級的形成》力圖從許多日常的經歷之中找到工人階級形成的線索。他認為：「階級是一種歷史現象，它把一批各各相異、看來完全不相干的事結合在一起」，他強調「階級是一種歷史現象，而不把它看成一種『結構』，更不是一個『範疇』，我把它看成是在人與人的相互關係中確實發生（而且可以證明已經發生）的某種東西。」[5]在《英國工人階級的形成》一書導言中，他

4　馬克思：〈德意志意識形態〉，《馬克思恩格斯全集》（北京市：人民出版社，1974年），第3卷，頁84。

5　〔英〕湯普森著，錢乘旦等譯：《英國工人階級的形成》（南京市：譯林出版社，2001年），頁1。

明確地宣稱：「階級是一種關係」。在湯普森看來，對階級的看法還賴於對歷史關係的看法，「階級經歷主要由生產關係所決定，人們在出生時就進入某種生產關係，或在以後被迫進入。」[6]湯普森的《英國工人階級的形成》無疑是傳統馬克思主義的一大突破，它突破了原有的經濟基礎決定上層建築的簡單解釋模式，突出了人的主觀能動性和歷史可能性，同時引入「階級經歷」這個概念，避免了簡單化的決定論。文化研究的先驅雷蒙・威廉斯在文化研究的奠基之作《文化與社會》的結論中也對「階級」及「階級觀念」進行了精彩的論述。雷蒙・威廉斯認為：「用僵化的階級術語來解釋個體是愚蠢的，因為階級是一個集體模式，而非個體化模式。同時，在解釋觀念和機構時，我們可以正當地使用階級術語。任何時候，這都要取決於我們考慮的是何種事實。拿一個人所從屬的階級來打發他，或者是簡單地用階級術語來評判他所處的關係網絡，等於是把人類簡約化為抽象的物體。」[7]

　　當我們將目光轉向後馬克思主義理論時，我們會發現，拉克勞和墨菲將「階級」理解為「話語的影響」。「階級不是單純的客觀經濟事實，而是話語形成的、共同主體的立場。階級意識既不是不可避免的，也不是一個統一的現象。階級，儘管分享某些共同的生存條件，但並不會自動形成一個核心的、統一的階級意識。相反，階級和階級意識具有歷史的特定性。此外，階級被利益衝突所交叉，包括性別、種族和年齡的利益衝突。因此，主體並非一元整體，它們是占據多元主體位置的分裂主體。」[8]而霍爾對「威權民粹主義」的分析顯然是對阿爾都塞的意識形態質詢理論的實踐運用，和拉克勞的闡釋也幾乎如出一轍。在他們看來，意識形態質詢包括「階級」與「人民」等多

6　〔英〕湯普森著，錢乘旦等譯：《英國工人階級的形成》，頁3。

7　〔英〕雷蒙・威廉斯：《文化與社會》，頁338。

8　〔英〕克里斯・巴克著，孔敏譯：《文化研究：理論與實踐》（北京市：北京大學出版社，2013年），頁93。

種面向，「大眾－民主質問非但沒有明確的階級內容，而且是意識形態鬥爭的最好場所。每個階級在意識形態領域都同時以階級和人民兩種身份展開鬥爭，或者更確切地說，試圖通過把自己的階級目的描繪為公眾目的的體現，來使自己的意識形態話語獲得一致性。」[9]

賴特在《階級分析方法》一書中曾經對「階級關係中的複雜性問題」進行了批判性地考察，他指出，許多階級分析的術語「都以十分僵化、簡單、兩極化的語言來描述階級關係」，往往將階級鬥爭簡化為資產階級與無產階級、地主與農民之間的鬥爭。這一簡化的形象雖然可以捕捉到一些關於階級關係的基本性質，但是對階級關係中複雜的細節性問題也存在明顯的誤導。「在大多數社會中，不同的階級關係往往是共存的，並以不同的方式結合在一起。」[10]正如陸揚所言：「馬克思的階級分析方法並沒有過時，在西方經濟歷經福特主義向後福特主義的轉變、由生產中心向服務中心、消費中心的轉變之後，階級分析必將以新的形式表達出來，它絕不僅僅是文化研究關注的一個焦點。」[11]同樣，階級在中國經驗的獨特歷史脈絡之中，更是衍生出了獨特的歷史軌跡。或許，「底層」這一概念在當前中國的社會歷史結構中較為有效地扮演了「階級」的某一替身或角色。

第二節　「中產階級」與「新意識形態」：階級身份與話語的重構

當歷史這艘大船駛入二十世紀九十年代，中國發生了急劇的貧富

9　拉克勞：《馬克思主義理論中的政治與意識形態》，引自Jorge Larrain：《意識形態與文化身份：現代性和第三世界的在場》（上海市：上海教育出版社，2005年），頁102。

10　〔美〕埃里克‧歐林‧賴特著，馬磊、吳菲等譯：《階級分析方法》（上海市：復旦大學出版社，2011年），頁10。

11　陸揚：〈文化研究中的階級軌跡〉，《社會科學》2007年第11期，頁141。

分化，正如戴錦華所描述，「這一過程迅速地建構著中國社會的階級
現實，如同一個不無辛酸的歷史玩笑：二十世紀八十年代，訴諸中國
社會民主、重申社會平等、遏制分配不公的政治力量，在九十年代被
委婉地稱為『市場化』、『全球化』的進程之中，事實上成了以非平
等、公正為前提的社會財富再分配的主要推動力。」[12]一九九二年，
鄧小平的「南巡講話」為市場經濟的洶湧大潮提供了強有力的推動。
一次規模巨大的、社會財富的重新分配過程席捲了整個中國，社會貧
富兩極分化日益嚴重，城鄉差距再度被拉大，社會階層結構也發生了
結構性改變。毛澤東所劃分的社會各階級，顯然已經不能對中國社會
做出有效性闡釋。由於社會生產關係的變化，社會財富的重新分配，
經濟地位的巨大變化，必然產生社會階層的結構性變遷。二〇〇二年
中國社科院主持公布的《當代中國社會階層研究報告》，顯示了中國
改革開放二十年來社會階層產生的巨大結構變遷。原先的「兩個階級
一個階層」──工人階級、農民階級和知識分子階層──格局已經被
打破，一些新的階層逐漸形成。[13]

　　戴錦華敏銳地意識到了這種社會分化與變遷之中隱含的不平等，
以及在社會變遷與階級重構過程之中存在極為複雜的問題。一九九五
年，戴錦華在北大成立「文化研究工作坊」，確立了以「中國社會變
遷與重構中的階級、性別、種族的多重呈現與複雜表述」作為研究的
重點和關注的主題。《隱形書寫》與《書寫文化英雄》兩部著作就是
這一時期戴錦華及「文化研究工作坊」的重要成果。可以看出，戴錦
華在這一時期將研究工作重新將「階級」作為核心議題，集中探討了
新富人階層、中產階級、小資、知識經濟、農民工等階級身份在大眾

---

12 參見戴錦華：〈階級・性別與社會修辭〉，《性別中國》，臺北市：麥田出版社，2006
　年。
13 參見孟繁華：《眾神狂歡──世紀之交的中國文化現象》（北京市：中央編譯出版
　社，2003年），頁218。

文化中的建構過程以及大眾文化的階級表述與社會修辭。戴錦華的〈大眾文化的隱形政治學〉是一篇不容忽視的文章，她通過對「廣場」的挪用與遮蔽的意識形態解讀，引出了「無名」的階級現實，結合中國轉型時期階級分化的現實，揭示了大眾文化的政治學有效地完成著新的意識形態實踐。戴錦華認為，「廣場」作為中國知識分子記憶清單的必然組成部分，它不僅指涉著一個現代空間，也「指稱著人民：消融了階級和個體差異的巨大的群體。」自五四運動開始，在中國的歷次反侵略運動、示威遊行，乃至新中國開國大典、閱兵儀式等重大國家活動，天安門廣場都充當了歷史的見證者，成為了重要的歷史象徵。顯然，天安門廣場已經成為一個符號，是新中國及社會主義政權的象徵。然而，在市場經濟的洶湧大潮中，「廣場」成為了時髦的代名詞。顯然，「廣場」這一特定能指的挪用，似乎宣告了一個革命時代的終結，一個消費時代的來臨。戴錦華正是在這歷史的拐點敏銳地察覺出了「歷史的合謀」──「『廣場』稱謂的挪用，是一份繁複而深刻的暴露與遮蔽，它暴露並遮蔽著轉型期中國極度複雜的意識形態現實，暴露並遮蔽著經濟起飛的繁榮背後跨國資本的大規模滲透。但對於九十年代很多中國人來說，遠為重要的，是迷人的消費主義風景線，遮蔽了急劇的市場化過程中中國社會所經歷的社會再度分化的沉重現實。」[14] 顯然，問題並不僅僅是我們表象所看到的，消費主義和「新意識形態」製造了重重迷障，需要我們撥雲見日。

　　圍繞著「廣場」，中國都市鋪展開了全球化的景觀，從沃爾瑪、家樂福等大商廈到星羅棋布的麥當勞、肯德基、必勝客、星巴克咖啡廳、酒吧、KTV、迪吧，從坐擁法蘭西風情的高檔住宅到各式歐陸風情的園林景觀，如此繁榮的景象，似乎預示著當今中國已經進入了「快樂消費時代」。電視臺、報紙、休閒雜誌乃至高速公路、公交車

14　戴錦華：〈大眾文化的隱形政治學〉，《天涯》1999年第2期。

站的平面廣告，五花八門的宣傳鋪天蓋地地充斥著人們的生活，同時也常常屏蔽式地遮擋了社會現實。在消費主義的大潮中，對消費的過度褒揚與肯定，是否也是一種缺失甚至可能形成新的遮蔽？在一派喜氣洋洋的景象之中，社會底層人群是怎樣一種生活狀態，還有誰關注社會底層，並為他們表述？或許，這一系列問題應該納入我們的視野之中。

由於社會轉型與社會階層的結構性變遷，一些新的階層開始嶄露頭角，並在中國社會場域之中逐漸掌握了話語權；同時，另一些原先的階層身份開始隱沒消解，並喪失了自身階級話語的表述。薛毅曾對「新富人」階層與「成功人士」的關係作了論述：

> 九十年代社會結構的一大變化時「新富人」階層（或曰壟斷精英）的出現，與此相應，在文化上則是「成功人士」形象的粉墨登場，完全取代了二十年前人們所熟悉的「英雄形象」。很明顯，「成功人士」是「新富人」階層的自我闡釋，是他們留給中國文化與中國大眾的自我肖像。它抹去了「新富人」階層得以產生的真實的歷史環境，以及「新富人」階層在這個環境中的實際行動，而用抽象的「成功」一詞來指稱這個過程。」「成功人士」形象在文化上為「新富人」階層提供了合法的保護傘，並使大眾遺忘了歷史，進而成為了大眾仿效的對象和奮鬥的方向。[15]

王曉明也將「成功人士」看成是「新富人」階層的肖像，但是，他認為「這僅僅是一幅半張臉的肖像」。因為大眾傳媒和廣告，顯然有意

---

15 王曉明主編：《在新意識形態的籠罩下——90年代的文化和文學分析》（南京市：江蘇人民出版社，2000年），頁42。

地突出了「成功人士」的商務應酬和休閒方式，而可以遮蔽了日常生活的瑣碎，他們不必為孩子的啼哭而束手無策，不必為一塊豆腐餿了而發生家庭爭吵，政治、自由與社會正義也與他們無關，金錢才是他們衡量的準則。他們為何只露出半張臉？為何要隱去另外的那些方面？被隱去的又是什麼？正如王曉明所言：「在『新富人』階層的身上，正匯聚著九十年代中國的最重要的秘密，一旦破解了這些秘密，也許就能準確地掌握最近二十年社會變遷的基本線索。」[16]顯然，中國社會所遭遇的種種變化，已然不僅僅是政治、經濟和社會現象，同時也是文化現象。「新富人」階層的膨脹，不止「意味著財富的轉移和新的權力結構的形成，它分明還意味著一具新的人生偶像的凸現，一套新的生活理想的流行，甚至是一種新的意識形態的籠罩。」[17]正是在「新意識形態」的籠罩下，作為社會階層的「新富人」和作為文化符號的「成功人士」，其實是攜手共生、結伴而行的，後者既構成前者的一個部分，又同時參與塑造了前者；「新富人」在今天的種種面貌，有相當一部分是取樣於「成功人士」的形象。而二十世紀九十年代後期，「小資」重新成為流行文化的褒義關鍵詞，以取代過於激進的「前衛」，用來指稱都市青年白領、中產階級及其優雅趣味，成為流行趣味的最高代表。「他們享受物質生活，同時也關注精神世界；他們衣食無憂，同時也夢想靈魂富裕；他們追求情調、另類、高雅，他們鍾情品位、精緻、浪漫；他們是時尚的先行者，是文化消費的主力軍。」[18]如果說「小資」更注重的是從文化性格、風格和趣味的界定，那麼，「中產階級」概念闖入當代中國，卻表明了中國社會分層的事實。

---

16 王曉明主編：《在新意識形態的籠罩下——90年代的文化和文學分析》，頁9。

17 王曉明主編：《在新意識形態的籠罩下——90年代的文化和文學分析》，頁16。

18 朱大可等主編：《21世紀中國文化地圖》（桂林市：廣西師範大學出版社，2003年），第1卷，頁229-230。

　　中產階級，在過去是個很少使用的概念，但是在中國新的社會分層結構之中卻顯得尤為矚目。孟繁華認為，「『中產階級』之所以有效地表達了一個新階層的出現，一方面是全球資本主義的一部分，另一方面，當代中國的『新富人』確實具備了『中產階級』的所有特徵。」[19]在美國，中產階級被認為是美國社會的主體，一般占了人口的百分之八十，被認為是美國發達資本主義的象徵和社會穩定的主要因素。但是，中國「中產階級」的定位遠非如此，它的所指較為模糊，主要是指中上收入階層，通常將「白領」階層作為其主要對象。實際上，白領階層的出現，是與跨國資本的進入直接相關的，他們通常指外企公司的雇員。正如戴錦華所言，典型的白領，不僅意味著某種收入數額，而且同時應是一種生活方式與脫俗形象。從某種意義上講，「白領」同時是一系列遮蔽並且凸現社會分化現實的代名詞之一。[20]

　　在消費主義的霸權推動下，中產階級的文化趣味迅速瀰漫並滲透到社會的各個角落，同時，中產階級的話語空間也迅速地建立起來並不斷擴張。一九九〇年代初，中國開始出現了豪華休閒類雜誌，它們通過精美的圖片、簡潔的文字，構造著一種消費觀念和生活方式。「在消費主義在中國的發展、跨國資本主的進入、以及呼喚和構造中產階級等過程中，豪華休閒類雜誌都扮演了非常重要的角色，它們既是這些過程的反映者，同時也參與構造著這些過程。」[21]這些雜誌的登場，顯然確立了中產階級的話語空間，同時，隨著這些雜誌成為文化消費市場的中堅後，中產階級的話語也就得到迅速誇張。顯然這些雜誌作為文化符號，是中產階級的身份和品位的代言。戴錦華從簡陋的、市井意味的書攤與昂貴雜誌的豪華氣息一起形成的一種怪誕「和

19　孟繁華：《眾神狂歡——世紀之交的中國文化現象》，頁220。

20　戴錦華主編：《書寫文化英雄——世紀之交的文化研究》（南京市：江蘇人民出版社，2000年），頁265。

21　戴錦華主編：《書寫文化英雄——世紀之交的文化研究》，頁264。

諧」意味入手，探究了那些定價高昂，超過了大部分書攤光顧者的消費能力，但它不僅能夠存活下來，而且成功流行的原因。事實上，諸如《時裝》、《時尚》等刊物的出現，無疑是與消費主義文化在中國的興起息息相關的。顯然，消費主義深刻地參與著社會重構的歷史進程。

　　如果缺乏對中國一九九〇年代以來的文化狀況的深入分析，我們甚至都很難把握那些政治、經濟、社會層面的複雜變化。隨著消費主義全面覆蓋我們的生活，我們也需要考慮改變的階級身份和消費模式之間的關係。這個主題通過後現代文化理論已被納入文化研究，在這裡我們主要關注兩個重要方面：一是勞動力所擁有的絕對消費水平的上升；二是階級分化和工人階級的消費取向。有人認為，工人階級的身份識別已經從生產領域轉移到了消費領域。工人階層的這種以消費為中心成為他們分化的媒介和工具，因為他們根據「品味」的偏好而呈現內部的階層化。[22]莫特就通過探討廣告和消費文化以何種方式認同和構成新的身份——如「職業女性」、「新好男人」、雅皮士和各種青少年身份——的方式，為我們呈現了消費主義在階級身份及其話語重構的重要作用。正如霍爾所言，一個日益分化的社會組織市場產生了「社會生活的多元化，其擴大了對普通人有效的關係結構和身份」。

　　我認為，當今中國中產階級的崛起與工人階級的日漸隱沒，主要與三個方面密切相關：一、階層解體的程度，二、消費文化的崛起，三、生活方式和認同的新形式的出現。或許，二十世紀九十年代以來的中國，這三個因素已經漸次結合在一起並發生了效應，一個新的時代就此開啟。誠如戴錦華所指出：

　　　（二十世紀）九十年代，大眾文化無疑成了中國文化舞臺上的
　　　主角。在流光溢彩、盛世繁華的表象下，是遠為深刻的隱形書

22　〔英〕克里斯・巴克著，孔敏譯：《文化研究：理論與實踐》，頁149。

寫。在似乎相互對抗的意識形態話語的並置與合謀之中，在種
種非／超意識形態的表述之中，大眾文化的政治學有效地完成
著新的意識形態實踐。從某種意義上說，這一新的合法化過
程，很少遭遇真正的文化抵抗。

當文化研究面對中國經驗的具體問題，我們沒有理由放棄對這樣一些
層面的思考與探索。王曉明警惕性地指出，二十世紀九十年代以來中
國社會裡最流行、最具影響力的「思想」，事實上已經構成主導今日
社會的一種「新意識形態」。他認為，「越是意識到這『新意識形態』
背後的種種政治和經濟權力的多樣運作，意識到它正在應和並塑造今
天的群體欲望和公共想像，正在麻痺和延誤社會對危機的警覺，文化
研究就越要將其視作最重要的批判對象。」[23]劉小新在〈文化研究的
激進與曖昧──評李陀主編的「大眾文化批評叢書」〉一文中對此進
一步批判性地指出：「如果從另一個理論高度來看，王曉明對新意識
形態的分析與描述可能有些印象化並過於簡單，沒有揭示出新意識形
態的複雜結構及其生產機制。所以，他大步從新意識形態批判邁向
『新富人』、『成功人士』形象批判。這樣一來，批判的焦點縮小了、
明確了，但批判的力度與意義卻也減弱了。以對『新富人』和『成功
人士』想像的感性批判代替對複雜的中國問題的理性分析，這種視域
的縮小很難產生真正深刻的思想。」[24]循著這樣的思路，我們或許應
該對這樣一些問題保持警覺與反省：「新意識形態」是否存在化約主
義的危險？關於「新富人」、「成功人士」的想像在新意識形態之中占
有多大的分量？新意識形態批判是否造成新的遮蔽與壓抑？「上海想
像」與「上海經驗」在多大程度上可視為中國經驗的代表性？如果這

---

23 王曉明主編：《在新意識形態的籠罩下──90年代的文化和文學分析》，頁19。
24 劉小新：〈文化研究的激進與曖昧──評李陀主編的「大眾文化批評叢書」〉，《文藝
　　研究》2005年第7期。

一系列問題未能納入文化研究的視域之中，那麼，「文化研究」在闡
釋中國問題時可能存在某些限度。

第三節　底層經驗：表述與被表述

　　隨著中國社會階層分化的日益嚴重，「底層」概念再度登陸二十
一世紀中國文學和文化領域，頻繁地在文學批評與文化研究露面，成
為知識分子關注的一個重要命題。「底層」概念的大範圍使用，正如
南帆所言，它「至少涉及兩個方面：首先，晚近二十年社會階層的分
化正在成為一個繞不開的問題，經濟的高速增長以及現代生活的臨近
並不能真正遏制這種分化；其次，人們選擇了『階層』作為社會描述
的術語——至少在字面上，『底層』是『階層』的一個次級概念。」[25]
而且，相對地說，「底層」概念比「階級」範疇更具有彈性，且有效
地迴避了「階級」曾製造的巨大震盪。在相當長的歷史時期內，「人
民」和「大眾」往往作為表達中國民眾集體生存狀態的核心名詞，掩
蓋了「底層」所喻指的生存風格。滕翠欽指出，「用『底層』取代
『人民』命名人群的生存特徵，預示著原先被『人民』概念遮蔽的社
會事實重新得到人們的審視；當然這種審視的角度本身是有歷史性
的，它暗示了在新的歷史語境中，具體的社會脈絡開始悄悄長出新的
樣子。」[26]劉小新則從文學邊緣化及其對現實介入的能力角度強調：
「底層」概念的出場，「或許可以視為文學批評重新介入當下現實的
一種努力，至少可看作是一次介入現實的願望表達。」[27]顯然，這種
以文化研究的方法來解讀中國的底層問題，為我們打開了「底層」研

25　南帆：〈曲折的突圍——關於底層經驗的表述〉，《文學評論》2006年第4期，頁50。

26　滕翠欽：《被忽略的繁複——當下「底層文學」討論的文化研究‧緒論》，上海市：
　　上海三聯書店，2009年。

27　劉小新：〈近期文論中的底層論述述略〉，《福建論壇》2006年第2期，頁6。

究的視域與介入的可能性，也使「底層」研究的深度與廣度得到進一步加強。

　　當代中國的「底層」研究已從各個方面展開，從底層經驗書寫到底層文學寫作的批評，從「底層」研究國外理論資源的譯介到面對中國經驗的「底層」理論闡釋，取得了一系列重要成果。[28]同時，二〇〇四年《天涯》雜誌開設「底層與有關底層的表述」專欄，刊登了上海學者劉旭與蔡翔、薛毅關於底層問題的文化討論錄，提出了「底層擺脫被表述的命運」、「底層文化殖民」、「社會主義記憶」等命題，並形成了一場小規模的有關底層話題的文化論爭。二〇〇五年《上海文學》第十一期刊出了南帆等學者的學術討論紀要〈底層經驗的文學表述如何可能〉，正式把底層話題引入到文學史和文學批評領域，深化了「文學與底層經驗表述」問題。這些討論涉及了諸多重要問題，首先是關於「底層」概念及對象的界定問題。「底層」作為一個社會學的術語，顯然它並非是一種本質的存在。底層是一個歷史的、非本質主義的、結構化的、極具複雜性的概念，在不同的結構視野中底層的內涵在不停地變動。[29]從文化研究的視域進行考察，研究者們主要強

---

28 第一類，「底層經驗書寫」主要代表成果如：廖亦武的《中國底層訪談錄》、蔡翔的《底層》、王曉明的《L縣見聞》等等；第二類，「底層文學寫作的批評」主要有：如張韌的《從新寫實走進底層文學、丁智才的《當前文學底層書寫的誤區芻議》、張清華的《「底層生存寫作」與我們時代的寫作倫理》、胡柏一的《報告文學的底層意識與作家的文學自覺》；第三類，「底層」研究國外理論資源的譯介：保羅·弗萊雷的《被壓迫者的教育學》，美國學者詹姆斯·C·斯科特的《農民的道義經濟學：東南亞的反叛和生存》，郭于華的《「弱者的武器」與「隱藏的文本」》，李里峰《底層研究他者眼光歷史的多種可能性》，查特吉的《關注底層》，斯科特的《農民的道義經濟學：東南亞的造反和生計》、《弱者的武器：農民日常反抗形式》和《統治和抵抗的技藝：隱藏的文本》以及斯皮瓦克的《底層人能說話嗎？》和《底層研究：結構歷史編撰學》等。第四類，面對中國經驗的「底層」理論闡釋成果主要如：刁斗的《中國經驗——以「欲望敘事」和「底層表述」為例》、南帆的《底層：表述與被表述》和《曲折的突圍：關於底層經驗的表述》、滕翠欽的《被忽略的繁複——當下「底層文學」討論的文化研究》。

29 南帆等：〈底層經驗的文學表述如何可能？〉，《上海文學》2005年第11期。

調了「底層」概念的複雜性和政治性，相對於傳統的階級分析圖譜，
全球化、虛擬經濟和文化資本的運作將使底層問題捲入更為複雜的脈
絡，性別、年齡、種族、地區、行業等諸多因素都介入其中。在〈曲
折的突圍：關於底層經驗的表述〉一文中，南帆對「底層」及底層經
驗的闡述極富意味：「與其想像某種獨立的、純正的、不折不扣的底
層經驗，不如在社會各階層的比較、對話、互動之中測定底層的狀
態。並非底層事先存在，底層是多重對話之中產生出來的主體。這種
對話關係之中，知識分子與底層互為『他者』。正如可以借助底層反
觀知識分子形象一樣，知識分子同樣是建構底層的一種參照。雙方的
特徵都因為對方的存在而更為突出。」[30]實際上，南帆是用關係主義
的研究方法，解除了對「底層」概念的本質主義定義，從而也開放了
底層論述的空間。與其在汗牛充棟的作品中追尋或爭辯某些形象是不
是歸於底層行列，不如放開我們的視野，將現代整個社會的經濟文化
乃至人際交往都納入我們考察社會階層的視野，從底層與一系列「他
者」，諸如公務員、外企高管、國企工作人員以及知識分子等的交叉
網絡之中來加以比較、認識他們。顯然，這樣的認識遠比本質主義的
底層肖像更富有歷史動態感，也能更好地認識到底層的複雜性、豐富
性與建構性。

　　中國的底層研究也遭遇了斯皮瓦克那憂憤深廣的發問：「底層人
能說話嗎？」[31]底層人能自我表述嗎？「無論是文學還是學術著作，
許多涉及底層問題的作品訴諸知識分子話語，它們的深奧程度遠遠超
出了底層的意識。」[32]顯然，歷史的描述並非是單線條，因此，我們
不應忽略這樣一個事實：底層與文化、權力之間存在著遠為複雜交錯

---

30 南帆：〈曲折的突圍——關於底層經驗的表述〉，《文學評論》2006年第4期。

31 〔美〕佳亞特里‧斯皮瓦克：《從解構到全球化批判——斯皮瓦克讀本》（北京市：
　　北京大學出版社，2007年），頁90。

32 南帆：〈曲折的突圍——關於底層經驗的表述〉，《文學評論》2006年第4期。

的關係。既然解除了底層的本質主義概念，那麼，底層作為一個相對的存在，其聲音也應該是「複調式的」聲音。顯然，文化研究的非本質主義思維為我們深入底層問題研究打開了一個廣闊的空間。

第四節　階級的再現：現實、想像與影像

　　當階級關係已經不再像以往那般尖銳，甚或表面上已被其他形式的社會矛盾所取代之時，我們應如何理解這一時代？二十世紀九十年代，大批工人下崗與大量農民進入城市形成民工潮，顯然構成了中國最大和最觸目的社會問題。作為中國社會中數量最龐大的兩個人群──工人和農民──他們的命運因社會轉型而發生著劇烈的變化。工人階級曾經是社會無可置疑的主流人群，但是今天他們卻變成了大眾傳媒和影像中的「社會底層」和邊緣人群，其命運變化對於中國到底意味著什麼？馬克斯・默克海默曾說：「歷史的軌跡穿過無數個人的悲傷與痛苦。你可以對這兩者之間的事實做出解釋，但卻無法為這些悲傷和痛苦做出辯護。」[33]歷史的車輪滾滾向前，階級的構成不斷在改變，但這並不意味著階級已經消失得無影無蹤了。當回首馬克思那「唯有無產階級，才能戰勝資產階級」的論斷時，我們驀然發現：如果說馬克思如此熱衷於階級概念，那也是因為他想擺脫階級的期盼。從另一個層面看來，馬克思主義在關注工人階級的時候，其目光其實已然遠遠超越了工人階級本身。但是，歷史似乎與我們開了一場巨大的玩笑，在中國社會的轉型過程中，大批工人遭遇了殘酷的社會現實。無產階級與資產階級、知識階層相比，他們的優越性與創造力何在？尤其在資本與信息技術高度發達的當今社會，普通工人所創造的價值與知識階層相比，似乎顯得多麼渺小，微不足道。那麼，如何

---

33 阿爾弗雷德・施密特：《馬克思的自然概念》，轉引自〔英〕特里・伊格爾頓著，李楊等譯：《馬克思為什麼是對的》（北京市：新星出版社，2011年），頁41。

理解當今民族國家與階級之間的關係？我們探討問題的出發點應該是
階級，抑或民族國家？階級與都市想像存在何種關係？大眾傳媒對階
級形象、都市想像又是如何表述與再現的？

　　「鐵西區」，這個獨特的歷史空間與符號，顯然投射出中國社會
轉型時期「階層」分化所造成的陣痛、對都市的想像以及複雜維度。
或許，我們對於二十世紀九十年代中國改革的劇痛記憶猶新，當時學
界出現了一個響亮的主題「分享艱難」，有人歡呼「現實主義騎馬歸
來」。一批批的工人階級群體，他們在社會轉型的面前被甩出了歷史
的軌道，當他們走出工廠大門，他們就不再是一個群體，不再是一個
階級，而是成為一個個體。現今，我們可以從那些描繪此類題材的小
說或電影影像中觸摸當時的歷史現狀，但是，我們也應該注意到「成
功的表象、成功的真實組織起來的現實主義情節未必會把我們帶入更
嚴酷的現實，相反會把我們載離這個現實。」[34]鐵西區，只是中國眾
多工廠的一個象徵性符號，它的興衰與沒落代表了中國工人階級的時
代變遷。

　　呂新雨對王兵拍攝的紀錄片《鐵西區》給予了高度的讚賞，她認
為，「《鐵西區》最大的意義就在於，它所折射的社會、歷史問題，它
寓言式的工廠的廢墟場景，以及作為人的主體性的崩潰，揭示了一個
我們曾經擁有的過去和一個似乎是無法改變的現狀，並且向著未來發
問。在這個基礎上，我試圖去探討新中國工業化的歷史與整個人類工
業文明發展之間的關係，並重新理解所謂『藝術』與時代、社會以及
人的主體性的關係。」[35]鐵西區，它已不僅僅是一個工業區，它也蘊

34　參見戴錦華：《階級，或因父之名》，這是二〇一一年十一月七日她在北京大學的演
　　講稿〈鋼的琴：誰的車床，誰的琴房，誰的狂歡，誰的哀傷〉，http://www.21ccom.
　　net/articles/sxpl/sx/article_2011111048517.html。
35　趙月枝、呂新雨：〈中國的現代性、大眾傳媒與公共性的重構〉，《傳播與社會學
　　刊》2010年第12期。

含、折射了當時中國的社會、歷史問題以及未來的迷惘與想像。在戴錦華看來，這「與其說是一個關於一個階級的隕落，不如說是一個社會結構性重組後被放逐的人群。」她認為，工人階級並沒有沒落，沒落的只是他們的社會地位——用劉岩的話說是「符號化的父親位置」——「因父之名」。[36]

無產階級是馬克思主義的有效命名，但是今天的社會已經滄桑巨變，隨著工業空間的消逝，是否也意味著社會主義制度下工人階級的消失？從《鋼的琴》這部影片，我們可以發現其價值指針已經從集體主義、英雄主義的宏大視域，擰回到了個人的世俗生活層面，聚焦於掙扎在資本與市場重壓之下的底層小人物的生活困境。那麼，在當代的國家發展進程之中，工人階級還能找回他們自己的位置嗎？工人階級如何實現自我的發展？工人階級的未來如何可能？面對這一系列問題，進入歷史是我們必然的選擇。

結語

總之，「階級」並非是一個本質主義的定義，它是一個非常複雜的問題。不僅僅隨著社會與歷史的發展，階級構成發生了重大的變化，出現了異質化的傾向，而且「階級」鬥爭也變得異常複雜。它不再是表象的社會治理，而是滲透進了各個領域，與民族國家、性別、身份政治、意識形態、大眾文化、消費主義等糾纏在一起。不言而喻，文化研究介入中國場域，它對我們認識階級的複雜維度打開了新的視域，避免對其簡單化處理。然而，我們也不難發現這樣一個事實：文化研究的階級學說並沒有像馬克思的階級學說那般興盛。這是

36　《因父之名》是英國的一部經典電影，根據格里·康倫感人至深的回憶錄《證明無罪》改編，重點刻畫了男主角格里為求公正所做的鬥爭以及他和父親之間深厚的感情。

為什麼？或許，「階級」資源及階級話語分析在中國文化研究的批評
實踐中並未像「民族國家」那般頻繁地被調用，這顯然與「階級」曾
經在當代中國所製造的巨大震盪不無關聯。

第八章
開放的姿態：
從文化研究視域考察「民族國家」

　　「民族國家」這個概念已經在文化研究中承擔了某些重大的理論使命。正如卜正民與施恩德在《民族的構建——亞洲精英及其民族身份認同》一書的「導論：亞洲的民族和身份認同」中所述：「在二十世紀，民族國家主導了各種政體和民族的組織方式和身份認同，其權威性和力量非其他的觀念可比，與其他時代也很不相同。粗略地講，民族國家是一個基本的觀念，我們藉以認識我們自身以及我們廁身的世界；在當代意識中，它則成了一個剪不斷理還亂的概念，變得非常複雜，很難想像有一個時代，所有依附於民族國家的東西不是作為原動力或道德責任來稱揚的。在世紀末，當民族國家都被正義信念所武裝，民族國家間動輒因對方而動怒，一個沒有民族國家概念的世界，或者不是以民族國家為區分單位的地球是很難想像的。」[1]劉禾在《帝國的話語政治——從近代中西衝突看現代世界秩序的形成》中也表達了相似的觀點：「在我們這個時代，國家的疆域和族群身份仍然在不斷地聚散分合，當代帝國也經常以民族國家的面目出現在世人面前，為此，即使是負載普世價值的個人，如今企圖要完全擺脫主權想像的陰影，恐怕也是困難重重。」[2]在現代性的敘事邏輯中，「民族國家」充當了深刻的基本認識單位。但「民族國家」並不是一個浪漫的

1　〔加〕卜正民、施恩德編，陳城譯：《民族的構建——亞洲精英及其民族身份認同》（長春市：吉林出版集團，2008年），頁1。
2　劉禾：《帝國的話語政治——從近代中西衝突看現代世界秩序的形成》（北京市：生活・讀書・新知三聯書店，2009年），頁1。

大同世界，在民族國家的疆域內部，顯然存在著聚訟紛紜的話題。

　　在全球化的浪潮淘洗中，民族國家與個人、帝國主義更是演繹出了全新的故事。在全球化視野之中，「民族國家」成功地證明了它組織世界的能力，有效地充當了闡釋世界的單位。那麼，當面對「中國經驗」時，「民族國家」這個概念是否依然有效，它意味著什麼？詹姆遜的「民族寓言說」是否能有效闡釋中國經驗？在中國問題脈絡中，帝國主義與民族國家形成了何種構形？如何理解與看待民族國家與個人之間的張力？談論中國經驗時，民族國家是否能夠有效充當基本認識單位？如果談問題只是到民族國家層面為止，那麼這種考察方法忽略了什麼？中國是否已經邁入了「後民族國家」？「後民族國家」話語對中國經驗的有效性闡釋究竟有多大？或許，諸如以上這些問題不應該溢出我們的視域。本章我將致力於考察「文化研究」在面對諸如以上一系列獨具「中國經驗」的「民族國家」問題時，它如何為我們分析「民族國家」概念、問題及其背後的機制提供了更為有效的分析方法和策略，為我們深化「民族國家」的認識開拓了哪些視域。

第一節　想像的可能：全球化與民族國家

　　全球化通過資本與市場敲開了國界大門。「技術、信息、商品、人員——尤其是貨幣資本正在全球範圍空前頻繁地往來，市場的開拓與擴張有力地突破國家、民族、文化風俗以及意識形態劃出的傳統疆域。」[3]從一般意義上來講，「全球化」是指商品、資本、生產與技術的跨國流動，由於這種流動規模與範圍的不斷擴大與加強，它同時形成了一個新的世界秩序，對以民族國家為單位的權力結構構成了劇烈的挑戰。面對全球化大潮，有人樂觀地將其視為一種「解放的力量」，

3　南帆：〈全球化與想像的可能〉，《文學評論》2000年第2期，頁92。

認為全球性的跨國生產與交換意味著資本主義經濟關係已經脫離了政治控制，從駕馭它的政治力量的限制與扭曲中解放出來；有人則悲觀地認為，「全球化的來臨，意味著工人和市民能夠影響和控制資本主義利潤冷酷法則的制度渠道隨之關閉。」[4]顯然，我們無法否認，包括我們自身也已不自覺地捲入了「全球化」進程之中，並被這個進程改造著、塑造著。正如羅崗所言，對於「全球化」的認識，問題並不在於對其作出或褒或貶的價值判斷，而是將其作為環繞我們自身的生活真實，思考如何在現象上作出恰當的描述，以及怎樣在理論上進行準確的診斷。[5]

南帆的〈全球化與想像的可能〉一文對我們深入認識全球化與民族國家之間的關係不無裨益。他指出，對全球化的描述「不僅是對於一個前所未有的歷史景象予以考察，同時，這些描述背後迥異的理論姿態還隱蔽地表明，眾多利益群體必將在全球化的圖景之中重新認定自己的方位。」[6]在現代性話語的描繪中，「全球化」顯然是先進、文明、發達的代名詞。不言而喻，融入全球化的浪潮就猶如領取到一張跨入現代世界門檻的入場券。尤其是科學技術、媒體、金融資本、市場諸多景觀的持續跨國流動，全球化創造出了新的可能性與機遇。面對全球化的機遇，中國的經濟與社會發展必將出現種種嶄新的可能。但是，對全球化的樂觀想像顯然無法掩蓋全球化所帶來的「焦慮」，一些理論家已經察覺出了「現代性話語內部藏的內在矛盾」：全球化是否就是一個浪漫的大同世界？如果不是，那這又是誰的全球化？全球化是否意味著同質化？全球化是否解放了人的自由？安東尼‧金於一九八九年的發問至今依然有效：全球化是否意味著文化同質化、文化同步化或文化增殖？它對文化流動的方向又怎麼說？它是本土性與

4　羅崗：〈帝國、國家與地方文化的命運〉，《貴州社會科學》2009年第1期，頁70。

5　羅崗：〈帝國、國家與地方文化的命運〉，《貴州社會科學》2009年第1期，頁70。

6　南帆：〈全球化與想像的可能〉，《文學評論》2000年第2期，頁92。

全球性之間的互動而重點在於前者，還是同理而重點在於後者？毫無疑問，全球化時代的到來並不意味著進入了一個浪漫的大同世界。「資本與市場運作所遵循的遊戲規則得到了全球意義的擴張。換言之，全球化是在一個巨大的範圍之內複製資本與市場所具有的權力關係。這裡，支配與被支配、主宰與被主宰以及種種激烈的角逐、爭奪、反抗並未止歇，相反，一切都正在更大規模地展開。」[7]在全球化的文化場域中，各個民族國家的文化被擺上了世界市場的貨架，它們匯聚成了豐富的文化圖景。全球化的來臨，極有可能隱藏了新帝國主義試圖征服全世界的真面目。因此，這種國際性的文化接軌固然令人欣喜，但是，我們沒有理由對全球化背後「既定的權力框架」視而不見。

　　在全球化的時髦敘事之中，民族國家扮演了什麼角色？尤其是第三世界國家扮演了什麼角色？在溫情脈脈的「地球村」幻想中，民族國家是否消亡了？正如馬克斯・韋伯在《民族國家與經濟政策》中指出：「全球經濟共同體的擴展只不過是各民族之間相互鬥爭的另一種形式」[8]。在全球化浪潮中，民族國家不僅沒有消失，反而更加凸顯出來，並且以更為隱蔽的方式向全球播撒出了民族主義的種子。「若想一窺近兩世紀以降的地球歷史，則非從『民族』（nation）以及衍生自民族的種種概念入手不可。」[9]根據霍布斯鮑姆的考察，民族／國家概念大約出現於十八世紀八十年代。霍米・巴巴主編的《民族與敘事》一書中收錄的法國研究者何南「何謂民族」一文也明確提及「民族」是相當晚近的發明：「民族……是歷史中一件非常新的事物。古代對民族是不熟悉的；埃及、中國、古巴比倫決不是……我們現在所

7　南帆：〈全球化與想像的可能〉，《文學評論》2000年第2期，頁93。

8　馬克斯・韋伯：《民族國家與經濟政策》（北京市：生活・讀書・新知三聯書店，1997年），頁92。

9　埃里克・霍布斯鮑姆著，李金梅譯：《民族與民族主義》（上海市：上海人民出版社，2000年），頁1

理解的意義上的民族。」[10]何南已經明確意識到，民族並不是天然的實體，因此，他進一步指出：國家的建立是通過歷史與文化的建構，以分享共同的經驗從而形成「生命共同體」，才能構成現代意義上的「民族國家」。哈貝馬斯在《後民族結構》一書中這樣寫道：「借助民族觀念，國家成員超越了對於村落和家庭、地域和王朝的天生的忠誠，建立起了一種新型的集體認同。一個『民族可以從他們共同的出生、語言和歷史當中找到其自身的特徵，這就是『民族精神』；而一個民族的文化符號體系建立了一種多少帶有想像特點的同一性，並由此而讓居住在一定國土範圍內的民眾意識到他們的共同屬性，儘管這種屬性一直都是抽象的，只有通過法律才能傳達出來。正是一個『民族』的符號結構使得現代國家成為民族國家。」[11]這顯然與本尼迪克特・安德森認為民族是「想像的共同體」的觀念不謀而合。克里斯・巴克在《文化研究：理論與實踐》中也有類似的表述，「民族是一個文化概念，它以規範、價值、信仰、文化符號和實踐的共享為中心。『民族』的形成依賴於在特定歷史、社會和政治背景下發展的共同的文化符號。」[12]顯然，民族並非是本質主義的概念，它是通過話語實踐形成的一個「表述關係」的概念。斯圖亞特・霍爾關於「民族」與語境化的關係論述無疑有助於加深我們的理解：「如果不同膚色族群的主體和經驗不是由自然或其他的本質主義保證所定型的，那麼它被歷史性、文化性和政治性建構就必定是一個事實──適用於這一點的概念就是『民族』。民族這一術語承認了歷史、語言和文化在主題和身份建構中的地位，以及全部話語被放置、定位、情境化，全部知識

10　引自生安鋒：《霍米・巴巴的後殖民理論研究》（北京市：北京大學出版社，2011年），頁47。

11　〔德〕哈貝馬斯著，曹衛東譯：《後民族結構》（上海市：上海人民出版社，2002年），頁76-77。

12　〔英〕克里斯・巴克：《文化研究：理論與實踐》（北京市：北京大學出版社，2013年），頁243。

都是語境化的事實。」[13]法國學者德拉諾瓦也曾對「民族」的韌性與魅力做了獨到的論述:「民族並不像表面看起來那樣神秘,但其吸納的能力很強。褒義講可以說是有容乃大,貶義講則是空洞無物。……民族現象所具有的解決或掩蓋矛盾的能力,以及將形形色色的主張吸納在一起的能力,可以說明其何以具有如此的韌性及魅力。將不同的主題和不同的問題混淆起來,從意識形態上講是一張王牌。」[14]

　　徐賁的〈全球化、博物館和民族國家〉一文顯然為我們認識全球化與民族國家之間的複雜關係提供了一種獨特的視角——博物館。正如其所言,博物館現今已成為一種全球性的文化設施,它的主要作用是「構築對特定民族國家群體有意義的生活世界秩序和集體身份」,它的全球化意義「不僅在於其普遍體制,而且還在於它生動地體現著全球化特有的普遍性和特殊性關係。」[15]當然,博物館在世界範圍內的擴展過程是和資本主義推動全球化分不開的。徐賁採用了華勒斯坦「全球化是西方資本主義對世界一波又一波歷史性衝擊所積累的結果」與「民族國家在全球化進程中起著關鍵的作用」兩種不同的全球化理論來說明這個發展過程。毫無疑問,全球化為人們在想像局部生活秩序時提供必不可少的「全球秩序意象」,而民族國家本身就是一種想像性的局部生活秩序。在羅伯遜看來:「全球化的形成,其關鍵在於民族國家成為具有世界普遍人類基本生活秩序的形式」,換言之,全球化的進程即是一個民族國家獲得普遍政治秩序正當性的過程。在這個過程中,「民族國家的同一性……成為一種具有全球意義的特定生活方式。」[16]實際上,羅伯遜的全球化理論所強調的普遍性與個別性的「會合」本身就是一種過於理想化的模式。

---

13 〔英〕克里斯‧巴克:《文化研究:理論與實踐》,頁243-244。

14 〔法〕德拉諾瓦著,鄭文彬、洪暉譯:《民族與民族主義》,頁24。

15 徐賁:〈全球化、博物館和民族國家〉,《文藝研究》2005年第5期,頁43。

16 徐賁:〈全球化、博物館和民族國家〉,《文藝研究》2005年第5期,頁45。

第二節　「民族寓言說」：詹姆遜的「第三世界文學」研究

　　著名的左翼理論家弗雷德里克・詹姆遜在他極富創見但也遭致諸多批判的論文〈跨國資本主義時代的第三世界文學〉中提出了「民族寓言」理論。何謂「民族寓言」？詹姆遜較為完整的表述為：「所有的第三世界的文本均帶有寓言性和特殊性：我們應該把這些文本當作民族寓言來閱讀，特別當它們的形式是從占主導地位的西方表達形式的機制——例如小說——上發展起來的。」他繼續闡述道：

> 第三世界的文本，甚至那些看起來好像是關於個人和力比多趨力的文本，總是以民族寓言的形式來投射一種政治：關於個人命運的故事包含著第三世界的大眾文化和社會受到衝擊的寓言。[17]

在詹姆遜看來，所有第三世界的文化都不能被看做是獨立或自主的文化，他們在許多地方處於與第一世界文化帝國主義進行生死搏鬥之中——這種文化搏鬥的本身反映了這些地區的經濟受到資本的不同階段或有時被委婉地稱為現代化的滲透。根據詹姆遜自己所述，他的「民族寓言」理論所賴以建立的基礎是第一世界和第三世界文化差異的區別。而阿吉茲・阿罕默德則恰恰是以此為突破口，他在《在理論內部：階級、國家、文學》一書批判性指出，詹姆遜對第三世界和第一世界的界限是以粗暴和普遍化的邏輯加以劃分的。詹姆遜並非通過壓迫／反抗、支配／被支配、主流與非主流的方式來區分第一世界與

---

17 〔美〕詹姆遜著，張京媛譯：〈跨國資本主義時代的第三世界文學〉，《晚期資本主義的文化邏輯》（北京市：生活・讀書・新知三聯書店，1997年），頁523。

第三世界的差異，而是通過文本中的闡釋來探討公／私、國家／個人之間的寓言關係，其分析的重點在於文本敘述與情節的發展。對於「第三世界文學」這一概念，阿吉茲‧阿罕默德毫不掩飾地批判道：「即使在它最生動的展開意義上，也是一個充滿火藥味的術語，沒有什麼理論地位。」雖然詹姆遜的「第三世界民族寓言說」備受非議與質疑，但是不可否認，它在中國學界產生了很大影響。

〈跨國資本主義時代的第三世界文學〉這篇論文最早是由張京媛譯介，一九八九年六月發表在的《當代電影》上，產生了廣泛影響。戴錦華在《霧中的風景》之《遭遇「他者」：「第三世界批評」閱讀筆記》著力探討的便是「第三世界批評」與當下中國的文化批評之間的適用性問題。她認為，「詹姆遜的『第三世界批評』是，建築在一個穩定的等邊三角形上，等邊的兩個端點分別是第三世界國家的『民族』與『政治』；而它們共享的頂點，則是一個互相意義上的『異己的讀者』，一個他者的視點。其核心概念是『民族』，或曰『民族主義』。這並非在強調一個人種學或地域意義上的民族，它更多的是一個文化的、政治的劃分，是呈現在第一世界視域中，在與資本主義世界的政治、經濟、文化的並置、反抗、掙扎與輾轉中產生並存在的概念。」她進而指出：「一種狹義的、『第三世界批評』視域中的寓言文本與文本中複調對話只可能出現在一九七九年之後的中國。」戴錦華將「第三世界批評」用來分析第四代和第五代導演在二十世紀八十年代的電影創作，她把第四代導演的作品解讀為「兩個烏托邦之間」──「都市／鄉村」的意義結構徘徊在「文明／愚昧」、「偽善／純樸」之間，而第五代導演的作品則把鄉村表意為失落的拯救和力比多化，並指出了青年導演黃建新的處女作《黑炮事件》觸及了葛蘭西和詹姆遜意義上的「文化革命」。戴錦華更為深刻地意識到，對於一個第三世界的知識分子來說，第三世界的民族寓言無疑不是一種邊緣話語，而剛好是位於話語主體所居的中心位置上。對「第三世界批

評」的運用，應該成為民族的內視與自省。因此，我們需要的不僅是一種充滿洞見的獨到見解，而且必須是一種再批判中的自新歷程。[18]

　　或許，陳光興關於第三世界「次」帝國的認識為我們提供了一種對詹姆遜「第三世界文學」與「民族國家寓言說」的有力批判及認識：

　　　　在法農的分析裡，隱約地提出了面對第三世界共同結構性經驗的理論模型：殖民→去殖民→新殖民／再殖民／內部殖民，納入新殖民資本主義的運動過程。循著這條歷史的軸線，向前推進，一方面接合到全球資本主義的新殖民層級結構，一方面連接到特定地區獨有的歷史過去及當下的環境，或許一個較為貼切於第三世界所處（時間／空間）的殖民——地理——歷史唯物論，可以用來回答全球——在地辯證過程中各個層次所浮現的問題。從這樣的架構中，上述批判性論述的盲點可以被打開，使國際性文化研究對於帝國殖民主義所形塑的在地文化以及因在地被殖民意識所形成的對抗性文化之研究路線能被有效開展出來。在這樣不複製既有權力體制的脈絡下，第三世界文化研究的批判性立場不僅在於抨擊『西方』資本帝國主義，同時也必須跨出國族主義的限制，突顯出「第三世界」內部的多重宰制結構及關係、第三世界的「內部層級分化」，以及新興的第三世界「次」帝國主義。[19]

　　與其在理論上演繹第三世界文學的宏大敘事，不如從具體文本進入「第三世界」內部的多重宰制結構，或許，這樣的闡釋能夠打開新的學術視域，提供另一種思考中國當代問題的新視角。劉禾的〈文本、批評與民族國家文學〉一文或許就是一個不錯的例子。劉禾認為，由於國家民族主義在二十世紀中國深刻地滲透在文學批評和文學史寫作的實踐中，「詹姆遜看到的是這種批評實踐所追求的效果，而

---

18 戴錦華：《霧中風景：中國電影文化（1978-1998）》（北京市：北京大學出版社，2000年），頁86-87。

19 陳光興：《去帝國：亞洲作為方法》（臺北市：行人出版社，2006年），頁21。

不是所謂第三世界文學的文本所固有的本質。他在把『第三世界』文
學敘述為民族寓言的過程中，徹底排除了文學批評在當地所扮演的文
本及經典規範生產者的雙重角色；而他自己對魯迅的解讀，卻在很大
的程度上受到已有的中國現代文學批評為魯迅研究所設置的主導模式
的左右。」正是基於這樣的認識，「代表了第一世界和第三世界的馬
克思主義文學批評家對民族國家話語的聯合創作。」[20]劉禾借用了詹
姆遜的「第三世界文學」與「民族國家寓言」理論，引出了中國現代
文學批評實踐與民族國家文學的關係問題。她將視角聚焦於蕭紅的
《生死場》，通過考察該作品自問世以來與現代文學的批評體制和權
威的文學史寫作之間的種種遭遇。大多數評論者都將蕭紅的《生死
場》視為一部「民族寓言」，一部充滿愛國主義精神的反帝國主義作
品，劉禾則指出，正是因為這些大而無當的評論阻礙了人們對民族國
家話語的真正認識。她強調道：對蕭紅文本的兩個層次的話語的關
注：生產層面的話語，涉及了「在小說的空間裡與民族國家話語的交
鋒」；接受層面的關注，則指向力圖將她的寫作納入民族國家文學名
下的文學批評。[21]

　　劉禾以敏銳的目光和女性特有的敏感發現，《生死場》是蕭紅從
「女性身體出發，建立了一個特定的觀察民族興亡的角度，這一角度
使得女性的『身體』作為一個意義生產的場所和民族國家的空間之間
有了激烈的交叉和衝突。蕭紅以這樣的做法在她的文本中創造了一個
複雜的『意義場』——其中意義的複雜性，恐怕是當時許多男性寫作
難以企及的。」[22]從性別研究的視角敞開認識，我們不難發現：在民

20　王曉明主編：《批評空間的開創：二十世紀中國文學研究》（上海市：東方出版中
　　心，1998年），頁300。

21　劉禾：〈文本、批評與民族國家文學〉，王曉明主編：《批評空間的開創：二十世紀中
　　國文學研究》，頁300。

22　劉禾：〈文本、批評與民族國家文學〉，王曉明主編：《批評空間的開創：二十世紀中
　　國文學研究》，頁300。

族解放的大敘事之中，女性除了要面對異族的侵略之外，還要面對本族男性壓迫的雙重遭遇。或許，這樣的認識與斯皮瓦克那一著名的——「在殖民生產的語境中，如果底層階級沒有歷史，不能說話，那麼，作為女性的底層階級就被置於更深的陰影之中了」[23]——觀念不謀而合。

第三節　帝國、現代性與民族國家

帝國主義[24]、現代性與民族國家之間顯然構成了一組複雜而有趣的關係圖譜。由於後殖民理論的驅動，當前的新帝國主義研究顯然與以往為我們所熟知的馬克思主義對帝國主義的批判大不相同。後殖民理論視野下的新帝國主義研究，已經出現了一大批重要的理論成果。從薩義德的《東方學》、《文化與帝國主義》到湯普森的《文化帝國主義》，從漢娜‧阿倫特的《帝國主義》到大衛‧哈維的《新帝國主義》，從麥克爾‧哈特和安東尼奧‧奈格里的《帝國：全球化的政治秩序》到《大同世界》、《超越帝國》，它們無不從各個維度刷新我們對帝國主義以及民族國家的認識。薩義德的《東方學》是當代帝國主義研究的典範之作，它採用福柯式的知識考古學研究，揭示了現代學科和知識體系與歐洲帝國的殖民擴張之間的密切關係。[25]在薩義德看

23　〔美〕佳亞特里‧斯皮瓦克著，陳永國等主編：《從解構到全球化批判——斯皮瓦克讀本》（北京市：北京大學出版社，2007年），頁107。

24　文化帝國主義（Cultural Imperialism），可以參看張冼：〈文化帝國主義〉，《國外理論動態》2006年第8期。他是如是界定文化帝國主義的：「文化帝國主義理論是對於西方發達國家通過文化輸出對不發達和欠發達地區實現文化霸權和文化控制的討論。由於它關注國際文化生產與流通過程中的不平等結構以及由此形成、擴大和加強了的跨國支配，文化帝國主義理論也常常被認為是後殖民主義文化理論的重要組成部分。」

25　薩義德在《東方學》的「緒論」中毫不避諱地直言福柯的知識考古學對其研究「東方學」的影響，他是這樣表述的：「我發現，米歇爾‧福柯在其《知識考古學》和

來，東方學是歐洲人自我身份認同的建構，「東方」也只是被西方人
憑空創造出來的東方，因此，東方並非是一種自然的存在。「用克羅
默和貝爾福的表達方式來說，東方被描述為一種供人評判的東西，一
種供人研究和描寫的東西，一種起懲戒作用的東西，一起起圖示作用
的東西。問題是，在上述每一種情況下，東方都被某種支配性的框架
所控制和表述。」薩義德通過「東方學」研究，使人們認識到「帝國
主義控制著整個研究領域，控制著人們的想像，控制著學術研究的機
構——要想迴避這一問題從學術的角度和歷史的角度而言都是不可能
的。」[26]如果說《東方學》主要關注通過話語形式建構出來的一種複
雜的權力關係，那麼，《文化與帝國主義》一書則將文化與帝國主義
直接聯繫起來了。薩義德明確指出，文化在帝國主義擴張過程中扮演
了不可或缺的角色。

　　葛蘭西霸權理論、霍爾編碼／解碼理論、理查德·約翰遜民族志
研究方法的介入以及後現代主義、後殖民主義、積極受眾等理論範式
轉變，使文化帝國主義與現代性、民族認同、消費主義等問題結合在
一起。湯普森的《文化帝國主義》即是對這些問題進行較為全面的論
述。在《文化帝國主義》一書中，他論述了文化帝國主義的四種途
徑：文化帝國主義作為「媒介帝國主義」的一種話語，作為一種民族
國家的話語，作為批判全球資本主義的話語，以及作為現代性批判的
話語。在「文化帝國主義與民族性話語」一章中，湯普森指出：「就
民族國家認同層面而論述文化帝國主義，常常會引發意識形態的爭
議，因為民族國家的行政機構刻意地設計了一些試圖引發認同感的文

《規訓與懲罰》中所描述的話語觀念對我們確認東方學的身份很有用。我的意思是，
如果不將東方學作為一種話語來考察的話，我們就不可能很好地理解這一具有龐大
體系的學科，而在後啟蒙時期，歐洲文化正是通過這一學科以政治的、社會學的、
軍事的、意識形態的、科學的以及想像的方式來處理——甚至創造——東方的。」
26 〔美〕薩義德著，王宇根譯：《東方學》（北京市：生活·讀書·新知三聯書店，2007
年），頁18。

化要素（國旗與相關的儀式、國歌與國家禮儀等等）。然而，單是這些意識形態要素似乎並不能窮盡民族國家認同的內涵。」誠然，民族國家的認同感顯然還存在諸多複雜維度。湯普森也已經意識到這些維度的存在，因此，他緊緊圍繞認同的核心進行探討，「文化帝國主義的話語既然常常以民族國家作為立論的焦點」，「我們必須找出一個更為清晰的概念，理解民族國家的認同究竟是什麼。」[27]正如其所言，民族國家的認同問題不能只是從國籍著手。換言之，政治意義上的歸屬一個民族國家、擁有一本護照，遠遠不足以釐清認同的問題。那麼，在湯普森看來，民族認同最重要的歸屬和問題是什麼呢？我們不難發現，「經驗」將是湯林森給出的答案，而安德森的民族國家是「想像的共同體」也是其理論的源泉與驅動。薩義德、湯普森、哈維乃至威廉斯、福柯、哈特和奈格里等理論家都各自以不同的方式試圖闡明帝國主義與文化之間複雜而隱蔽的關係。尤其是威廉斯在《漫長的革命》之中對「帝國的作用」短短幾頁的論述對十九世紀文化豐富性的解釋遠比許多大部頭的神秘主義文本分析要多。[28]

　　將視角聚焦於此方面與中國問題相關研究，我們同樣欣喜地發現：國內學界關於帝國主義與民族國家的研究也取得了長足的進展，無論從研究視角還是理論維度，都打開了新的詮釋可能性。目前，國內在這個問題領域最有影響力的莫過於劉禾與汪暉。劉禾的《跨語際實踐》、《跨語際書寫》、《帝國話語政治》猶如一組「集束炸彈」在中國學界產生了廣泛影響。尤其是《帝國的話語政治》一書，劉禾「從話語政治的視角出發，對中外歷史文獻進行全新的分析和詮釋，並把這些分析和詮釋，與當今世界秩序的形成過程這一類重大的問題放在一起解讀」，因此得出與前人截然不同的結論。正如劉禾本人所言：

27　〔英〕湯普森著，馮建三譯：《文化帝國主義》（上海市：上海人民出版社，1999年），頁151-153。

28　〔英〕湯普森著，馮建三譯：《文化帝國主義》，頁151-153。

「從話語實踐的層面出發，如何思考歷史敘事的時間，在歷史與當代的時空之間能否發揮新的想像力，並且打開新的詮釋可能性等，這一切都會影響到我們對當前國際政治的判斷。」[29]或許，正如劉禾在「帝國研究」的訪談中所言，不僅僅當前帝國主義研究處處都有福柯的影子，而且其本人的研究路徑也深受福柯的影響。

劉禾在《跨語際實踐》中向我們揭示了如何超越本土／外來二元對立的方式來研究外來概念在中國的引入。她在討論「個人主義」這一基本的概念在近現代中國政治社會話語中的意義爭奪和變化時，指出它常以「民族救亡」、「國家主義」或「集體主義」等概念的對立概念出現，因此，造成了長期困擾人們的個人／群體二元對立困境，並指出要以新的討論問題將「個人主義」的討論引出這一困境。這些新問題包括：「個人主義」是如何作為一種話語策略，積極參與了二十世紀初中國近代民族國家理論的創造？它如何在被翻譯、引述、重複、爭論及被合法化和非合法化的過程中，獲得其在中國特殊的本土歷史意義？顯然，在劉禾看來，民族國家的概念已經不僅僅是一面用於抗禦的理論盾牌而已。[30]劉禾的這一種研究思路為我們提供了另一種研究視角。

如果說劉禾更多的是從跨語際實踐和翻譯理論出發考察民族國家與帝國之間的複雜的權力關係的話，那麼，汪暉則是試圖「在中國發現歷史」，以中國歷史的多樣性和豐富性來打破「帝國」與「民族國家」的二元對立。事實上，「帝國」與「民族國家」──常被人們信手拈來，但是研究者們似乎對這兩個概念缺乏自覺的界定，往往落入一種二元對立的模式。帝國是前現代的、專制的、僵化的，它往往被闡述為現代性的對立面；而民族國家則通常是與現代性聯繫在一起，

---

29 劉禾：〈話語政治與近現代中外國際關係〉，《讀書》2010年第1期，第22頁。
30 劉禾：〈文本、批評與民族國家文學〉，《跨語際書寫》（上海市：上海三聯書店，1999年），頁192。

被描述為政治開放的、世俗化的、城市的、商業的。在汪暉看來，「無論是對民族─國家的合法性論爭，還是對於前十九世紀帝國的理想化描述，都是建立在帝國─國家二元論的前提之上。」因此，對帝國與國家二元論的形成進行探討就很有必要。根據汪暉考證，中國研究中的帝國與國家二元論是根植於歐洲的知識傳統，帝國概念在歐洲歷史中有著漫長的歷史，而民族─國家則是十九世紀的產物而已。但是，「作為一個分析性的範疇，帝國概念只是在民族─國家概念得以形成的過程之中才獲得其明確的含義，從而帝國這一古老的詞彙實際上又是一個現代的、與民族主義問題密切相關的概念。」[31]

　　「帝國」與「民族國家」的二元對立，實際上隱含著兩套不同的歷史敘述。正如汪暉所言：「在各種有關中國的歷史描述和分析之中，或隱或顯地存在兩種不同的中國敘事，我把它們歸納為作為帝國的中國敘事與作為民族─國家的中國敘事。」[32]他認為，帝國的敘事和國家敘事及其衍生形式從不同方面建立它們的中國觀。因此，很有必要對如下問題作出闡釋與澄清：如何理解中國的民族主義和民族認同？汪暉指出：「在反思中國社會的問題時，那些通常被作為批判對象的方面已經難以解釋當代社會的困境」，「對中國問題的診斷必須同時也是對日益全球化的資本主義及其問題的診斷，而不能如既往地援引西方作為中國社會政治和文化批判的資源。」[33]羅崗在〈帝國、國家與地方文化的命運〉一文中也提出了類似的觀點：「既要強調『現代民族國家』不是一個『天然』之物，同時又要肯定十九世紀中葉以來中國作為一個被損害、被侮辱和被侵略的民族，創建民族國家的正當性和必要性，而且還必須注意到，從『帝國』向『民族國家』的轉化的

---

31 汪暉：《現代中國思想的興起・導論》（北京市：生活・讀書・新知三聯書店，2008年），上卷，頁23。

32 汪暉：《現代中國思想的興起・導論》，上卷，頁2。

33 汪暉：〈當代中國思想狀況與現代性問題〉，《天涯》1997年第5期。

過程中如何來處理中國作為帝國的資源？帝國建設和現代民族國家建
設之間有怎樣的繼承關係？」[34]或許，我們不應忽略：這些問題往往被
置於西方理論與中國經驗的二元關係之中加以考察，這顯然將問題化
約為「外來」與「本土」的二元對立矛盾而使問題失去了理論意義。

　　顯然，帝國與民族國家的形成並不純然是在政治、經濟、軍事的
場域之中操作，文化也扮演了積極作用。尤其在後殖民主義理論的浪
潮推動中，互動、聯結、混雜性等概念極大地激發了我們的靈感，與
現代性相關的各種現象正轉化為一種混合範疇，並為人們重新描述與
闡發「中國經驗」提供了新的思路。就如「纏繞的現代性」這一概念
形象地表達了人們對於種種現代性的想像方式，同時也帶來了「闡釋
中國」的焦慮。

第四節　民族國家、認同危機與闡釋的焦慮

　　從民族國家角度而言，「闡釋中國的焦慮」這一說法，其要義在
於文化討論所表現出來的民族認同感的危機。徐賁在〈90年代中國文
化爭論與國族認同問題〉一文就明確地指出了這一點，他認為「正是
因為人們對國族認同的『國族』和『認同』概念有不同理解，他們對
危機性質的基本看法也不相同。」按照徐賁的看法，在二十世紀九十
年代的文化與學術爭論之中，存在著三種對民族國家認同危機的解
釋：第一，文化危機——這是最為普遍的解釋，它對民族國家的理解
強調文化性，而淡化政治性。實際上，這種文化性民族危機論的出發
點存在兩種不同的向度：一是立足於「東方」與「西方」的文化本質
論；另一種角度是「從國際資本主義在亞洲地區的運作來看待亞洲的
特殊性」，這一角度往往得出文化本土主義的結論。在徐賁看來，雖

34　羅崗：〈帝國、國家與地方文化的命運〉，《貴州社會科學》2009年第1期，頁73。

然對全球化的思考是二十世紀九十年代中國後現代、後殖民理論的中心議題之一，但是「後學的全球性視野關注的不是中國在全球狀況下的普遍性，而是它的特殊性。」[35]在對中國特殊性的思考中，新左派的觀點尤為突出。對民族國家認同危機的第二種解釋是將其看成是「一種道德危機或道德性的社會危機」。換言之，人們對中國現狀的焦慮，即認為它是源於「道德危機」或「人文精神的危機」。如果我們深入地考辨這種「道德危機論」，或許，我們不難發現：匯聚在「道德危機論」名義下的群體並非是鐵板一塊，他們批判大眾文化的出發點各不相同。「傳統文化主義者視商業化和大眾文化為現代、全球化的必然惡果；左派人士將它們視為西方腐朽個人主義價值對中國的文化侵蝕或侵略；自由派人士則視其為普遍人文精神的喪失和知識分子人格的末世處境。」[36]對於後學論者而言，他們同樣具有某種民族國家認同危機，這種危機的起因更多的是源於本土文化的外部因素，而不是內部。

　　徐賁認為，二十世紀九十年代中國民族國家認同的第三種解釋是在政治文化層面上進行的。「它和前面兩種解釋並不衝突，它只是認為，文化和道德問題是在特定歷史時刻的政治形態下形成的。」[37]或許，這與哈貝馬斯的「認同危機和合法性危機是聯繫在一起的」觀點不謀而合。徐賁一再強調，所謂的「現代國族身份」，「實際上是一種對國族身份的現代認識」。這種現代國族身份得以建立的基礎是對現代人權價值的認同。民族國家的身份，並非是一個固定不變的疆界，它更體現為一種關係，一個不斷建構的旅程。換言之，民族國家身份並非是與生俱來的，它是國民共同建構的結果。就如「中國」的民族國家身份，它不只取決於領土的疆界、國民的膚色、漢語這類觸發性

35 徐賁：〈90年代中國文化爭論與國族認同問題〉，《文學前沿》1999年第1期。
36 徐賁：〈90年代中國文化爭論與國族認同問題〉《文學前沿》1999年第1期。
37 徐賁：〈90年代中國文化爭論與國族認同問題〉《文學前沿》1999年第1期。

的民族特徵，更取決於積極的、以價值為導向的集體選擇。因此，在國際社會之中，民族國家身份並非只是呈現為與「他者」的區別，更重要的是在與「他者」的積極互動，並在互動的過程之中形成自我認同。徐賁將「他者」區分為「積極他者」和「消極他者」，認為在民族國家認同之中，「積極他者」的正面參照比負面參照要來得重要，它能為民族國家認同提供國際合法化的根據。

　　「與世界接軌」的口號或許我們並不陌生，尤其是二十一世紀以來，這種「全球化」的憧憬顯然已經成為替代「現代化」的一種話語和社會想像。正如包亞明所言：「西方的技術、管理制度、文化產品甚至價值觀念，都以『與世界接軌』的名義，全面地滲透到中國社會的日常生活中來了。『與世界接軌』無疑表達了中國渴望進入全球化進程和成為被世界接納的『現代』國家的強烈願望。」[38]實際上，在這種「與世界接軌」的樂觀想像與強烈願景之後，突顯的恰恰是文化認同的困境，也即前文所描述的「闡釋中國的焦慮」，這是不容忽視的。「與世界接軌」，這裡的「世界」，對於中國而言，它是作為一個「他者」形象而建構的。顯然，這個「他者」並非是亞、非、拉等第三世界國家，而是特指西方的發達國家。從這個口號看來，這個他者實際上是我們為自身設定的一個參照和標準。它是先進的、發達的、現代化的代名詞，那麼，與這種設定相對的「我們」，則是處於落後的、不發達的。顯然，這種關於世界與中國的關係想像與設定，不僅僅是源於現實之中的經濟差異，更重要的是由於自我認同上等級差異所造成的。那麼，要實現「與世界接軌」，首先就必須抹平這種等級上的差異，實現兩者的平等。或許，這一口號之中隱含著一個期待：與世界接軌即是成為世界組成部分之一。但這一期待實際上忽略了，

---

38 包亞明：《遊蕩者的權力：消費社會與都市文化研究》（北京市：中國人民大學出版社，2004年），頁13。

即使沒有與世界接軌，中國本就是世界的組成部分。包亞明在〈全球化、地域性與當代中國的文化認同〉一文中的分析甚為到位地闡明了這樣一種認識：

> 「與世界接軌」是一種定義世界、定義自我、定義世界與自我的關係相混雜的模糊認識，是一種確立標準、承認差異與消解標準、劇除差異相交織的複雜努力。「與世界接軌」，一方面是中國朝向西方發達國家的一種從邊緣到中心的努力，另一方面也表現了中國通過西方透鏡折射式地認識自我的嘗試，甚至是完全內化了西方視野中的世界圖景。[39]

誠然，「與世界接軌」這一口號包蘊、交織著複雜的自我想像與認同。實際上，「中國」也並非是一個不證自明的概念。汪暉曾在《現代中國思想的興起》一書中，參照了本尼迪特·安德森對時間概念與民族主義的關係的論述，闡明了關於「中國」的各種論述，正如其所言：「我從不同角度、方面探討了『中國』這一範疇的不同的含義，力圖將這一概念從一種單純的歐洲民族主義模式中的『民族認同』中解放出來。」[40]或許，由於後殖民主義的強大覆蓋能力，我們往往從東方／西方二元對立的模式來看待與理解世界與中國之關係。當然，我們並不否認這種模式對某些問題的闡釋能力，但是，當深入到民族國家內部，細化到較為細微的問題時，它是否依然能夠有效地提供闡釋？或者，這種問題的闡釋遮蔽了哪些維度？我相信，這些都是我們在思考過程中所不能忽略的。

---

39 包亞明：《遊蕩者的權力：消費社會與都市文化研究》，頁13-14。
40 汪暉：《現代中國思想的興起》，上卷，頁11-12。

第五節　民族國家：想像、再現與影像形塑

　　「民族國家」的想像與形塑是中國現當代文學研究領域的一個重要主題，這方面研究成果極為豐碩，諸如錢理群、陳平原、黃子平的《「二十世紀中國文學」三人談》、王一川的《中國人想像之中國——二十世紀文學中的中國形象》、曠新年的〈民族國家想像與中國現代文學〉、劉禾的〈文本、批評家與民族國家文學〉、宋虎堂的〈論中國比較文學中的民族國家建構〉、仝品生的〈論民族國家文化建構與話語選擇的三個維度〉、申霞艷〈寓言敘事及其民族國家想像〉等。誠如曠新年在〈民族國家想像與中國現代文學〉一文所言，民族國家話語推動了二十世紀二十年代中國的國家主義思潮和三十年代的民族主義文學運動以及四十年代有關「民族形式」的討論。[41]「民族國家」這一巨型話語生產出了「中華民族將自立於世界民族之林」的憧憬、郭沫若式的鳳凰涅槃以及胡風式的宏偉抒情。縱觀中國現當代文學史，不難發現「民族國家」是不可或缺的主角，作家們或以史詩的筆法，或以宏大的敘事，或以奔放熱烈的抒情，從不同角度去想像與形塑「民族國家」的形象。

　　對「民族國家」的想像研究導向了我們對其再現與影像的關注——電影影像敘事是如何運作，以傳達並再現特定時期對民族國家的想像。正如王德威所言，電影是影響力極大的文化媒介，「它們提供了虛構的空間，以演練種種社會政治議題，而其本身的變化也見證了中國現代化的曲折過程。」[42]但是，擺蕩在寫實與虛構的藝術兩極之間，影像如何再現歷史、改寫神話？特里·伊格爾頓認為，在本雅明的論文〈作為生產者的作家〉中，其創造性表現在：電影與照相正在深刻地

---

41 曠新年：〈民族國家想像與中國現代文學〉，《文學評論》2003年第1期。
42 王德威：《想像中國的方法：歷史、小說、敘事》（北京市：生活·讀書·新知三聯書店，1998年），頁368。

改變傳統的感知形式、傳統的技術和藝術生產的關係。因此，真正的藝術家不能只關心藝術目的，也要關心藝術生產的工具。[43]那麼，作為「文化各色不同圖景」的電影，在國際舞臺上以其獨特的表達方式拓展了什麼樣的想像空間，呈現了怎樣的中國形象？

　　張英進的《影像中國：當代中國電影的批評重構及跨國想像》集中考察了中國電影如何以影像來展示中國的眾多文本和批評層面，指出了中國電影在跨國文化生產領域之中進行的全球性與本土性構建扮演著重要角色。[44]周蕾的專著《原始的激情：視覺性、性欲、民俗學與當代中國電影》，及時參與了「有關跨文化研究、性行為、民族性、身份、真實性和商品拜物教等方面最緊迫的探討。」該書的最後一部分討論了中國處於被西方所「凝視」的地位，這種「被人凝視而不是凝視別人的特點，構成了跨文化表現中的主要內容。」她指出，通過這一個凝視別人再凝視自己的過程，當代中國電影主動地將自己民俗化，而其結果是一種「自我的民俗學」。[45]而魯曉鵬編輯的《跨國的話語電影：身份、國家、性別》，則強調對民族電影的研究，必須改變為對跨國電影的研究。他的《民族電影、文化批判與跨國資本：張藝謀的電影》直面這樣一個問題：「在新的跨文化背景下，如何通過電影手段來重新創造第三世界的民族寓言？」有批評家認為，張藝謀在國際電影市場上販賣了「中國」，塑造的民族形象迎合了西方的口味。但魯曉鵬認為，張藝謀的策略及成功，這未始不是中國電影人的一種生存和再生策略，他們是借助跨國資本繼續他們的文化事業。張英進的〈從「少數派電影」到「少數派話語」：中國電影研究中的

43 特里・伊格爾頓：〈馬克思主義與文學批評〉，《二十世紀西方美學經典文本》（上海市：復旦大學出版社，2000年），第3卷，頁244。

44 〔美〕張英進著，胡靜譯：《影像中國：當代中國電影的批評重構及跨國想像》（上海市：上海三聯書店，2008年），頁79。

45 參見〔美〕張英進，胡靜譯：《影像中國：當代中國電影的批評重構及跨國想像》，頁81。

民族性和國家問題〉力圖考察民族、種族、民族國家以及民族主義、國家話語等概念在中國電影領域中的作用。他選取了少數民族電影作為研究對象，試圖闡明「那些民族與種族的概念究竟是如何通過中國電影內部複雜的妥協過程而得以運用的。」[46]他通過對《青春祭》、《紅櫻桃》、《黃土地》、《國歌》、《黃河絕戀》、《大閱兵》、《大紅燈籠高高掛》等影片的分析，指出了中國電影尤其是中國戰爭影片充斥著民族風格與色彩。它們集中關注一個民族文化身份的創造、結晶和表達。中國新電影不同程度地參與了當代中國文化民族國家身份認同的重構，「重新點燃了公眾對新時期的民族身份的興趣」。[47]不可忽視的是，某些影片中存在的對社會問題的批判與微妙挑戰，「這種挑戰也許並不總是直接來自於對抗或相反的一個邊緣區域，而恰恰正是出現於當代中國電影主流的那些罅隙和夾縫之中。」[48]

　　由於數字化技術與人工智能的飛速發展，我們已然置身於圖像和影像的時空之中，大眾傳媒已經深刻地改變著我們的生活及體驗。阿爾君・阿帕杜萊在《消散的現代性——全球化的文化維度》中指出，「媒體景觀」與「族群景觀」、「技術景觀」、「金融景觀」、「意識形態景觀」共同構成了全球文化流動的五個重要維度。「最重要的是，媒體景觀（特別是在電視、影片和磁帶形式中）為全世界的觀眾提供著豐富而龐雜的影像、敘事及族群景觀，商品世界與新聞政治的世界在此混雜一團無從辨認。這意味著，對全世界許多觀眾來說，媒體成為一個複雜而相互關聯的大雜燴，其中包含著印刷品、電影膠片、電子屏幕以及排行榜。觀眾眼中現實與虛擬景觀之間的界限模糊了，因此他們離大都市生活的直接經驗越遠，就越可能建構出奇特的、美妙的

46　〔美〕張英進，胡靜譯：《影像中國：當代中國電影的批評重構及跨國想像》，頁174-175。

47　〔美〕張英進，胡靜譯：《影像中國：當代中國電影的批評重構及跨國想像》，頁230。

48　〔美〕張英進，胡靜譯：《影像中國：當代中國電影的批評重構及跨國想像》，頁228。

甚至幻想中的對象；若從其他視角或其他想像世界的指標來衡量，這一切就更接近幻想。」[49]正如波德里亞提醒我們「電視就是世界」，影像媒介所生產的符號不斷重塑著我們對時間和空間的感知。國族的自我意識呈現在屏幕上，就不僅僅是「看」與「被看」的視覺消費問題，而是一種國族文化作為景觀、或說一種總是被景觀化的「自我」。對跨世紀轉型的中國來說，電影作為一種曾經是純粹政治宣導或者純粹娛樂性質的影像形式，逐漸向一種商品化的景觀悄悄過渡，使一種視覺媒介所形成的符號系統成為有效的傳播方式。[50]賀桂梅的〈記憶的消費與政治——〈南京！南京！〉與〈金陵十三釵〉的變奏〉一文就為我們提供了一種參照：「關於民族創傷記憶的書寫，緊密地聯繫著當下中國的文化認同，並與國際性的文化市場運作形成了直接的互動關係，由此，文化消費與政治想像、國族敘事與性別秩序、民族主義與跨國認同及西方中心主義等，共同構成了一處曖昧的話語糾結場域。」[51]現今，對民族國家與影像之關係的探討已產生了一大批豐碩的成果，它們從各個角度為我們敞開了進入「民族國家」話語的角度，同時也形塑了影像中的「民族國家」形象。

第六節　從民族國家到「後民族國家」話語[52]

全球化的急劇擴張與滲透性發展，使原本的民族國家的疆界日益

---

49 阿爾君・阿帕杜萊著，劉冉譯：《消散的現代性——全球化的文化維度》（上海市：上海三聯書店，2012年），頁46。

50 參見莊詒晶：《自我建構的影像民族志——跨世紀中國電影的敘事與符號研究（1990-2010）》，浙江大學博士學位論文，2011年，頁32-33。

51 賀桂梅：〈記憶的消費與政治——〈南京！南京！〉與〈金陵十三釵〉的變奏〉，《文化研究》2013年第15輯，頁61。

52 「後民族國家」的概念出自於哈貝馬斯的《後民族結構》一書，阿帕杜萊在《消散的現代性——全球化的文化維度》一書中也有所闡發，藍峰的文章顯然繼承了哈貝馬斯等人關於後民族國家的有關論述。

模糊。哈貝馬斯在其著名的《後民族結構》一書中宣稱：「『全球化』一詞表達的是一種動態的圖景，它們會不斷挑戰邊界，直到摧毀民族大廈。新的動態結構的意義在於動搖了空間和時間層面上的限制。」[53]正是在這樣的背景下，哈貝馬斯提出了要建立一種超越民族國家的「後民族格局」。按照哈貝馬斯們的設計，他們所建構起來的不過又是一個超級大國，一個尋求與美國平起平坐的「歐洲民族國家」，因為隨著歐洲的一體化，歐洲各國都要放棄自己的民族特性，而建立起同一的歐洲認同，這當中，最可怕的一點是，必須要有同一的政治認同，說白了，就是必須要有共同的敵人。[54]而阿帕杜萊以「後國家想像」來形容後學理論中國家疆界的消在，文化研究領域出現了抵制或者超越民族國家政治影響的趨勢。「後民族國家」想像成為後殖民理論及全球化理論新的重要內容。全球化的全面滲透以及跨區域的、便捷的人員流動，使民族國家原本的疆界及封閉性逐漸喪失。哈特和奈格里在《帝國——全球化的政治秩序》一書中也闡述了相似的觀點，他們認為在全球化進程之中，雖然現代民族國家的統治還在發揮作用，但是已經逐漸衰弱。同時，我們也不難發現：資本、技術、信息、商品乃至到人，越來越輕而易舉地跨越國界。「歐盟」顯然是一個最好的例證。在「歐盟」這一體系中，資金、信息、技術、媒體、以及民族國家之外而原本牢不可破的國家機構和政治統治，隨著跨國資本組織、強大的商業機制等不斷進行調整。或許，有一點我們必須意識到：民族國家疆界的消解並不完全意味著它的統治力已經削弱。在各種權力與意識形態密植的當今社會，民族國家顯然以一種更為隱蔽的方式以及調節機制繼續控制著經濟及社會的生產和交換領域。如果清醒地認識到這點，我們是否還會為「後民族國家」的到來而歡呼雀躍呢？

53　〔德〕尤爾根·哈貝馬斯著，曹衛東譯：《後民族結構》，頁79。

54　曹衛東：〈後民族結構與歐洲的復興〉，《讀書》2003年第7期，頁68。

　　「後民族國家」理論的觸角也已延伸至中國學界，開啟了闡釋民族國家與流散族裔關係研究的新視域。《文藝理論研究》在二〇一二年第二期刊登的〈「後民族國家」時代的華人文化研究——話語政治與理論轉型〉一文較為清晰地論述了這種理論話語的轉型。隨著文化研究以及後殖民理論的深入，許多邊緣文化不斷納入文化研究的研究視野，包括流散族裔文化研究。尤其是「當今全球運動中的跨國文化生產越來越受重視，而華人作為世界上最大的流散族裔群體，其生存狀態及文化表現也為學界提供了一些富有前瞻價值的課題。」[55]因此，如何看待華裔與中國的關係？如何看待他們的身份以及對中國的認同？這些問題已經不能僅僅從孤立的角度來看待了，對它們的回答實際上關涉國內主流文化研究與華裔流散文化研究持何種立場與關係。正如藍峰所言，由於國外的「華裔流散研究」與北美的「華語語系文化研究」的異軍突起，對國內的「華文文化研究」已經構成了強有力的挑戰。

　　流散理論研究興起於二十世紀九十年代，其理論主要源於兩大思潮：「全球化研究對無休止的資本流動——金融資本、人力資本和文化資本——給人類社會所帶來的多元化影響的反思，以及後殖民主義研究對邊緣文化和弱勢族裔的關注。」[56]當代流散理論研究與傳統的流散研究不同，它不再只是「國破家亡」式的逃離與流浪、「舉頭望明月，低頭思故鄉」的愁緒，而是將「流散視為對束縛生命和創造力的民族國家疆界的積極超越。」當代流散理論主要關注三個方面：一是作為社會形式的流散群體；二是作為意識形態的流散，即流散性；三是作為一種文化生產模式的流散。第三種類型主要指文化資本在跨

---

55 藍峰：〈「後民族國家」時代的華人文化研究——話語政治與理論轉型〉，《文藝理論研究》2012年第2期。

56 藍峰：〈「後民族國家」時代的華人文化研究——話語政治與理論轉型〉，《文藝理論研究》2012年第2期。

國流動中的再生產，以及這種文化產品的價值、意義和消費。從某種意義上說，流散理論本身就是「推崇超越民族國家的視野」。藍峰認為，這既是它的理論長處，同時也正是它的軟肋。

　　跨國資本已然滲透進世界的每一個角落，一個新的世界秩序在逐漸形成。正是在這一背景下，流散作為民族國家的「他者」和「跨國時代的非國家勢力」被西方知識分子所重視。但是，世界是否真的已經進入「後民族國家時代」？或許阿帕杜萊的言論對我們深入認識流散的面目大有助益，他認為流散不僅是跨國資本運作的結果，而且它本身就參與了拆除民族國家疆界的歷史行動，「是後民族國家政治秩序的催化爐」。同時，我們不能忽略的是，當代流散理論所秉持的仍是西方發達資本主義國家的歷史觀，這顯然抹殺與忽視了第三世界國家的歷史特殊性與主體性。儘管如此，「後民族國家」概念的提出，對深化理解跨國資本主義視野中的中國與海外華裔華僑之間的關係具有重要意義。一方面，我們應該看到「後民族國家」理論的跨國框架與開闊的理論視野，另一方面，我們也不應忽略它與「中國經驗」的理論契合，只有進入中國經驗的脈絡，才能發揮其闡釋效應。

結語

　　「民族國家」無疑是一個大概念，具有豐富的理論內涵。在全球化的視域之中，以「民族國家」為單位來闡釋問題具有其重要性和獨特性，它發揮了重要作用。但是，當我們將視域轉回民族國家內部，它可能遮蔽了個人、階級、性別等層面，從而造成化約主義的危險。而文化研究，則強調了視域的轉換，既要從全球化視野中看待民族國家，同時也要深入民族國家內部，看到民族國家內部的差異，而非形成對個人、階級、性別的壓抑與遮蔽。「民族國家」不能也不應當被視為唯一的分析單位。我們並不能將問題的探討停留於民族國家層

面，如果僅此而已，就極有可能造成對複雜問題的簡單化──將民族國家視為是同質化的鐵板一塊，而忽視了民族國家內部的差異性。尤其是在民族國家的建構過程之中，個體顯然已經被極大地壓縮了，個體的聲音極其微弱甚或「失語」。

　　以文化研究的視域來考察「民族國家」，誠如南帆指出，「民族文化的權威至少必須接受兩方面的挑戰。第一，某種文化並不是如同某種天然的血統指認一個固定的『想像的共同體』；第二，民族並不是利益衡量的唯一單位。」[57]不可否認，「文化研究」打開新的研究視域，為我們提供了發現被這些大概念所遮蔽的複雜維度。因此，我們在使用「民族國家」這個概念時，至少應該在兩個方面保持開放的姿態：一方面，民族國家概念只是作為闡釋問題的一個基本單位，它並非唯一的分析單位，也沒有優先權，但它同其他單位一起構成了複雜空間。另一方面，對「民族國家」的「本土」意義的闡釋總是處於歷史的變遷之中，且要在中國經驗的獨特結構之中才能打破其普遍主義的幻覺。

---

57 南帆：〈現代性、民族與文學理論〉，《當代文學與文化批評書系・南帆卷》（北京市：北京師範大學出版社，2010年），頁20。

第九章
文化研究視域中的性別景觀：
權力、修辭與再現

　　「性別」是文化研究關注的一個重要範疇和批判維度。正如艾萊恩‧蕭沃特在一本有關性別與文學研究的著作中開宗明義地介紹：「二十世紀八十年代人文學科方面最引人注目的變化就是興起了一股分析和研究性別的熱潮。」[1]陳光興也論及：「女性主義運動在政治上及理論上都碰觸到文化研究前期發展中所忽略的問題，性別關係及性別差異問題在社會空間的浮現，直接挑戰到文化研究既有的社會認識論架構。」[2]「性別」進入文化研究的視域之中，引發了文化研究從注重階級政治到注重性別政治、身份認同的轉向，使得以階級區分為中心的論述擴展到了以各種個人的、身份的形式所體現的理論表述之中。正如霍爾以其深邃的目光洞察出性別問題中的根本問題——「如果我們不探究性別身份是如何形成、轉換的，如何在政治意義上分布的，那麼我們根本就沒有充分的語言解釋能力去理解社會權力的機制化以及為尋求改變而產生的隱秘的抵制源泉。」[3]

　　在中國特定的歷史語境之中，性別問題尤其是女性問題，時常與同時代的其他種種問題相互糾纏在一起。性別議題的浮現——這不僅僅是女人自己的故事，也是「他人」的故事；既是男人的故事，也是

1　〔英〕約翰‧斯道雷著，楊竹山等譯：《文化理論與通俗文化導論（第二版）》（南京市：南京大學出版社，2001年），頁203。

2　陳光興：〈英國文化研究的系譜學〉，陳光興、楊明敏編：《Cultural Studies：內爆麥當奴》（臺北市：島嶼邊緣雜誌社，1992年），頁10。

3　武桂傑：《霍爾與文化研究》（北京市：中央編譯出版社，2009年），頁219。

「故事」裡的故事──這是一段劇變中的歷史。女性主體呈現的困境、身份與性別表述、當代社會的性別與階級表述、權力與歷史敘述中的性別修辭、第三世界民族寓言的性別位置以及階級重構與性別秩序重建彼此之間的複雜勾連，種種景象共同鋪演出了複雜的性別風景。本章我們著重要考察的正是文化研究視域中的「性別問題」，這意味著我們必須全面打開我們研究的視域：一方面，性別理論是一種獨立而自成體系的理論範式，它能夠為我們提供怎樣的研究視野與新方法論；另一方面，面對「中國經驗」的性別理論必須介入中國特定的歷史場域之中，這必然與特定時期種種複雜的歷史問題相互纏繞在一起。那麼，性別理論在闡釋當今問題的過程中發生了哪些變化，甚至產生了怎樣的扭曲，闡釋的有效性如何？同時，在面對複雜的歷史語境與現實問題之中，為了確保理論闡釋的有效性，性別理論自身進行了怎樣的自我理論調適？或許，以上這些問題的思索與考慮可以使我們將研究視域更深地扎根於「中國經驗」的視域之中，從而進行卓有成效的闡述與研究。

第一節　性別政治、權力與認同

　　「性別」與權力之間的關係是文化研究極力探尋與開鑿的重要範疇。誠如女性主義者們所指出，性別知識生產之中往往隱藏著父權或男權意識形態的運作痕跡。那麼，「性別」與「權力」是如何縫合並隱蔽地關聯在一起的？或許，羅蘭·巴特在其文化研究經典論著《神話──大眾文化詮釋》一書中對「神話化程序」所作的分析，能夠為我們提供有益的啟發。他指出，意識形態往往是通過「自然化」和「去政治化」的一系列程序而產生作用的，那麼，對意識形態性別知識的「去自然化」和「重新政治化」無疑就成為女性主義的首要任務之一。正如女性主義歷史學家瓊·史考特所言，性別除了建立在兩性

可見差異上而形成的社會關係的構成元素，它也是顯示出權力關係的主要方式。對性別差異的關注以及「權力關係」是如何凸顯的，最主要的方式無疑是通過我們最為熟知的「男性／女性」二元對立的模式來表現的。通常，女性都是處於地位較低的一方，這樣的敘述往往隱藏著壓迫的存在。法國女性主義學者西蒙娜‧德‧波伏瓦在其經典之作《第二性》之中，振聾發聵地指出：「女人不是天生的，而是後天形成的。任何生理的、心理的、經濟的命運都界定不了女人在社會內部具有的形象，是整個文明設計出這種介於男性和被去勢者之間的、被稱為女性的終結產物。」[4]波伏瓦從生物學、精神分析學等維度展開關於「女人」的討論，她力圖追問並加以闡釋的是：「『女性實在』是怎樣形成的，為什麼女人被界定為他者，按男人的觀點看，其後果是怎樣的。我們將按女人的觀點描繪她們固有的世界；這樣我們才能明白，女人竭力擺脫至今給她們劃定的範圍，盡力參與到人類的共在中遇到怎樣的問題。」[5]事實上，女性的生理狀況並不是女性處境的必然緣由，而是男性中心社會早已事先設置無數規範指定女性的成長過程。「女人是由男人決定的，除此之外，她什麼也不是；因此，人們把女人稱為『le sexe』，意思是說，在男性看來，女性本質上是有性別的、生殖的人：對男性而言，女人是 sexe，因此，女人絕對如此。女人相較男人而言，而不是男人相較女人而言確定下來並且區別開來；女人面對本質是非本質。男人是主體，是絕對；女人是他者。」[6]顯然，波伏瓦對女性的考察並非只是生理學上的歷史演變，而是將其納入了社會權力結構之中考察，凸顯女性在其成長過程之中的複雜權力

4　〔法〕西蒙娜‧德‧波伏瓦著，鄭克魯譯：《第二性》II（上海市：上海譯文出版社，2011年），頁9。

5　〔法〕西蒙娜‧德‧波伏瓦，鄭克魯譯：《第二性》I（上海市：上海譯文出版社，2011年），頁24。

6　〔法〕西蒙娜‧德‧波伏瓦著，鄭克魯譯：《第二性》I，頁9。

演變以及鬥爭過程。「對於女性主義而言,《第二性》的意義在於完成了性別知識的去自然化和重新政治化,為『性別』的文化社會建構理論奠定了基礎。」[7]

　　正是西蒙娜‧德‧波伏瓦對「性別」奧妙的開掘,促使了女性主義學者對「性」與「性別」作出嚴格區分。性,即是兩性之間的自然生理差異,通常對應英語中的「sex」;而性別,通常指的是社會性別,對應英語中的「gender」。一九六八年,美國心理分析學家托勒出版了《生理性別與社會性別》一書,首次使用 sex 和 gender 對生理性別和社會性別進行區分。「借助社會性別,女性主義者進一步分析了社會文化機制是如何塑造了先在於個體的性別角色模型,並使如何通過家庭環境、學校教育、大眾傳媒、公眾觀念、族群認同反覆『召喚』女性進入這個性別模型的。」[8]對社會性別的研究,無疑可以「使女性主義研究者加深對不合理的傳統性別制度的認識之外,還為進一步的社會變革提供了可能:既然社會性別是一種社會建構而不是本質存在,那麼為什麼不能去消解掉這種不合理的社會性別制度,而建立一種更為公正合理的性別形態呢?」[9]

　　巴特勒的性別理論無疑撕開了性別與權力所製造大幕的一角,她的「性別操演」理論為我們提供了某種性別顛覆的空間。她在享譽盛名的《性別麻煩:女性主義與身份的顛覆》一書中拋出了「操演」是一種虛構的論斷。男性的陽剛威武,女性的柔順嫵媚,都是主體有意識建構出的一種規範,也即羅蘭‧巴特意義上的「自然化」建構。「一個人不是生來就是女人,而是變成女人;而更進一步地說,一個人不是生來就是女性,而是變成女性;甚至更激進地講,如果一個人可以選擇,可以既不變成女性,也不變成男性,既非女人也非男

7　劉小新、鄭國慶:〈論文學研究的性別維度〉,《當代文壇》2008年第6期。

8　汪民安:《文化研究關鍵詞》(南京市:江蘇人民出版社,2011年),頁412。

9　汪民安:《文化研究關鍵詞》,頁412。

人。」正是基於這樣的認識，她提出了「在社會性別的表現背後沒有性別認同，認同是由據說是其結果的『表現』所展演構成的。」如果說波伏瓦的「女人不是生而為女人，而是變成女人」的主張強調的是後天的衍化，那麼，巴特勒的社會性別的差異則受到性別區分本身是自然的事實所限制——陽剛是男性的天性，陰柔是女性的天性。事實上，陽剛氣質與陰柔氣質並不是「自然先天」的表現，而是「文化操演，受論述限制的操演行為……建構出這些氣質的『利索當然』，造成了自然的、原初的、不可避免的效果。」她進一步解釋說：

> 如果性別特質……不是表現性的，而是展演性的，那麼這些特質實際上便構成了身份認同，而這些特質正是要去彰顯這個身份認同。表現和展演之間的區分是相當關鍵的。如果性別特質和行為、身體呈現或生產文化表意的各種方式，都是展演性的，那麼就沒有先驗的身份認同，可以來衡量任何行為或特質；也沒有真假之分；真實或扭曲的性別行為，而如此一來，也揭示了有一個真實性別認同的假設，不過是約束的虛構假像。性別現實是透過不斷的社會展演而創造的，這意味著基本生物性別的概念，或是固定的陽剛氣質、陰柔氣質也被建構成策略的一部分，掩蓋了性別展演的特性，以及在限制的陽剛主義者支配和強迫異性戀框架之外，可能有無數性別建構的展演可能性。[10]

巴特勒在福柯後結構主義理論與「知識／權力」理論的啟發下所提出「性別操演」理論，無疑有效地推進了「性別建構論」的深化與拓展。雖然，性別問題的提出與女權主義運動有直接關聯，但是，性別

---

10 〔美〕朱迪斯・巴特勒，宋素鳳譯：《性別麻煩：女性主義與身份的顛覆》（上海市：上海三聯書店，2009年），頁185。

問題研究已經遠遠超出了女性研究本身，它還將兩性之間的差異與不平等現象、男性問題、酷兒理論等都納入了研究視域。

「性別政治」構成了中國文化研究的一個核心命題。比較集中闡述「性別政治」命題的有：「文化研究：中國與西方」網站，《賽博文萃》第七期的「女性主義／性別研究與文化研究」專輯，《文化研究》第二輯「解讀身體」專題；第五輯的「身體、文化、政治」專題，第九輯的「流行、性別、種族」專題，以及一系列圍繞「性別問題」的專著和論文，諸如戴錦華、孟悅合著的《浮出歷史地表》，戴錦華的《性別中國》、《涉渡之舟》、《猶在鏡中》、《鏡城突圍》，白露的《中國女性主義思想史中的婦女問題》等。概而言之，中國文化研究的「性別政治」論述與書寫包括五方面內容：

其一，性別與知識／權力的關係。文化研究向來關注性別與權力之間的關係。中國學界對於性別與權力關係之研究大多集中於對男權／父權體系的反抗，尤其是持「女權主義」立場的女性學者們以較為激烈的姿態批判大眾文化中性別歧視觀念，力圖打破男性中心的文化霸權。正如美國學者湯尼・白露在其所著的《中國女性主義思想史中的婦女問題》一書中指出：「戴錦華的精神分析女性主義，以一種更改置換的形式從中國進步論女性主義中延伸和分離出來。她仍然將基本權力問題歸屬於性差異。」[11]此外，中國學界關於性別與權力關係的理論資源也大量吸取了福柯的「知識／權力」理論，尤其是受其《性經驗史》影響。因此，通過對性話語的知識生產與壓制的考察，揭示了在看似沒有權力的地方發現權力的隱蔽存在以及壓迫性關係。

其二，性別與敘事、表現的關係。大量的女性寫作已經關注到性別與敘事之關係，尤其是女性的表現。歷史中關於女性形象的塑造形成了「刻板印象」，也就是說，女性的表現實際上反映了男性的態

11　〔美〕湯尼・白露著，沈齊齊譯：《中國女性主義思想史中的婦女問題》（上海市：上海人民出版社，2012年），頁398。

度，並且構成了對「真正的」女性的歪曲。因此，關於性別與敘事之關係在女性主義興起後就不斷受到質詢，敘事、表現對性別關係產生了何種效果？是誰掌握了敘事的主動權？為什麼是這樣敘事？女性作為符號表現了什麼？女性能否表述她們自己？諸如此類等相關問題開始受到關注。

其三，性別與大眾媒介、影像的關係考量。「對大眾媒介與性別關係的考量，這是英國文化研究歷史演變進程中比較特殊，同時也是最具衝擊性的一個話題，『它本身即已成為一種話語的譜系，同時也與特定場域中的構建息息相關』。」[12]由於現代信息技術的跨越式發展、互聯網、自媒體的興起及全面覆蓋，現代媒介技術與性別之關聯更成為一個不可忽視的重要領域。性別政治與身份認同在現代媒介領域催生並拓展出了新的學術空間。換言之，我們已然無法輕視現代傳媒技術的重要性，也不可忽視其在建構性別政治與身份認同之中所扮演的重要角色。諸如流行雜誌、科幻小說、電影、電視、網絡博客、自媒體、賽博空間、網絡文學乃至網絡遊戲等各種形式，都為性別在現代媒介領域的表現與形塑提供了豐饒的空間。當然，我們不能僅僅只是一味樂觀地為現代媒介所製造的「轟動效應」而喝彩，而忽略了其所帶來新的壓抑的可能性，從而喪失了追問的能力。因此，對於大眾傳媒與性別關係的探討，既要借用大眾媒介積極生產具有女性主義意識的女性形象，也要批判大眾傳媒所造成的壓抑性。

其四，是性別與「家國」政治、革命想像之關係。《文化研究》第九輯的「流行、性別、種族」專題，從女性在政治生活中的邊緣位置出發建構一種女人的另類論述。而戴錦華的一系列研究，則側重於揭示出「以民族危亡、血與火的命題遮蔽了女性命題的浮現，並再度

---

12 〔英〕杰基・斯泰西著，段慧譯：〈女性主義文化研究在英國〉，《中國圖書評論》2013年第3期，頁28。

將女性整合於強有力的民族國家表述與認同之中」；同時，強大的民族國家的詢喚，經常而有力地作用於女性的主體意識。事實上，在家國政治與革命想像的敘事過程之中，往往形成了對性別的壓抑與遮蔽。因此，探尋與揭示家國政治、革命想像對性別的壓抑與遮蔽是文化研究的一個重要範疇。

其五，性別超越與性別越界。不少女性主義理論家的思考從性別開始最終指向對性別的超越。性別的超越路徑一般有兩種：一種是在性別概念的框架內尋找超越的可能，另一種則是將性別範疇與階級、民族國家聯結從而超越純粹的性別路線。有趣的是，「性別超越」的第二種路徑逐漸演變為中國性別問題研究的一個重要主題。諸如戴錦華的《性別中國》、《拼圖遊戲》、《霧中風景》等作品，立足於中國經驗，著力考察了性別與階層之間的複雜糾纏。

第二節　「浮出歷史地表」：女性主義批評在中國

一　西方女性主義批評資源

在文化研究的各種理論聲音之中，女性主義無疑是極為響亮和突出的。正如劉禾概括性地指出，女性主義以其明確的問題意識、尖銳的批判鋒芒和堅韌的實踐精神，不僅一步步改變著女性自身的命運，同時也在人類文化知識的勘誤和理論空間的拓展方面，表現出獨特的革新力量和鮮明的個性。[13]女性主義發展至今，已不能將其視為單一的研究、書寫與活動。現今，根據約翰·斯道雷的觀點，女性主義至少有四個派別：激進派、馬克思主義學派、開明派及雙重系統理論。女性主義的每個派別以不同的方式來探討女性的地位，並提出不同的

---

13 劉禾：〈女性主義與當代學術成果〉，《中華讀書報》，2003年12月11日。

問題及解決之道。猶如激進派認為，女性的受壓迫是源於父權體制，它通過賦予男性權力對女性進行控制和壓迫；馬克思學主義派則將壓迫的根源歸結為資本主義──男性對女性的壓迫是資本壓迫勞工的結果。開明派女性主義則從男性對女性的偏見來理解問題，如在法律中的歧視或者特定生活範疇中對女性的排除。而雙重系統理論顯然是馬克思學派與激進派的結合──女性的壓迫是父權體制與資本主義複雜聯結造成的結果。誠如約翰‧斯道雷所坦承其對女性主義的四種歸納肯定是不夠全面的，其他形形色色的女性主義尚還多不勝數。正如克里斯‧巴克在《文化研究：理論與實踐》一書中所言，女性主義的「類別並不是一成不變的，事實上分類是對女性主義有所損害的，因為它們設立了無用的和頑固的分歧。」[14]但出於作為解釋的策略，他將女性主義大致劃分為自由派女性主義、差異女性主義、社會女性主義、後結構主義女性主義、黑人女性主義與後殖民女性主義以及後女性主義七種。如此紛繁複雜的女性主義類別，哪些觀念與研究方法通過理論的旅行進入了中國的話語場域並進行批評性實踐？西方不同脈絡的女性主義理論資源的引入，能否有效地闡釋中國的現實問題？在中國語境中，中國女性主義研究者如何為自身定位？女性主義是否能夠開拓出別樣的視域？

二　女性主義批評在中國

　　女性主義批評在當代中國文學理論與文化研究領域的重要地位已然是不爭的事實，它不僅有效促進了女性主義自身的理論建設，同時也改變了中國文學理論與文化研究的面貌，推動了中國文學理論與文

---

14 〔英〕克里斯‧巴克著，孔敏譯：《文化研究：理論與實踐》（北京市：北京大學出版社，2013年），頁275。

化研究的自我反思。女性主義批評自二十世紀八十年代初進入中國，其發展主要經歷了三個時期：二十世紀八十年代初的萌發期；二十世紀八十年代末的繁榮期；二十世紀九十年代中葉的再度繁榮期。每一發展時期都出現了一批有影響力的成果，主要代表性人物有戴錦華、張京媛、孟悅、劉思謙、李銀河、艾曉明、李小江、季紅真、禹燕、劉慧英、盛英、李玲、崔衛平、陳志紅、林丹婭、陳惠芬、王緋、陳順馨、荒林、董小玉、王又平、楊莉馨、杜芳琴、羅婷、禹建湘、金燕玉、林樹明等。由於女性主義批評的研究成果汗牛充棟，我們無法逐一進行闡述，所以本節擬以戴錦華為中心，闡述「女性主義」在中國當今問題脈絡中的獨特景觀。

「一如其他晚發現代化國家，婦女解放運動常常與『民族解放』、『獨立建國』伴生，成為其中社會動員的重要內容與途徑，中國的婦女解放同樣成為百餘年來中國現代化歷史的重要內容：在其開端，便成為現代性規劃的重要組成部分。」[15]在很長一段歷史時期，婦女解放被有效地整合到中國的現代化建設中，性別、階級等議題漸次遁形。直至二十世紀八十年代，歐美女性主義被譯介至中國，但是，這種譯介和大規模的西方理論一樣，主要是反抗性別政治以及對社會現實的批判。戴錦華曾經在臺灣地區出版的《性別中國》一書中做過這樣的描繪：

> 二十世紀七、八十年代之交，正是由於我們所參與對歐美女性主義理論的重新譯介，抱有自覺的「為我所用」、事實上是「拾遺補闕」的現實與政治訴求，同時也為這一時期中國總體的政治文化情勢所制約，我們有意選取或熱衷接受的女性主義理論，基本上沿著白人中產階級女性主義的知識脈絡，完全無

---

15 戴錦華：《性別中國》（臺北市：麥田出版社，2006年），頁18-19。

視或拒絕了其中的表達性別平等訴求、訴諸社會運動理念、或來自少數族群、第三世界或帶有社會主義色彩的女性主義理論資源。和此間湧入其他歐美理論一樣，我們關於歐美女性主義理論的介紹，完全抽離、割斷了其自身的歷史脈絡與社會語境，於是，極為「自然」地將其呈現為具有普泛性、乃至神聖性的「真經」。不容否認，這一女性主義的思想資源的進入，在憑藉女性主義的立場介入社會批判，在當代中國的學院知識結構中建立社會性別觀念，在相當數量的知識女性的社會文化實踐中確認性別意識方面，發揮了重要而積極的意義。但伴隨中國社會變化的深入，尤其是二十世紀九十年代以降，全面的資本主義化進程，準確地說，在權錢交易中完成的、近乎野蠻的資本原始積累過程，造成了中國社會嚴重的貧富分化，女性群體「入選」為「社會進步」所必須犧牲的「最佳人選」之時，我們所擁有的女性主義資源，卻幾乎完全無力去處理這一現實，遑論面對其發言。[16]

從戴錦華對西方女性主義理論資源的引介與闡釋中國經驗的有效性問題的批判，我們可以發現，她是一位極具批判精神的女性主義研究者。顯然，她的這種「批判精神」離不開其對「自己的位置」的不斷追尋與反思──「我自己，究竟站立在哪裡發言？一個來自社會主義的國家的女性學者？一個中國的女性主義者？一個第三世界的、亞洲的、女性的批判知識分子？所謂這些定語，究竟意味著什麼？」[17]對於戴錦華而言，女性話語是其改造現實問題的批判性工具及武器。正如湯尼・白露所言，女性主義作為精英文化批判的一個重要組成部

---

16 戴錦華：《性別中國》，頁21。
17 戴錦華：《性別中國》，頁13。

分，它產生了一場劃時代的鬥爭。[18]《浮出歷史地表：當代婦女文學研究》是戴錦華和孟悅共同編著的一本對女性主義研究著作，可以說，這部著作產生了極大影響力，是中國女性主義研究的一個里程碑。她們認為，現代中國文學與眾不同的女性傳統出現於二十世紀。這一傳統在文學表現中使一個更大的、都市化的、正在形成的歷史和社會的女性主體變得明確起來。而在一九九五年出版的《鏡城突圍：女性、電影、文學》一書，她將對經典女性現代文學的學術關注讓位給了電影及電影文化評論，但是女性依然是她關注的主題。她在這一著作中致力於探討女性主義的主體，「女性」是如何被重新定位於視覺表現這一電影文化特別框架中的問題。而其後的一系列著作，諸如《隱形書寫：九十年代中國文化研究》、《書寫文化英雄：世紀之交的文化研究》、《猶在鏡中：戴錦華訪談錄》、《拼圖遊戲》以及選編集《世紀之門：女性小說卷》，戴錦華持續不斷地追問：「婦女理論主體如何積極爭取在後-毛澤東商業文化的『雷區』中闖出自己的路？」[19]

通過《猶在鏡中：戴錦華訪談錄》中的「女性主義：文化立場、性別經驗與學術選擇」這一專題訪談，我們可以更為清晰地認識與理解「女性主義」與性別研究在中國的問題脈絡及獨特景觀。如何正確認識與對待「女性主義」是一個十分重要的問題。儘管在二十世紀八十年代中後期女性學研究在中國已經初具規模，但是女性主義的觀念和方法並未真正的進入中國女性文化研究。這一方面是由於研究者對「女權主義」的漠視與拒絕，將「女性主義」簡單地等同於「女權主義」，認為「女權主義」即是關乎權力之爭。因此，就出現了對女性主義的誤讀，認為女性主義就是女性優越論，認為女人比男人優越，產生了女人要壓倒男人的片面性理解，甚至產生了帶惡意的攻擊。

同時，在學界還存在一種相對普遍的誤讀，即是「將女性主義簡

---

18 〔美〕湯尼・白露著，沈齊齊譯：《中國女性主義思想史中的婦女問題》，頁426。
19 〔美〕湯尼・白露著，沈齊齊譯：《中國女性主義思想史中的婦女問題》，頁398。

單地等同於婦女解放運動」。[20]正如德里達所言，誤讀並非是偶然的，這種誤讀的產生與更為複雜的社會文化乃至意識形態緊密相連。當時，中國學界對「女性主義」的拒絕，顯然與當時的社會歷史相關。在戴錦華看來，儘管女性問題在當時是一個十分重要的現實問題，但是它更多的是「一種文化『修辭』方式：借女性問題討論並呈現中國社會的其他問題。」[21]新中國頒布的《婚姻法》從政治、經濟、法律意義上賦予了女性和男性平等的地位，這是一場自上而下、翻天覆地的革命。而且，婦女解放一經政治、經濟、法律意義層面上的確認便不再成為問題。但是我們不能忽略一個問題，女性雖然享有了與男性同樣的權利，但是社會是否為她們提供了學會使用自己權利的空間？戴錦華正是在這樣的問題脈絡中，批判性地指出了中國女性的現實：「這段特殊的歷史遺留了兩個極為重要的問題：一是在世界範圍內，迄今為止，中國婦女的社會地位仍比較高，但女性意識卻相對的低，很多中年以上的女性甚至絕少從自己的性別生存的角度來思考問題。」二是在一九八〇年代中後期的中國社會語境中，「女性知識分子仍然更重視自己與男性知識分子群體的精神同盟關係。」[22]因此，男性知識分子更傾向於將婦女解放簡單地指認為主流意識形態的組成部分。

　　平等的名義下依然有種種不平等，單純法律上的平等並不是解決女性問題的良方。隨著女性性別意識的覺醒，二十世紀九十年代中國女性主義研究者們最早對法國的女性主義理論，諸如西蒙娜・德・波伏瓦的「女人不是天生的，而是後天形成的」[23]觀念表現出了強烈認同。一九九五年在北京召開的世界婦女大會，顯然是中國女性主義史上的一個重要轉折點。「這一歷史事件，造成了女性主義、社會性別

---

20 戴錦華：《猶在鏡中：戴錦華訪談錄》（北京市：知識出版社，1999年），頁137。

21 戴錦華：《猶在鏡中：戴錦華訪談錄》，頁137-138。

22 戴錦華：《猶在鏡中：戴錦華訪談錄》，頁141。

23 〔法〕西蒙娜・德・波伏瓦著，鄭克魯譯：《第二性》II，頁9。

理論在中國的廣泛傳播，並相當有效地將中國勞動婦女、農村婦女的議題帶回到女性主義的論域與實踐之中。」[24]戴錦華敏銳地指出，這些議題的重新浮現與回歸，不僅僅以某種方式顯露了被遮蔽、無視的中國內部的第三世界現實，同時也顯現了「中國在資本主義全球化版圖中的第三世界位置」。戴錦華的這種「文化位置」的意識在《性別中國》一書中得到了更清晰地表述：

> 從某種意義上說，作為全球化的抵禦力量之一的區域化（本土化）趨勢，無疑為全球化進程所構造，又作為一種別樣的力量測繪著全球化的圖景。對我說來，在中國的文化語境內部，再度審視和凸現亞洲，正是顯示中國的第三世界位置，以及中國面對全球新自由主義的歷史「宿命」與顯示問題的重要一步；同時將中國置於亞洲各國的歷史、社會、文化的參照之中，也是思考冷戰結構及發展主義幻象之外的中國問題的途徑之一。而亞洲的歷史：殖民主義與後殖民的歷史，及其亞洲所蘊含的思想資源，無疑是重新打開全球性批判理論思想「瓶頸」的潛在可能之一，也是重新開啟女性主義的理論與實踐的可能性之一。[25]

　　伴隨著中國改革的深入與女性主義議題的不斷展開，一系列矛盾逐漸凸顯出來：建立在嚴格戶籍制度上的城鄉二元結構中，農村女性與城市女性在經濟、法律等維度上的性別平等存在極大差異；在市場經濟大潮中，大量下崗女工的生存問題；全球化過程中，跨國資本對第三世界女性工人所形成的新型壓迫等等。僅就性別而言，來自於農村的打工妹和城市下崗女工成為社會底層的重要組成部分。由於中國當代問題所具有的複雜性和獨特性，西方女性主義理論在面對這一問

---

24 戴錦華：《性別中國》，頁25。
25 戴錦華：《性別中國》，頁25-26。

題時，「顯然無力觸及中國勞動女性的生存現實及其文化表述，此時更無從把握這一在多元的社會強勢群體、錯綜的歷史脈絡中形成的、極為深刻的社會底層問題。」[26]而且，這並非是繼續引入不同脈絡的理論資源或者簡單地引入政治經濟學分析便可解決的理論命題。我們應該深入考察中國問題在全球化視野中的特殊位置以及由此而形成的獨特差異性，同時，我們還必須進入中國獨特的歷史語境，考察中國的女性主義與民族國家、階級話語之間存在著的複雜關聯。

第三節　雙重束縛與性別修辭：
　　　　階級與性別的交互糾纏

在斯皮瓦克看來，印度的民族獨立並未給婦女帶來解放，由於印度女性的「解放話語」常常被淹沒在男權社會的獨立話語之中，從而導致了對印度女性仍受壓迫的事實的遮掩。縱觀西方的女性主義運動發展史，那些自恃為全球女性代言人的西方女權主義者，她們在多大程度上能夠代表全球女性發言？不言而喻，作為知識精英的西方女權主義者，她們所謂的「代表全世界女性發言」恰恰剝奪了「第三世界」女性的話語權力。因此，這樣一種代言的可靠性是值得質疑與省思的。或許，無論是印度的獨立解放話語，還是西方的女權主義話語，它們都與各自的主導社會結構達成了政治共謀。[27]斯皮瓦克的「底層人能說話嗎？」的質疑振聾發聵，也同樣在中國產生了巨大影響力。「在殖民生產的語境中，如果底層階級沒有歷史，不能說話，那麼，作為女性的底層階級就被置於更深的陰影之中了。」[28]那麼，

---

26 戴錦華：《性別中國》，頁13。

27 〔美〕斯皮瓦克著，陳永國等主編：《斯皮瓦克讀本》（北京市：北京大學出版社，2007年），頁9。

28 〔美〕斯皮瓦克，陳永國等主編：《斯皮瓦克讀本》，頁107。

中國女性的境遇又是如何呢？她們是否也陷入了這樣一種雙重束縛的
境地？

　　當我們將目光投向二十世紀九十年代的中國女性底層群體，或
許，我們可以用兩種形象——「下崗女工」與「外來妹」——來概括
她們。在社會轉型的進程之中，「下崗女工」與「外來妹」無疑成為
中國獨有的產物。從某種意義上說，中國社會所經歷的急劇貧富分化
過程，無疑在中國社會生活的多層面展開。一方面是城市國有大中型
企業女工的「下崗」，另一方面是鄉村成千上萬的農村少女湧入中國
沿海各地外資或合資的加工業工廠，成為最為廉價的勞動力來源。[29]
二十世紀九十年代的中國社會貧富兩極分化日益嚴重，這種現象在財
富分配、地域差異、城鄉差別、性別歧視、教育資源差異等諸多層面
上同時呈現。誠如戴錦華所指出：「這一貧富嚴重分化的景觀漸次於
中國的視覺文化、尤其是大眾文化中超級媒體電視、電影中浮現之
時，卻採取了階級與性別議題及其話語的相互借重和遮蔽的策略。這
無疑成為九十年代中國社會最重要的『社會修辭』方式之一。」[30]不
難想像，關於中國女性問題的認識遠非是一種樂觀的想像。「下崗女
工」與「外來妹」的稱號已然不僅僅只是一種性別標籤，亦是一種身
份標籤。

　　有一種傾向不得不引起我們的重視，大眾傳媒往往對女性群體進
行修辭化處理，將其收編、整合、塑造成為具有某種特定指向的符號
形象。經過修辭化處理，它們往往將某些廣泛存在的社會問題化約成
為某個形象的化身：諸如「下崗女工」成了幾乎沒有社會保障系統支
持的失業大軍的代名詞，而「外來妹」則成為較之下崗工人數量更為
浩繁的農民工的一個「響亮」的名字。與其說下崗女工、外來妹凸顯
的是一種性別歧視的現實，不如說，它正是性別議題的浮現遮蔽了轉

29　參見戴錦華：〈階級·性別與社會修辭〉，《性別中國》，頁134-135。

30　參見戴錦華：〈階級·性別與社會修辭〉，《性別中國》，頁130。

型期中國社會面臨的身份認同與底層問題。

　　我們同樣應該避免將「女性」化約成為一個「同質化」群體，猶如陶東風警惕地告誡道：「一個非常明顯的事實是，女性的壓迫可能來自女性內部，第三世界的壓迫也可能來自第三世界內部，或者說，男性也不都是女性的壓迫者，第一世界也不都是第三世界的壓迫者。」[31]孟悅在與薛毅訪談時也指出：由於女性主義的複雜性，需要根據每一具體情況去界定，看它與各個社會的權力之間的關係。[32]因此，分析問題應該採用「全景式的結構」[33]，以全景來觀照局部。她以一個閨秀女性為例，認為當談一個閨秀女性，不僅要把她和男性的關係，而且要把閨秀與其他女性之間的關係，以及男性與男性之間的關係都考慮在內，成為一個全景式結構加以考察，這樣才能具體把握閨秀是在何種意義上受到壓迫。

　　或許，對性別問題的探討不能簡單地歸結為女性反抗男權的壓迫，而應該深入問題的脈絡，在紋理之中釐析多重的複雜性。性別並不只是一個單純的問題，它往往與階級、民族議題相互糾纏在一起。尤其在經過全球化與消費主義洗禮之後，我們更應該進入具體歷史語境之中，充分關注個體的差異性，而不能對其加以化約處理。

第四節　影像與性別的再現

　　性別再現，是性別理論之中的一個重要問題。著名女權主義理論家凱特・米勒特曾將女性長期以來遭受的壓迫歸結為再現問題；英國女性主義研究者安吉拉・麥克羅比也非常關注女性的表述與被表述問

31　陶東風：《文化研究：西方與中國》（北京市：北京師範大學出版社，2002年），頁178。

32　薛毅、孟悅：〈女性主義與方法〉，《天涯》2003年第6期，頁46。

33　「全景式的結構」可參見福柯的《規訓與懲罰》。

題，她在《女性主義與青年文化》的開篇即提出：「在對青年文化群體的撰述中，女孩似乎很少被提及。在傳統亞文化民族誌研究，大眾文化歷史、個人記事和新聞調查等領域，她們都是缺席的。即使她們被描述，也是要麼被膚淺地濃縮成我們今天已經非常熟悉的刻板婦女形象。」[34]要麼，女性形象是被蜻蜓點水般地做些邊緣化描寫，她們在與男性文化遭遇時，往往成為了一種周邊的存在，並不真正在場。那麼，我們如何理解這種遮蔽？女性真的沒有出現在青年亞文化之中？或者是某種東西阻礙了研究，從而使她們被隱匿？麥克羅比強調，不管是文學、傳媒還是視覺形象，它們都從不是純粹的鏡像，而是通過諸如突出重點、編輯剪裁、改編和變形等一整套選擇手段，來製造新的意義轉換。[35]不言而喻，對於性別的再現，也即闡釋，並非是一種純粹的性別投射，而是具有意識形態的色彩——這其中必然存在著誇飾，或者形成某種遮蔽。

影像作為再現的一種重要方式，女性主義十分關注影像對於女性的建構。自攝影機發明以來，它似乎就不自覺地參與了對女性身體的審視與建構。正如朱莉安娜・布魯諾在論述娜塔莉的電影時所指出：「電影起到了……『影像身體』的功能；它為凝視提供了一個淤陷在肯定或者否定閹割焦慮的矛盾之中的女性身體。因此，電影是關於性向和性差異的話語的另一種例示，是『植入性倒錯』將權力擴展到身體、特別是女性身體的一種形式。」[36]

她們往往通過對父權意識形態的批判，來凸顯女性的主體性與性

34　〔英〕安吉拉・麥克羅比著，張岩冰等譯：《女性主義與青年文化》（開封市：河南大學出版社，2011年），頁1。

35　〔英〕安吉拉・麥克羅比著，張岩冰等譯：《女性主義與青年文化》，頁2-3。

36　引自孫紹誼：《想像的城市——文學、電影和視覺上海（1927-1937）》（上海市：復旦大學出版社，2009年），頁120。原文出自朱莉安娜・布魯諾的《損毀地圖上的街巷行走：文化理論與埃爾維拉・娜塔莉的城市電影》（普林斯頓大學出版社，1993年），頁54。

別差異。「女性主義理論與女性主義電影實踐當前的任務，即是針對
女性主體與再現、意義和視覺之間的關係進行一番論述，如此一來，
即建構出另一個指涉架構以及另一個度量欲望的語彙。摧毀所有再現
的連貫性，為了要避免認同以及避免主體反思而否認影像的『掌
控』，讓任何既有或預先建構的意義感知變成空洞，以上這些種種作
為皆無法完成當前的任務。」[37]從英國伯明翰學派的女性主義理論可
以發現，它們對女性的再現以及女性的身體進行了廣泛的批判。女性
主義研究同時也對「男性凝視」進行批判，它們關注「結構性的父權
制度所產生的意識形態效應，以及作為限制解放的可能性和女性的一
般經驗。」[38]關於女性的再現，英國女性主義研究者麥克羅比顯然為
我們開創了一條富有意義的研究路徑，她針對青少年女性雜誌的職
業，從一個對於刻板印象再現的結構主義式否認，轉向一個較以受眾
為中心的分析。她的這種分析主要聚焦於探討這些雜誌中的論述是如
何被消費、如何被用來產生愉悅，以及透過什麼方式來形構認同。而
美國學者洪宜安的關於美國肥皂劇《朱門恩怨》的分析，則為我們再
現了女性主義在思考文本與受眾關係上的一個重要轉變。不同於以往
女性主義一貫採取的譴責對女性的壓迫以及刻板形象的再現方式，洪
宜安在《觀看〈朱門恩怨〉》一書中重點強調的是文本消費的創造
性、解放性以及產生意義的潛能。杰夫・劉易斯在《洪宜安：女性、
觀看與解放》中精彩指出：「在洪宜安的書中，最有趣的觀點之一在
於它不僅只企圖闡述閱聽人作為主動意義產制者的概念，同時也強調
意義產制的分歧性與個人的能動性；亦即洪宜安希望去理解荷蘭的閱
聽人如何回應這個頗為流行的美國肥皂劇，如何與之互動並從中建構

---

37 參見〔美〕周蕾著，蔡青松譯：《婦女與中國現代性——西方與東方之間的閱讀政
　　治》（上海市：上海三聯書店，2008年），頁34。
38 〔澳〕杰夫・劉易斯著，邱誌勇、許夢芸譯：《細讀文化研究基礎》（臺北市：韋伯
　　文化國際出版公司，2012年），頁444-445。

意義。洪宜安從她自身對於一個電視節目的矛盾經驗出發，她發現那個節目極為吊詭，一方面具有激勵作用，也相當感人，另一方面卻對其他人有極具意識形態的攻擊性。」[39]

影像作為一個重要的再現領域，它鮮明地體現著意識形態的制約。女性電影批評作為女性主義理論的一個重要分支，它一直致力於瓦解電影業中對女性創造力的壓制和銀幕上對女性形象的剝奪。西方的女性主義電影批評通過對好萊塢經典電影模式的視聽語言的解構式批判，揭露其意識形態深層的反女性傾向，取得了一系列重要成果，諸如《女性電影作為抗衡的電影》、《視覺快感與敘事電影》《精神分析與女權主義》等批判性實踐成果。它們廣泛應用社會學、精神分析學、文化分析、後現代主義、後殖民主義等理論，力圖解放電影敘述主體，使女性表現客觀化。對致力於影像生產的女性主義而言，她們一直在創作中呈現著她們願意表達、張揚著她們始終呼籲的東西。由於男性中心主義的覆蓋，女性電影往往被邊緣化。長期以來，以男性為中心的敘事方式往往將鏡頭前的女性描寫成欲望的對象。

由於中國複雜的歷史語境，不同時期電影中的女性形象塑造也呈現出了不同風貌，對這一系列女性形象塑造的意圖與修辭策略的考察意味深長。讓我們以戴錦華的〈「可見與不可見的女性」——當代中國電影中的女性與女性的電影〉一文為例展開討論。戴錦華勾勒了一九四九年以來中國女性銀幕形象的歷史變遷：從女戰士到苦難的母親，再到男性欲望的對象。在一九四九年至一九七九年期間的革命經典電影形態之中，男性欲望視域中的女性形象以及欲望語言都逐漸消失了。由於性別差異的模糊使得欲望被懸置了，女性在此突出的是她們的階級身份而不是作為性別的女性。在謝晉導演的《紅色娘子軍》、崔嵬導演的《青春之歌》中，年青女性已經消融於集體之中而

---

39 〔澳〕杰夫・劉易斯著，邱誌勇、許夢芸譯：《細讀文化研究基礎》，頁445。

成長為「英雄」，猶如英姿颯爽的「鐵姑娘」。「這一革命的經典敘事模式，在其不斷的演進過程中，發展而為一個不知性別上何物的女性的政治與社會象徵。」[40]顯然，這時被徵用與遮蔽的已不僅僅是性別，強大的政治整合力已經延展到對身體的規訓。

　　「苦難的母親」始終是一個不斷被塑造的經典女性原型。「在當代中國電影特定的編碼系統和政治修辭學之中，母親形象成為『人民』這一主流意識形態之核心能指的負荷者，一個多元決定的形象。」如果說第四代導演們是將「女人塑造成為男人的假面」，那麼第五代導演們則試圖借助女性表象來重新加入歷史、文化與敘事。因而，「女性在男人欲望的視域中再度浮現」。張藝謀則是典型的代表，尤其在《紅高粱》之中得到有力呈現。戴錦華認為：「女性形象的復現是為了完成一次想像性的放逐，完成對男性文化及困境的呈現與消解。」在張藝謀一系列作品之中，東方色彩成為了西方視域中的奇觀，在男性／女性、看／被看的二元對立模式之中，「將躋身於西方文化邊緣中的民族文化呈現為一種自覺的『女性』角色與姿態。」[41]從某種意義上說，這些女性形象的塑造已不能僅僅滿足於從性別角度加以理解，而是應該深入考察這些影像生產背後蘊涵著的複雜機制與意識形態的規約。或許，周蕾在《婦女與現代性》一書所運用的方法有助於為我們提供一種思考框架：她思考電影敘述如何呈現國家及個人的主體性，但她最終的關懷則是女性在文化媒介中被控制甚或被抹消的地位。英國著名女性主義研究者安吉拉・麥克羅比援引了布爾迪厄的「區隔」理論，認為它為我們理解階級與性別之間的交互關係提供了一個有益的概念框架。「在女性與女性彼此之間的關係、女性與衣服和時尚之間的關係、女性與自我形象和自己的身體之間的關係這

---

40 戴錦華：《霧中風景：中國電影文化（1978-1998）》（北京市：北京大學出版社，2000年），頁131。
41 戴錦華：《霧中風景：中國電影文化1978-1998》，頁135。

類語境之中，階級與性別的交互關係在一檔流行的大眾電視節目中得
以上演。消費文化領域就像一個戰場，身份和等級制度處於最前線。
女性在歷史上一直活躍於該領域，現在情形更是如此。」[42]或許，現
在我們更為重要的可能已不是將「女性」作為孤立的對象加以研究，
而是應該介入性地發現「女性」在文化網絡之中的「交互性」及其運
作機制，諸如階級化的性別、性別化的階級等等。

第五節　性別與身體詩學

　　身體，儼然已成為文化研究的一個重要場所。正如波德里亞所
說：「在消費的全套裝備中，有一種比其他一切都更美麗、更珍貴、
更光彩奪目的物品——它比負載了全部內涵的汽車還要負載了更沉重
的內涵。這便是身體。」[43]身體已不只是自然的、生物學意義上的生
理存在，可以說，「身體充滿了流動的文化消費符號」，「它是由文化
的力量構造的」。[44]經過弗洛伊德與拉康的精神洗禮，無意識領域的開
啟，身體被賦予了特殊的理論分量，它成為了一批風格激進的理論家
共同聚焦的範疇。從薩特、福柯、羅蘭・巴特到詹姆遜、伊格爾頓、
巴特勒，他們的理論話語正越來越清晰地闡釋著「身體」的形象與意
義。「『身體』這個範疇開始與階級、黨派、主體、社會關係或者政
治、經濟、文化、意識形態這些舉足輕重的術語相提並論，共同組成
了某種異於傳統的理論框架。」[45]福柯的那些極富思想含量和震撼力

---

42 〔英〕安吉拉・麥克羅比著，李慶本譯：《文化研究的用途》（北京市：北京大學出
　　版社，2007年），頁6-7。

43 〔法〕讓・波德里亞著，劉成富、全志剛譯：《消費社會》（南京市：南京大學出版
　　社，2001年），頁139。

44 〔英〕克里斯・巴克著，孔敏譯：《文化研究：理論與實踐》，頁117。

45 南帆：《雙重視域：當代電子文化分析》（南京市：江蘇人民出版社，2001年），頁
　　184。

的成果，將身體帶入了文化研究領域方面具有很大影響力。福柯將身體視為話語權力的效應，正如特納所言：「福柯的研究關注的是身體如何被話語所生產，他的基本主題是，社會科學和社會體制——它們表達科學知識——如何將身體和人口規範化。這個工作是基本性的，但是，它不涉及身體的本質。……福柯早期著作中的身體，可以說，是因為自然科學，如生物學、生理學和化學等的湧現而形成的。諸如身體或人口這樣的概念是話語框架內的構成部分，這個話語框架則使對於身體和人口的思考成為可能。實際上，福柯的主要目的不是建立社會科學認識論，而是理解西方思想中權力、真理和知識的複雜關係。」[46]身體問題在文化研究領域正變得越來越重要，大眾傳媒對於身體的興趣更是無比強烈。從紛繁別樣的時尚報刊雜誌到櫥窗中的平面廣告，從電視媒體的化妝、整形美容、減肥健身到流產廣告，無不充斥著各種各樣的身體意象。

　　身體是一個廣闊的領域，但本節限於篇幅暫不處理如此龐大的問題。我們重新將研究視角聚焦到身體與性別之關係這一脈絡上，或許會發現一些意味深長的變化。在當代大眾文化與消費文化的語境中，對於身體的消費日益成為人們關心的重心。人們在研究身體與女性之關係時，往往借用並突出了「男性／女性」與「看／被看」這兩對二元對立的範疇。那麼，「看／被看」的關係意味著什麼？誰擁有看的權力，而誰又是必須被看？陶東風認為，在消費社會的身體圖像消費之中，存在著明顯的性別歧視現象：一方面，女性為了取悅男性，她們站在卑微的角度，表演給男人看，希望吸引男性的目光；另一方面，男性總是處於觀看主體的地位，而女性總是作為被展示的對象出現，其中隱蔽著某種男性主義的意識形態。[47]戴錦華對女性的「看與

46　〔英〕特納：《身體問題：社會理論的新近發展》，汪民安等編：《後身體：文化、權力和生命政治學》（長春市：吉林人民出版社，2003年），頁25。

47　陶東風：〈身體意象與文化規訓〉，《文藝研究》2003年第5期。

被看」理解並沒有逃離流行的女性主義觀點，她認為女性長期被置於被看的位置上，意味著男權文化對女性的壓迫。她的觀點顯然與陶東風不謀而合。

南帆則把問題看得更為複雜一些，他認為：「考察視覺與權力及欲望的關係時，人們不得不考察這兩對範疇之間的對稱關係：男性／女性、看／被看。異性之間，看是男性的權力。男性是欲望的主體，女性是男性的欲望對象。這是性別之間的等級關係投射到視覺空間的表現。」[48]但是，在這些常規的視域之外，他提出在大眾傳媒時代，女性的「被看」有可能形成一種特權階層，這樣在性別理論分析之外引入階級理論以及種族範疇，「看／被看」的問題就變得複雜起來。南帆認為，文化研究在闡釋中國當前某些問題時需要充分關注這種複雜性。從某種意義上說，許多明星的優厚報酬暗示了分配的不均與不公，同時也隱藏了分配體制的不平等。女性主義理論家依然認為，女明星無論贏得多少財富和榮耀，她們也並未擺脫女性在男性中心主義社會的命運。南帆認為，女性主義者的這種認識隱含了性別理論分析（以文化地位為標尺）與階級理論分析（以經濟地位為標尺）之間的分歧，我們沒有理由對這種分歧產生的距離視而不見。或許，我們有必要警惕這樣的事實：「如果一種解放是另一種壓迫的循環，那麼，這是真正的解放嗎？」[49]顯然，這值得我們進一步深思。

---

48 南帆：《雙重視域：當代電子文化分析》（南京市：江蘇人民出版社，2001年），頁203。

49 南帆：《雙重視域：當代電子文化分析》，頁206。

下編
文化研究的激進與曖昧

認識危機是新理論突現的適當的前奏⋯⋯因為新理論的突現打破了一個科學實踐的傳統，引入了一種新的傳統，這種新傳統是在不同的規劃指導下和在一個不同的對話框架內運作，它只在第一種傳統已被感覺到走入迷途甚遠時才可能出現。

——托馬斯·庫恩《科學革命的結構》

批判性反思的出發點是認識到你到底是誰，認識到「認識你自己」也是一種歷史過程的產物，它在你身上留下無數的痕跡，但你卻理不清它的頭緒。因此，找出這一頭緒就成為當務之急。

——安東尼奧·葛蘭西《獄中札記》

第十章
文化研究：
文學研究的危機，抑或契機？

　　關於文化研究的討論，遠不止是知識界的理論話題，更成為了某種受到普遍關注的社會話題和文化意識。正是在這樣的歷史語境中，如何認識文化研究在中國經驗中的獨特意義、認識中國學派的文化研究在推進中國問題解決的重要作用，就不能僅僅在論戰式的理論論爭中進行簡單的肯定或否定的批判，而是需要將其放置在更為複雜的歷史語境中，對問題的譜系和發展脈絡進行分析與闡釋，瞭解這些論爭背後各自的理論支撐與「權力」支持。中國大陸人文學界在闡發與運用文化研究理論時產生了哪些衝突和分歧？這些矛盾和分歧與社會認同分裂之間又存在何種關聯？在文學研究、文學經典、文學理論等廣闊領域，文化研究又產生哪些具體而深刻的影響？如何認識文化研究理論在中國大陸演變過程中出現的種種變異？本章將梳理中國大陸文化研究界對文學批評與文化研究的關係、文學經典重構、文化研究的困境以及文化研究的實踐等問題的討論，辨析隱含在其中的種種分歧，並探討文化研究是如何深刻地嵌入當代中國理論思潮的脈動，又是如何曲折地滲入當代文化認同的形塑過程。

　　回顧關於文化研究的種種論爭，我們可以看到：對文化研究與文學研究論述之間的關係認知，學術界曾經出現多種不同的聲音和不同的闡釋策略，這種不同其實隱含著學界在理論動機、思想旨趣乃至政治意識形態立場上的巨大分野。恰如陶東風所言，「隱藏在所有這些挑戰背後的是文化研究的一個最簡單和最基本的承諾：擁抱複雜性和

拒絕把它還原到簡單性。文化研究假定，事情總是要比任何一個甚或幾個視角所能主題化的課題更為複雜。」[1]那麼，在文化研究如此強大的攻勢下，文學是面臨著一個契機或者陷入了危機？對於這個問題的判斷，我們有必要回到中國當代文學的歷史脈絡與文化語境之中，著力考察幾個關鍵性問題：文學性與「純文學」觀念，文化研究與審美話語，文化研究對「經典」的挑戰與重構，文化研究對當代文論話語體系的挑戰與重構等問題。

第一節　關於「文學性」的論爭與分歧

或許，我們不時聽到這樣的困惑：「經歷了二十餘年的撥亂反正我們好不容易回到了文學的本體，怎麼文學又發生文化轉向？轉向文化，結果文學中什麼都有，惟獨沒有文學本身。自律的文學哪裡去了？」實際上，這樣的觀念隱含著一種本質主義的文學觀念——文學研究應該「回到文學本身」。「回到文學本身」，正如蔡翔所述，它實際上內含著這樣一層意思：「文學完全獨立於國家、社會、政治、意識形態等公共領域之外，從而是一個私人的、純粹的、自足的美學空間。」[2]當國家、社會、政治、意識形態等諸多貨物被卸下文學這駕馬車之後，「文學性」這個概念理所當然地晉升為文學研究的一個焦點。

研究文學，事先確定文學研究的對象及其本質，這往往被視為正常的研究程序。從故事情節、情節敘述到語言修辭，從內容的豐富性到形式的技巧，從生動的人物形象到牽動人心的情感流露，文學包含了許許多多的內容。判斷什麼東西是文學，什麼東西應該被排除在文學之外，「文學性」顯然成了重要的判斷標準。但是事實果真如此

1　陶東風主編：《文化研究精粹讀本》（北京市：中國人民大學出版社，2010年），頁130。

2　蔡翔：〈何謂文學本身〉，見《當代文學與文化批評書系・蔡翔卷》（北京市：北京師範大學出版社，2010年），頁154。

嗎？自新批評派、俄國形式主義、結構主義以來，多數理論家傾向於
認為，語言形式才是文學本身的問題。多數人同意雅各布森的說法，
即文學之為文學的本性。然而，這個問題的研究並沒有這麼簡單。文
學是什麼，文學的「本質」是什麼？這種本質主義的提問陷於僵局。
如果將目光投射到二十世紀九十年代以來中國文學界關於「純文學」
討論與「文學性」論爭的場域及諸種爭論、分歧，我們將發現，「文
學性」問題研究已經形成了一個龐大的問題場域，每一種觀點幾乎都
能梳理出一個長長的理論研究譜系。從總的來看，可以發現「文學
性」的考察存在兩種不同脈絡，形成了兩個派別的觀點。南帆在〈文
學性以及文學研究〉一文中曾對這兩個派別的觀點進行梳理與闡釋：

> 一種觀點往往被視為本質主義的。理論家認為，文學有一種固
> 定不變的本質，如同千變萬化的水都是 H_2O 一樣。這種本質
> 既體現在詩之中，也體現在小說和散文之中，唐詩宋詞如此，
> 現代主義小說也是如此。理論家提煉出這種本質，文學的諸多
> 具體問題就迎刃而解。當然，什麼是這種固定的本質，目前還
> 存在不少爭議。美、人性、無意識，這些都曾充當過本質的候
> 選對象。現在比較多的理論家傾向於認為，這種本質集中於文
> 學語言。這當然與二十世紀以來一系列文學理論學派的觀點密
> 切相關，例如俄國形式主義、英美的新批評、法國的結構主
> 義，如此等等。這些文學理論學派集中研究文學的形式、語
> 言。它們甚至認為，形式、語言才是文學的內部研究，其他外
> 部問題必須從文學研究之中剔除。本質主義的觀點顯然會推導
> 出一個形而上學的「文學」觀念。各種具體的文學類型不過是
> 這種觀念的化身。擁有這種本質，一些不朽的作品就會代代相
> 傳。很大程度上，「純文學」的概念可以視為這種本質主義觀
> 點的派生物。

　　另一種非本質主義的觀點不同意以上的論述。理論家認為，沒有什麼固定不變的本質埋藏在事物的深部，等待理論家的開採。所謂的本質僅僅是一種幻覺。執意地尋找本質如同剝洋蔥：一層一層打開之後，最裡層空無一物——並沒有一個代表本質的堅固內核。企圖從文學內部挖掘所謂的本質無非是受到這種幻覺的蠱惑。一個事物的特徵不是取決於自身，而是取決於它與另一個事物的比較，取決於「他者」。人們認為張三性格豪爽、樂觀開朗，這個判斷不是根據張三性格內部的什麼本質，而是將張三與李四、王五、趙六、錢七進行廣泛的比較而得出的結論。同樣，人們之所以斷定這件家具是一把椅子，並不是依據這把椅子的結構或者質料，而是將這件家具與另一些稱之為床鋪、桌子、櫥子的家具進行樣式和功能的比較。所以，考察文學特徵不是深深地鑽入文學內部搜索本質，而是將文學置於同時期的文化網絡之中，和其他文化樣式進行比較——文學與新聞、哲學、歷史學或者自然科學有什麼不同，如何表現為一個獨特的話語部落，承擔哪些獨特的功能，如此等等。[3]

顯然，本質主義的觀點認為「文學有一種固定不變的本質」，而非本質主義的觀點則認為「本質僅僅是一種幻覺」。

　　迄今為止，學界關於文學性問題研究之中本質主義與非本質主義之爭遠未結束，或許將持續存在。當然，這兩個派別的觀點都各有其看待問題的視點與維度，提供了闡釋文學的不同路徑。我們無意於爭論兩者孰優孰劣，而更多的是關注其闡釋問題的方式與有效性。「就研究工作而言，本質主義觀點處理的問題較為簡單。理論家的主要工

3　南帆：〈文學性以及文學研究〉，《江蘇大學學報》2005年第6期。

作就是認定本質的所在，這就像掘好了一個坑等待一棵合適的樹。相對地說，非本質主義的觀點卻是將自己置於不盡的問題之流中。」[4] 在反本質主義的透視鏡下，文學已不存在一個堅如磐石的「本質」等待人們去挖掘。正如薩義德指出，文學沒有清晰可辨的外圍界限，因此純粹的文學性並不存在。他引入「情境」、「境況」和「現世性」等觀念，重新建立文本與歷史、社會和人類活動的關聯。既然不存在一個終極意義的「本質」供人們去挖掘，不存在恆定不變的「公理」、「法則」去探尋，那麼，進入特定歷史空間中考察「文學」及其關係就顯得尤為重要。對文學的本質主義認識，實際上是將文學被剝離了其賴以生存的具體的歷史語境，而「關係主義」的研究方法則強調將文學置於多重文化關係網絡中進行研究。

「關係主義」的出場為文學研究提供另一種視域。「關係主義」是南帆先生經常提到的一個概念，「關係主義」傾向於闡釋事物之間的深刻而隱蔽的關聯性，認為任何事物的意義「只能從它與其他事物之間的相對關係中予以理解，只能從該事物所置身的複雜的結構性關係中獲得歷史性的理解。」[5] 對於關係主義說來，「考察文學隱藏的多種關係也就是考察文學周圍的種種坐標。……理論描述的關係網絡愈密集，文學呈現的分辨率愈高。」[6] 將文學置於網絡之中，在複雜的關係博弈中，文學與種種關係之間的聯繫與差異將得到更有效凸顯。

第二節　文化研究與審美話語

確如希利斯‧米勒所言：文學研究的興趣中心發生了大規模轉移——「從對文學作修辭學式的『內部』研究，轉為研究文學的『外

4　南帆：〈文學性以及文學研究〉，《江蘇大學學報》2005年第6期。

5　劉小新：〈關係主義與文學研究〉，《海南師範大學學報》2011年第4期。

6　南帆：〈文學研究：本質主義，抑或關係主義〉，《文藝研究》2007年第8期。

部』聯繫，確定它在心理學、歷史或社會學背景中的位置。換言之，文學研究的興趣已由解讀（即集中注意研究語言本身及其性質和能力）轉移到各種形式的闡釋學解釋上（即注意語言同上帝、自然、社會、歷史等被看做是語言之外的事物的關係）。」[7]外部研究以及各種意識形態話語的急劇增加，使審美猶如一個過時的術語遭到冷落。而新興的文化研究攻城略地，從宏大的政治敘事到微小的日常生活細節，從流行歌曲到服裝款式，從小資消費品位到底層的生存狀態，無不納入文化研究的知識圖譜之中。正如管寧在《消費文化與文學敘事》一書中指出，在消費文化語境中，文學的生產、傳播和閱讀方式發生了深刻變革：一方面，文學在社會文化的新秩序中處於邊緣化地位；另一方面，文學本身被迫或不自覺地納入到商業原則主導下的文化生產體系之中，轉化為一種複雜的社會文化活動。[8]面對如此強大的攻勢，文學的領地似乎已經岌岌可危。「一些文學教授可能已經從彌爾頓轉向了麥當娜，從莎士比亞轉向了肥皂劇，而把文學研究拋到一邊去了。」[9]這種知識圖景的置換與改變無疑引起了許多人的焦慮：文學與審美再度分道揚鑣了嗎？[10]文學研究是否又再度淪為一種庸俗社會學研究？

關於文化研究與審美話語的論爭與分歧，我們不能不提到以布魯姆為代表的文學經典保衛者與「憎恨學派」的論爭。布魯姆在其影響巨大的經典之作《西方正典》中宣稱：「文學批評如今已被『文化批評』所取代：這是一種由偽馬克思主義、偽女性主義及各種法國、海德格爾式的時髦東西所組成的奇葩。西方經典已被各種諸如此類的十

7 〔美〕希利斯·米勒：〈文學理論在今天的功能〉，拉爾夫·科恩主編，程錫麟譯：《文學理論的未來》（北京市：中國社會科學出版社，1993年），頁121-122。
8 管寧：《消費文化與文學敘事》，廈門市：鷺江出版社，2007年。
9 〔美〕喬納森·卡勒著，李平譯：《文學理論入門》（南京市：譯林出版社，2008年），頁45。
10 南帆：《無名的能量》（北京市：人民文學出版社，2012年），頁215。

字軍運動所代替，如後殖民主義、多元文化主義、族裔研究，以及各種關於性傾向的奇談怪論。」[11]他將後殖民主義、女性主義、馬克思主義者、受福柯啟發的新歷史主義者、解構論者等稱之為「憎恨學派」的成員。他對「文化研究軍團」避開審美領域，介入社會人生的批評傾向持激烈的批判態度，正如他所宣稱：「我認為審美只是個人的而非社會的關切。」[12]或許，正是基於這樣的審美理念，布魯姆提出了「對抗性批評」的實踐概念來貶低大眾文學與文化研究。

那麼，文學研究與文化研究究竟是怎樣的一種關係？文化研究是否超出了文學？文化研究為文學研究提供了哪些洞見，是否同時遮蔽了什麼？如何理解消費文化語境中文學敘事的變遷以及消費社會符號生產與文學時尚化的關係？有沒有純粹的文學，審美和詩意會不會因此而喪失？如果肥皂劇代替了莎士比亞，是不是就應該譴責文化研究？答案似乎不言自明。但是，很多人習慣於用二元對立的思維來思考與看待問題，往往得出了非此即彼的結論。但是，問題的答案遠非如此簡單。要麼審美，要麼政治意識形態，二者不可得兼。這種二元對立會不會成為一種僵硬的限制？顯然，單項的二元對立阻止了我們想像的展開及判斷。「寧要社會主義的草，不要資本主義的苗。」這一著名的論斷往往被引證來說明二元對立的視域局限。南帆在〈研究方法、過度闡釋與二元對立〉一文中指出，「某種二元對立的設立可能是一個精彩的發現，一種新的聯繫被建立起來了；但是，與此同時，這種二元對立的犀利、尖銳也可能轉化為一種狹隘和遮蔽。」我們應該跳出「在二元對立之中打轉」的思維局限，問題的答案並非只是在二者之中選擇其一，這個世界除了黑與白，還有赤、橙、黃、綠、青、紫等等。將一個問題的來龍去脈想像成一條線性的單行道，將一個單

11 〔美〕哈羅德·布魯姆著，江寧康譯：《西方正典——偉大作家和不朽作品》（南京市：譯林出版社，2005年），頁2。

12 〔美〕哈羅德·布魯姆著，江寧康譯：《西方正典——偉大作家和不朽作品》，頁12。

一的二元對立看成了問題的全部結構，這無疑是將複雜的問題簡單化了，我們應該從更大的場域之中討論問題的多重脈絡。回到文學研究的考察上，內部研究與外部研究的考察就是典型的二元對立。是否文學不涉入熙熙攘攘的外部世界就是保持審美的高貴？南帆批判性地指出：「這種觀念毋寧說無視文學置身於這個世界的價值。」[13]沒有必要狹隘地認為，考察文學作品的外圍即是對審美的不敬。不言而喻，「文化研究有效地擴張了文學的話語場域，種種社會主題紛紛捲入，形成一個能量巨大的文化漩渦。」[14]文化研究破門而入必然帶來了新的理論挑戰。

　　誠然，審美分析與文化分析的論爭與分歧並不是現在才出現的，它有著較為漫長的歷史淵源——審美批評與社會批評之關係——這個問題並將持續存在。有學者認為文化研究放逐了審美形式的研究，瓦解了對經典的信仰，從而陷入了庸俗社會學的傾向。正如洪子誠所言，「人們憂慮的，恰恰不是『審美』、『形式』的內部研究所造成的封閉性，而是闡釋方向轉向社會歷史問題，轉向種族、性別、政治制度、民族國家之後，對『文學性』，對『個人經驗』，對『形式因素』可能造成的遺漏。」[15]由於審美話語和文本分析更多關注的是經典文本，而對那些毫無美感可言的公文、廣告的文本從不涉足；但是，文化研究解除了僅僅從審美角度進行分析，它可以分析一個並無審美意味的文本，或對其作出意識形態的闡釋，或分析其敘事模式與修辭手法，或分析其傳播路徑與受眾的接受方式。顯然，文化研究既可以分析《紅樓夢》，它也可以分析一條毫無審美價值的廣告，可以分析一個人的穿衣風格或者一個眼神的複雜涵義。

13　南帆：〈研究方法、過度闡釋與二元對立〉，《中華讀書報》，2010年2月10日。

14　南帆：《無名的能量》，頁215。

15　洪子誠：〈關於「文本分析」與「社會批評」的筆談〉，《鄭州大學學報》2004年第2期。

　　我們不難發現，當審美分析盛行之時，或許，文化研究的出現為整個學術界注入了一股新奇之風；同樣，當文化研究大行其道之時，偶爾的審美分析亦顯得彌足珍貴。猶如孫紹振的一系列文本分析之作《文學性講演錄》、《文本細讀：微觀分析個案研究》、《月迷津渡：古典詩詞個案微觀分析》等，為我們打開了新的闡釋空間和審美體驗。而顏純鈞在其近作《中斷與連續：電影美學的一對基本範疇》之中，也強調了「從文化轉向美學」的重要性。「從技術的進步走向藝術的探索，再走向理論與美學的重建，這正是當代電影所處的一個新的發展階段。」[16]他主張，電影應該重返美學，但是並不是重返舊的電影美學，而是強調「審美經驗」──「此時出現的美學理念，比以前任何時期都要來得多，只是它們都不再關係到美的本質，而全部集中到審美經驗上。今天的電影美學研究，要從具體的實證研究出發，也就是從電影新的審美經驗出發。」[17]顯然，「重返電影美學」，也即重返電影文本審視審美體驗，這種重返意識有助於摒棄對技術的迷戀與商業化運作的狂熱。或許，人們已經達成了這樣一種共識：文化研究應該以文本分析為基礎，而「沒有文本分析的文化研究則是偽文化研究」。

第三節　文化研究的挑戰與文學理論的未來

　　二十世紀以來眾多的西方理論競相登臺，中國文學理論遭遇了前所未有的苦惱與壓力。在西方文學理論的強勢介入下，中國文學理論如何與之展開有效的對話？在開放與本土的天平上，中國文論如何保持本色？西方文論能否有效地闡釋中國文學？這一系列問題在中國文學理論界引發了廣泛的討論。現今，西方邏各斯中心主義受到了理性

16 顏純鈞：《中斷與連續：電影美學的一對基本範疇》（北京市：中國電影出版社，2013年），頁15。
17 顏純鈞：〈電影美學：思辨的或經驗的〉，《福建論壇》2012年第6期。

的審視，西方各種理論以及現代性話語也遭受了種種質疑。因此，重新審視西方文論與中國文論之關係，重新思考中國文學理論的未來與走向等議題亦再度駛入我們的視野。面對當前炙手可熱的「文化研究」，如何看待它與中國當代文學理論之間的關聯？不言而喻，文化研究的引入，為重建中國當代文論話語體系開啟了一種嶄新的挑戰。從某種意義上說，這一挑戰極為重要——它有效推進了中國當代文論話語的對話。因此，我們將著重考察這一挑戰與對話之中，文化研究對中國文學理論原有的哪些概念、觀念與體系產生了衝擊，又對中國當代文論話語體系的重構打開哪些新的空間？

　　文化研究的引入，首先對中國當代文學批評的範式轉變產生了重大影響。對於傳統的批評家和文學研究者而言，故事是他們敘述的核心內容，而對主題、人物、情節、審美效果等方面的考察則是他們剖析文學的慣常手法。因此，諸如在對現實主義文學作品的研究中，「典型」這一概念就扮演了重要角色。而在相當長的一段歷史時間，經過俄國形式主義、結構主義和「新批評」等操練的一大批批評家，他們都圍繞著「文本」這一軸心展開字雕句琢的文本分析。從字詞的音義到詞語的肌理、從語言的質感到敘事張力、從敘事視角到文本的結構，這些都是他們所傾心的研究焦點。對於《紅樓夢》而言，在引入文化研究之前，研究者們大多聚焦於賈寶玉與林黛玉的愛情悲劇、賈府的興衰史、人物命運的刻畫、曹雪芹的身世、文本的考據等方面。文化研究的引入，對《紅樓夢》的文本解讀則敞開了階級、性別、意識形態等向度，這樣的解讀顯然集中於「非美學」的「外部研究」。文化研究學者可能從《紅樓夢》中條分縷析出大觀園內部的階級鬥爭、性別政治與權力，也可能從《紅樓夢》的諸多版本傳播解讀出符號的增殖。再如莫言研究，文化研究導入之前更多的是從審美維度聚焦於莫言的作品的主題、人物形象的塑造、故事情節的生動、敘事技巧以及語言風格、作品意義等方面，而文化研究導入之後，則激

發了我們從無意識、階級、性別、民族國家等方面來切入文本。同時，對敘事背後的意識形態支撐及其複雜的結構的編碼與解碼，亦成為文本解讀所熱衷的智力遊戲。對於中國當代文學批評來說，文化研究的引入無疑進一步敞開了文學批評的闡釋空間。

中國當代文論話語體系的建構是為了闡釋中國文學與文化現象，那麼，無論是在深度上還是廣度上，都會與它所面對的外來理論以及傳統本土理論展開碰撞與博弈。文化研究的理論與方法深刻影響了當代文學研究的觀念、命題以及思維方式。我們將著重討論文化研究的引入對中國文學理論原有的概念、觀念與體系產生了怎樣的衝擊，同時又拓展了中國當代文論話語體系的哪些維度。

文化研究盛行之後，首先引發了對「什麼是文學」以及中國當代文論邊界的重新思考。文化研究的對於文學的考察，即是「發現文學捲入的種種關係」：文學與階級、性別、種族、空間、歷史、道德、宗教、媒介、意識形態等。從關係主義的理論視域而言，「考察文學隱藏的多種關係也就是考察文學周圍的種種坐標」。[18]顯然，文化研究觀念與問題場域促使傳統文學研究的場域發生了新的位移，拓寬了當代文學研究的視域，提供了新的理論資源。中國當代文論話語體系的構建必須要擺脫原本頗為僵化的教條，探討新的主題，尤其是那些至今尚未觸碰到的主題。誠然，文化研究時刻回應著不同情境中變化著的「錯綜複雜的問題域」，猶如英國伯明翰當代文化研究中心所開展的文化研究以其豐富的形態有力地回應了快速變化的社會現實。女性主義者、馬克思主義者、拉康學派、新歷史主義者、解構主義者、符號學派，這些被布魯姆稱之為「憎恨學派」的文化研究學派，它們所集結的眾多理論概念和不同的闡釋模式為我們提供了多向的解讀路線。而且，眾多理論家持續不斷為文化研究製造理論的升級版，為當

---

18 南帆：〈文學研究：本質主義，抑或關係主義？〉，《文藝研究》2007年第8期。

代文論話語體系注入了前所未有的理論密度。

　　文化研究的介入，引發了對性別的重新思考。女性主義的橫空出世對文學理論具有劃時代的意義。諸多跡象表明，文化研究跨越的不同學科如傳播學、教育學、社會學、流行文化、婦女研究、歷史學與政治學等都受到了女性主義思想的影響。一九七〇年代開始，由於女權主義運動的興起和左翼知識界思想興趣的轉移，性別與種族的文化再現問題在文化研究中逐漸得到了重視。女性主義的興起，打破了長期以來對文學與性別這兩個看似風馬牛不相及的「神話」。文學與性別之間的關係浮出歷史地表，它們二者之間的密切互動被發現了。以往不被關注的性別問題，終於進入了我們的視野。諸如在漫長文學史中，為什麼女性作家寥寥，而男性作家占據了絕大多數？「維熱・勒布倫與女兒的自畫像激起了特別的爭論，因為按照既有的社會偏見，女人就不應該成為藝術家，所以一個女人畫一幅畫表現一個女藝術家就具有雙重挑釁意味。」[19]甚或從形象的刻畫、情節安排、主題的確立、文體的風格到出版制度、推廣形式、評獎體系，性別因素都交織於其中，或隱或顯。長期以來，文學書寫中對女性形象的塑造，要麼如女媧、觀音、洛神般的神聖化，要麼如四大美人沉魚落雁、閉月羞花般的美化，要麼如母老虎、母夜叉般的妖魔化，要麼如「女漢子」般的男性化。無論是神聖化還是妖魔化，都並非是對女性本身的客觀描繪，而是隱含了男性的視角。根據女性主義學者的研究，大量的文學研究作品潛藏著男性中心主義和對女性的壓迫，而為了維護男性中心主義的統治，意識形態則有意遮蔽了文學與性別的關係。女性主義者們試圖竭力突破「男性的凝視」，打破「偉大的男人創造了歷史」的神話。事實上，這樣一種努力亦即是突破意識形態的禁錮。毋庸置

19　〔英〕尼古拉斯・米爾佐夫著，徐達豔譯：《如何觀看世界》（上海市：上海文藝出版社，2017年），頁14。

疑，女性主義對發展文化研究和文學理論的批判潛力是極為重要的，它對文學理論的貢獻具有真正意義上的重要性。

後殖民主義的導入引發了對民族認同、自我與他者之間關係的重新闡釋，為中國當代文論話語體系建構敞開了另一重要維度。薩義德的《東方學》猶如一聲驚雷，推動了後殖民主義理論的迅猛崛起。在薩義德看來，「東方並非一種自然的存在」，「西方與東方之間存在著一種權力關係，支配關係，霸權關係。」[20]文化研究中的「種族研究」與後殖民主義理論有著緊密的關聯。當然，相比之下，文化研究的視野要更為廣闊。一系列的理論成果已經表明，大量的文學作品隱藏著歐洲邏各斯中心主義以及種族歧視等問題。顯然，在後殖民主義理論破土而出之前，種族問題、民族歧視問題都隱而不彰，以各種形式散見於各種作品之中。然而，當文學與民族的關係被納入考察視域之時，後殖民理論就將這些散落的信息系譜化了，顯示出了極強的理論召喚能力。關於文學與民族的關係考察，已經超越了簡單的民族不平等論述進而討論文化身份問題、被殖民者話語研究、第三世界文學以及主體性問題等等。正如霍米·巴巴所言，即使是在當前全球化時代，我們也必須不斷地「重新思考『民族』可能意味著什麼。民族的存在是一種持續不斷的刺激物。今天，當『民族』一詞被提起時，我們更多的是意識到它不做什麼、它是如何不起作用的，而非它是如何起作用的。」[21]後殖民主義作為一種新的理論視角，它撕開了文學與民族被長久以來所遮蔽的向度，恢復了文學與民族之間的關係，打開了文學理論新的闡釋空間。

大眾傳媒是文化研究遊刃有餘的另一個重要場域。某種程度而

---

20 〔美〕愛德華·W·薩義德著，王宇根譯：《東方學》（北京市：生活·讀書·新知三聯書店，2007年），頁6、8、10。

21 Homi Bhabha, "Art & National Identity: A Critics Symposium," *Art in America,* 1991, p.82.

言，英國文化研究的發展與媒介研究是緊密交織在一起的，然而，我們不能過於輕巧地將二者畫上等號。從威廉斯的「電視與文化形式」到霍爾的「編碼／解碼」，從麥克盧漢的「媒介即信息」理論到莫利的「能動的受眾」，媒介研究實現了歷史的新突破。然而在中國古代文學理論體系之中，媒介傳播並沒有得到重視，甚至是被忽略的領域。而文化研究的介入，則使我們充分意識到了大眾媒介及其受眾的重要性。媒介是一個重要的概念，圍繞其能展開情勢研究，通過理解媒介生產和媒介有效性的複雜話語，以媒介符號去闡釋情節、事件、類型、位置、形式等等，為我們提供了更為廣闊的空間。當前強勢興起的網絡文學，更是以「市場」、「流量」、「點擊率」、「資本運作」等另一套觀念與話語建構起了網絡文學與大眾文化研究的話語體系。

文化研究的出現表明，人們不再將文學想像為一個「純審美」高貴的殿堂。文化研究的介入，為文學理論、文學史以及文學批評帶來了持續的震撼，打開了「新的視域」，解放乃至製造了種種文學的意義。更重要的是，文化研究悄悄地重新連接了文學與社會及各種複雜的關係，它同時也促使文學理論話語不斷適時而變及進行新的話語體系重構。

第四節　文化研究對重構中國當代文論話語體系的啟示

現在，似乎是應該認真審視「重建中國當代文論話語體系」的一個微妙時刻了。重建中國當代文論話語體系是一個極其複雜的系統工程。新時期以來，關於當代文論話語體系建設的討論十分活躍，迎來了一個充滿生機的發展階段。誠如童慶炳所言：「文學理論作為學科建設，我一直覺得應在中、西、古、今四個主體間進行平等的對話，互通有無，互相補充，互構互動，互相發明，既借鑒西方的有益的觀

點，又不失中國民族之地位。當文學理論能利用歷史留給我們的全部資源的時候，文學理論的學科建設就可以獲得成功。」[22]在與文化研究進行持續「對話」的過程中，文化研究提供的經驗與啟示值得我們批判性的繼承與創造性的轉化，使之融入到我們所重構的當代文論話語體系之中。

首先，文化研究重新激活了重建中國文論的危機意識。無論是將文化研究視為一種學科也好，一種研究方法也罷，「文化研究確實對人文學科和社會學科的正統提出了激進的挑戰。它促進跨越學科的界限，也重新建立我們認識方式的框架，讓我們確認『文化』這個概念的複雜性和重要性。」[23]這也正是文化研究的魅力與精髓所在。一方面，文化研究通過具體的問題呈現了現代世界本身的危機狀況；另一方面，作為資本主義結構性危機的產物的文化研究，通過強烈的批判精神創造一種「危機意識」並推動人們改造世界的勇氣與動力。[24]事實上，今天中國大陸的文化研究也面臨著結構性困境的問題，面臨著「雙重悖論」。因此，要保持文化研究的活力與批判性，必然要不斷地召喚與激活其危機意識，才能持續地對社會問題的結構進行深入的思考與批判。援引詹姆遜的說法，源於西方的文化研究理論本身為我們提供了探照文化研究的「認知測繪圖」。文化研究擺脫了既有的僵硬軸線，把分析帶入文化生活，同時不斷激活危機意識，喚起我們對未來新的希冀。[25]這是文化研究永遠堅持的方向。換言之，文化研究

---

22 童慶炳：〈代前言——我的新時期文學理論研究之旅〉，《童慶炳文集（第十卷）：文化詩學的理論與實踐》（北京市：北京師範大學出版社，2016年），頁13。

23 〔英〕特納著，唐維敏譯：《英國文化研究導論》（臺北市：亞太圖書出版社，1998年），頁298。

24 周志強：〈緊迫性幻覺與文化研究的未來——近30年中國大陸之文化研究與文化批評〉，《文藝理論研究》2017年第9期。

25 陳光興、楊明敏編：《Cultural Studies：內爆麥當奴》（臺北市：島嶼邊緣雜誌社，1992年），頁68。

本身及帶來的挑戰從某種意義上激活了重建中國當代文論話語體系的
危機意識。

其次，提升了文學理論的實踐品格，促使了文學理論與社會學的
再度結合。文化研究特別注重實踐性，這對中國當代文論話語體系的
建設具有重要意義。中國當代文論話語體系的真正活力，在於力求進
入當代社會，介入與回應社會歷史的巨變，力爭發現問題並解決問
題。文化研究跨學科特性，使文學理論與社會學再度結合，使得中國
當代文論話語能夠有效地與當前的社會現實緊密互動。在我看來，文
化研究的實踐性品格和跨學科優勢讓文學理論研究發現了新的突圍方
向，而文化研究的開放性旨趣和批判性精神也讓文學理論研究增強了
面向現實的勇氣和力量。

重建中國當代文論話語體系應該直面「中國經驗」，有效把握
「中國經驗」，恰當表達「中國經驗」，合理闡釋「中國經驗」。關於
中國當代文論話語體系的構建曾有兩種典型的路徑：一是主張中國古
典文論的現代轉化，二是主張學步西方的全盤西化。歷史實踐已然證
明二者都並不可靠。那麼，中國當代文論話語構建的方向何在？直面
「中國經驗」無疑是建構中國當代文論話語體系的基點。當然，中國
當代文論話語體系的建構是一個漫長而艱辛的過程，其建構也並非只
是一堆概念、一批論著的堆積所能完成的，更為關鍵的是這個話語體
系建構之後所具備的闡釋效價的程度。一方面，我們應該充分肯定當
代西方文論對中國文論話語體系建構產生的積極影響，同時也有必要
對其進行批判性辨析，考察其對「中國問題」進行闡釋的有效性；另
一方面，重構中國當代文論話語體系，需要「中國經驗」的有力支撐
與話語表述，必須在話語光譜中找到自己的對話對象。

第四，重建中國當代文論話語體系應該堅持「歷史化」的思維。

　　正如詹姆遜所宣稱：「永遠歷史化！」[26]重建中國當代文論話語體系的目的並非是為了重建一套宏大的理論話語或者一座概念的殿堂，而是希冀不僅能夠有效地闡釋與回應具體文本及文學史，而且力圖進入更大的文化場域，在橫縱軸的時空中與政治、經濟、歷史、科學、傳播學、地理等諸多話語類型展開對話與博弈。一種理論或一套話語體系在新的文化場域中能否獲得新的生命力，是否具有闡釋能力，是由各種複雜的因素之間的相互角力與博弈所決定的。歷史並未預設一個標準的模式，我們必須根據自己所置身的歷史做出自己的判斷，當然，我們提交的觀點、概念以及建構的範式都將匯入龐大的歷史文化網絡之中。「回到特定的歷史情境」，正如霍爾所宣稱的那樣，回到話語聚合的歷史情境。因此，重建工作亦必須在歷史的持續變動中進行。

　　置身於全球化與信息技術日新月異的時代，我們沒有理由退縮到一個封閉的牢籠，而應該以平等對話的方式通往理論的張力。直面文化研究的挑戰，在對話中甄別、吸收與重構，才能為中國當代文論話語體系的未來打開更多的可能性。

---

26 〔美〕弗雷德里克・詹姆遜，王逢振、陳永國譯：《政治無意識》（北京市：中國社會科學出版社，1999年），頁1。

第十一章
悖論與博弈：
文化研究、專業主義與知識分子

　　當「文化研究」（Cutural Studies）在中國方興未艾之時，以「當代文化研究中心」為前身的英國伯明翰大學文化研究與社會學系這個文化研究重鎮卻在二〇〇二年六月被作為該校重組計劃的一部分被關閉了。這引起了國際學界的不小震動，震撼之餘，留給我們的不僅是對伯明翰學派的反思，更是對文化研究的「中國問題」的無盡思量。此時，某種潛伏已久的不安終於浮出歷史地表——文化研究如何面對自身的悖論？它有沒有可能既獲得學院體制內的生存空間，又不喪失「反學科」的理論能量？對中國的文化研究而言，它在拼貼法蘭克福學派和伯明翰學派的時候，是否製造了新的「理論馬賽克」？我們如何想像文化研究的「中國學派」？[1]誠如斯圖亞特·霍爾（Stuart Hall）所言：文化研究與傳統的學術體制始終處於一種「尷尬」的關係，儘管它自身不得不附著在現存的學科體制當中，但它一直強調跨／反學科的重要性，跨／反學科實踐本身甚至成為文化研究的重要內容。我們將以「文化研究的悖論」作為研究的切入點，對「文化研究」的反學科特性的深層原因以及其與學術體制之間的關係進行深入探討。

第一節　文化研究與跨學科

　　在伯明翰大學當代文化研究中心成立之初，霍加特就宣告文化研

1　王曉漁：〈文化研究的「中國問題」〉，《鄭州大學學報（哲社版）》2005年第12期。

究沒有固定的學科基礎。詹姆遜認為，應該把文化研究「看做是一項促成『歷史大聯合』的事業，而不是理論化地將它視為某種新學科的規劃圖」。文化研究的崛起「是出於對其他學科的不滿，針對的不僅是這些學科的內容，也是這些學科的局限性。正是這個意義上，文化研究成了後學科。」也正因為如此，文化研究的定義「取決於自身與其他學科之間的關係。」[2]由勞倫斯‧格羅斯伯格、卡里‧納爾遜和葆拉‧特雷克爾勒主編的勞特里奇《文化研究》叢書在序言裡宣稱，文化研究既非領域也非方法，因為文化包羅萬象，研究它的方法也可以涵蓋甚廣。正如馬克‧吉布森和亞力克‧麥克霍爾在〈跨學科性〉一文對文化研究的「跨學科性」進行了卓有成效的考察，他們指出：「文化研究並非是為了存在才成為跨學科的；跨學科性並不是它有意的分野，並不是其課程激進性自告奮勇的旗幟，至少現在不是。相反，跨學科性是產生於結構性的體制需要。其本身基礎的混合成分，文學研究、社會學、自傳，代表了一種形成該學科早起形式的三角型重點。」[3]用霍爾的話說，文化研究的力量就在於它是「跨學科研究的焦點」；而對於特納而言，文化研究的「動力部分源自於對既有學科的挑戰」。

「文化研究所關注的通常是為傳統學科所忽視或壓抑的邊緣性問題，它所警惕的恰恰是不要讓自己重新成為一門新的學科。就此而言，文化研究不僅改寫了傳統學術的中心與邊緣觀念，而且對傳統的學科理念和學科建制構成了強烈衝擊。」[4]這表明，文化研究游離於傳統學科之外──人們已經無法援引現有的傳統學科的範疇對其予以

2　〔美〕弗雷德里克‧詹姆遜：《文化研究和政治意識》，《詹姆遜文集（第三卷）》（北京市：中國人民大學出版社，2004年），頁1-3。

3　〔美〕托比‧米勒編，王曉路譯：《文化研究指南》（南京市：南京大學出版社，2009年），頁24。

4　羅鋼、孟登迎：〈文化研究與反學科的知識實踐〉，《文藝研究》2002年第4期。

界定與闡釋。文化研究作為一種跨學科性的越界實踐，其考察不再局限於某一學科的疆界作為活動半徑。對於文化研究的興起與繁榮，我們至少應該意識到兩個問題：首先，文化研究的「越界」顯示了巨大的活力，至少從目前來看，文化研究提供了傳統學科版圖無法有效處理的問題開創性方法。跨學科性正成為學術界極富吸引力的術語。跨學科研究為我們提供了進入閾限的切入點，創造了獲得協同作用的途徑與可能性，同時也揭開了傳統學科那些獨斷專橫的邊界的可滲透性。換言之，跨學科性打破了過於專業化，是擴展單一領域知識和思想的一種途徑，提供了新的視角，創造了闡釋世界的多種可能性，文化研究的活力也大大被激發出來。文化研究的跨學科性，其意義在於能夠有效解除既有學科的遮蔽，從而開啟傳統學科框架背後的盲區。

　　學科並非永恆的金科玉律。傳統學科的設置及其合理性受到了質疑——學科本身的界限及其內部結構也已經成為文化研究的考察對象——「學科設置的緣起，歷史環境，學院機制，學科與權力的關係，學科與某種知識體系的相互配合，這些均在考察之列。」[5]顯然，這些問題更是留給我們意味深長的思考。

　　但是，文化研究的跨學科、反學科存在很大限度，它與學術體制相比力量懸殊，因此，文化研究面臨重新被學科化、體制化的危險。或許，伯明翰大學當代文化研究中心的關閉，恰恰證明了學術體制權力的強大與文化研究跨學科、反學科力量的渺小。文化研究的體制化，被視為「一個極度危險的時刻」，托尼・本尼特堅決地主張，「文化研究的體制化是一種我們應該謹防的危險，而不是因為它所提供的有限但又值得的可能性而去歡迎和明確培育之物。」[6]但約翰・斯道雷則認為：「新近對學科性的抵制在很大程度上源自對文化研究的一

5　南帆：〈學術體制：遵從與突破〉，《文藝理論研究》2003年第5期。

6　〔英〕約翰・斯道雷著，徐德林譯：《記憶與欲望的耦合：英國文化研究中的文化與權力》（桂林市：廣西師範大學出版社，2007年），頁114。

種政治浪漫。」[7]他繼而指出，「文化研究的體制化是一種極具誤導性的說法，暗示在文化研究進入學術生活之前，曾經有一個『純粹的』政治性文化研究的時刻。但這根本就不真實：文化研究自始至終都是體制空間中的一種學術實踐。」[8]顯然，文化研究自始至終都未脫離學術體制的五指山。如果文化研究脫離了體制所提供的資源，那麼，文化研究的這種跨學科性是否依然有效、是否依然有活力？王曉明在〈文化研究的三道難題——以上海大學文化研究系為例〉一文中指出，「在中國，目前依然是政府獨大的集權體制，幾乎所有重要的社會資源，都在體制以內。因此，如果不進入現行的大學體制，不向這個體制借力（信息渠道、經費等），文化研究可以說根本就開展不起來。」[9]因此，文化研究進入大學體制之中，其反學科的批判性必然大大削弱了。儘管王曉明在二〇〇四年組建上海大學文化研究系的時候明確宣稱：「文化研究並非一門如『中國現代文學』那樣的專業，一個 discipline，而可以說是一個 approach，一種看待文化和社會的思想方法，一種不受狹隘專業限制的開闊的視野。」[10]但是，文化研究的跨學科性已然在學術體制的強大磁場之中被部分規訓了。因此，在學術生產體制的強大磁場之中，文化研究的跨學科性如何才能保持其活力與能量就至關重要。

7　〔英〕約翰‧斯道雷著，徐德林譯：《記憶與欲望的耦合：英國文化研究中的文化與權力》，頁114。

8　〔英〕約翰‧斯道雷著，徐德林譯：《記憶與欲望的耦合：英國文化研究中的文化與權力》，頁114。

9　王曉明：〈文化研究的三道難題——以上海大學文化研究系為例〉，《上海大學學報》2010年第1期。

10　王曉明：〈文化研究的三道難題——以上海大學文化研究系為例〉，《上海大學學報》2010年第1期。

第二節　學科：現代性及其反思

「學科」顯然是「現代性」製造的又一個附帶事件。以華勒斯坦為首的一批學者指出，學科並不是我們今日所見到的靜態的知識分類，而是以一定的措辭建構起來的歷史產物。據華勒斯坦考察：「十九世紀思想史的首要標誌就在於知識的學科化和專業化，即創立了以生產新知識、培養知識創造者為宗旨的永久性制度結構。」在整個十九世紀，各門學科呈扇形擴散開來，歷史學、經濟學、社會學和政治學在大學裡合演了一首「四重奏」。「社會科學」名義之下的諸多學科共同追求的是公理和普遍原則，它們分疆而治，秩序井然。從大學專業訓練的制度化伴隨著研究的制度化——創辦各學科的專業期刊，按學科建立各種學會，建立按學科分類的圖書收藏制度。從學院的建制、知識分子的類別到圖書館目錄系統，「學科」提供了現代知識的基本分類，繼而為世界的切割、分層提供了依據。

自從福柯提出「知識考古學」的概念以來，反思學科的話語形構與權力的關係日漸成為學界關注的焦點。沙姆韋和梅瑟‧達維多在〈學科規訓制度導論〉[11]的開篇即宣稱：「近年我們才開始視學科為特定於歷史時空的形式。自從曼海姆和知識社會學的出現，我們也已認識到知識可能是建構在意識形態或利益的基礎上。我們亦察覺到特定的社會結構諸如大學研究或專業主義等怎樣組織知識的生產。可是只有福柯才率先讓人意識到學科／規訓是『生產論述的操控體系』和主宰現代生活的種種操控策略與技術的更大組合。」[12]學科作為經過分

---

11 「學科」在〈學科規訓制度導論〉一文中所對應的詞為Discipline，但Discipline具有多重而又相關的含義：包括學科、學術領域、課程、紀律、嚴格的訓練、規範準則、戒律、約束以致薰陶等。Disciplinarity被譯為「學科規訓制度」、「學科規訓」等包含學科、規訓、建制等內涵。

12 〔美〕華勒斯坦著，黃德興譯：《學科、知識和權力》（北京市：生活‧讀書‧新知三聯書店，1999年），頁12-13。

類的特殊知識領域，實際上代表了知識與權力的隱蔽組合。福柯關於
「知識即是權力」的論斷震撼人心，為我們剖開了現代學科背後隱匿
起來的話語權力關係。而勞倫斯‧格羅斯伯格在〈文化研究之罪〉一
文中關於學科與權力的描述顯然更為形象地揭示了學科與權力的隱蔽
關係：

> 每一門學科都被一套一定界限的對象、問題和「知識」以及諸
> 種特殊方法和衡量程序等等規定著。每一門學科都控制著它自
> 己的專門知識的領域，以及可接受的知識、探索和研究的形
> 式；都規定了什麼是合理的和可接受的問題，什麼樣的問題是
> 不合法的且必須被排除出去；以及何種回答是可接受的，何種
> 回答是不可接受的（因為這些回答是神秘的、建立在迷信基礎
> 上的、無法證實的、不一致的等等）。通過這些它告誡人們，
> 經濟學家應該研究經濟，生物學家應該研究生物，文學學者應
> 該研究文學文本。那就是它們所能確定所處的這門學科的全
> 部。當某些人越過這些界限時，他們就會被稱為業餘者，他們
> 的研究很可能會被譴責為草率和不夠嚴謹，實質上就是，他們
> 「不知道他們正在談論什麼」[13]

顯然，這樣的認識帶有明顯的「本質主義」傾向。「在文化知識領域
之內，『本質』已經成為劃定許多學科地圖的依據。經濟學、社會
學、法學、歷史學或者文學研究，眾多教授分疆而治，每個人只負責
研究這個學科的內部問題。」傳統的學科分類已經深入人心，以至於
大多數人習慣於將各種分類圖譜視為「天然的」、不可動搖的世界圖

13　〔美〕勞倫斯‧格羅斯伯格著，鄭飛燕譯：〈文化研究之罪〉，陶東風主編：《文化研
　　究精粹讀本》，頁121-122。

景。「在這些理論家心目中，學科的主權和領土完整決不亞於國家的主權和領土完整。放棄學科主權，開放學科邊界，這是對於『本質』的無知。」[14]換言之，這種觀念的背後正是基於對某種固定「本質」的追尋。

　　為什麼各種知識的分類是這樣而非那樣？為什麼某些問題被歸納為一個學科而另一些問題被納入另一個學科？為什麼有些學科備受追捧，而有些學科著遭受漠視？這些問題的思考顯然有助於我們打開視域：學科的版圖並非是一個毋庸置疑的權威。華勒斯坦在《開放的社會科學》中已經考證了：學科版圖作為歷史的產物，它會隨歷史環境的變化進行重新繪製。實際上，每一次學科版圖的重新繪製，就是一次權力的象徵性調整與分配。這種調整或隱或現的，不管我們是否察覺，但學科預示著的某種權力始終存在。如果引用布爾迪厄的「文化資本」的概念，那麼，知識的運作與權力的之間的隱蔽聯繫就會更為清晰地解開帷幕。誠如布爾迪厄所指出，在現代社會，學科主要寄植在社會教育體制，尤其是高等教育體制之中，而這種教育體制正是對現存社會統治秩序和不平等結構進行再生產的主要基地。現代學科制度參與這種再生產的方式之一，就是通過標準化、科層化的區分體系形成一種「專業態度」，這種「專業態度」使知識分子將其注意力完全集中於狹隘的知識領域，一個知識分子在教育體制中的地位越高，也就意味著他的興趣和能力越發集中於某一專門領域，意味著他對普遍的社會矛盾和社會不公正現象越發地漠不關心，意味著他越發無可避免地流向權力和權威，流向被權力直接雇用。它的一個直接後果就是使知識分子逐漸喪失了自己的社會公共代表角色，放棄了自己所承擔的社會批判責任，成為一些面目模糊的專業人士。[15]

---

14 南帆：〈文學研究：本質主義抑或關係主義〉，《文藝研究》2007年第8期。

15 羅鋼、孟登迎：〈文化研究與反學科的知識實踐〉，《文藝研究》2002年第7期。

正是由於這個原因，薩義德才把這種「專業態度」看作「今天對
於知識分子的特別威脅」。如果我們對於塑造了現代學科體制的那些
社會的、政治的權力關係有所瞭解，就會理解創建伯明翰當代文化中
心的反學科意義。當霍加特在中心創建之初明確宣告文化研究並沒有
固定的學科基礎時，他所表述的，並不僅僅是一種學術視野的擴展，
而是以英國新左派的理論立場為依據對當代歐美人文社會學科內部危
機做出的積極的政治反應。

第三節　文化研究與專業主義

迄今為止，已經越來越多的人意識到，「學科」只是現存「學術
體制」的一個側影。作為知識生產共同遵循公約的「學術體制」，無
疑全面地覆蓋了當今知識生產的空間。借用布爾迪厄「場」的概念，
學術體制就是一個特殊「文化生產場」。布爾迪厄富有啟發性地指
出：「這個結構並不是一成不變的，描畫社會位置狀況的拓撲學可以
建立起維持和改變有效特性分配結構的動態分析，並由此而建立社會
空間的動態分析。這就是當我們把整個社會空間描繪成一個場的時候
要表示的意思；也就是說，既是一個力量場，它的必然性對投入這個
場的行動者有一種強制力，同時，也是一個鬥爭場，在它的內部，行
動者們按照他們在力量場結構裡的位置，以他們的資財和不同的目的
而互相對立，這樣，有助於保持或改變這個場的結構。」[16]王曉明在
〈面對新的文學生產機制〉一文則更為精闢地指出：「這個新的正在
繼續變化的文化生產機制（包括作為它的一部分的文學生產機制），
就充當了社會生活和文學之間的一個關鍵的中介環節，社會的幾乎所

---

16 〔法〕布爾迪厄：《實踐理性：關於行為理論》（北京市：生活・讀書・新知三聯書
　　店，2007年），頁38。

有的重要變化，都首先通過它而影響文學；文學對於社會生活的反作用，也有很大一部分是通過它來實現的。」[17]顯然，學術體制嚴密地規訓著文學的生產、流通與接受，但它又是隱形地存在，深入到生活的細微處。

洪子誠對於文學體制如何細緻地控制文學生產的考察尤為令人矚目。從文學機構的設立、出版業和報刊的狀況到作家的身份，洪子誠分析了一整套管理和監督文學生產的嚴密體制——分析這一套體制如何保證左翼文學、革命文學的持續。如同一張隱蔽的網絡愈收愈緊，公共領域的消亡、批判運動的巨大殺傷力以及眾多作家噤若寒蟬的精神狀態無不可以追溯到這一套體制。[18]這一套嚴密的文學生產體制顯示，當代文學力圖承擔起意識形態國家機器的使命。不可否認，學術體制的存在有其合理的一面，「學術體制隱含了強大的驅動力」，能夠極大地提高了知識生產的效率。由於學術體制的有效調度和整編，產生了「知識共同體」，從而保證了知識生產、知識市場、知識消費之間的銜接。但是，另一面，學術體制也可能成為一種壓抑性的堅硬結構。文化研究的興起及其跨學科、反學科特性，顯然就是對學科體制的堅硬版圖的抵制與反抗。

文化研究應當成為「一種反學科實踐」——廣為人知的經典文本〈文化研究之必需〉就明確主張文化研究的核心目標之一是培養「抵抗性知識分子」，將文化研究發展成為一個「對抗性公共領域」。亨利·A·吉羅克斯、沙姆韋、史密斯、索斯諾斯基等人認為：「只有由抵制學科構成的知識分子所發展出來的一種反學科實踐，才有可能發展出解放性的社會實踐。」[19]顯然，文化研究對刻板而封閉的學科

---

17 王曉明：〈面對新的文學生產機制〉，《文藝理論研究》2003年第2期。
18 洪子誠：《問題與方法》（北京市：生活·讀書·新知三聯書店，2002年），頁192。
19 轉引自〔英〕約翰·斯道雷著，徐德林譯：《記憶與欲望的耦合——英國文化研究中的文化與權力》，頁112。

化傾向的反叛，並非只是出於學術研究自身——學科版圖的僵化，更重要的是它涉及到一個普遍的問題——「知識分子」的消失。

　　雅各比的「最後的知識分子」和薩義德的「業餘的知識分子」的命題無疑是這個時代的一種哀歌。隨著學術研究的專業化傾向和學術制度的不斷完備，出現了「專業主義」，而「專業主義」則進一步強化了學科的精密化程度，從而出現了薩義德所言的「知識分子的風姿或形象可能消失於一大堆細枝末節中，而淪為只是社會潮流中的另一個專業人士或人物」的現象。根據古納德考察，在新階級中起碼有兩種不同的精英：技術方面的知識匠和政治方面的知識分子[20]，而這種「新階級的繁衍是依靠專業化的公共教育制度，他們就越會生成一種意識形態……於是，『專業主義』這種意識形態便出現了。」[21]「專業主義」意識形態的出現使知識分子專注於自己的研究領域，成為某個領域的專家，而且容易「由於迷戀於專業化的結果，人們忽略了各種不同文化領域間的互相聯繫和互相依賴的問題，往往忘記了這些領域的界限不是絕對的，在不同的時代有著不同的劃分；沒有注意到文化所經歷的最緊張、最富有成效的生活，恰恰出現在這些文化領域的交界處，而不是在這些文化領域的封閉的特性中。」[22]在〈文化研究的必要性：抵抗的知識分子和對立的公眾領域〉一文中，亨利·吉羅等人也表達了同樣的觀點，「植根於獨立院系之中的相互分離的學科的歷史發展產生一種合法化的意識形態，並在實際上壓制了批評的思考」，「傳統的學科智慧就是讓其他門類的研究者，以他們選擇的方式做他們稱之為自己工作的事」。「專家們將自身置於由業餘者組成的公

20　〔美〕阿爾文·古爾德納著，杜維真譯：《新階級與知識分子的未來》（北京市：人
　　民文學出版社，2001年），頁49。

21　〔美〕阿爾文·古爾德納著，杜維真譯：《新階級與知識分子的未來》，頁15。

22　〔前蘇聯〕巴赫金著，白春仁等譯：〈答《新世界》編輯部問〉，《文本對話與人文》
　　（石家莊市：河北教育出版社，1998年），頁365。

眾之上或者對立面而言，專業化也使得知識分子與其他公眾領域相脫
離。」[23]文化研究從反學科性入手，強調社會實踐性，強調其踐履知
識分子對社會現實的干預作用，便成為一種必然的選擇。恰如吉羅等
人指出的，文化研究塑造了抵抗的知識分子，他們的工作不再限於大
學講堂上的教學活動，而是與廣闊的社會公共領域及其運動產生深刻
的聯繫。「正確的文化研究應當是與內在的、在充滿壓迫的社會中必
須做的事情相關的。這種行為的前提條件必然是對各種流行的實踐批
判與對抗。批判性知識分子必須在這種對抗演化為有政治影響的實踐
的過程中扮演重要的角色。」我以為，以霍爾為代表的「伯明翰學
派」的文化研究實踐，就代表了這種傾向，文化研究與社會運動和實
踐的緊密結合，使得英國文化研究的影響遠遠超出了學院範圍。「文
化研究是一個不斷地自我反思乃至自我解構─重構─再解構─再重構
的知識探索領域。」[24]

　　「文化研究」的一個重要特徵是拆除藩籬，實行跨學科研究。正
如南帆所言，解除學術體制套給文學理論的緊箍咒，這不僅是視野的
開放；更為重要的是，人們可能從生活的各個方面發現了文學的存在
和意義。[25]「文化研究」顯示，文學如同某種文化神經密布於人們的
全部生活經驗之中。或許，正如「文化研究」的悖論所隱含的：一方
面，文化研究具有反學科的特性；另一方面，「文化研究」也可能重
新體制化。種種跡象表明，「文化研究」正逐漸走向建制化。那麼，
文化研究的意義何在？文化研究是否喪失了其批判性？而要解開這些
迷局，「知識分子」顯然是一個十分重要的考察維度和切入點。

23 〔英〕亨利・吉羅等：〈文化研究的必要性：抵抗的知識分子和對立的公眾領域〉，
　　羅鋼、劉象愚主編：《文化研究讀本》（北京市：中國社會科學出版社，2000年），
　　頁79。

24 陶東風：《文化研究：西方與中國》（北京市：北京師範大學出版社，2002年），頁
　　4-5。

25 南帆：〈學術體制：遵從與突破〉，《文藝理論研究》2003年第5期。

第四節　文化研究與知識分子的使命

　　當今，文化研究置身於複雜的歷史文化網絡之中，知識分子正遭遇更為複雜的歷史語境與「中國問題」，他們的思想、視野、洞察力、責任與良知都遭到全面的挑戰。那麼，文化研究如何更好地介入現實？如何更加有效地闡釋當前複雜的文化問題？知識分子在當今充當著什麼角色？知識分子為誰發言？如何發言？他們的發言可靠、有效嗎？我們到底需要什麼樣的知識分子？

　　「知識分子究竟是為數眾多，或只是一群極少數的精英？」[26]薩義德以此問題作為《知識分子論》的開篇，他認為，二十世紀對於知識分子最著名的兩個描述：葛蘭西和班達。根據葛蘭西《獄中札記》描述，所有的人都是知識分子，但並不是所有的人在社會中都具有知識分子的作用，他依此將知識分子分為傳統的知識分子和有機的知識分子。葛蘭西相信有機知識分子主動參與社會，他們一直努力去改變眾人的心意，一直在行動，在發展壯大。而班達對知識分子的著名定義則是：「知識分子是一小群才智出眾、道德高超的哲學家——國王（philosopher-kings），他們構成人類的良心。」在班達看來，真正地知識分子，「他們本質上不是追求實用的目的，而是在藝術、科學或形而上學的思索中尋求樂趣，簡言之，就是樂於擁有非物質方面的利益。」[27]班達所構思出的知識分子形象：特立獨行、能向權勢說真話的人，耿直、雄辯、極為勇敢的人，對他而言，不管世間權勢如何龐大、壯觀，都是可以批評、直截了當地責難的。當然，這不可避免地是一群少數、耀眼的人，他們的形象具有吸引力及信服力。但是，今天的歷史語境發生了巨大的變動，知識分子遭遇的複雜問題遠遠不是

26　〔美〕愛德華・W・薩義德著，單德興譯：《知識分子論》（北京市：生活・讀書・新知三聯書店，2007年），頁11。

27　〔美〕愛德華・W・薩義德著，單德興譯：《知識分子論》，頁12。

勇氣和良心所能解決的。睿智的知識分子逐漸意識到問題的複雜程度，那麼知識分子如何才能在複雜的歷史脈絡之中作出獨立的判斷？薩義德的聲音無疑對我們是一種醍醐灌頂式的警醒：「知識分子的風姿或形象可能消失於一大堆細枝末節中，而淪為只是社會潮流中的另一個專業人士或人物。」他堅信，「知識分子是社會中具有特定公共角色的個人，不能只化約為面孔模糊的專業人士，只從事自己那一行的能幹成員。我認為，對我來說主要的事實是，知識分子是具有能力『向』（to）公眾以及『為』（for）公眾來代表、具現、表明訊息、觀點、態度、哲學或意見的個人。」[28]薩義德認為，並不存在純屬個人的知識分子，知識分子作為代表性人物，就必須在公開場合代表某種立場，不畏各種艱難險阻向他的公眾作清楚有力的表述。

　　知識分子能夠作出清晰有力的表述並代表公眾發言，那麼，他們的發言是否受到公眾的認同？他們的發言是否可靠、有效？福柯關於知識即是權力的論斷無疑動搖了知識分子真理衛士的形象，「知識分子的公正與客觀僅僅是一個不可靠的表象，他們隱蔽地在權力網絡之中扮演一個重要角色。知識分子沒有勇氣說，權力所產生的壓迫機制與他們徹底無關」。[29]布爾迪厄的「文化資本」理論更是揭開了知識與權力、利益之間的隱蔽關係。文化資本在一定條件下可以轉化為經濟資源，而知識分子正是文化資本的占有者。《新階級與知識分子的未來》一書明確指出，知識分子由於其占有的文化資本從而形成了一個新的階級。「如果知識分子愈來愈明顯地成為現代社會的一個獨特的受惠群體，那麼，他們還能不能負責社會大眾的公共事務，甚至積極為被壓迫者發言？傳統的道德責任感，知識話語系統訓練出來的規範還能多大程度地支持他們的批判鋒芒？」[30]在考察知識分子與公眾之

---

28 〔美〕愛德華‧W‧薩義德著，單德興譯：《知識分子論》，頁16。
29 南帆：〈四重奏：文學、革命、知識分子與大眾〉，《文學評論》2003年第2期，頁48。
30 南帆：〈四重奏：文學、革命、知識分子與大眾〉，《文學評論》2003年第2期，頁48。

關係時，這些問題無疑應該納入我們的視野。

在中國龐大版圖之中，前現代、現代、後現代文化與價值理念共存於同一時空之中，因此，中國知識分子所遭遇的問題也遠為複雜。而文學，往往被視為與知識分子身份聯繫最為緊密，其處境又如何？返顧當代中國的發展進程，文學並未沉沒在經濟膨脹的大潮中，文學依然堅貞地存在並發言著。正如當代文化研究中心創始人理查德・霍格特在一九六三年的一次演講中說：

> 如果不是文學起到了它應該起到的作用的話，我們對人際關係的複雜性能夠有多大程度的理解呢？對這種複雜性的表達就更不必談了。我並不是說我們都需要讀遍最好的書籍，而是好書的確被人閱讀，而且它們的見識……在某種程度上成為人們的共識，對我們對於自己的經歷的理解起了作用。[31]

誠然，文學依然保持其特有的魅力。文學仍然保有特殊的途徑可以讓我們瞭解我們自身在如何生活、怎樣更好地理解生活。在多種話語共同編織起來的歷史圖景中，文學始終沒有喪失自己的投票權與發言權。知識分子沒有被時代拋棄。文學依然有效地捲入而不是退出這個時代──哪怕是瑣細的日常生活。

文化研究是基於獨特立場上的認識世界的方式。「抵抗」這一主題具有很強烈的色彩，貫穿於很多文學與文化研究中所描述的真實的、活生生的、行動著的主體。但是，文化真空並不存在，知識分子始終無法擺脫「關係」，因為擺脫某些關係也意味著進入了另一些關係，從一個圍城進入另一個圍城之中。因此，知識分子不必為找不到

---

31 〔美〕勞倫斯・格羅斯伯格：〈文化研究之罪〉，陶東風主編：《文化研究精粹讀本》，頁100。

一個撬動真理的阿基米德支點而苦惱。但是，作為具有批判意識的知識分子，應該清醒地保持「網絡節點上的個人意識」和批判性。或許，文化研究能為知識分子提供更為豐富的可能性和可勝任的形式。

第十二章
重審文化研究：
問題的表徵、博弈與突圍的可能

第一節　問題的症候：文化研究的危機表徵

　　文化研究的必要性與重要性已經不言而喻。文化研究已無可置疑地進入了當代世界的思想、學術與日常生活的主流之中，成為公眾關注的焦點。然而，在文化研究一片欣欣向榮的繁華表象之下，既有廣泛的擁護者，也不乏立場不同的詆毀者。早在英國當代文化研究中心成立之初，文化研究就「招來罵聲一片」──它的跨學科意識已經對傳統學科形成了一種威脅。迄今，文化研究依然時常遭到攻擊──「太理論或不夠理論，太政治化或不夠政治化，太抽象或太具體，過分批判或批判得還不充分，過於精英或過於平民主義，太專注於學院規範或太過分削弱學科規範，助長了西方文明的衰退或成為西方帝國主義利益的奴僕，等等。」[1]或許，對於文化研究最富侵略性的進攻應算是弗格森和戈爾丁的《問題重重的文化研究》。[2]在許多人的意識之中，文化研究就是關於「文化」的研究，這種觀念如同文化研究甩不脫的標籤。何為「文化」？文化研究中的「文化」與一般意義上的「文化」有何區別？在雷蒙・威廉斯看來，「文化不僅僅是智性和想

1　〔美〕勞倫斯・格羅斯伯格：〈文化研究之罪〉，陶東風主編：《文化研究精粹讀本》
　　（北京市：中國人民大學出版社，2010年），頁120。

2　馬喬里・弗格森和彼得・戈爾丁編輯了《問題重重的文化研究》（*Cultural Studies in Question*）一書，這是文化研究批評者從反面對文化研究發起的攻擊。

像力的作品，從根本上說文化還是一種整體性的生活方式」。[3]從這樣一種定義出發，「文化分析就是闡明一種特殊生活方式、一種特殊文化隱含或外顯的意義和價值。」[4]相對於傳統文學研究而言，文化研究的認知度和學術含量並未得到足夠的重視。在我自身的學術經歷中，曾經遭遇過兩次這樣的尷尬：一次是以「文化研究在中國的理論旅行」為主題申報課題，在校內的評審會上遭到某位評審委員的質疑——「文化」這麼大，怎樣研究？另一次是在某次研討會上，一位學者慷慨激昂地批評道：文化研究就是某些年青學者的小把戲，把文學都玩完了。面對這些質疑與批評，我們有必要思考：人們對文化研究懷著怎樣的期待呢？通常，在文學研究學者們看來，人們對文化研究的期待僅僅是文化研究作為一種新的學術範式超越了文學研究的外部空間。然而，由於文化研究至今仍然陷於跨學科、後學科與準學科之間的悖論與博弈之中，文化研究時常遭受質疑與論辯。由於文化研究在當前學術體制中的尷尬位置，文化研究大多棲身於文學研究的學科邊緣，常常被輕蔑地視為是文學研究或社會學或媒介研究的附屬物。

　　或許，文化研究現在正處於一個關鍵性的歷史時刻。諸多事實已然表明，文化研究的理論射程與能量遠遠超出了我們想像的狹小地帶。大眾文化、媒介研究、性別研究、意識形態批判、文化霸權、種族批判、符號學分析、後殖民主義、後現代等諸多龐雜的話語組成了文化研究的話語光譜，將之形塑為一個異常活躍的文化場域。「文化研究」的話語光譜與跨學科特徵表明，文化研究「總是拒絕了那條坦途，一條採納已達成一致意見的、合法化了的研究課題的坦途」，它擁抱複雜性，強調批判性地介入到各種複雜、隱蔽的社會歷史脈絡中

3　〔英〕雷蒙·威廉斯著，高曉玲譯：《文化與社會》（長春市：吉林出版集團公司，2011年），頁337。

4　〔英〕雷蒙·威廉斯：〈文化分析〉，羅鋼、劉象愚主編：《文化研究讀本》（北京市：中國社會科學出版社，2000年），頁127-128。

進行問題分析。然而，文化研究的本身也存在某些內在性的難局，而且這些難局隨著其發展而加劇了隱約的不安。尤其是面對當前文化研究的情勢，諸如危機、困境、岔路口、同質化等問題已經駛入我們的視野並持續發酵，而且另一些新型的問題接踵而至。文化研究真的陷入「困境」了嗎？文化研究如何走出「困境」？[5]顯然，正視「問題重重的文化研究」或「可疑的文化研究」，釐清它們的外在症候是保證文化研究質量與活力的有效保證。

第二節　隱匿的博弈：文化研究的九個問題

一　文化研究的悖論：跨學科與建制化

　　「跨學科」無疑是文化研究的最大特點。它的崛起正是源於對其他學科的不滿，其意義正是要突破學科的局限性與專業的壁壘，從而達成對問題研究的一種開放性理解與闡釋。顯然，文化研究的「跨學科」特性使其充滿了批判性的活力。正是在這個意義上，詹姆遜批判性地指出：「文化研究對自身的定義，取決於自身與其他學科之間的關係。」[6]格雷姆・特納也主張：「文化研究已經對建立在人文學科和社會學科之內的學科正統提出了根本挑戰，能夠對文化在社會中的功

5　中國大陸關於文化研究「困境」的討論主要有：盛寧的〈走出「文化研究」的困境〉（《文藝研究》2011年第7期），王偉的〈文化研究的意義與問題──與盛寧先生〈走出「文化研究」的困境〉一文商榷〉（《學術界》2011年第10期），張喜華的〈再論文化研究的困境〉（《黑龍江社會科學》2015年第1期），王偉的〈文化研究陷入困境了嗎？──與張喜華教授〈再論文化研究的困境〉一文商榷〉（《海南師範大學學報》2016年第6期）。

6　〔美〕弗雷德里克・詹姆遜：〈論「文化研究」〉，《文化研究和政治意識》（北京市：中國人民大學出版社，2004年），頁3。

能作出更充分、更豐富和更複雜的理解。」[7]文化研究作為一個智性的自我反省活動，它始終抱有懷疑的精神，質疑任何學科對象的構造。在馬克・吉布森和亞力克・麥克霍爾看來：「跨學科性是產生於結構性的體制需要。」[8]事實上，學科本身就是文化的一種複雜建構物，它是一種現代性的產物。歷史已然表明，任何學科邊界並非是絕對封閉的，它都會被「外人」進入。

　　「文化研究的體制化是一個我們必須留意的危險，而不是某種由於有限但仍然有價值的可能性而應當去歡迎和明確培育的事物。」[9]關於文化研究的學科化、建制化問題，一直是文化研究領域難以有效突破的悖論性難題。毫無疑問，當前的體制力量非常強大，學術資源、招生指標、課程設置以及評價機制無不納入體制的框架之中，而學科建制化則成為了體制分配資源的重要依據。如何獲取相關的資源？文化研究是否有足夠強大的力量抵抗學術體制？抑或只能順從體制並不斷地自我學科化、建制化，才能從體制中分得一杯羹？從文化研究在英國興起的情況來看，文化研究並非是在體制外發展起來的，也不是在與之對抗之中發展起來的，而是在當時英國政府設定的教育空間中成長起來的。目前，文化研究在英國、美國、法國、澳大利亞、加拿大、韓國、印度、中國大陸及臺灣、香港地區等一些高校課程中已經獲得認可，並創辦了大量的研究中心，設立了博碩士培養專業方向。僅就中國大陸而言，開設文化研究課程的主要包括北京大學、北京師範大學、中國人民大學、南開大學、華東師範大學、上海大學、首都師範大學、福建師範大學等一系列高校，尤其是上海大學

7　〔英〕本・卡林頓著，孟登迎譯：〈解構中心：英國文化研究及其遺產〉，陶東風主編：《文化研究精粹讀本》，頁31。

8　〔美〕托比・米勒編著，王曉路譯：《文化研究指南》（南京市：南京大學出版社，2009年），頁22。

9　陶東風主編：《文化研究精粹讀本》，頁95。

專門成立了「文化研究系」。文化研究成立了國際文化研究學會，亞太地區成立了「亞際書院」，臺灣地區成立了「文化研究學會」；文化研究領域也已創辦了一大批國際性刊物，諸如《Cultural Studies》、《社會文本》、《文化批評》、《文化與社會》、《亞際文化研究》，中國大陸的《文化研究》（輯刊）、《熱風學術》，以及臺灣地區的《文化研究》（學刊）、《文化研究季刊》（電子）等。顯然，就目前發展狀況而言，文化研究已經逐步地建制化。難怪在談及文化研究的未來時，勞倫斯·格羅斯伯格極力呼籲：文化研究應該盡量避免「學科的自我膨脹」。[10] 不言而喻，隨著文化研究的學科化、建制化不斷完善，它的批判性潛力與活力也隨之被消解了。無論是西方還是中國文化研究界，他們一開始就已經意識到了這個問題和困境。正如前文所述，文化研究的學科化、建制化已經成了一種趨勢。這不僅表明了當前學術生產體制的穩固與力量之強大，也意味著文化研究跨學科性的脆弱。某種意義上，文化研究的跨學科始終難以對強大的學術體制造成強有力的撼動。或許，造成這種現象的原因正是由於文化研究本身就是產生於學院體系之中，它始終難以徹底擺脫學院體制的規訓。

隨著伯明翰大學當代文化研究中心的關閉，文化研究陷入了前所未有的困境。正如格蘭特·法雷德所聲稱，「文化研究正處於一段陌生的空白期，在制度化和邊緣化的夾層中艱難立足。」[11] 他的這一判斷源於兩個方面：一方面，文化研究經過近幾十年的發展依然未能在學術界占據穩固的地位；另一方面，過去幾十年的努力使得文化研究邊緣化的光芒與批判性的魅力有所消減。事實上，文化研究的學科化是一把雙刃劍。在當前的形勢下，身處傳統院系和高校體系之中對於

10　〔美〕勞倫斯·格羅斯伯格著，莊鵬濤等譯：《文化研究的未來》（北京市：中國人民大學出版社，2017年），頁17。

11　〔美〕傑弗里·J·威廉斯編著，李佳暢譯：《文學制度》（南京市：南京大學出版社，2014年），頁85。

文化研究而言必然矛盾重重。在這一空間中,需要不斷追問的至關重要問題是:在建制化的語境之中如何始終保持文化研究的批判潛力與能量?解決這一悖論是否可能,如何可能?

二　「表達的脫節」:法蘭克福學派與伯明翰學派

　　眾所周知,「法蘭克福學派」與「伯明翰學派」是文化研究的兩大思想資源與學術範式。在某種程度上,這兩個學派的研究方法和學術觀點上存在著很大的差異,正如道格拉斯·凱爾納所言,二者之間存在著「表達的脫節」。[12]二十世紀三十年代,法蘭克福學派開創了文化與傳播領域中的跨學科批判研究方法,將文本分析、意識形態批判、政治經濟學批判、受眾分析的研究結合起來。霍克海默與阿多諾著名的「文化工業」批判理論成為法蘭克福學派的典範。對於大眾文化,法蘭克福學派的理論家們以「精英主義」的立場進行了批判性分析,諸如阿多諾對流行音樂的分析、洛文塔爾對流行文學與雜誌的研究、赫爾佐戈對廣播肥皂劇的研究、馬爾庫塞對技術理性的批判等等。而伯明翰學派堪稱是英國文化研究的代表,然而,英國文化研究並不完全等同於伯明翰學派。儘管我們並不懷疑文化研究的起源神話是來自於英國,尤其是伯明翰當代文化研究中心更是享譽盛名,但是,我們並不能因此而將伯明翰學派當作是文化研究的唯一合法代言人。事實上,英國文化研究除了伯明翰學派,還有卡迪夫學派以及以政治經濟學研究著稱的萊斯特學派等。伯明翰大學當代文化研究中心成立於一九六四年,它主要聚焦於階級、性別、種族、意識形態、權力在通俗文學、報刊雜誌、廣播電視、電影等流行文化和大眾媒介中的作用。

12　〔英〕道格拉斯·凱爾納:〈批評理論與文化研究:未能達成的結合〉,陶東風主編:《文化研究精粹讀本》,頁140。

　　儘管伯明翰學派的學者們「有意避而不談法蘭克福學派，但是，他們所做的工作，包括用於文化研究的社會理論和方法論模式、政治觀點和策略，都重複了法蘭克福學派的某些經典觀點。」[13]對於文化與意識形態之間的相互滲透的認識與批判，既表明了他們的某種共識，也凸顯了觀念分歧。在共識方面，二者堅持認為對於文化的分析必須置身於社會關係與制度之內，文化研究與社會、政治、經濟等方面緊密地交織在一起。在面對大眾文化、媒介文化時，法蘭克福學派突顯了「精英主義」立場，而伯明翰學派則呈現出「平民主義」意識。如今，隨著網絡信息技術的迅猛發展，人們越來越重視大眾文化、媒介文化的傳播、消費以及接受等問題，而對大眾文化的積極肯定的伯明翰學派觀念取代了持激進批判性立場的法蘭克福學派批判理論。

　　如何接合「法蘭克福學派」與「伯明翰學派」的傳統與資源，文化研究再度開始意識到這個問題。在道格拉斯・凱爾納看來，「法蘭克福學派對於當前文化和社會形勢的分析及其重要，因為它聚焦於當代資本主義社會中的技術、文化工業和經濟狀況之間的相互滲透的研究。」[14]儘管法蘭克福學派與伯明翰學派文化研究之間存在著差異與分歧，但是如果二者實現接合，在某種程度上可以彼此克服自身的不足與局限性。它們之間互補性的接合，可能產生新的視角，有助於「批判地分析並改變我們當前的社會狀況，並可以發展為一種具有實踐性的社會批判理論和文化研究。」[15]換言之，法蘭克福學派的思想觀念與研究方法並未喪失有效性，它們與伯明翰學派傳統的接合能夠豐富、完善當代文化研究。尤其是面對當下社會飛速變革以及新理論

13　〔英〕道格拉斯・凱爾納：〈批評理論與文化研究：未能達成的結合〉，陶東風主編：《文化研究精粹讀本》，頁145。

14　〔英〕道格拉斯・凱爾納：〈批評理論與文化研究：未能達成的結合〉，陶東風主編：《文化研究精粹讀本》，頁141。

15　〔英〕道格拉斯・凱爾納：〈批評理論與文化研究：未能達成的結合〉，陶東風主編：《文化研究精粹讀本》，頁141。

的不斷增殖，如何調整、接合法蘭克福學派與英國伯明翰學派的理論以應對新的理論和社會歷史就顯得至關重要。

三　「感召力」的缺失：
樂觀的平民主義與悲觀的精英主義

　　文化研究的危機、困境、十字路口、同質化傾向不斷被提出來。如今我們反覆聽到的呼籲是，文化研究變得越來越同質化，正如美國學者格羅斯伯格所言，對「感召力」（affect）的忽略，是當今文化研究範式的一大缺陷。格拉漢姆·默克多也認為，由於文化研究沿襲了解釋主義傳統在方法論上存在的問題和缺漏，「在很大程度上弱化了文化研究自身的能力，從而使它很難提供關於當代文化的綜合闡釋以及形成這種闡釋的力量。」[16]儘管「文化研究」已經高度流行，似乎成為了當前學術界被廣泛濫用的一個詞語，但是文化研究的批判效能卻備受爭議。文化研究成為了一種流行的消遣方式，抑或是一種「悲觀的精英主義」？[17]

　　文化研究時常被抨擊為一種流行的消遣方式。文化研究似乎被理解為廣闊群體戰線的大眾娛樂活動。從經典文本到街頭廣告，從流行音樂到輓歌，從名人字畫到墓誌銘，文化研究似乎扮演了一種無所不能的角色。然而，我們每個人是否真正知道什麼是「文化研究」？在勞倫斯·格羅斯伯格看來：「流行的作用並不在於提供一套文本，而在於提供一個地形，鬥爭和轉化都在這裡發生的場地。」[18]事實上，

16　〔英〕格拉漢姆·默多克：〈淺度描述：文化分析的方法問題〉，〔英〕吉姆·麥奎根，李朝陽譯：《文化研究方法論》（北京市：北京大學出版社，2011年），頁198。

17　〔英〕約翰·斯道雷著，徐德林譯：《記憶與欲望的耦合──英國文化研究中的文化與權力》（桂林市：廣西師範大學出版社，2007年），頁110。

18　〔美〕勞倫斯·格羅斯伯格著，莊鵬濤等譯：《文化研究的未來》，頁211。

文化研究關注大眾文化、流行文化的問題，或者媒介文化的問題，既不是試圖建立新的對象，也不是要建立學科研究的一般理論；相反，它提出了語境的理論化和語境策略，以之應對更廣泛情勢調查中的特定問題。[19]文化研究不再將研究的視域局限於文學經典，而是大大拓寬了問題的疆域，引入了形形色色的論題，如種族、性別政治、性欲問題以及對流行文化文本的解讀等等。流行文化不再被簡單地貶低為不值得參與的對象加以否定，文化研究突出了流行文化消費本身就是一個有意義的生產時刻。

　　當文學研究時常被視為是一種「精緻利己主義」時，文化研究也遭受同樣的待遇被冠以「悲觀精英主義」的稱號。這種「悲觀精英主義」在西方有其理論淵源，從利維斯主義到法蘭克福學派，再到結構主義流派等等。它們的理論主張與實踐在某種意義上表明：「『能動性』總是被『結構』淹沒，文化消費僅僅是生產的影子，受眾談判是烏有之物，僅僅是經濟權力遊戲之中的虛幻行為而已。」[20]「悲觀精英主義」往往將自身表徵為一種激進的文化形式，它的批判性在某種意義上陷入了一種可疑的境地。那麼，文化研究是否也已經成為了這樣一種「悲觀精英主義」？至少從某些層面可以發現，文化研究總是在抵制著「悲觀精英主義」，儘管文化理論以及文化分析的諸多觀點也在一定程度上受到它的困擾。在文化研究看來，文化生產是複雜而矛盾的，不能簡單地用一些概念來加以闡釋，而是在具體語境中進行意義再生產。

　　文化研究並不能僅僅停留於作為一種學術訓練，它應該有效介入到社會實踐之中，告訴我們這個世界正在發生了什麼。在文化研究領域中，約翰・費斯克指出：「在我試圖批判性地思考文化理論中支配

19　〔美〕勞倫斯・格羅斯伯格著，莊鵬濤等譯：《文化研究的未來》，頁213。
20　〔英〕約翰・斯道雷，徐德林譯：《記憶與欲望的耦合——英國文化研究中的文化與權力》，頁110。

和從屬地帶之間的關係時，我從未隱瞞我的政治主張。我希望我們能
夠縮小這些地帶之間的鴻溝，加強它們之間的交流，因為我相信這樣
做有助於改變學術機構和其他社會形態之間，尤其是從屬社會形態之
間的關係。」[21]本尼特也指出，文化研究生產出來的大部分文本政治
存在兩個方面的缺陷：一是沒有連接到多數活生生的人，二是忽略了
文化力量的體制規模。因此，他敦促文化研究應該採取一種更為務實
的方法來加以完善。文化研究不應只是一種樂觀的平民主義或是悲觀
的精英主義，它應該直面當代社會的嚴峻挑戰，積極地行動起來進行
批判性的實踐。或許，文化研究的批判性分析在三個向度上應該具有
重要意義：一是對於文化的產品和政治經濟因素的研究，二是文本分
析和文化批判，三是受眾的接受研究和文化產品的消費行為研究。當
然，並非所有的研究都涉及這三個層面，但是它們為文化研究的批判
力提供了整體性視野與多重視角的可行性。

四　全球化的誘惑與本土化的陷阱

文化研究由於理論旅行而全球開花，然而，文化研究極為強調
「語境」或情勢。因此，如何看待文化研究的「全球化」與本土化之
關係？當今，全球化與本土化之間已經複雜地構連在一起，顯然，我
們再也不能簡單地將它們視為兩種截然不同、相互對抗的發展狀態。
本土的現實情況今天無論好壞都不能再被認為脫離於世界影響之外。
不言而喻，這樣的觀點對我們理解文化研究的全球化與本土化之關係
大有助益。在一九八九年的講座中，霍爾指出「全球化」當中的一對
「張力」：均質化（同一化）與特異化（差異化）。他認為，早期的文
化研究僅僅限於對英國文化、英國文學等內容展開爭論，然而時移世

---

21 〔美〕弗雷德里克・詹姆遜：〈論「文化研究」〉，《文化研究和政治意識》，頁34-35。

轉，今天我們談「英國性」的問題只能放在全球文化體系之中與它的「其他性質」一併考量。他明確認為，這些進程已經不再屬於任何一種國家文化所有，無法在任何一種國家文化的框架中得以解決。不言而喻，當代文化研究需要透徹理解霍爾所說的「全球文化體系」與「本土化接合實踐」。

全球化視野，意味著要打破文化藩籬，將自己的視野投向世界，或許，以往我們時常將這種投向局限於歐美發達國家，而忽略了第三世界國家。事實上，國際視野的強調不能緊緊局限於西方發達國家，同時也應將第三世界國家納入視域，而不是進行有意的遮蔽。在全球化趨勢中，我們應堅持用辯證的目光看待「本土」與「全球」的關係。[22]我們不能淪陷為西方全球化邏輯的複製，而應該立足於本土的文化，尋找對話的可能與前提，建構出一種不同的國際視野和國際想像。

中國文化研究既是全球化進程的構造，又是全球化進程的抵制，我們不僅要重新思考國際視野所蘊含著的思想資源，更要進一步探索文化研究與國際想像、世界視野的連結與張力。陳光興一語中的地指出文化研究實現國際化或全球化的最重要問題是如何解決「去殖民主義問題」。過去四十年來，文化研究一直在研究地方社會結構的文化權力關係問題，而現在，文化研究正處於一個重要的國際化時期。陳光興認為，這樣的轉變，在很大程度上是由於趨勢的變化和世界力量結構的變化，如跨國資本的出現、單一民族國家重新結盟為地區性超級國家……以及高技術互聯體系的實現，如衛星和互聯網的出現更有可能實現跨越國界的交流。[23]

全球化視野之中，中國問題已不僅僅是中國的問題，而且是世界

---

22 〔英〕約翰・斯道雷著，常江譯：《文化理論與大眾文化導論（第五版）》（北京市：北京大學出版社，2010年），頁259。

23 陳光興：〈去殖民的文化研究〉，《臺灣社會研究季刊》第21期（1996年1月），頁73-128。

歷史的重要部分。只有從中國經驗的脈絡出發，確實進入中國經驗的問題場域，才能實現文化研究與中國問題的接合。因此，考察與研究中國經驗視域中的文化研究，更應當進入「中國經驗」的歷史縱深，這樣才能深切闡釋出「文化研究」對中國歷史與社會現實的真正參與，重構出文化研究多層次、立體的發生圖景。文化研究介入中國特定的歷史場域之中，必然與特定時期種種複雜的歷史問題相互纏繞在一起。那麼，文化研究在闡釋中國問題的過程中發生了哪些變化，甚至產生了怎樣的扭曲，闡釋的有效性如何？同時，在面對複雜的歷史語境與現實問題之中，為了確保理論闡釋的有效性，文化研究又進行了怎樣的自我理論調適？以及文化研究在全球加速進程之中是怎樣強化「本土想像」的？這些都應該是進入中國本土經驗層面應該予以關注並加以聚焦的問題。

五　研究方法：方法缺失或開放性？

對文化研究另一常見的指責是：文化研究沒有任何固定的研究方法。[24]

文化研究並沒有形成一個穩固的研究模式，反而是這種鬆散性和開放性使得從事文化研究的人被認為是對這一事業最有價值的。文化研究的很多著名學者們大多傾向於主張：文化研究的各種設想與過程的靈活性，允許有一種分析上的自由，這種自由可以靈活地對文化生活不斷變化著的複雜性作出反應。[25]正如極具影響力的《Cultural Studies》明確宣稱：「文化研究絲毫沒有保證在各種既定語境內所追問之問題的重要性，或者說沒有保證回答那些問題；因此，沒有任何

24　〔美〕勞倫斯·格羅斯伯格，莊鵬濤等譯：《文化研究的未來》，頁17。
25　〔英〕保羅·史密斯：〈文化研究的回顧與前瞻〉，陶東風主編：《文化研究精粹讀本》，頁3。

方法論可以被賦予特權，甚至也不可能完全可靠地和有把握地暫時加以運用，然而，也沒有哪種方法論可以被立刻排除法在外。」[26]從這段宣言中，我們可以發現：文化研究為形形色色的方法提供了庇護。儘管如此，文化研究並非理所當然地認為一切話題都存在共識。

　　對於研究方法複雜性的認識是對文化研究進行有效探討的重要環節。當我們讀到雷蒙・威廉斯的這段論述時，我們顯然更有必要重新深入探討這個問題：

> 我們在此所召集的見證者提出了歷史事實、歷史視角的問題，此外也提出了文學事實、文學視角的問題。他們闡述的模式不盡相同，內容的論據包括戲劇臺詞、小說章節、文章論點、日記注釋等。在以詩歌為論據時，詩歌的類型也不盡相同。倘若我們從一開始就做出這些嚴謹的區分，我們就只需分析這些重要的感情結構。接下來的首要問題就是如何定義田園作品的問題，或是如何定義被稱作田園作品的那些作品的問題。這是一個繞不過去的形式問題。[27]

　　雷蒙・威廉斯在《鄉村和城市》一書中對自己的方法論做了詳盡的描述，他強調的重點落在了文化研究的方法上。由於闡釋模式的不同，選取的方法和論證方式也必然隨之差異。誠如格羅斯伯格試圖提供「一種不同的組織和描繪當代情勢下文化的方式，將文化看作一系列不穩定的、變化的話語結構和情感機制的配置──作為調解或者接合的結構，集中牽涉即將到來的現代性的當代鬥爭，成為現代的可能

---

26 Lawrence Grossberg, "Cary Nelson and Paula Treichler," (ed.), *Cultural Studies*, London: Routlege, 1992, p.2.

27 〔英〕雷蒙・威廉斯著，韓子滿譯：《鄉村與城市》（北京市：商務印書館，2013年），頁15。

方式。」[28]他曾繪製了一張理想性的文化研究地圖，他力倡文化研究應該沿著文化方法和社會理論兩個軸心展開，其展開的系統是比較文學人文主義、辯證社會學、文化主義、結構主義交接點以及後現代主義交接點等五種方法，以八種理論方式——認識論、決定論、使然力、社會形構、文化形構、權力、鬥爭特性、現代場域——進行論述，從而生產出「歷史化」的文化分析。

　　傑弗里‧J‧威廉斯在考察「文學制度」與文化研究的關係時也指出：「受傳統學科結構所限，我們未能關注『文化研究』融入到『這個世界裡』的方式，因此，問題並不在於要將文化研究推廣到大街小巷中，而是學會利用已經存在了的各種文化研究形式，並為之提供取捨方案。」[29]我認為，儘管當代文化研究存在著這樣那樣的問題，但是這顯然屬正常狀況。因為文化研究依然體現了旺盛的生命力與創造力，想像力與靈活性。文化研究依然保持了批判性的自我反思能力以及對知識價值的敏銳意識。霍爾曾提出文化研究的未來在於發現一個可以解決「非還原確定性問題」的方法。事實上，從文化研究的發展史不難發現其並非是研究方法的缺失，而是一種開放性的研究。

六　審美的放逐與庸俗社會學傾向

　　西蒙‧弗里思在〈通俗文化：來自民粹主義的辯護〉一文中極力呼籲：「通俗文化的美學是一個被忽視的話題，現在該是我們像阿布‧布魯姆等人那樣重視這個話題的時候了。」[30]在他看來，造成這種忽視的一個原因是欣賞力和判斷力的問題一直被排除在文化研究的

28　〔美〕勞倫斯‧格羅斯伯格著，莊鵬濤等譯：《文化研究的未來》，頁224。

29　〔美〕傑弗里‧J‧威廉斯編著，李佳暢譯：《文學制度》，頁152。

30　〔英〕西蒙‧弗里思：〈通俗文化：來自民粹主義的辯護〉，羅鋼、劉象愚主編：《文化研究讀本》，頁255。

學術分析和評價之外。長期以來，學界對文化研究的興起存在種種非議和懷疑，尤其是在文學批評領域之中，一種質疑之聲猶言在耳：文化研究放逐了審美形式的研究，瓦解了對經典的信仰，有一種庸俗社會學的傾向。這種懷疑或非議在中國大陸文學研究領域產生了較大影響，而且文化研究在中國大陸的發展過程中確實也出現了一些庸俗社會學現象，尤其是在文學研究領域。以文化研究的視域與方法解讀文學，時常產生任意曲解文本的現象，文學在某種意義上成為了社會觀點的注腳。不言而喻，這一現象確實值得文化研究的警惕與省思。

　　由於視域的拓展，文化研究已經不再將問題域鎖定於文學經典，而是將通俗文學、電影、廣告、肥皂劇、時尚雜誌甚至都市建築等納入了關注範圍。法蘭克福學派以批判性的立場和話語研究大眾文化，一方面分析大眾生產的組織方式，一方面分析大眾消費的心理。如果說法蘭克福學派以精英立場對大眾文化進行批判，那麼，伯明翰學派則更為津津樂道地探尋大眾文化的符碼和接受症候。「審美」似乎已被遺忘一旁，備受追捧的則是「快感」、「抵抗」、「文化資本」、「文化經濟」、「市場」等一眾概念。甚或，很多批評家對經典文本的解讀也不再從與作家、文本緊密相關的「審美體驗」、「審美形式」入手，而是以文化研究的熱門概念如「階級」、「性別」、「認同」、「女性主義」、「意識形態」等進行文本的符號性解構。這某種意義上陷入了布魯姆所批判的「憎恨學派」的境地。或許，我們應該闡明一個立場：文化研究並不排斥審美。文化研究強調從階級、性別、民族國家等維度進行文本的符號解讀，但是它並不排除審美的解讀方法。而以文化研究的方法對文本進行社會學的解讀，文本也並不必然成了庸俗社會學的注腳。

　　文化研究應該將社會學以批判的立場帶回自身之中。「讓社會學重返文化研究」，或許這是文化研究保持能力與活力的一條必由之路。按照霍爾本人的說法，他一直為「理念論與還原論之間無休止的

振盪」所困，從而導致了「文化研究的能力」遭遇挫折。[31]當前，文化研究變得越來越同質化。隨意翻看國際期刊或中國大陸的文化研究期刊，「同質化」成為了一個制約文化研究未來發展的關鍵性難局。正如麥克羅比所言，「一個剝奪它跨學科性質的更純粹和缺少豐富色彩的學科」似乎正在出現。「文化研究中社會學存在的下降」與曠日持久的「文字與文本的漂移」是相伴而生的。[32]麥克羅比主張：保持社會學的開放式交流，應該有助於抵禦這種同質化的傾向。「社會生活的頑固性和複雜性需要哪些『在不同分析層次間整理正確的方法論連接』的社會學概念。」文化研究如果想要激發意義的力量，也必須如此。[33]文化研究與文學、社會學不是處於對立之中，而是根據某些共享的目標能夠有效地接合。正如霍爾所言：「理論的重塑，作為一種不得不通過語言和文本的隱喻來質問文化的結果，代表了現在文化研究必須常常定位自身的突破口。」[34]

　　或許，文學家、社會學家應該盡可能多地從與文化研究的遭遇之中學習，反之亦然。然而，關於審美被放逐與庸俗社會學化的問題，或許仍將困擾文化研究很長一段時間。

七　知與行：「過度理論化」或「文化政策化」？

　　如何處理「知與行」的關係始終是學術研究必須面對的至關重要問題與難題。「知行合一」往往被視為一種理想的境界，然而，要達

---

31 〔英〕斯圖亞特・霍爾著，孟登迎譯：〈文化研究：兩種範式〉，羅鋼、劉象愚主編：《文化研究讀本》，頁264。

32 張亮、李媛媛編：《理解斯圖亞特・霍爾》（北京市：北京師範大學出版社，2016年），頁267-268頁。

33 張亮、李媛媛編：《理解斯圖亞特・霍爾》，頁262。

34 Stuart Hall, "Cultural Studies and Its Theoretical Legacies," in Lawrence Grossberg, Cary Nelson and Paula Treichler, (ed.), *Cultural Studies*, London: Routlege, 1992, pp.283, 284.

成這一理想狀態並非易事。當然，文化研究亦難以迴避這個問題，文化研究如何處理理論與實踐的關係？文化研究只是一種學院的話語政治？文化研究的批判力如何？文化研究變成了文化政策研究？

「過度的理論化」，時常成為人們對文化研究的一種焦慮。以道格拉斯‧凱爾納為代表的一部分文化研究學者不無憂慮地指出：「文化研究的危險之一在於其理論化趨向，文化和社會被簡化為話語，在其中，一種話語優越於其他話語。這種趨勢導致了一種純粹波德里亞式的、福柯式的、德勒茲式的、哈貝馬斯式的不確定觀念，或其他形式文化研究分析被簡化為理論家質疑的問題。當然，以一種想像性的方式來探索任何既定理論可能產生新奇的和重要的洞察。但把文化研究簡化為一個理論上不確定，或把文化研究轉碼為一種特殊理論的語言，它本身可能成為更廣闊計劃中的極大毀壞。」[35]顯然，理論是重要的，但是光有理論是遠遠不夠的，因為理論本身並非是目的。「唯一有價值的理論是你必須戰勝的理論，而不是你能流暢地表述的複雜理論。」[36]對於霍爾而言，理論是一個通往其他地方的彎道。「我們永遠無法處於『理論之後』，因為若沒有理論，就不會有反思的人類生活。」[37]克里斯‧巴克也主張，文化研究中的一股重要潮流不是經驗的，而是理論的。在他看來，「理論並不是或多或少準確地描繪世界，相反，它是干預世界的一個工具、器械或邏輯。這是通過描述、定義、預測和控制的機制獲得的。理論建設是一個自我反映的話語努力，力求在世界上進行解釋和調解。」[38]理論對於提供新的方法來思

35　〔美〕道格拉斯‧凱爾納：〈文化研究與哲學：一種介入〉，〔美〕托比‧米勒編，王曉路譯：《文化研究指南》，頁118。

36　張亮、李媛媛編：《理解斯圖亞特‧霍爾》，頁280-281。

37　〔英〕伊格爾頓著，李尚遠譯：《理論之後──文化理論的當下與未來》（臺北市：商周出版，2005年），頁273。

38　〔英〕克里斯‧巴克著，孔敏譯：《文化研究：理論與實踐》（北京市：北京大學出版社，2013年），頁36-37。

考當下世界具有重要意義：它是文化路標和文化地圖的制定，在文化研究中占據高調位置。

當然，文化研究不能簡單化約地與任何單一的理論範式相等同，它與馬克思主義、後現代主義、後殖民主義、女性主義、意識形態批判、種族批評、對話理論等理論保持著張力。無論是斯圖亞特・霍爾還是勞倫斯・格羅斯伯格，他們都將理論視為分析問題、鬥爭和語境的一種重要資源，認為理論能夠開闢新的可能性，甚至是新的想像力的可能。文化研究之所以能夠保持一種持續的批判活力，或許正是由於其將「理論作為一種戰略性資源」。[39]然而，如何處理文化研究理論與實踐的關係始終是一個擺在文化研究者面前的重要命題。

文化研究作為一種理論思潮，其目標是指向批判性實踐。正是在此意義上，霍爾將文化研究稱之為是一種「契合性實踐」，而約翰・斯道雷則將之視為「一種學術實踐的政治」或「作為政治的一種學術實踐」。[40]由於文化研究的對象已不僅僅局限於高頭案章中的經典文本，而是遍及散布於街頭、劇院、雜誌、影像、報紙和廣告等等。文化研究往往被視為學術走出理論圖書館，放棄濃厚的學術行話，直接參與並介入到社會現實的一種行動。霍爾以「接合」來論述文化研究的批判性實踐。正如他在多個場合反覆宣稱的主張，他更感興趣的是「進行理論化」：「在一些基本觀念構成的富有魅力的領域中，總是不斷地向真正新穎、創新的文化實踐中注入新的形式。」[41]我們應該充分運用好理論工具恢復世界的斑斕色彩。當然，我們不應忽略文化研究在學院中的位置。用德里達的話說，「文化研究是學院中的一種修正模式，儘管它同時也是通過與其他的、『外在於』大學的某些事物

39　〔美〕勞倫斯・格羅斯伯格著，莊鵬濤等譯：《文化研究的未來》，頁25。

40　〔英〕約翰・斯道雷著，徐德林譯：《記憶與欲望的耦合——英國文化研究中的文化與權力》，頁107。

41　張亮、李媛媛編：《理解斯圖亞特・霍爾》，頁280-281。

（其研究對象）的妥協而構成的。」[42]文化研究作為一種學院的話語生產，它不能僅僅將視域局限於學院的體制之中，而應該更關注文化研究的制度條件，特別是要考慮到高等教育的教師與學生在不斷的變化的社會構成，才能更加具有闡釋力。

　　而「過度的文化政策化」則成為了當前文化研究的另一種警惕之聲。托尼・本尼特、托比・米勒是文化政策的主要倡導者，他們將「文化政策」視為是一種更激進的文化研究。在托尼・本尼特看來，文化研究忽略了文化權力的體制層面，他主張應該採取一種更為實際的研究方法，將政策制定問題置於文化研究的核心。他認為：文化研究需要作為高等教育系統各種的一個政府分支加以認識，要把文化概念化為構成社會管理和「政府的一個特殊領域」，要指認文化的不同領域及其管理運作，要研究權力的不同科技以及與文化實踐不同領域相關的政治形式，要與文化的其他「治理性」組織合作，以發展政策和策略干預的方式。[43]顯然，托尼・本尼特將文化研究設想為一種「實用主義」，它將扮演一種「培訓文化技術人員」的角色，傾向於「通過技術調整手段修改文化的職能以供政府運用。」[44]在斯圖亞特・坎寧安看來，文化研究增加的政策敏感度將更加關注文化政治和制度政治之間的互動模式，他認為應該對電視廣告做出國家內容管制，以提高澳大利亞的國家認同。奧里根將本尼特和坎寧安的工作描述為「可想像視野的實際政治」，他批判性地指出他們的政策受限於目前的思考，未能通過發明「新語言」或「議程設置的社會研究」拓展文化研究的新目標。[45]

42　〔英〕保羅・鮑曼著，黃曉武譯：《後馬克思主義與文化研究》（南京市：江蘇人民出版社，2011年），頁59。

43　〔英〕克里斯・巴克著，孔敏譯：《文化研究：理論與實踐》，頁448。

44　Bennett, T. "Putting Policy into Culutural Studies," in L. Grossberg, C. Nelson and P. Treichler (eds), *Cultural Studie*s, London and New York: Routledge, 1992, p.406.

45　〔英〕克里斯・巴克著，孔敏譯：《文化研究：理論與實踐》，頁453。

儘管文化研究的政策化研究維度並不盡善盡美，但是在一定意義上也敞開了文化研究接合實踐的另一種可能。誠然，強化文化研究對文化政策的關注，將文化政策與文化治理問題納入文化研究的視域之中，是當前文化研究面對新的社會情勢和挑戰採取的一種新策略。或許，過於理論化抑或過於政策化這一命題之爭在文化研究之中的不同階段將持續地存在，而二者之間的博弈與協調則是文化研究保持活力與闡釋效能的一個有力保證。

八　激進與曖昧：文化分析與政治經濟學

一些批評人士指出：「文化研究在其文化自主性的主張方面已經走得太遠，而且拋棄了政治經濟。」[46]闡明「文化」與「政治經濟學」之間的關係，才能全面有效地探討文化現實。假若文化研究缺失了政治經濟學批判，則可能陷入為既存權力的剝削與壓迫結構的同謀。「在我看來，與政治經濟學的剝離是導致當代文化研究羸弱無力的首要原因。很多人自以為是地認定政治經濟學等於經濟還原論，於是，甚少研究者對傳媒機構的經濟方面與消費文化的宏觀經濟動力作出考察。大家都小心翼翼地回避著經濟問題，此舉嚴重危損了文化研究的解釋力，並導致政治批判功能的喪失。」[47]文化研究歷來強調文化研究與政治經濟學的對話與融合，認為它必須兼具「雙重視域」：一方面是意識形態批判分析，另一方面是進行政治經濟學批判。

保羅·史密斯認為：「文化研究仍然處於將經濟、市民社會與文化研究視為彼此分離的階段。」而在某種程度上，恰恰是這種分離造成了文化研究面對某些問題的「無力感」。[48]麥奎根也批判性地指出，

46　〔英〕克里斯·巴克著，孔敏譯：《文化研究：理論與實踐》，頁24。
47　〔英〕約翰·斯道雷著，常江譯：《文化理論與大眾文化導論（第五版）》，頁265。
48　Paul Smith, *Millennial Dreams*, London and New York: Verso, 1997, pp.59-60.

費斯克從批判性思考中撤退並放棄任何形式的政治經濟學，從而導致了消費資本主義的觀點。依據麥奎根的觀點，應該加強文化研究的政治經濟學維度，才能使文化研究更為充分地探討在文化生產時刻將意義銘刻於文化產品之中的方式。凱爾納也持相同的主張，他建議文化研究應該堅持政治經濟學的分析，這樣具有四個方面的意義：一是展示文化生產如何發生在建構文本意義的特定歷史、政治和經濟關係之中；二是根據以商品化和追求利潤為核心的支配性生產模式，強調資本主義社會的組織方式；三是呼籲關注文化在支配／從屬向度中被生產的事實；四是闡明在特定歷史局勢中，政治與意識形態的話語和文本可能的限制與範疇。[49]事實上，政治經濟學從未真正在文化研究中消失。

在菲斯克看來，大眾文化商品存在著兩種經濟的流通——文化經濟和金融經濟。一方面，金融經濟的機制無法充分說明所有的文化因素，但是，在對消費者社會的大眾藝術的研究中仍然需要將金融經濟考慮進來；另一方面，對大眾性起關鍵作用的流通發生在文化經濟之中，所交換的是意義、快感和社會身份。「文化經濟」在某種意義上與布爾迪爾的「文化資本」具有某種相似性。

文化研究試圖抵制的是文化被經濟因素減化。「對文化的理解不能單獨採取經濟的解釋，因為文化有其自身的具體形式和特殊運作機制。文化的這些具體特點不能被減少為財富生產和分配的活動。」[50]然而，文化研究如果脫離了政治經濟學的批判性維度，文化研究的批判性鋒芒也將大大鈍化。諸如臺灣學者對臺灣社會麥當勞化發展的批判、對新自由主義與學術生產的關係剖析、對全球資本主義體系與勞動分工關係的揭示，這些成果都是文化研究與政治經濟學對話與融合的結晶。文化研究不斷開闢新的理論疆域，著力揭示出文化背後隱藏

49　〔英〕克里斯·巴克著，孔敏譯：《文化研究：理論與實踐》，頁446。
50　〔英〕克里斯·巴克著，孔敏譯：《文化研究：理論與實踐》，頁110。

的意識形態與權力關係。但是，文化研究常常以「文化政治」的批判性分析取代了政治經濟學批判，使得文化研究並未能建立起真正的政治經濟學批判視野。文化研究崛起於左翼的批判實踐，與西方馬克思主義有著緊密的關聯，因此，當代文化研究如何重啟馬克思主義理論資源並將政治經濟學批判引入接合實踐之中，是一個需要進一步省思的重要命題。

九　新的挑戰：表徵之過剩與過剩之表徵

我們今天的文化面臨著總體性的危機？然而，我們似乎不能將所有的弊端都歸咎於新技術，如果這樣的話，似乎就過於簡單化了。文化研究步入了「危機」，正如約翰·哈特利在《文化研究簡史》中所言：「這危機更多的是表徵危機，而非知識危機。它正在進入以後現代主義聞名天下的『創造性破壞』時期。」[51]當代社會進入到了一個「符號化」的社會，各種各樣的符號充斥於各個領域之中。我們無法想像，當今社會離開符號我們將如何生活。而且，符號依然在給攻城略地，電影、電視、廣告、雜誌、服裝以及日常生活領域都成了符號角逐的重要場域。對於費斯克而言，流行文化既是一個符號戰爭的重要場域，同時也是一個為了逃避或抵制生產者生產或銘刻的意義而採取流行戰術的場所。

文化研究與媒體研究領域有著特別密切的聯繫——文化研究正在改變和適應的新媒體的出現。隨著當今媒介信息技術的飛速發展，符號的生產與表徵也在不斷地膨脹著。而文化研究對符號的解讀似乎有著天然的興趣，從羅蘭·巴特的《神話集》到霍爾的「編碼／解碼」，從福柯的「知識／權力」觀到拉克勞、墨菲的話語理論，都馳

---

51 〔澳〕約翰·哈特利著，季廣茂譯：《文化研究簡史》（北京市：金城出版社，2008年），頁13。

騁、耕耘於符號帝國之中。在斯圖亞特‧霍爾看來，文化生產與消費
成為了一整套的編碼與解碼程序。在當今的「表徵危機」之中，所有
一切鮮活的現實則逐漸被後結構主義的語言所重塑。「話語」似乎成
為了「一切」，正如德里達意義上的「文本之外無一物」。顯然，文化
研究熱衷於對表徵符號的剖析引起了製造了我們的一種焦慮——這種
表徵之過剩是否淹沒了我們的文化經驗或主體性？難道文化研究僅僅
成為了分析符號的一套方法？

　　不言而喻，當今符號的爆炸性生產以及「表徵的過剩」，並不意
味著不注重主體。正如巴特勒所主張，話語和主體的物質性是不可分
割的。因為在她看來，話語不僅是我們瞭解主體的手段，而且還是以
特殊方式進入視野的主體：「『性』是一個通過時間強行實現的理想的
結構。它不是一個主體的簡單事實或靜止狀態，而是管理規範藉以實
現『性』，並通過這些準則的強迫重複實現這種具體化的一個過
程。」[52]顯然，性話語的建構以及表徵的生產使性成為了一個被認識
的對象，進入到我們的視野之中。然而，由於對「話語」、「符號」的
過分偏重，不少人焦慮地認為：文化研究成了一種話語分析模式，成
為了一項關於高度碎片化的和不穩定的「文本」研究。誠然，文化研
究的話語分析模式和符號學解讀在很大程度上忽視了意義生產的社會
進程。斯圖亞特‧霍爾也不無憂慮地警告道：「對文化研究自身話語
進行一邊倒的文本化處理」很危險，因為這種文本化將權力變成廉價
的漂浮能指，也將文化研究變成一種該被詛咒的東西。[53]因此，面對
當前新的挑戰，文化研究應該具備更為複雜的問題的剖析能力，激發
意義的力量。

　　我們有理由期待：不論文化研究採取什麼樣的態度面對新時代、

52　Butler, J., *Bodies That Matter*. London and New York: Routledge, 1993, pp.1-2.

53　張亮、李媛媛編：《理解斯圖亞特‧霍爾》，頁245。

新現象的挑戰，它都已經亮明了自己的態度，這也成為了我們這個時代的一個事實。

第三節　突圍的可能：
　　　　文化研究的「革新」與中國經驗

　　從理論上說，文化研究的危機最明顯地表現為「結構與動力之間，經驗與意識形態之間，理論與實踐之間的關係的暗含的和明確的辯論」[54]。事實上，我們已經在上述的文化研究九個問題中考慮了這些危機。在這個歷史的關鍵節點上，重新召喚文化研究的角色與使命具有重要意義。「文化研究」作為一個術語，其本身仍然具有靈活性，而且它在很大程度上作為一個包容性極強的概念在運轉著。本雅明在闡釋「作為生產者的作者」角色時，讚許布萊希特推薦的「面向現有機制的雙重傾向」──運用它們，同時又轉變它們。他指出，這並不是精神復興的話題，而是「技術革新」。今天，我們重新思考文化研究突圍的可能，與其說是追求文化研究如何面對、擺脫當前社會問題的挑戰，不如說是文化研究如何進行自我的「問題化」與「革新」的問題。

　　雷蒙・威廉斯在《漫長的革命》一書中就語重心長地叮囑道：「我們不能靠對歷史的理解來解決關鍵問題，但是任何有效的方法都必須建立在一種充分的歷史意識之上，這種歷史意識所反對的正是在平常的生活中運作的種種神話。」[55]這與詹姆遜震撼人心的「永遠的歷史化！」口號旨趣相同。或許，對文化研究未來的想像需要我們開

54　〔英〕丹尼斯・德沃金著，李鳳丹譯：《文化馬克思主義在戰後英國》（北京市：人民出版社，2008年），頁173。

55　〔英〕雷蒙・威廉斯著，倪偉譯：《漫長的革命》（上海市：上海人民出版社，2012年），頁224。

始重新思考「文化」與「文化研究」本身。在托尼・本尼特看來：
「對那些預先給予資產階級經濟或政治哲學的傳統關注的老問題提出
新答案取而代之的是，馬克思通過提出了一系列新問題取代這些關
注：那就是，新的『問題化』。」[56]在新的歷史語境之中，面對新的挑
戰，勢必要求我們跳出現代性方式的可能性去想像與思考文化研究的
「問題」。勢隨時移，文化研究的問題域也在不斷地更迭。顯然，當
下的世界與中國對文化研究都有著格外重要的意義，我們廁身於這一
歷史時空中，時時刻刻感受到一種複雜的社會經驗所帶來的壓力與張
力。正如格羅斯伯格所言：「文化研究的前進方向與世界的前進的道
路問題是不可分離的。兩者的未來是交織在一起的。」[57]儘管我們無
法預測文化研究的未來究竟應該是一幅怎樣的圖景，但有一點是肯定
的：文化研究作為一項未竟事業，它仍然需要通過不斷的對話與批判
去打開更多的論述空間。文化研究勢將繼續下去，而且它將始終如一
地拓展。

56　〔英〕托尼・本尼特著，曾軍等譯：《形式主義和馬克思主義》（鄭州市：河南大學
　　出版社，2011年），頁85。

57　〔美〕勞倫斯・格羅斯伯格著，莊鵬濤等譯：《文化研究的未來》，頁298。

餘論

文化研究的未來：
構建闡釋「中國經驗」的文化研究

　　文化研究的未來將何去何從？顯然，當下文化研究已經逐漸介入到了關於未來的討論之中，尤其是文化研究持續地在未來文化領域之中追求的突破與解放。如何理解文化研究的未來？在伊格爾頓看來：「未來看似只是當下無盡的重複，或者，如後現代主義者所言，未來是『有著更多選項的當下。』」[1]而在王汎森看來，「未來」是一個重大問題，它包含諸多的子題：「未來」會是什麼樣子？如何達到「未來」？是誰的「未來」？是誰決定「未來」怎樣子？是誰決定用什麼樣的方式達到「未來」？在「現在」、「過去」、「未來」三際之中，「未來」的分量如何？[2]而美國文化研究學者勞倫斯・格羅斯伯格在《文化研究的未來》一書中已針對這些問題做了卓有成效的探討。文化研究作為一種不同的學術探索路徑，格羅斯伯格認為：「文化研究關注未來，關注某些事情再未來會怎樣，以及當下又是如何對未來予以籌劃的。也或者說，文化研究致力於對服務於未來的當下的理解。通過觀察當下的世界史如何成為當下的，並試圖以某些可以想見的方式來探知當下在未來會是如何。」[3]隨著當前世界處境的變化，文化

1　〔英〕伊格爾頓著，李尚遠譯：《理論之後──文化理論的當下與未來》（臺北市：商周出版，2005年），頁19。

2　王汎森：《思想是生活的一種方式──中國近代思想史的再思考》（北京市：北京大學出版社，2018年），頁244。

3　〔美〕勞倫斯・格羅斯伯格著，莊鵬濤等譯：《文化研究的未來》（北京市：中國人民大學出版社，2017年），頁1。

研究也在不斷調整面對世界、思考世界的方式。在未來更為寬廣的社會歷史光譜之中，文化研究開啟了一種嶄新的挑戰。

　　或許，在這個紛繁複雜的全球化時代中，文化研究可以成為具有批判性的多元界面：它可以是建立起中國文化研究這個龐大的知識社群的界面、不同學術領域之間互動對話的界面、學院與社會之間的界面、與文化圈及運動圈互動的界面；是在本土化的風潮中，持續作為接連中國本土經驗與國際視野的界面，甚至是華文世界聯結的界面。[4]如此多的界面，不僅僅是參考坐標的多元化，同時也有利於通過多元互動來重新自我認識，進而使文化研究走向了更為開放的未來。

　　顯然，「文化研究」本身開放的話語場域和多元的研究方法，加之由於中國複雜的社會現實以及不同政治、學術立場的嵌入，中國文化研究更是顯得多元紛呈。中國文化研究從一開始就不是作為一種純學術的研究，它意味著人文知識界重新介入變化了的社會文化現實的一次努力和嘗試，因此，更重要的是它能否為闡釋「中國問題」提供新的理論視域。借助文化研究，當代中國人文知識分子能否再度獲得一種介入式的知識位置？托尼・本尼特在考察文化研究的未來發展時，提出了四個主張：一是在給文化下定義時，需要將政策考慮進去以便將其視為治理區域；二是需要根據對象、目標和它們特有的治理技術區分不同區域的文化；三是需要明確如此定義的文化的不同區域特定的政治關係，需要在這些文化的不同區域中發展適當的有針對性的研究方法；四是需要一種引導學術工作的方式。[5]這四個主張在一

4　參見陳光興：〈文化研究的形成與動向〉，王曉明、陳子善主編：《從首爾到墨爾本——太平洋西岸文化研究的歷史與未來》（上海市：上海書店出版社，2012年），頁252-253。

5　〔英〕托尼・本尼特著，王傑等譯：《文化、治理與社會》（上海市：東方出版中心，2016年），頁204。

定意義上為文化研究標出了一個可能的未來，他試圖將「文化政策」從理論、實踐以及制度上引入「文化研究」之中。此外，在面對當下文化研究在理論與實踐關係問題的挑戰時，我們也可以發現學術界另一種新的應對策略——把文化研究發展成為文化行動主義。[6]或許，從文化研究到文化行動是文化研究未來的走向及出路，這也是文化研究實踐性的有利選擇。許多跡象表明，文化行動主義在中國逐漸興起，它為闡釋與介入「中國問題」提供了更多的可能性，至少已經成為文化研究界的一個重要呼聲。

　　當代世界與當下中國都發生了新的社會轉向，文化研究同樣面臨著新的探險。然而，積極的、充滿想像力的、創造性的、批判性的解讀實踐依然是文化研究可貴的精神。「它依然是豐裕哲學，盼望著在與人共享自己洞見時，會增進知識，這樣就能更好地使消費者、生產者、分析者和激進分子擁有一致的文化共同點，這至少能夠達到對話的目的。」[7]或許，未來的文化研究將開拓出更多的理論疆域與範式，但是，文化研究始終不變的是其保持的「介入性」與批判性。而文化研究批判性活力的持續保持，更離不開與當代社會生活的對話。

　　或許，我們沒有必要也不想匆匆預言文化研究在中國的未來命運；我的興趣更多在於，文化研究的確參與了這個時代的現實闡釋與意義生產。無論是現在還是未來，與現實的有效接合是文化研究不可推卸的首要使命。這也正是本課題所聚焦的問題——文化研究選擇什麼姿態介入到當代中國複雜的社會場域，開拓了哪些獨特的視域與闡釋空間。誠然，文化研究開啟的挑戰遠為結束，新的議題不斷更新，新的思想和新方法在不斷融入，各種形式的學術混雜正在發生，它在持續「增長」著，力圖進入一個更為肥沃的理論領地。

6　劉小新：〈從文化研究到文化行動主義？〉，《東南學術》2013年第6期。
7　〔澳〕約翰・哈特利，季廣茂譯：《文化研究簡史》（北京市：金城出版社，2008年），頁310。

　　文化研究能夠提供的遠不只是一個結論，它是一份不斷前進的事業。文化研究特有的開放性和批判精神確保了它犀利之刃的鋒芒，而它的鋒芒在某種意義上也預示著其強烈的歷史訴求。因此，與其說文化研究作為一種學術思潮的出現是歷史的偶然，不如說是它的降臨是歷史的必然。讓文化研究努力去開闢屬於它自己的未來道路吧！

附錄一
後人類主義、現代技術與人文科學的未來

　　後人類主義是近年來國內外學術研究的一個熱點。二〇一七年，世界圍棋史上最年輕的五冠王柯潔面對 AlphaGo 遭遇「三連殺」；二〇一八年十一月二十六日，中國南方科技大學副教授賀建奎的實驗室誕生了兩位經過基因編輯的嬰兒。這兩個事件在國際上引起了軒然大波。或許，這是人類社會走向「後人類」的兩個重要事件。諸多跡象已然表明，後人類主義已經不僅僅是一場現代技術發展的變革，而且可能引發人文社會科學的一次革命，至少人文社會科學與現代技術發展的複雜關係將獲得更為深刻的理解與闡釋。二十世紀九十年代以來，關於後人類的研究已經產生了一系列啟發性成果：例如弗朗西斯・福山的《我們的後人類未來：生物技術革命的後果》、凱瑟琳・海勒的《我們何以成為後人類：文學、信息科學和控制論中的虛擬身體》、雪莉・特爾克《屏幕上的生活：互聯網時代的身份》、羅伯特・皮博瑞爾的《後人類境況》、阿爾科爾・羅姍娜・斯通的《機械主義時代末期的欲望與技術之戰》、唐娜・哈洛維的《賽博格宣言：科學、技術和社會主義女權主義》、羅德尼・布魯克斯的《沒有表徵的智力：人造智能》、朱迪・哈伯斯塔姆與艾拉・利文斯頓合著的《後人類身體》、奈爾・白德明頓編著的《後人類主義》、凱瑟琳・亞當斯和琳恩・湯普森的《探索後人類世界：與數字對象對話》、羅西・布拉伊多蒂的《後人類》、弗雷德里克・詹姆遜的《未來考古學：烏托邦欲望和其他科幻小說》等等。這一系列成果集中地討論了後人類主

義中現代技術的發展與表徵問題，集中闡釋了人類與現代技術高度發展的關係問題，人類的生存境況、人的主體性問題、生命治理形式、烏托邦以及人文科學的發展與現代技術的關係命題在這一闡釋框架中獲得了重新闡釋的契機。在國內人文社會科學界，後人類主義理論也逐漸進入學術視野並引起學者們的熱烈討論。對西方後人類主義主要理論家重要著述的譯介與理論闡釋，從某種意義上表明當前大陸學界已經意識到後人類主義理論的導入有可能開啟人文科學研究的新視域——人文科學與後人類主義理論的結合或將成為一個重要議題。要開掘後人類主義這一理論富礦，我認為首先有必要理清三個重要問題：何謂「後人類」？後人類與現代技術之間的關係為何？後人類對當代人文科學帶來了哪些影響？

一　後人類主義：一種新的學術範式

　　何謂「後人類」？後人類是一個危言聳聽的學術概念，抑或是一種新的學術範式？後人類究竟意味著什麼？當人類遇到後人類，這種遭遇是更好還是更糟？後人類與反人類、非人類之間存在何種關係？後人類主義與人文主義又存在何種關聯與區別？在後人類時代，我們的主體性如何，我們是否還能夠認識我們自己？後人類的智能機器並不與人類爭奪水源、糧食和能源這些人類重要的生存資源，那麼，人類恐懼什麼？後人類時代技術當道，人類的生命治理形式將發生怎樣變化？對於這一系列問題的追問與回答，是探索後人類理論的知識場域及其價值無法繞過的重要問題。「後人類主義」並非是一個本質主義的概念，無論是內涵還是外延上，它都並非界限分明，猶如「後現代主義」之命名，「後人類主義」之「後」，既非意味著時間上的先後，也不意味著徹底的否定與對立；而「主義」的後綴，也並不意味著它具有本質化的涵義。事實上，「後人類主義」在某種意義上凸顯了「對

話關係」：一方面，「後人類主義」挑戰了人文主義預設的一系列先決條件，形成了對「人文主義」的解構和反思；另一方面，「後人類主義」也包含著某種形態的「人文主義」思想，是一種新的思想範式。[1]

　　伊哈布・哈桑（Ihab Hassan）在他享譽盛名的〈作為行動者的普羅米修斯：走向後人類文化〉一文中先見之明地預言了「後人類」的到來，明確提出了「後人類主義」（posthumanism）這一概念：「現今後人類一詞的定義尚存在較多歧義，畢竟『後人類』尚屬新詞，大抵而言，我們可以將『後人類』視為人類自我厭棄的一種新口號。然而，後人類主義卻具有相當的潛力，必將影響當代文化且可能由一時之風尚發展成為久遠的潮流……我們必須明白，人類形態——包括人類的願望及其各種外部表現——可能正在發生劇變，因此必須重新審視。當人類主義進行自我轉化，成為某種我們只能無助地稱之為『後人類主義』的新事物時，我們就必須理解五百年的人類主義歷史可能要壽終正寢了，而只怕必須見證此種人類主義轉化為後人類主義的必然到來。」[2]在哈桑看來，「後人類」已不只是一時的時尚，而是掀開了歷史嶄新的一頁，它開創一種新的歷史潮流。這樣的觀念陸續得到其他學者的聲援與推進，凱瑟琳・海勒就是最為突出的一位。她將「後人類」視為是資訊之上觀，是「人類與人工智能的結合」，亦即人類成為接近人工智能的資訊處理實體。雪莉・特爾克、朱迪・哈伯斯塔姆、亞瑟・克羅克、羅西・布拉伊多蒂等研究者也在不同程度上指出：後人類時代已經降臨。諸如格拉罕（Elaine L. Graham）所聲稱，在二十一世紀到來前，人類不再是地球上最聰明的生物，取而代之的新品種將是結合人性特質與機器能力的後人類。凱瑟琳・海勒甚

1　趙柔柔：〈斯芬克斯的覺醒：何謂「後人類主義」〉，《讀書》2015年第10期。

2　Ihab Hassan Source. "Prometheus as Performer: Toward a Posthumanist Culture? " *The Georgia Review,* 1977:31, pp.843-844.

至樂觀地認為，美國百分之十的人口已經算是賽博格（Cyborg）[3]，換言之，亦即十分之一的美國人已步入後人類。顯然，海勒的這一看法對「後人類」報以了極高的期待，甚或是一種烏托邦的美夢。

　　在《我們何以成為後人類》一書中，海勒更為詳盡地闡述了她對於「後人類」的理解：「首先，後人類的觀點看重（信息化）的數據形式，輕視（物質性的）事實例證。因此，由生物基質形成的具體形象就被視為歷史的偶然而非生命的必然；其次，後人類的觀點認為，意識／觀念只是一種偶然現象，就像一個不斷發展升遷的新貴，試圖把一個次要的節目誇大為整個演出。而在笛卡爾認為自我是思考的心靈之前，漫長的西方傳統都把意識／觀念當人格（人類身份）的中心。再次，後人類的觀點認為，人的身體原來都是我們要學會操控的假體，因此，利用另外的假體來擴展或代替身體就變成了一個連續不斷的過程，並且，這個過程早在我們出生之前就開始了；最後，也是最重要的一點，後人類的觀點通過這樣或那樣的方法來安排和塑造人類，以便能夠與智能機器嚴絲合縫地鏈接起來。在後人類看來，身體性存在與計算機仿真之間、人機關係結構與生物組織之間、機器人科技與人類目標之間，並沒有本質的不同或者絕對的界限。」[4]顯然，後人類社會之中，我們的命運與智能機器休戚相關。儘管她所強調的是後人類的人機關係，但不可忽視的一點是：後人類主義已拓展了多元越界的場域。

　　是什麼造成了從人類到後人類的跨越？在海勒看來，「後人類」在強調的是觀念而非具體形式，「在一定程度上，後人類將具體形式

3　「賽博格」，高度概括來說，就是人和人造物組成的結合緊密的統一功能體。在今天，賽博格可以描述為用醫學、生物學、仿生學等技術對有機體進行控制，並與其不分彼此，構成和諧穩定的系統。它在科幻作品中常常表現為各種近似人類的生化人或者機械人，比如《機械戰警》中的機械義肢。

4　〔美〕凱瑟琳・海勒：《我們何以成為後人類——文學、信息科學和控制論中的虛擬身體》（北京市：北京大學出版社，2017年），頁3-4。

（身體）建構成思想／信息的具體證明，是對自由傳統的繼承而不是拋棄。」這樣一種形式的後人類，「盡可能地體現各種信息技術的潛力，而不幻想無線的權力或者無形的永恆；承認並且宣揚：有限性是人的一種狀態，人的生命扎根於複雜多樣的物質世界，人的延續離不開物質世界。」[5]當然，從「人類」進入「後人類」的轉變絕非「徹底的轉化」或者「突變」。從結構主義的觀點看，人類與「後人類」共存與一個隨著歷史語境不斷變換的結構之中。後人類是作為一種異質性力量的場域而存在。後人類的「後」，顯然包含了雙重意義，從而給人們帶來了或歡樂或恐怖的感覺。後人類時代的降臨，人類與智能機器將進入一種共生的關係，人類甚或可能被機器所取代，面對這樣的境況，恐怖感油然而生。然而，後人類的降臨也帶來了歡樂，喚起了令人振奮的前景，諸如生物技術的發展使人永生的幻想幾乎要變成現實了。生物技術的極大突破既讓人驚喜，又憂心忡忡。事實上，後人類並不意味著人類的終結，也不能簡單地將其等同於「反人類」。因為後人類並非必然是反人類的，它也並非必然是毀滅性的。「後人類作為一個概念，可以用來探討積極地聯繫當下現實的方法，以經驗為基礎解釋若干特徵，堅持批評立場而避免否定性。」[6]從某種意義而言，「後人類」為反思當代人類與現代技術之間的關係提供了新的視域、方法與資源。

迄今為止，儘管「後人類」是一個新概念，或許對這一概念的命名與理解尚存在較多分歧，但是它所包容涵蓋的範疇已然表明了這一概念的複雜性，它牽涉到一系列的文化與技術領域，人文領域包括倫理學、人類學、歷史學、文學、傳播學、政治學等，技術領域諸如人

5　〔美〕凱瑟琳‧海勒：《我們何以成為後人類——文學、信息科學和控制論中的虛擬身體》，頁7。

6　〔意〕羅西‧布拉伊多蒂著，宋根成譯：《後人類》（開封市：河南大學出版社，2015年），頁7。

工智能、虛擬現實、克隆技術、納米技術、微生物學、神經生理學、認知科學等。意大利學者羅西‧布拉伊多蒂在《後人類》一書的「導論」中宣稱：「後人類狀況不是一系列看似無限而又專斷的前綴詞的羅列，而是提出一種思維方式的質變，思考關於我們自己是誰、我們的政治體制應該是什麼樣子、我們與地球上其他生物是一種什麼樣的關係等一系列重大問題；我們的共同參照系的基本單元應該是什麼，從而引進一種全新的思維方式。」[7]羅西‧布拉伊多蒂「把後人類困境視為一個機遇，藉以推動對思維模式、認知方式和自我表現的新形式的探尋。後人類境況會敦促我們在生成的過程中批判地、創造性地思考我們究竟是誰、我們具體能做些什麼。」[8]他的觀點與凱瑟琳‧海勒達成了默契，「後人類」促使「擺脫某些舊的束縛，開拓新的方式來思考作為人類的意義。」[9]儘管哈桑對後人類時代的來臨深感憂慮，但是布拉伊多蒂和海勒已然信心滿滿地對「後人類」搖旗吶喊助威。我們有理由期待，況且「後人類」已經展現出了它的豐富可能性與活力，朝向多方疆域奔進。

二　後人類主義：對現代技術的追問

　　現代技術的高度發展是「後人類」最為顯著的特徵。那麼，技術如何成為事件？應該如何看待後人類時代與現代技術二者的關係？技術的高度發展對人的主體性是形成了解放，抑或是造成了壓抑？

　　我們追問技術，是為了揭示我們與技術之複雜的關係。誠如海德格爾在〈技術的追問〉一文中所言：「追問技術構築了一條思想道

7　〔意〕羅西‧布拉伊多蒂著，宋根成譯：《後人類》，頁2。

8　〔意〕羅西‧布拉伊多蒂著，宋根成譯：《後人類》，頁17。

9　〔美〕凱瑟琳‧海勒：《我們何以成為後人類——文學、信息科學和控制論中的虛擬身體》，頁385。

路」。[10]技術不同於技術之本質，而技術之本質並不完全是技術因素。正如他以樹為例，認為那個貫穿並且支配著每一棵樹之為樹的東西，本身並不是一棵樹，一棵可以在平常的樹木中間找到的樹。由於工具性被看作是技術的基本特徵，如若我們步步追問被看作手段的技術根本上是什麼，我們就會達到「解蔽」。海德格爾認為，「技術就不僅是一種手段了。技術乃是一種解蔽的方式。如果我們瞭解這一點，那就會由一個完全不同的適合於技術之本質的領域向我們開啟出來。那就是解蔽的領域，亦即真-理（Wahr-heit）之領域。」[11]因此，從某種意義上說，現代技術也是一種解蔽，「解蔽貫穿並且統治著現代技術。」[12]而技術時代的人類則以一種特別顯眼的方式被促逼入解蔽之中。然而，「對人類的威脅不只來自可能有知名作用的技術機械和裝置。真正的威脅已經在人類的本質處觸動了人類。集置之統治地位咄咄逼人，帶著一種可能性，即：人類或許已經不得逗留於一種更為原始的解蔽之中，從而去經驗一種更原初的真理的呼聲了。」[13]事實上，這已經關涉到技術倫理的問題，二十世紀以來技術的高歌猛進，大規模殺傷性武器的淫威已然昭示了「人禍猛於天災」的道理。金惠敏曾在〈技術與感性——在麥克盧漢、海森伯和莊子之間的互文性闡釋〉一文中著重探討了海森伯以主體性視角觀察現代技術的後果：技術的善惡：「伊甸園」或「失樂園」？技術發展的緩急與人類困境的關係？從技術發展論到技術成為一種災難？[14]「美麗新世界」不再美麗，「西部世界」中的殺戮與仿生人的自主意識，使得技術倫理問題成為了一

---

10 〔德〕馬丁・海德格爾著，孫周興譯：《海德格爾：演講與論文集》（北京市：生活・讀書・新知三聯書店，2005年），頁3。

11 〔德〕馬丁・海德格爾著，孫周興譯：《海德格爾：演講與論文集》，頁10-11。

12 〔德〕馬丁・海德格爾著，孫周興譯：《海德格爾：演講與論文集》，頁12。

13 〔德〕馬丁・海德格爾著，孫周興譯：《海德格爾：演講與論文集》，頁28。

14 金惠敏：〈技術與感性——在麥克盧漢、海森伯和莊子之間的互文性闡釋〉，《文藝理論研究》2015年第1期。

大熱門關注思考的話題。

　　人類正經歷一場深刻的變革。生物技術、人工智能、信息技術和醫學進步證明了現代技術至關重要。我們正不知不覺地跨入「後人類」的大門，然而「我們對於要向何處去並不十分清楚，甚至無法解釋我們遇到的和周圍正在發生的一切。有些事件讓我們極其恐懼和害怕，有些則讓我們感到驚喜。」[15]AlphaGo 與李世石、柯潔的圍棋人機大戰，既讓我們看到了人工智能令人驚喜的一面，同時也揭示了其恐怖的一面。當代社會的技術力量比以往大得無可估量，這也從某種意義上映射了馬爾庫塞所揭示的「這意味著社會對個人統治的範圍也比以往大得無可估量。我們社會的突出之處是，在壓倒一切的效率和日益提高的生活水準這雙重的基礎上，利用技術而不是恐怖去壓服那些離心的社會力量。」[16]馬爾庫塞在《單向度的人》中對科技異化為意識形態的問題做了系統性批判，他明確地指出，發達資本主義社會是一個「利用技術而不是利用恐怖」有效統治個人和「窒息人們要求自由的需要」的極權社會，而科技「愈發達，愈全面，個人打破這種奴役轉檻的手段與方法就愈不可想像」，而人們受其奴役和統治的程度似乎就更加深重。「社會控制的現行形式在心的意義上是技術的形式」，馬爾庫塞精到地批判道：「在工業文明的最發達地區，社會控制已被潛化到這樣的地步，甚至連個人的抗議在根本上也受到影響……在工業社會前一階段似乎代表新的存在方式之可能性的那些歷史力量正在消失。」[17]馬爾庫塞的《單向度的人》發表後在德國青年學生中影響巨大，成為了他們政治信仰的「行動指南」，而馬爾庫塞本人則成了一九六八年聯邦德國大學生造反運動的精神領袖。

15　〔意〕羅西·布拉伊多蒂著，宋根成譯：《後人類》，頁290。

16　〔美〕赫伯特·馬爾庫塞著，劉繼譯：《單向度的人》（上海市：上海譯文出版社，2008年），頁2。

17　〔美〕赫伯特·馬爾庫塞著，劉繼譯：《單向度的人》，頁9。

　　哈貝馬斯與馬爾庫塞之間的技術爭論是法蘭克福學派歷史上的一個重大轉折。在〈作為「意識形態」的技術與科學〉一文中，他批判了本雅明、阿多諾、默克海默、布洛赫以及馬爾庫塞等人的「隱秘希望」是人與自然的和諧──「復活已經毀滅的自然」。他認為，「馬爾庫塞用技術理性的政治內涵的表述掩蓋了問題的困難」，「科學和技術的合理形式，即體現在目的理性活動系統中的合理性，正在擴大成為生活方式，成為生活世界的『歷史的總體性』。馬克思・韋伯曾經希望使用社會的合理化來描繪和解釋這個過程。但我認為，無論是馬克思・韋伯，還是馬爾庫塞，都沒有令人滿意地、成功地描繪和解釋這個過程。」[18]因此，哈貝馬斯試圖用另一種坐標系去重新闡發韋伯的合理化概念，進而討論馬爾庫塞關於科技進步的雙重功能的論點。事實上，該文即是哈貝馬斯針對馬爾庫塞關於「技術的解放力量轉而成了解放的桎梏」這一結論進行辯論所作的。哈貝馬斯以科技進步為「新的坐標系」，論爭了社會的不斷合理化與科技進步的制度化關係，明確提出了在當今資本主義社會科技進步本身已經成了「第一位的生產力」的觀點。他反對馬爾庫塞將科技進步所起的社會功能等同於意識形態所其的社會功能。哈貝馬斯進一步指出，科技在今天不僅成了第一位生產力，而且成了統治的合法性基礎，而反對馬爾庫塞「因為技術變成了統治的得力工具，所以技術的特徵是政治的」說法。他著重考察了「來自上面的合理化」過程，以及科技本身表現為「技術統治的意識」──「代替被廢除了的資產階級意識形態的意識形態意義」。哈貝馬斯認為，「技術和科學具有替代被廢除了的資產階級意識形態的意識形態意義，這一點是隨著資產階級意識形態批判而取得的：這就是韋伯合理化概念中模稜兩可性的出發點。這種模稜兩

---

18 〔德〕哈貝馬斯著，李黎等譯：《作為「意識形態」的技術與科學》（北京市：學林出版社，1999年），頁47。

可性是霍克海默和阿多諾作為啟蒙辯證法揭示出來的；馬爾庫塞突出了啟蒙辯證法的意義，把它變成了技術和科學本身成了意識形態這樣一個命題。」[19]哈貝馬斯開發了一個較為溫和的批判性版本，他的方法意味著技術在其適當的範圍內是中立的，但在這個範圍之外，它導致了現代社會的各種社會病態。

在關於技術與社會的辯證關係上，哈貝馬斯主張技術自主性或技術中立性。與之相對的是，馬爾庫塞十分明確地主張技術是由社會所決定的，「技術，是一種生產方式，是代表機器時代的工具、設備與發明物的總體，因此，它同時也是一種組織和維持（或改變）社會關係的方式，一種流行的思維和行為模式的表現形式，一種控制與支配的工具。」是受歷史條件所制約和影響的，不存在獨立的技術。他在〈現代技術的一些社會含義〉一文中明確指出，當代技術構成了一套完整的「組織並延續（或者）改變社會關係的模式，體現著統一思想和行為，並成為控制和統治的工具。」而在文化領域，「技術產生了大眾文化，而大眾文化可以調整個體，使其遵循統治者的思想和行為模式，因此技術提供了社會控制和主宰的強大的工具。」[20]不言而喻，馬爾庫塞批判的正是技術中立的價值觀點。正如安德魯·芬伯格所指出，雖然哈貝馬斯的論點仍有說服力，但他對現代性的辯護似乎對其合理性的主張讓步太多了，正是由於這一致命的錯誤，使得哈貝馬斯背離了馬爾庫塞。他認為馬爾庫塞是對的，他提出了一種結合馬爾庫塞和哈貝馬斯觀點的方法。在他看來，基於這些思想家得出的批評傳統是互補的，他們雙方即使是在這次衝突中已然毫髮無損，因此，綜合是可能的。安德魯·芬伯格以其清醒而迷人的風格宣稱：

19　〔德〕哈貝馬斯著，李黎等譯：《作為「意識形態」的技術與科學》（北京市：學林出版社1999年），頁73。

20　〔英〕吉姆·麥奎根著，李朝陽譯：《文化研究方法論》（北京市：北京大學出版社，2011年），頁5。

「每一次重大的技術變革回蕩在無數的層面：經濟、政治、宗教、文化。如果我們繼續把社會和技術領域看成是獨立的，那麼我們基本上否定了我們存在的一個組成部分，也否定了我們在民主社會中的地位。追問技術使我們確信，我們應該更多地瞭解技術，更好地管理技術，這是至關重要的。」[21]

在後人類世界之中，人的身體可以隨著生物技術與人工智能的發展而變形、改造，甚至變成機械人、賽博格，那麼，身體還是人不可撼動的底限嗎？現代技術已經成為人們日常生活中不可或缺的重要組成部分，它甚至改變了我們的思維方式。手機的使用即是當代社會生活一個很明顯的例子。由於信息技術的高度發展，手機已經不僅僅只是一部通話的工具，它也是重要的信息平臺，還是隨手可用的攝影設備，甚至成為了不可或缺的支付工具。或許，很多人都深深地體會到，一旦出門忘了帶手機，總感覺缺失了什麼。哈貝馬斯指出，在擴張自身欲望的情況下，人類將會因生化人的出現而分裂為兩類：接受過改造的超人，和未改造過的「純正人類」。然而，到底改造了多少才算是生化人呢？接受了人工心臟手術，或把全身都替換為機械，有沒有本質上的分別？那麼，「人」的概念是否因此而含混、搖擺？諸如《生化危機》、《西部世界》等一系列的影視作品已然將生化人、仿生人的問題促逼著我們正視。值得關注的是，當前對身體的建構與解構實際上開啟了一個新的、超越的討論場域。

列斐伏爾在《日常生活批判》一書中聲稱：「技術」作為「新神話出現了」。[22]在他看來：「當現代性作為意識形態的事業結束時，作為一種技術實踐的現代主義與我們走得更近了」，「技術現代主義，它的意義，它介入日常生活的能力；與此相關的問題，即技術的控制，

---

21 Andrew Feenberg. *Questioning Technology.* London and New York: Routledge. 1999, p.1.
22 〔法〕亨利・列斐伏爾著，葉齊茂、倪曉輝譯：《日常生活批判（第三卷）》（北京市：社會科學文獻出版社，2018年），頁585。

這個問題既是理論問題，也是政治問題。」[23]誠然，關於技術與人的主體性關係，我們並不能簡單地予以肯定或否定，而應該看到其具有雙重性：一方面，技術的發展可能促進人的主體性解放；然而，另一方面，技術可能與資本結合，也可能對人的主體性形成新的壓抑。「技藝本身既能夠助長專制主義，也可以促進自由，既能夠招致匱乏，也可以帶來富足；既能夠延長勞作時間，也可以廢除勞作。」[24]對後人類的技術審思，或許馬爾庫塞為我們提供了一種有意義的辯證視角——「既避開了本質上將技術視為一種解放與進步工具的技術專家的讚美，也規避了純粹將技術看成一種支配工具的技術恐懼者的譴責」。[25]

　　馬克思對技術的辯證觀念迄今依然深刻：技術創新是人類擺脫繁重勞動的保障，然而，在資本主義剝削制度之中，技術在某種意義上也構成了奴役大眾的手段。技術並不必然帶來確定的結果。不言而喻，在後人類的技術王國之中，我們依然應該清醒地保持對技術的追問，才能有效「構築一條思想的道路」。

三　後人類對當代人文科學的挑戰與重構

　　從信息技術到人工智能，從基因工程到器官移植，從納米技術到腦機界面，技術已全面重塑後人類世界。或許，傳統的人文知識觀念已到了重新洗牌的重要時刻。後人類似乎既讓我們興奮，但又焦慮不安，同時激發了諸多備受爭議的文化表徵形式的出現。後人類促使我們重新思考人類地位的必要性，思考重塑人之主體性的重要性，以及

23　〔法〕亨利・列斐伏爾著，葉齊茂、倪曉輝譯：《日常生活批判》（第三卷），頁584-585。

24　〔美〕赫伯特・馬爾庫塞著，高海青等譯：《馬爾庫塞文集（第一卷）》（北京市：人民文學出版社，2019年），頁51。

25　〔美〕赫伯特・馬爾庫塞著，高海青等譯：《馬爾庫塞文集（第一卷）》，頁7-8。

需要研發出符合我們時代複雜性的倫理關係與價值觀。沿著技術追問所構築的思想道路前行，我們有必要繼續探尋：後人類境況將「人」置於何位置？後人類主義對我們當今人文科學產生怎樣影響？後人類時代理論何為？

　　福柯在《詞與物》結尾寫道：人這一形象顯露出來，「並非一個古老的焦慮的釋放，並不是向千年關切之明晰意識的過渡，並不是進入長期來停留在新年和哲學內的某物之客觀性之中，它是知識之基本排列發生變化的結果」，假如那些排列會像出現時那樣消失，「人將被抹去，如同大海邊沙地上的一張臉。」[26]在尼采提出「上帝之死」後，福柯的「人之死」的說法振聾發聵。福柯指出，人的概念並非是先驗存在的，而是由歷史與社會建構的。「人並不是已向人類知識提出的最古老和最恆常的問題」，人是其中的一個近期的構思。「這是現在關涉到人本身的存在的歷史，因為人認識到自己不僅在自己周圍『有』其『大寫的歷史』，而且人本身，就其特有的歷史性而言，就是一種人類生命的歷史、一種經濟學的歷史、一種語言的歷史據以得以勾勒的那個東西。」[27]對於後人類而言，福柯的這一觀點依然具有啟發意義。當前關於後人類的學說建構存在著多元複雜性，有悲觀的恐慌，有樂觀的歡呼，也有相對辯證的觀點。誠然，不管是哪一種觀點，都在某種意義上面對後人類時代「作為人的意義」。人類與智能機器之間的動態關係創造了一種嶄新的關於人類的想像。正如凱瑟琳‧海勒所言：後人類「並不意味著人類的終結。相反，它預示某種特定的人類概念要終結，充其量，這種概念只適用於一小部分人類，即，有財富、權力和閒暇將他們自身概念化成通過個人力量和選擇實踐自我意志的自主生物的那一小部分人。真正致命的不是這樣的後人類，而是

26　〔法〕福柯著，莫偉民譯：《詞與物——人文科學考古學》（上海市：上海三聯書店，2001年），頁506。
27　〔法〕福柯：《詞與物——人文科學考古學》，頁483。

將後人類嫁接到自由人本主義的自我觀念上。」[28]後人類並非必然是毀滅性的，它也並非必然是反人類的。或許，後人類所開啟的視域為我們反思人類與現代技術、智能機器之間的關聯提供了更多的資源。

　　毋庸置疑，後人類時代的降臨，給當代人文科學的發展提出了各種挑戰。首先，後人類主義使生命倫理學遭遇人性挑戰。後人類主義認為現代技術對人身體的改良勢不可擋的。人工智能和生物科技可能徹底變革人類的身體與心智，徹底變革未來社會與經濟。在福山看來，生物技術對人的控制是極其危險的，它有可能改變人類的本性，從而把我們引入「後人類」的歷史時代。尤瓦爾‧赫拉利在《未來簡史》中也宣稱，未來基於大數據和高度智能算法的人工智能將取代人類而統治世界。[29]顯然，後人類主義挑戰了傳統人文主義的思維方式，與人文主義以「人」為中心思考人與動物、人與機器的二元論不同，後人類主義強調人與「非人」、人機嵌合的共生關係。後人類的基因改造技術、人機嵌合使人成為了「非人」或「超人」，這在一定意義上需要重新定義「人」的概念以及生命倫理。

　　其次，後人類主義挑戰著我們傳統歷史觀、感知方式和存在形態。後人類宣示著一個新時代的到來，而這個時代的鮮明特點，即是現代技術改變了全球時空結構，改變了我們對傳統歷史的理解，改變了人類的生存方式與思維方式，猶如德里達所說的「幽靈」。「新的通訊技術打破了一個人內在與外在的傳統界限。我們不再是一個人穴居在家裡，與人隔絕。」由諸多電子產品電視、電話、手機、電子郵件以及互聯網構成的新的電子空間，已經徹底地顛覆了我們當代的生活空間與社會結構。「新技術把令人不安的『他者』帶入了家庭內部的

---

28 〔美〕凱瑟琳‧海勒：《我們何以成為後人類──文學、信息科學和控制論中的虛擬身體》，頁388。

29 〔以色列〕尤瓦爾‧赫拉利著，林俊宏譯：《未來簡史》（北京市：中信出版集團，2017年），頁357。

私密空間，它們對傳統的、統一的自我觀念構成了一種威脅，因為自我原本植根於一個特定的文化土壤，執著於單一的民族文化，並堅定地維護自我免受異己文化的侵襲。」[30]顯然，在用電腦上網的人身上體現了那種既獨處又與他人在一起的奇特組合。而且，後人類主義的高度技術也深刻改變了各類文本的生產、傳播與接受方式。事實上，現代技術改變的不僅僅是文學作品的存在形態，同時也隱蔽地改變了我們的感知方式和思維慣習。

　　總而言之，對人性和倫理道德的挑戰、對歷史觀、感知方式和存在形態的改變是後人類崛起所帶來的重要影響。那麼，這些變化給人文科學帶來了什麼影響？在以人工智能、生物技術、納米技術、大數據等現代技術所主宰的後人類世界格局之中，人文科學如何發現自己的位置？人文科學研究的意義何在？「當人在文化中，既把自己構建為必定被思考的，又構建為將被認識的時候，人文科學出現了。」[31]福柯關於「人文科學」的思考迄今依然意義重大。他認為，人文科學包含在認識論的三面體中，在這些知識的空隙之中，人文學科發現了自己的位置。「人文學科向所有其他的知識呈現了一種永久的危險：的確，加入各自停留在自己的維度內，那麼，演繹科學、經驗科學、哲學反思都不會冒險『轉入』人文科學，都不會冒險充塞著人文科學的不純潔。」「人文科學所在的認識論構型的複雜性，人文科學與三個方向的恆常關係：這三個方向向人文科學提供了空間。」[32]事實上，後人類主義的發展帶來的不僅僅是挑戰，同時也推動了當代人文科學研究的新浪潮，使人文科學在後人類主義時代進一步獲得了自我激活的新機遇，這是又一次思想更新的過程。

30　〔美〕希利斯·米勒著，國榮譯：《萌在他鄉：米勒中國演講集》（南京市：南京大
　　學出版社，2016年），頁62。

31　〔法〕福柯著，莫偉民譯：《詞與物——人文科學考古學》，頁450。

32　〔法〕福柯著，莫偉民譯：《詞與物——人文科學考古學》，頁454-455。

　　在我看來，後人類主義為當代人文社會科學的重構具有兩個方面的意義：一方面，後人類為當代人文科學的發展提供了新視野，從新的角度揭示了人文科學在當代社會發展中存在的問題；另一方面，後人類的發展也反映了當代社會的時代要求，表現了當代人文學界對時代問題的敏感性與強大適應能力。現代技術，尤其是信息技術革命帶來的新變革確確實實地改變了各類文本的生產、傳播與接受形式，而且深刻改變了人文科學研究的新方式。因此，我們應該更加關注那些帶來新知識和社會變革可能性的新技術。然而，如果人們僅僅將現代高度發展的技術當作唯一的選擇，而忽略了其他存在著不同的可能性與選擇性，那麼這個社會的文化可以說是盲目的，是歷史的貧困。誠然，在後人類主義世界之中，後人類時代的人文學科依然有責任在新的歷史語境之中承擔起對人類生存豐富傾向與處理當代世界問題的能力與勇氣。

　　當然，後人類主義理論誕生並盛行於西方，自有其歷史語境與哲學歷史淵源，尤其深植於西方「主體／客體」二元論哲學脈絡，因此具有濃厚的西方理論色彩與強大的闡釋效能。然而，以「天人合一」為傳統觀念的中國，顯然與西方「主體／客體」二元論有著較大差異，那麼當後人類主義理論旅行至中國，它對闡釋當代中國問題有何意義？誠然，在引介與運用後人類主義理論的過程中，我們應該立足中國語境充分考慮中國問題的本土性與複雜性。「後人類主義」作為一種嶄新的理論範式，其本身具有靈活性，而且它在很大程度上作為一個包容性極強的概念在運轉著，這對我們理解與闡釋當代中國迅猛崛起的技術革命及其帶來的「後人類」現象具有重要意義。後人類主義的使命在於將種種思想精神資源調動起來，為我們以更加周密的方式思考現代技術提供了資源與方法，幫助我們理解當代社會與生活的構成。因此，我們有必要從廣闊的視野出發，借助後人類主義理論和當代技術條件進一步思考與闡釋當代中國問題。

附錄二
「空間轉向」視域中的當代文學地理學重構[1]

　　二十世紀九十年代以來，「文學地理學」作為學科交融與學術創新的一個熱點論題受到了學界的廣泛關注。地理／空間問題日益成為中國文學研究諸多領域中的重要議題。「文學地理研究在沉寂數十年後再度復興，並逐步臻於理論自覺階段。這既是當今全球化背景下人類空間意識高漲的時代產物，同時也是中國文學研究自身發展的必然要求。」[2]誠然，人文社會科學的「空間轉向」及當代空間理論的崛起為文學地理學的當代重構提供了至關重要的思想資源與理論資源。列斐伏爾《空間的生產》的出版在一定意義上標誌著空間問題在人文社會科學的領域浮出水面；而詹姆遜、哈維和蘇賈等人將地理學方法引入文學批評領域，則進一步促成了文學性和空間性相結合。數十年來，後殖民研究所引發的巨大影響亦構成文學地理學不可忽視的另一重要路徑，薩義德開創的「東方學」對我們思考帝國和殖民地理的物質空間如何浸入文化文本也產生了重要影響。文學地理學作為一種新的理論範式不斷「發現或發明新的方法來理解我們理解世界的方式」。[3]而今，以空間為導向的文學研究，無論是文學地理學、文學製

1　本文係與福建社科院劉小新研究員共同合作的學術成果，原刊於《東南學術》2022年第6期，被《中國社會科學文摘》（2023年第3期）、《高等學校文科學術文摘》（2023年第1期）等轉摘。

2　梅新林：〈世紀之交文學地理學的進展與趨勢〉，《浙江師範大學學報》2010年第3期。

3　〔美〕羅伯特・塔利著，方英譯：《空間性》（北京市：北京大學出版社，2021年），頁55。

圖學、文學地圖學，還是在「空間轉向」人文旗幟下的地理批評、生態批評，它們以各種方式關注空間、地點、環境與文學之間的動態關係，在一定意義上改變或重新定義了當代文學研究與批評。無論是在現實世界，還是在虛構的宇宙，抑或是現實與虛構的混合地帶，重新審視文學與空間的關係都變得十分迫切且重要——其將有助於我們重新定位文學批評、歷史與理論的方向。本文立足於當代人文社會科學「空間轉向」的整體性視域考察文學地理學的當代發展，探+尋文學研究與地理學之間具有創新性的接觸點，力圖為文學地理學的再出發與當代重構提供批判性的反思可能和新路徑探索。

一

　　在中國，「文學地理學」這一術語最早見於一九〇二年梁啟超的《中國地理大勢論》。在談到書法、繪畫、音樂、文學風格的南北迥異時，梁啟超認為：「由是觀之，大而經濟、心性、倫理之精，小而金石、刻畫、遊戲之末，幾無一不與地理有密切之關係。……蓋『文學地理』常隨『政治地理』為轉移，自縱流之運河既通，兩流域之形勢，日相接近，天下益日趨於統一。」[4]事實上，「文學地理」這一概念也並非梁啟超自創，而是在西學東漸的大潮中受到了康德和孟德斯鳩等人的影響。在歐洲，最早明確提到「文學地理學」概念的是康德，他在《自然地理學》的導論中指出：「歷史和地理學在時間和空間方面擴展著我們的知識。歷史涉及就時間而言前後相繼地發生的事件。地理學則涉及就空間而言同時發生的現象。後者按照研究的不同對象，又獲得不同的名稱。據此，它時而叫作自然地理學、數學地理學、政治地理學，時而叫作道德地理學、神學地理學、文學地理學或

4　梁啟超：《中國地理大勢論》，《飲冰室文集（第十卷）》（中華書局，1989年），頁86-87。

者商業地理學。」[5]現今，「文學地理學」的概念實際上涵蓋了不同的方向：「地理測繪法」關注的是文學作品得以產生的空間背景，或為某些作品進行地理學定位；「地理批評」方法關注的是文本內部空間的呈現和意義指向；「空間詩學」方法主要關注文學創造與空間的關係以及形成這種詩性關係的方式。在法國文學地理學家米歇爾・柯羅看來，這三種方法大體對應著文學空間的三個不同維度：「一是與真實地點的關聯；二是一片『想像的天地』或一片『景觀』的建構；三是文本自身獨有的空間性。」[6]文學敘述與地理學的發展二者攜手合力，試圖「幫助人們重新認識這一激劇變化的世界，並賦予其新的意義」。[7]近年來，越來越多的學者開始致力於文學與地理學之間的雙向互動，取得了新進展，拓展出了「文學地理學」的新空間。正如楊義先生所言，文學地理學是一個極具活力的學科分支，是一片亟待開發的學術沃土。

概而言之，二十一世紀文學地理學的發展正逐漸呈多元之勢，成果日漸豐碩，主要體現在以下五個方面：

一是文學地理學的學科建構與理論建構受到重視，建構中國特色的文學地理學自主知識體系意識逐漸形成。楊義、曾大興、鄒建軍、潘正文、梅新林、王兆鵬、陶禮天、胡阿祥、王水照、陳慶元、張晶等學者在文學地理學的學科定位、研究對象、研究方法、理論範疇等方面作出積極探索，為建構中國文學地理學學科提供了理論支撐。李仲凡指出：「文學地理學對地理學學理資源的借鑒，不僅需要系統、深入地學習人文地理學和文化地理學學科的主要思想、基本概念，並

---

5 〔德〕康德著，李秋零譯：《自然地理學》，《康德著作全集（第九卷）》（北京市：中國人民大學出版社，2003年），頁162。

6 〔法〕米歇爾・柯羅著，袁莉譯：《文學地理學》（福州市：福建教育出版社，2021年），頁15-16。

7 〔美〕王敖：《中唐時期的空間想像：地理學、製圖學與文學》（武漢市：長江文藝出版社，2021年），頁1。

掌握它們的重要研究範式與方法，而且需要在此基礎上，把學習和借鑒的範圍擴大到整個地理學學科體系。」[8]《文學地理學概論》、《文學地理學原理》等文學地理學理論著作的出版，將文學地理學提升到了學科建構與系統的理論高度，這標誌著二十一世紀以來文學地理研究已進入了一個理論自覺的階段，自主知識體系意識逐漸形成。此外，諸多有關區域文學研究的學術會議、筆談、爭論的開展，也在一定意義上有助於文學地理學研究的理論建樹。

二是文學地理學逐步走向整體性研究，文學研究與地理學的學科會通逐步形成，構建了文學史研究的地理空間視域。進入二十一世紀以來，關於中國文學地理研究的整體性研究受到進一步重視並取得了突破進展，代表作主要有胡阿祥《中國文學地理研究》、《魏晉本土文學地理研究》，楊義的《重繪中國文學地圖》、《中國古典文學圖志》、《重繪中國文學地圖通釋》、《文學地理學會通》，梅新林的《中國文學地理形態與演變》〈世紀之交文學地理研究的進展與趨勢〉，曾大興的《文學地理學研究》〈氣候、物候與文學：以文學家生命意識為路徑〉，邱江寧的〈元代文人群體的地理分布與文學格局〉，汪文學的〈邊省地域與文學生產：文學地理學視野下的黔中古近代文學生產和傳播研究〉，周曉琳和劉玉平的《空間與審美：文化地理視域中的中國古代文學》，李豐楙與劉苑如的《空間、地域與文化：中國文化空間的書寫與闡釋》，王敖的《中唐時期的空間想像：地理學、製圖學與文學》，等等。這些論著著重探討了文學地理學的整體演進，以及在文學地理學學科建設的背景下展開對中國古代文論資源價值的探討。

三是地理批評或空間批評作為一種文學批評方法被大量運用，地理批評範式逐漸浮出水面。在國際學界的文學和文化批評領域，對空間的文本性和文本的空間性的研究興趣已經發展為一種較為明確的策

8　李仲凡：〈地理學學理資源在文學地理學建構中的作用〉，《蘭州學刊》2015年第6期。

略。文學批評家們開始採納地理和空間性的理論來解讀文學作品。芭芭拉・皮亞蒂在《文學地理學：場景、情節與奇幻空間》中分析了文學的地理空間，弗朗科・莫萊蒂在《歐洲小說地圖冊：1800-1900》中對文學地理學的呼籲，塔利指認為文學地理並不總是將「真實的」社會空間簡單記錄在「想像的」文本世界中。[9]法國批評家韋斯特法爾在《地理批評：真實和虛構空間》一書中開創性地提出了「地理批評」概念，集中關注空間、地理與文學之間的動態關係，探討實際地理與想像地理之間的關係，實現了從作家轉向文本中的「空間指涉」。杰米・費希爾和芭芭拉・門內爾合編的《空間轉向：德國文學及藝術文化中的空間、地域和流動》一書，其內容廣涉地圖、遊記和地理學在德國文學、電影和新媒體的應用及藝術變體，以回應歐美文學界的空間研究盛況。意大利批評家弗朗科・莫萊蒂則將十九世紀歐洲小說的大量文本歸納為兩種批評圖式：「文學中的空間」和「空間中的文學」。事實上，這兩種批評圖式都表達了一種觀念：地理不是被動的容器，而是文學作品中無處不在的積極力量，深刻塑造著文學，它的介入為文學的意義建構增加了另一個重要的空間向度。[10]在中國的文學批評領域，「空間」研究也取得新進展和豐碩成果。近年來，中國文學地理批評做了大量引進與借鑒的工作，如〈地理批評與文學地理學——評韋斯特法爾與柯羅的空間批評思想〉、〈文學地理學、地理批評與地理詩學〉、〈地理批評宣言：走向文本的地理批評〉等，陸揚、梅新林、曾仲權、張蕾等的闡發與方英、袁莉、黃玲玲、王心彥等的譯介都很有代表性，一些觀點在文學地理學研究界產生了論爭，擴大了地理批評在中國批評界的影響，打開了文學地理學研究的空間。

9　〔美〕羅伯特・塔利著，方英譯：《空間性》，頁11。

10　Franco Moretti. *Atlas of the European Novel: 1800-1900*. London and New York: Verso, 1998. pp.3-24.

　　四是文學地理學研究的盛行有效地拓寬了城市文學與文化研究的空間視野，取得了較為豐碩的成果。近些年來，文學地理學研究受到學界的高度重視，地理學的視野、理論與方法在城市文學與文化研究中得到高度重視和普遍運用。通過引入地理學的理論與方法，一個文學地理學的次學科或次領域——文學都市學（城市學）——的雛形正在形成。諸如理查德‧利罕的《文學中的城市》、孫紹誼的《想像的城市：文學、電影和視覺上海（1927-1937）》、儲兆文的《文學城市：賈平凹小說的城市想像》、許秦蓁《時／空的重組與再現》、陳曉蘭的《城市意象：英國文學中的城市》、王德領和楊岸青編著《中外文學中的城市想像》、徐剛的《想像城市的方法：大陸「十七年文學」的城市表述》、張鴻聲的《城市現代性的另一種表述：中國當代城市文學研究（1949-1976）》、徐國源的《空間性、媒介化與城市造像：文化詩學與城市審美》以及「上海文學發展報告」之《文學城市：想像與建構》、《文學城市：文化想像與本土實踐》等共同繪就了一幅絢麗多姿的文學都市研究景觀，構成文學地理學研究至關重要的場域。而近期興起的「文學地圖學」，亦為文學地理學的發展拓展了新的維度。

　　五是西方地理學理論資源的引進與譯介取得了新突破，拓展了文學地理學研究的學術視野與思維空間。新世紀以來，文學地理學以及空間理論領域新論著出版數量持續增長，重要的如加斯東‧巴什拉的《空間的詩學》，哈維的《希望的空間》、《新帝國主義》、《正義、自然和差異地理學》、《新自由主義簡史》、《叛逆的城市》、《巴黎城記》，愛德華‧蘇賈的《後現代地理學》、《後大都市》，米歇爾‧迪爾的《後現代都市狀況》，凱文‧林奇的《城市意象》，麥克‧克朗的《文化地理學》，列斐伏爾的《空間與政治》、《日常生活批判》、《都市革命》、《空間的生產》，多琳‧馬西的《世界城市》、《保衛空間》和《空間、地方與性別》，段義孚的《戀地情結》、《空間與地方》、《人文主義地理學》，尼爾‧史密斯的《新城市前沿》，雷蒙‧威廉斯

的《鄉村與城市》、《希望的源泉》，大衛‧利文斯通的《科學知識的
地理》，安‧布蒂默的《地理學與人文精神》，柯羅的《文學地理學》
以及韋斯特法爾的《子午線的牢籠》，等等。這些論著既有我們早已
熟悉的人文地理學領域的經典之作，也涵蓋了空間批判思想所影響的
一系列重要成果。

　　長期以來，文學的地理想像與書寫都是文學創作與批評的重要產
物。作為至關重要的學術領域，文學的地理書寫受到各種各樣的理
論、觀念與方法的影響，形成了文學地理想像與書寫形態豐富多元的
面貌。傳統的文學地理研究深受社會歷史批評的影響，社會環境與真
實的地理再現構成了文學地理研究的核心要素。二十世紀下半葉，地
理環境決定論仍然占據著中國文學地理學的主流，地理書寫追求「真
實性」成為了顯著的表徵。隨著文化研究與當代「空間轉向」的崛
起，文學研究的空間批評與地理批評正在展現出新的可能性，曾經受
到忽視的地理批評、生態批評正逐漸得到學界的重視。以上的事實足
以表明，二十一世紀以來，文學地理學正走在傳承創新之路上，並呈
現出了多元發展之勢。

二

　　為何二十一世紀以來當代文學地理學會出現興盛的趨勢？我們認
為，文學地理學之所以在二十一世紀崛起，至少有以下幾個方面的重
要原因。

　　首先，二十一世紀以來馬克思主義地理學的當代復興，為文學地
理學的復興提供了重要的理論引領與方法論。馬克思主義地理學興起
於二十世紀七十年代，是人文地理學的主要流派之一。毋庸置疑，二
十世紀下半葉以來西方城市化的轉型，無疑是催生馬克思主義地理學
當代復興的一個重要語境。隨著全球化、城市化進程的快速推進，以

及空間生產理論、地理學和城市研究的興起，馬克思主義地理學再獲關注。誠然，對城市化、環境、空間等問題的研究都離不開馬克思主義地理的視角和理論支撐。近些年來，「空間生產」成為備受關注的重要理論問題，它也是當代馬克思主義的重要問題。馬克思的空間生產觀念經過列斐伏爾、哈維、蘇賈等人的繼承與發展，逐漸形成一股蔚為壯觀的思想潮流。列斐伏爾的《都市革命》、《空間的生產》，哈維的《後現代狀況》、《資本的空間：批判地理學芻論》，蘇賈的《後現代地理學》、《尋求空間正義》等，都從地理視角重新理解闡釋了馬克思主義思想中的空間生產問題。在一定意義上，這些論述為重建馬克思主義文學地理學打開了新的可能與路徑。

二十一世紀以來，馬克思主義中國化進一步推進，取得了新的突破性成果，馬克思主義的文學地理批評重新煥發出勃勃生機。中國學界通過知識行動，不斷探索馬克思主義地理學中國化的路徑和方法，取得了一系列成效。馬克思主義文藝理論對文藝與地理／空間關係問題的深刻闡釋，使得馬克思主義對當代文學地理學的重構具有不可或缺的重要價值：一方面，為文學地理學的傳承興盛提供了重要理論引領；另一方面，也為文學地理學理論體系的更新轉型提供了新動力與科學的方法論。

其次，新世紀以來地理信息技術的飛速發展為文學地理學提供了可靠的技術保證。長期以來，地圖的繪製是認知世界或某一區域空間不可忽缺的重要媒介。隨著時代的發展，地理編碼的數字圖像激增，從傳統的地圖製作形式到如今交互式的數字地圖平臺如地理信息系統（Geographic Information System，簡稱 GIS）的轉變，對文學地理學的發展產生了巨大的助推作用。二十世紀七十年代，計算機地圖引入了第一個數字地圖，並開啟了從素描表到計算機屏幕的繪製過程；二十世紀八十年代，電子數據庫系統與數字地圖相連，支持多維數據變量的可視化顯示，為今天運行的許多地理信息系統提供了基礎。地理

信息系統包含了從數據挖掘到沉浸式虛擬現實顯示，再到複雜的數學空間的一系列技術，這些技術被統稱為「信息可視化」。在這個新世界裡，GIS 可以超越實證主義的使用，並以創新和想像力應用於人文學科的未知領域。根據安德魯・麥克塔維什和杰弗里・羅克韋爾的說法，人文學科的計算通過合法化的技術實踐和非文本的學術文物的創造，與視覺和表演藝術相結合。GIS 在這一背景下的使用再次表明，除了扮演工具性的角色之外，數字人文學科同時也帶來了工具主義和技術等諸多方面的概念革新和拓展。有學者預測，系統地使用大規模的計算分析和文化模式的交互式可視化將成為未來幾十年文學研究與文化批評的一個主要趨勢。[11]顯然，地理信息系統也已經將繼續為文學地理學的當代發展提供技術支撐和保障。

第三，二十世紀末期地理學的「文化轉向」和文學與文化研究的「空間轉向」形成了一個認識論橋樑的兩端。文學和文化研究的「空間轉向」為文學地理學的當代復興開啟了新的空間。更為重要的是，當代空間理論將文學地理學敘述重置於更為開放的場域之中。在「空間轉向」背景下，「文學地理學」產生了諸多新變。在馬塞爾・高歇看來，「我們都參與了社會科學領域的某種『地理學』的轉向。絕不僅僅是受外部已知的地理概念的啟發，而是在內部發生了轉向，因為社會現象的空間維度所起的作用越來越大了。」[12]根據安德魯・薩克的考察，二十世紀末以來關於新文學地理學的思考中有兩大互有交叉的路徑：其一來自於以亨利・列斐伏爾、瓦爾特・本雅明、大衛・哈維、米歇爾・德・塞托和米歇爾・福柯等為代表的文化地理學家和空間理論家，他們側重於探討現代主義再現和處理社會空間的多元方式，如對城市、風景和建築的描述；其二則是「通常受後殖民主義和

---

11 Charles B. Travis. *Abstract Machine: Humanities GIS*. California: Esri Press, 2015. pp. 4-9.

12 〔法〕米歇爾・柯羅著，袁莉譯：《文學地理學》，頁19。

世界文學研究的影響，從全球地理和文學跨國運動空間的角度來理解
文學文本」。[13]空間和地理的問題成為文學和文化研究領域中的重要議
題，激發了中國文藝理論界重視、反思與重構當代文學地理學的學術
熱情。無論是秉承後殖民主義理論、後現代地理學，還是取法文化研
究的「空間轉向」，中國文學地理學都在一定程度上拓展了文藝理論
研究的疆界與方法。其將地理批評和空間政治經濟學分析再次帶入文
學研究之中，使文學作品的解讀不只局限於純粹的審美分析，而是將
探索的眼光延伸到空間的表徵、政治經濟學批判的複雜互動之中。當
然，這樣的文學地理學重構，並非只是為了凸顯文學中的地理想像與
書寫，也絕非是要回到傳統的地理學路徑上。當代文學地理學的重
構，必然是經過當代人文社會科學「空間轉向」洗禮之後重建的文學
地理學。

　　人文社會科學的空間轉向以及新世紀以來文化研究在中國學界的
異軍突起，在一定意義上創造了中國當代文學地理學重構的重要歷史
契機。一方面，這不僅凸顯了中國學界在新時代歷史語境下推進文學
地理學學科建設的重要意義與迫切性；另一方面，也為中國當代文學
地理學重構的觀念與方法營造了濃厚的理論氛圍。如上所述，文學地
理學的當代重構，既是中國學界對之前偏重於時間思維的文藝研究的
糾偏與反撥，亦是對當下中國空間文化實踐與審美表徵的經驗總結和
理論回應。同時，當代中國文學地理學也正是在理論探索與批判實踐
的匯通中，不斷增強對當代文藝作品和文化現象的闡釋力量。

三

　　在新時代的社會歷史文化語境下，文學地理學的重要性更加凸

13　〔英〕安德魯・薩克：〈批判性文學地理學〉，《文化研究》，2019年夏卷。

顯，重構當代文學地理學成為中國文藝理論與批評發展的一項重要學術使命。當代文學地理學的重構，迫切需要相關領域的學者投入足夠的心力和智慧。我們認為，新時代中國文學地理學的再出發，需要重視以下幾個方面的重要問題：

　　一、當代文學地理學再出發，要始終堅持以習近平總書記的「兩結合」重要論述作為根本遵循。習近平總書記指出，「要堅持把馬克思主義基本原理同中國具體實際相結合、同中華優秀傳統文化相結合，立足中華民族偉大復興戰略全域和世界百年未有之大變局，不斷推進馬克思主義中國化時代化。」[14]這為我們推進中國當代文學地理學的建構提供了思想指引和根本遵循：一是必須將馬克思主義歷史-地理唯物主義同中國當代的空間文化實踐相結合；二是必須將馬克思主義歷史-地理唯物主義同中華優秀傳統文化、文論中的空間理論資源相結合。將馬克思主義歷史地理唯物主義同中國當代的空間文化實踐相結合，首先要發掘經典馬克思主義中所蘊含的豐富地理學思想。《共產黨宣言》、《資本論》等經典著述都蘊含著豐富的地理學思想與空間辯證法，正如哈維所指出：「城市化、地理轉型和『全球化』這些問題在他們（馬克思和恩格斯）的論述中占據著顯著的地位。」[15]這些思想能夠有效地解釋當代世界的歷史地理變化特徵與人類空間文化實踐。而今，地理問題已不僅內在於馬克思主義理論的總體論述之中，並且也成為了中國當代空間文化實踐需要直面的重要問題。隨著交通、通訊技術的飛速發展，人員、資金、信息在全球範圍的高度流動，生產、技術、資本以及勞動力在全球空間形成了新的布局，帶來了一系列深刻的變化。現今，當代中國的空間文化實踐豐富且意義重大，諸如都市空間改造、綠色空間建設、公共文化空間建設、新時代

14　習近平：〈在中國人民大學考察時的講話〉，新華網2022年4月25日。

15　〔美〕大衛·哈維著，胡大平譯：《希望的空間》（南京市：南京大學出版社，2005年），頁24。

鄉村振興與規劃等都在如火如荼地推進之中。馬克思主義地理學思想資源的有效挖掘與深刻闡釋，為當代中國的空間文化實踐提供了堅實的思想基礎，進而引領新時代文學地理學的創新發展。其次，要挖掘與活化中華優秀傳統文化尤其是古代文論中的空間理論資源。在悠久的歷史發展長河中，中國傳統文學地理學研究既有傳承也有演變，以其強大生命力形構了大量富有中國本土特色的文學地理學思想資源和理論論述。然而，這些思想資源和理論資源都埋藏在海量的傳統典籍中，有待進一步去挖掘、整理與提煉，在古今對話中返本開新才能真正構建文學地理學的自主體系。因此，要始終堅持以習近平總書記的「兩結合」重要論述為指導，將馬克思主義歷史地理唯物主義同中華優秀傳統文化尤其是古代文論中的空間理論資源相結合，加快構建中國特色的自主知識體系，不斷開創當代中國文學地理學的新境界。

　　二、當代文學地理學再出發，要重新錨定新的研究對象。自二十世紀七十年代以來，「空間轉向」以多種方式被推至人文社會科學的學術前沿，如何從人文社會科學「空間轉向」的整體視域重新思考、審視文學與地理學之間的關係成為了一個令人矚目的重要命題。正如法國學者貝斯特・韋斯特法爾主張的，文學地理學的目的是「恢復參照物並重新評估空間在文學中的作用」，「簡而言之，該是要考慮文學及其周邊關係的時候了⋯⋯我們研究的對象不是對文學空間表徵的審視，而是考察人類空間與文學之間如何產生互動。」[16]弗朗科・莫萊蒂也明確認為「地理學是文學發明與發展的最本質的一方面」，並賦予「文學地理學」以「雙重目標」：「在文學中研究空間」和「在空間中研究文學」。[17]因此，「文學地理學」並不能簡單地被視作文化地理學的一個分支，它是當代空間人文社會科學的重要組成部分。與其他

16　〔法〕米歇爾・柯羅著，袁莉譯：《文學地理學》，頁4。

17　〔法〕米歇爾・柯羅著，袁莉譯：《文學地理學》，頁13。

學科相比，文學地理學更需要被放在當代人文社會科學的空間轉向視域中進行整體性觀照，更需要在文學和地理學之間占據中間地位，從而在地理學與文學傳統之間找到一個具有創新性的接觸點與接合部，才能真正開啟新時代中國文學地理學的新領域與建構之路。

　　三、當代文學地理學再出發，要進一步激活其跨學科特性與學科融合的活力。文學地理學作為發生在文學研究和地理學之間並因此將文學研究和地理學聯繫起來的一門新興交叉學科，具有強大的跨學科活力。隨著近年來文學地理學的不斷拓展，其已不僅只是文學與地理學的跨學科融合，而且還有效延展融合了生態學、環境學、政治學、人類學、民族學、信息技術等多種學科。羅伯特・T・塔利主編的《地理主義與空間文學研究》系列叢書即重點關注了空間、位置和文學之間的動態關係，為探索空間、地點和地圖在文學及世界中的意義提供了新的嘗試與可能。尤其是文化研究的崛起，更是極大促進了階級、性別、民族等要素與文學地理學的深度融合，大大拓展了文學地理學的新視域——衍生出了階級地理學、民族地理學、性別地理學以及空間女性主義等向度。不言而喻，在構建當代文學地理學的征程中，階級、民族、性別與空間相互作用的複雜關係已經成為了不可忽視的重要維度。《文學地理：背景與敘事空間》、《從美洲熱帶走向文學地理學：調查美洲熱帶——從紐約到裡約熱內盧的文學地理》、《地理批評與空間文學研究——非洲的敘事地理學、繪製地緣批評與後殖民研究的交叉點》、《空間人文——深度地圖和空間敘事》、《美國文學史：在美洲熱帶地區劃分區域》、《抽象機器——人文地理信息系統》等一系列著述為文學地理學的發展打開了新的研究向度。不言而喻，跨學科特性與學科融合的活力及其創造的新領域為文學地理學拓展了新的發展空間與圖景。

　　空間女性主義的崛起，進一步打開了從女性主義視角考察性別與空間的關係新視域。以多洛雷斯・海登為代表，她通過對城市的日常

生活提出質疑，論述了如何改變建成環境以減少男權主義對它的控制與影響。她尤其致力於「一個非性別主義的城市是什麼樣的」探討，也即如何改變建成環境才能促進性別平等？莉斯貝思‧拉爾森的《漫步弗吉尼亞‧伍爾夫的倫敦：文學地理學的調查》一書也為我們提供了新的方法，其運用了文學地理學領域的理論工具來探索弗吉尼亞‧伍爾夫的寫作和她構建人類主題的方式，闡明了地點和性別、階級構成了角色必須處理、接受或挑戰的生活條件。[18]而在《圖繪：女性主義與文化交往地理學》一書中，弗里德曼探討了全球環境如何影響我們對「本土」的思考。她指出，「地緣政治素養」將空間思維理論化，拓寬了傳統地緣政治觀念，而這種空間思維又可補充歷時性所主宰的歷史敘事。」[19]現今，全球範圍出現的氣候變化等現象更加深刻影響著全球地理，而且在很大程度上以不同的形式影響著每一個國家和地區的鄰里關係。如環境主義者所言，每一事物都與其他事物緊密相關，而且並不局限於某個範圍的生態系統和某個生物圈之內。文學地理學當代重構的表徵紛繁複雜，性別、階級、種族是三個無法繞過的支點，通過它們，文學地理學的理論特質、精神風貌與價值取向都得到淋漓盡致的體現。

　　四、當代文學地理學再出發，要將空間表徵與空間再配置問題視為核心命題。文學如何以美學的形式呈現／表述空間的表徵問題？文學地理學如何呈述與揭示空間配置中的權力關係問題，如何在當今空間人文社會科學的視域中重新審視空間表徵與權力的關係？這些問題無疑應是文學地理學的當代重構需要直面的重要命題。在《現代主義的地理位置》一書中，安德魯‧塞克和彼得‧布魯克指出了最近人們

---

18 Lisbeth Larsson. *Walking Virginia Woolf's London*: *An Investigation in Literary Geography.* Trans. David Jones. Cham: Palgrave Macmillan, 2017. vii.

19 〔美〕蘇珊‧斯坦福‧弗里德曼著，陳麗譯：《圖繪：女性主義與文化交往地理學》（南京市：譯林出版社，2014年），頁12。

對地理和空間維度在文學和文化文本中的強烈興趣。他們認為，西方
地理思想和製圖實踐的根源是源於文學、藝術和科學追求的交織分
支；從詞源學上講，「地理」這個詞源自希臘語「地球書寫」。西方地
理思想和製圖實踐的簡史揭示了在文學地理學中協調空間及其多樣的
藝術、敘事和科學系譜的先例。[20]「想像的地理」是為數眾多的學者
們重點關注的對象。根據巴亞爾的觀點，文學地理學是作家無意識的
「空間部分的投影」，作家們發明了「想像中的地理學」，他們重寫空
間，或者以美學的形式重組空間以讓主體找到一個新的、非同凡響的
燦爛的地方。在柯羅看來，「文學地理學從某種角度說，仍然是一部
『自我的地理學』。」[21]文學地理學是由地理空間觀念與文學空間觀念
的結合所構成的，其顯然拒絕認為「文學空間」是一個可測量的容器
空間。地理與文學，以新的空間意識匯聚在文學地理學之中，從而構
成了新的空間關係。對此，在〈文學地理學：從決定論到批判的地域
主義〉一文中，我們曾明確指出：無論是中國古代的文學地域理論，
還是西方赫爾德、斯達爾夫人和泰納的文學社會學，在地域與文學關
係的認識上都存在地理環境決定論的傾向。現今，文學地理學必須從
環境決定論轉向文化地理的生產理論，文學的想像與敘事廣泛而有效
地參與了「地方感」的編碼與建構，參與了地理空間的生產。在全球
化和後殖民的知識語境中，文學地理學還必須辯證地思考「批判的地
域主義」這一重要課題。[22]

　　五、當代文學地理學再出發，要進一步構建空間的政治關懷與倫
理追求。政治維度是文學地理學不可忽視的重要之維，尤其是「空間
正義」應當作為當代文學地理學的政治關懷和倫理追求。空間不是一

20　Charles B. Travis. *Abstract Machine: Humanities GIS*. California: Esri Press, 2015. p.12.

21　〔法〕米歇爾・柯羅著，袁莉譯：《文學地理學》，頁111。

22　劉小新：〈文學地理學：從決定論到批判的地域主義〉，《福建論壇》2010年第10
　　期。

個絕對的真空,「空間總是充斥著政治、意識形態及其他暴力,這些
塑造著人類生活並驅使人類為了地理而鬥爭。」[23]列斐伏爾將空間和
空間的政治構建視為社會關係的表現,同時也反作用於社會關係。列
斐伏爾通過研究都市空間規劃、權力導致的「中心-邊緣」結構,揭
示了資本的力量借助政治權力切割了人類共同體,從而剝奪了弱勢群
體進入都市的權力,造成了空間的「非正義」。福柯也曾揭示了邊緣
空間是作為中心地帶的「他者」而存在,是被規訓的「他者」。這種
「邊緣」與「中心」的二元結構在一定意義上凸顯了空間存在的不平
衡權力關係,而且隨著當今資本的不斷擴張,不平衡地理發展不僅構
成了新的資本增值來源,而且衍生成為階級剝削的新花招,加劇了非
正義。面對纏繞空間及其所衍生的政治問題,空間的政治關懷與倫理
追求迫切需要納入當代文學地理學的學術視野之中。新世紀以來,以
蘇賈為首的一批地理學家不斷推進空間的正義與非正義問題研究。
《尋求空間正義》即是蘇賈從批判性的空間視角尋求社會正義的一種
探索,正如其所言,「將批判性空間視角前景化並以尋求空間正義作
為地理鬥爭的方法,不僅增加了開拓思考該主題的方法的可能性,亦
能豐富現有的觀點與實踐。」[24]在某種意義上,「空間正義」並非只是
為「正義」增加空間的維度,也非僅是為空間披上「正義」的外衣。
「空間性地看正義之目的是為了增加我們對正義作為所有社會中關鍵
因素和動力的普遍理解。它尋求的是提升民主政治和社會積極行動主
義的更為進步、更可參與的形式,為動員和維護社會的內在聯合,草
根的區域聯合,以及正義指向的社會運動提供新的理念。」[25]因此,
當代文學地理學的再出發與重構,應當充分意識到文學地理之中多層

---

23 〔美〕愛德華・W・蘇賈著,高春花等譯:《尋求空間正義》(北京市:社會科學文
　　獻出版社,2016年),頁18。

24 〔美〕愛德華・W・蘇賈著,高春花等譯:《尋求空間正義》,頁12。

25 〔美〕愛德華・W・蘇賈著,高春花等譯:《尋求空間正義》,頁6。

次交互關係，並以明確的政治關懷和倫理追求對空間問題進行批判性
診斷，不斷發現與闡發文學地理寫作中蘊含或隱含著豐富的「希望的
空間」元素。

　　六、當代文學地理學再出發，要進一步強化數字人文技術與文學
地理學的關係思維。重視數字人文學為文學地理學帶來的思想觀念、
技術與研究方法等方面的改變，這將為文學地理學重構打開新的研究
空間與可能性。在德勒茲和加塔利的闡述中，GIS 構成了一個抽象的
機器，它不僅是一種圖像製作技術，更重要的是，它是一種促進信息
傳遞、知識生產和交流的技術。現今，愈來愈多的人文學科的學者從
製圖學、信息技術的角度探討了地理與文學之間的關係。弗朗科・莫
萊蒂開創了文學研究的原理圖和馬克思主義幾何方法；芭芭拉・皮亞
蒂從文學作品的虛構和實際位置的數字技術繪製出發，進行文學地理
學研究；伯特朗・韋斯特法爾通過繪製真實和虛構空間的幾何和哲學
坐標，探索了自然地理、認知映射和文學的重疊領域；查爾斯・B・特
拉維斯通過 GIS 的棱鏡繪製了作家塞繆爾・貝克特在一九一六年至一
九四五年間在都柏林、倫敦和法國的早期生活。越來越多的著述開始
探討地理信息系統在實踐和理論方面如何進一步參與人文學科，並加
深製圖學、理論和文學之間的感知聯繫。[26]數字人文技術的發展已經
深刻滲透進當前社會生活的血脈之中，新時代文學地理學的再出發與
當代重構沒有理由忽視如此重要的要素，而是應當充分利用好這一重
要技術，將文學地理學的學科建設置於數字人文學發展的時代大潮之
中，探尋知識生產新的可能性與新的增長點。

---

26 Charles B. Travis. *Abstract Machine: Humanities GIS.* California: Esri Press, 2015. p.7.

結語

　　中國文學地理學的再出發與當代重構，業已成為二十一世紀中國文藝理論與批評發展不可忽視的重要現象。從總體發展趨勢看，當代中國文學地理學將朝著多學科交叉融合方向發展，從而吸收借鑒文學社會學、地理學、傳播學、政治學、經濟學、信息科學、民族學、人類學、文化詩學等諸多學科的最新成果，不斷拓展文學地理學的學術疆域；同時，數字化和人工智能也為當代文學地理學的發展提供了有效技術支撐和保障，文學地理學的信息化、技術化亦將是大勢所趨。我們有理由相信：文學地理學的再出發，將在新時代開闢文學研究的新境界。

附錄三
「空間轉向」與當代文學批評的
空間性話語重構[1]

　　二十世紀下半葉以降，人文社會科學領域出現了諸多研究轉向，如「文化轉向」、「語言轉向」、「視覺轉向」，以及「空間轉向」等，其中最引人矚目的莫過於「空間」的華麗轉身。正如丹尼爾‧貝爾所斷言：「空間建構已變成二十世紀中期文化的基本美學問題。」[2]長期以來，時間往往占據了更為顯赫的位置，被視為「豐富的、多產的、有生命力的、辯證的」，贏得了廣泛的讚譽與關注；相較而言，「空間在以往被當作是僵死的、刻板的、非辯證的和靜止的東西。」[3]在福柯看來，十九世紀沉湎於歷史，這一情形蔓延至二十世紀，人類生活的空間性問題要麼被歷史吞沒了，要麼就是變成一些被歸類為背景、處境、語境、社會的比喻。面對這一「盲域」，福柯敏銳地預言一個新的空間時代到來了：「我們正處於一個同時性和並置性的時代；我們所經歷和感覺的世界更可能是一個點與點互相聯結、團與團之間互相纏繞的網絡，而更少是一個傳統意義上經由時間長期演化而成的物質存在。」[4]不言而喻，福柯試圖改變傳統研究只關注「時間」維度而忽視「空間」維度的做法，使之將視野和焦點轉移到「空間」上。詹姆

1　本文原刊於《文藝爭鳴》2022年第8期。

2　〔美〕丹尼爾‧貝爾，嚴蓓雯譯：《資本主義文化矛盾》（北京市：人民出版社，2010年），頁113。

3　〔法〕米歇爾‧福柯：〈不同空間的正文與上下文〉，包亞明主編：《後現代性與地理學的政治》（上海市：上海教育出版社），頁18。

4　包亞明：《現代性與空間的生產》（上海市：上海教育出版社，2003年），頁9。

遜也明確呼籲：「我們的歷史性在衰退，我們以某種積極方式體驗歷史的生動可能性正在衰退」，而我們的文化變成了一種「日益受到空間和空間邏輯支配」的文化，因此「有必要把空間問題作為對它的根本結構關注提出來。」[5]隨著全球化加速與「後現代主義文化」席捲而來，「空間」被推上了中心舞臺獲得關注與重新闡釋。誠然，「時間之犁翻耕了先前時代那靜止不動的世界」，空間這一被「隱沒的維度」漸次浮出歷史地表，開啟了「空間的紀元」。「空間」作為一個既老又新的領域，它在「空間轉向」的視域中重新成為了一個備受關注的對象：一方面，打開了理論家們尋求新的思想資源的可能性；另一方面，敞開了我們如何更好地理解我們當前世界並對此作出反應的新可能。新世紀以來，「空間轉向」躍升為當代文藝理論與文學批評的重要問題與理論支點，深刻影響了當代文藝理論與文學批評的觀念變革與話語重構。因此，重新審視「空間轉向」及其與文學批評的複雜關係，不僅有助於打開「空間理論」與文學批評相接合的種種可能，而且有助於更為有效地把握當代文藝理論與文學批評發展的新趨勢與新方向。

一

　　文學研究領域對「空間」的關注也經歷了持續而深刻的轉向。儘管空間的許多特徵可以在早期的文學理論和文學批評中找到，但是空間文學研究還是相對較新。無論它被理解為文學學科中一個獨立的分支，還是被理解為對研究對象的一種普遍態度，空間文學研究都與人文社會科學的「空間轉向」緊密聯繫在一起。[6]儘管難以確切確定轉

5　〔美〕詹明信著，陳清僑等譯：《晚期資本主義的文化邏輯》（北京市：生活・讀書・新知三聯書店，1997年），頁455。

6　Robert T. Tally Jr., *Spatial literary studies: interdisciplinary approaches to space, geography, and the imagination,* New York: Routledge, 2021, p.1.

向發生的具體日期或時刻，但是當代文學研究和文化批評確實已經發生了明顯的「空間轉向」。諸多的跡象已然表明，文學研究中的空間或地理詞彙越來越多，各種形式的製圖被用來勘測文學地形、繪製敘事軌跡、定位和探索地點，以及投射想像的坐標。許多文學研究學術會議致力於文學空間、地理批評和文學製圖問題，文學批評的空間性問題重新受到高度重視與關注。

全球化空間重組，無疑是當代文學理論與文化研究「空間轉向」的直接動因。對全球化歷史的空間維度的關注，改變了人們對文學史和當代文化實踐的思考方式，促使人們更多地關注文學和其他文本是如何建構表徵性空間的。菲利普・韋格納的〈空間批評：批評的地理、空間、場所與文本性〉一文極力倡導將空間理論引入文學研究之中，他強調道：「有必要在繪製任何全球空間的地圖時超越經典的高雅與低俗的對立，超越中心與邊緣的對立，代之以創造一種新的多點透視觀，以考察文學和文化活動、交流和流通。只有以這種方式，我們才可能對於我們今天寓居其中的全球空間的複雜性和原創性有更加豐富的理解。」[7]近年來，空間性、場域、製圖學、空間批評、文學地理學、地理批評等空間概念或實踐已成為當代文學理論和文化研究的關鍵術語。

文學理論和文化研究中的「空間轉向」，在很大程度上是後現代狀況的產物或回應。「後現代」的降臨，進一步使我們的世界與日常生活發生了劇烈而深刻的變化。在一定意義上，這些變化預示著一個新世界的到來。這就需要有一種新的視域與方法來幫助我們理解新世界。在塔利看來，當今「人類的狀況」通常是一種迷失方向的狀況，在這種狀況下，我們在現實世界中的體驗往往也是迷失了方向。作為位於

---

7 〔美〕菲利普・韋格納：〈空間批評：批評的地理、空間、場所與文本性〉，閻嘉：《文學理論讀本》〕（南京市：南京大學出版社，2013年），頁229。

媒介資源中的文學和文化研究，需要以更適合空間與空間關係的話語來重新建立我們在世界中的位置感；而從事「空間性研究」的學者，無論是在文學製圖學、文學地理學還是地理批評方面，都可能繼續發現或發明新的方法來理解我們理解世界的方式。[8]在此意義上，或許我們可以認為：文學與文化研究中的「空間轉向」，既是對這一新世界與新狀況的合理回應，也是對新空間和表現形式的嘗試性探索。

　　法國著名理論家加斯東・巴什拉的《空間的詩學》顛覆了長期以來文學理論的「時間化」思維傳統，對文學創作與批評中的「空間化」問題研究產生了重大影響。「被想像力所把握的空間不再是那個在測量工作和幾何學思維支配下的冷漠無情的空間。它是被人所體驗的空間。它不是從實證的角度被體驗，而是在想像力的全部特殊性中被體驗。」[9]布朗肖將「文學的空間」理解為一種生存體驗的深度空間，認為「文學空間並不是一種外在的景觀或場景，也不是見證時間在場的固化場所，它生成源自作家對於生存的內在體驗。」[10]大衛・哈維則態度鮮明地指出：

　　　　一九七二年前後以來，文化實踐與政治-經濟實踐中出現了一種劇烈變化」，這種劇烈變化與我們體驗空間和時間的新的主導方式、與資本主義體制中新一輪的「時空壓縮」之間存在著某種必然的關係。[11]

如果說巴什拉、布朗肖等人的空間詩學探索標誌著當代文藝理論「空

8　Robert T. Tally Jr., *Spatiality*. New York: Routledge, 2013, p.35.

9　〔法〕加斯東・巴什拉著，張逸婧譯：《空間的詩學》（上海市：上海譯文出版社，2009年），頁8。

10　〔法〕莫里斯・布朗蕭：《文學空間》（北京市：商務印書館，2003年），頁130。

11　〔美〕戴維・哈維著，閻嘉譯：《後現代的狀況——對文化變遷之緣起的探究》（北京市：商務印書館，2004年），頁1。

間轉向」的開啟，那麼，後現代地理學、文化地理學、文學地理學、空間批評等新興學科的誕生則進一步標誌著文藝理論「空間轉向」的確立。後現代地理學與文學地理學對「空間」概念的全新闡發與拓展，對當代文藝理論與批評產生了巨大影響。文化地理學既強調通過空間思考文化，也注重從文化角度研究與想像地理以及認同的空間問題等。文學理論和文學批評的「空間轉向」則是對過去文學批評中對於空間、地點和映射問題被低估的承認。近年來，從理論家到作家到批評家不僅試圖糾正此種以往所疏忽的方面，而且力圖提出新的方法來看待一個「以前確定而今已經變得不確定的世界」。因此，「空間轉向」既是對世界本身的轉向，亦是對我們生活的新理解，我們始終以這樣或那樣的方式生活在社會空間的移動陣列中。

已有充分的證據表明，文學理論與批評的「空間轉向」已經產生了富有洞察力的研究，產生了新的方法和效果。列斐伏爾、福柯、德裡達、詹姆遜、哈維、蘇賈、韋斯特法爾、塔利等人將「空間性」引入文學和文化研究領域，我認為這種「橫向映射」使我們對空間有了更深刻的理解。我們有必要進一步關注並探究「空間」如何影響文學理論，導致「地理批判主義」的出現。在〈時空之間──關於地理學想像的反思〉一文中，哈維明確闡明美學理論、社會理論均與地理學存在著內在關聯：「美學理論緊抓的一個核心主題：在一個快速流動和變遷的世界裡，空間構造物如何被創造和利用作為人類記憶和社會價值的固定標記。關於不同形式的生產出來的空間，如何抑制或促進了社會變遷的過程，我們可以從美學理論學到很多。有趣的是，現在地理學家的努力從文學理論家那裡獲得的支持，比從社會理論家那裡來得多。……在地緣政治學的歷史那裡，對於地方、民族和傳統，以及美學感受的神話的訴求，扮演了重要的角色。我認為這裡蘊含了將

美學和社會理論的觀點融匯在一起的重要意義。」[12]不言而喻，地理
學可以從美學與文學理論中獲取諸多思想資源，反之，文學理論也同
樣可以從地理學中獲得更多的思想資源，開拓文學研究的空間性維
度。將空間或地理學思想納入文學研究與批評領域，可以更好地理解
人類經驗、社會關係和文化生產。

二

　　在人文社會科學迎來「空間轉向」之後，文學批評領域以其獨特
的方式將注意力集中在空間、地點和文學之間的動態關係上。正如塔
利所概括：「文學製圖學、文學地理學和地理批評使得在文學與文化
研究的『空間轉向』之後，能夠以富有成效的方式思考空間、地理和
製圖問題。」[13]文學的空間維度已經成為文學與地理交匯點上一個重
要的研究領域，而且這個領域由諸多不同的方法所構成。即使是面對
同一空間對象，文學批評家和地理學家在方法上也呈現出巨大差異
性：前者主要關注空間的詩意維度，而後者側重於質疑敘事的空間
性。在當今文學批評中，「空間」扮演了極為重要的角色。一方面，
空間批評使我們增強了對文學與世界互動的方式；另一方面，也讓我
們深刻意識到以文學視角探索與世界打交道的方式。

　　在一定程度上，空間批評往往為我們提供一個獨特視野的「真實
和想像」的空間，正如伯蘭特‧韋斯特法爾所言：「理論上，每個空
間都位於創造潛力的十字路口。我們總是回到文學和模仿藝術探索，
因為在現實和虛構之間的某個地方，一個人和其他人知道如何挖掘時
空隱藏的潛力，而不把它們降低到停滯狀態。在各種模擬表現形式的

---

12 〔美〕大衛‧哈維：〈時空之間──關於地理學想像的反思〉，包亞明主編：《現代
　性與空間的生產》（上海市：上海教育出版社，2003年），頁397-400。

13 Robert T. Tally Jr., *Spatiality*. New York: Routledge, 2013, p.3.

交叉點上揭示的時空是地理批判主義提議探索的第三空間。地理批判主義將致力於繪製可能的世界，創造多元而矛盾的地圖，因為它在移動的異質性中擁抱空間。」[14]韋斯特法爾明確提出了「地理批評」這一概念並開創性地打開了一片廣闊的批評空間。地理批評作為一種空間文學研究方法，其目的是探索文學研究之中直到目前存在的空間空隙。韋斯特法爾認為，地理批評的興起與遊牧視角釋放的空間感知和表現理論息息相關。二十世紀七十年代法國的幾項重要理論成就如福柯的「異托邦」、列斐伏爾的「空間的生產」、德勒茲和瓜塔里的「遊牧」和「塊莖」理論等，成為了哲學、社會學與文學中空間研究的新動力。而二十世紀八十年代，波德里亞對擬像的分析也對後現代主義者產生了重要影響，同樣具有重要影響力的還有詹姆遜的「後現代新空間性」和愛德華・蘇賈的「第三空間」理論。此外，地理批評也與後殖民主義理論、性別政治有著密切的關係，其中尤其突出的是薩義德、霍米・巴巴的後殖民理論和斯皮瓦克、羅斯等人的性別研究。顯然，所有這些跨學科的投入與結合，開闢了一種真正而開放的文學空間研究方法。

　　現今，文學的地理批評進入了一個跨學科的領域。韋斯特法爾曾指出，地理批評的跨學科並非是指異質概念的功利堆積，而是指文學研究、地理、城市規劃和建築等學科之間產生真正的互動過程，以及敞開通往社會學和人類學的道路。因此，地理批評並不局限於傳統的文學批評學科概念與實踐。韋斯特法爾對地理批評的特徵進行了提綱挈領的概括：一是「地理批評是一種以地理為中心而不是以自我為中心的方法」；二是「地理批評停止了對特定觀點的特權，以擁抱一個地方更廣闊的視野」；三是「地理批判主義促進了感官帝國，一種對

---

14 Bertrand Westphal, *Geocriticism: real and fictional spaces*, translated by Robert T. Tally Jr., Palgrave Macmillan, 2011. p.73.

場所的多元方法」；四是「地理批判將生命的幾何和哲學坐標——時間和空間——聯繫在一個時空方案之中」。[15]顯然，在韋斯特法爾看來，時空性、超越性和指稱性構成了地理批評的重要基礎。塔利在評論韋斯特法爾的「地理批評」時指出：韋斯特法爾「所有的寫作都以一種製圖的形式參與，因為即使是最現實的地圖也不能真實地描繪空間，而是像文學一樣，以一種複雜的想像關係來描繪它。」[16]誠然，伯特蘭·韋斯特法爾的地理批判探索與審視了各種空間和地方理論，主張對文學和文化研究採用地理批判的方法。他的觀點在一定程度上促使我們思考：地理批評給文學批評帶來什麼？文學文本是否成為地理學家考察的重要來源？文學文本使我們能夠處理不只屬地理的對象「空間」是否合理？

　　近幾十年來，大量文學空間研究者已經證明了我們現今理解空間的方式不僅強調敘事空間的重要性，而且推動了現實範疇的重新配置，這其中不可忽視的一個重要因素是：虛構。卡爾維諾寫道：「所有城市都是虛構的；我給它們每一個都起了一個女人的名字。」[17]那麼，虛構的空間在我們構建經驗和理解世界中扮演什麼角色？我們對後現代空間的概念是什麼？文學如何在這個概念中發揮中介作用？不同的空間觀念是如何孕育出不同的文學傳統的，這在後現代文學中又是如何呈現的？今天，一些新興的批判性話語將地理、空間、建築、環境研究等與文學、電影等藝術更為緊密地聯繫起來。

　　文學地理批評所探討的空間更多的是被語言不斷解構與重構的「空間」，其任務是建構一個關於空間、話語與創作的理論。在某種

---

15 Bertrand Westphal, *Geocriticism: real and fictional spaces*, translated by Robert T. Tally Jr., Palgrave Macmillan, 2011. p.25.

16 Bertrand Westphal, *Geocriticism: real and fictional spaces*, translated by Robert T. Tally Jr., Palgrave Macmillan, 2011. p.x.

17 〔意〕伊塔洛·卡爾維諾著，張密譯：《看不見的城市》（南京市：譯林出版社，2012年），頁2。

意義上，地理批評關注的重點不再局限於作品本身，而是轉向「地方」。在塔利看來，廣義上的「地方」包含了三種類型的空間：一類是被文學作品表徵的真實空間，如巴黎、上海、倫敦和都柏林；一類是無現實指涉的虛構空間，如烏托邦的首都亞馬烏羅提城、托爾金筆下的米那斯提力斯、陶淵明的桃花源等；第三類是兼具真實與虛構元素的空間，比如福克納筆下的約克納帕塔法縣、曹雪芹筆下的大觀園等。[18]面對紛繁複雜的研究對象，韋斯特法爾認為地理批評「最好是從地圖集上明確繪就的人類空間出發」，它是作為一種多焦點和辯證的分析方法出現的。每一個表象都必須以「辯證的過程」來對待，因為這個「辯證的過程」雕刻出一個「共同的空間，由不同的觀點產生並觸及不同的觀點」，由此「我們越來越接近參考空間的本質特徵」。[19]韋斯特法爾堅持認為，地理批判是一種從根本上跨學科的方法。它為當前的空間研究打開了新問題的潛力，使我們能夠適應各種媒體形式的空間表現。而且，地理批評本身作為一種批評方法，它也適用於更廣泛的跨學空間文化研究。它認識到文學、電影、戲劇等不僅僅只是表現形式，也不僅僅是敘事象徵和意識形態的容器，而是延伸到任何試圖映射這些文本的空間策略。毋庸置疑，地理批評為我們提供了有趣的方式來參與虛構和現實的空間。

那麼，如何看待虛構的空間在社會領域之中的位置及地位問題？顯然，虛構的空間不僅只是文學的創造物，而且對我們的生活具有重要意義。虛構為什麼是可信任的，為什麼不會令人感覺虛假？顯然，虛構的空間代表了一個至為重要的關鍵。魏簡在《在虛構與現實之間》一書中認為，虛構文本的產生與權力合法性之間存在著雙重約束

18　Bertrand Westphal, *Geocriticism: real and fictional spaces*, translated by Robert T. Tally Jr., Palgrave Macmillan, 2011. p.x.

19　〔法〕波特蘭・韋斯特法爾著，陳靜弦等校譯：〈地理批評宣言：走向文本的地理批評〉，《南京工程學院學報》2018年第2期，頁25。

的關係：虛構既與社會秩序的象徵中心連在一起，同時，虛構也擁有質疑社會秩序的能力。[20]空間批評力圖從多種意義尋求與探索文學的空間。在塔利看來，「有創造力的作家從事一種文學製圖的形式，通過這種形式，他們形象地描繪出他們世界的真實和想像的空間，既包括文本內部的空間，也包括文本外部的空間。」[21]韋斯特法爾在他的地理批評中勾勒出一幅理論立場的風景畫，展示了現代主義和後現代主義如何從根本上改變了思想家們理解空間的方式。空間不再是一個穩定或惰性的範疇，而是一種複雜的異質現象。空間作為一種有活力或超越性的運動，文學在其經常有問題的空間表現中探索了這種運動，在這一運動中，虛構空間和真實空間之間的界限不斷被跨越和重新跨越。

　　虛構空間對於文學理論與文學批評實踐的影響必然是深遠的。目前，對於空間文學批評而言，虛構的空間與現實的空間構成了當代世界的整體。「文學中已經藝術地把握了的時間關係和空間關係相互間的重要聯繫」，巴赫金稱之為「時空體」。他精闢地闡明：「在文學中的藝術時空體裡，空間和時間標誌融合在一個被認識了的具體的整體中。時間在這裡濃縮、凝聚，變成藝術上可見的東西；空間則趨向緊張，被捲入時間、情節、歷史的運動之中。時間的標誌要展現在空間裡，而空間則要通過時間來理解和衡量。這種不同系列的交叉和不同標誌的融合，正是藝術時空體的特徵所在。」[22]不言而喻，巴赫金的「時空體」將空間提升到了與時間相等的水平。讓‧伊夫‧塔迪埃也

20　〔法〕魏簡著，楊彩傑等譯：《在虛構與現實之間：二十世紀初期的文學、現代主義和民主》（人民日報出版社，2018年），頁335。

21　Robert T. Tally Jr., *The Routledge Handbook of Literature and Space*, New York: Routledge, 2017. p.3.

22　〔俄〕巴赫金著，白春仁等譯：〈小說的時間形式和時空體形式〉，《巴赫金全集（第三卷）》（石家莊市：河北教育出版社，1998年），頁269-270。

提出了贊同性觀點，他認為：「小說既是空間結構也是時間結構」。[23]
正是基於這一點，塔利宣稱：巴赫金作為一名文學歷史主義的先驅批評家，他在文學研究中領先於「空間轉向」。

　　事實上，文學以想像的方式調用空間，隨之影響讀者乃至現實空間的相關意義。當地理批評分析文學作品中的位置、空間時，這些信息不僅來自真實地理以及文學研究的見解，而且它還建立在這樣一個前提之上——即這些文本介入文化空間並改變受眾的感知、意識形態和實踐取向等。因此，文學的空間批評力圖將空間從單極視角中解放出來，將其置於多重視線交織的中心，從而「將讀者帶向審視空間的多重視角，或者是對多重空間的感知」，進而反思文化與身份的多樣性。換言之，空間批評並非將空間視為一個普世的概念，而是將其視為一個語言與文化建構的產物，跨學科的空間批評正是為了揭示空間再現的多種可能性。

三

　　現今，空間性已經成為文學批評和文化研究中的一個關鍵概念，對「空間轉向」的批判性關注為文學研究提供了一種新的方法。[24]從事空間文學研究的理論家和批評家們正通過他們的工作提煉和重新定義這個領域及其批評實踐，這在一定程度上使這個領域充滿了活力。黑洞、多維、量子糾纏和相對論的時空已經廣泛進入日常生活和文學敘事。從黃粱一夢、愛麗絲夢遊仙境到當代科幻小說對黑洞和量子悖論的癡迷，空間敘事成為了後現代的一個突出特徵。隨著科幻小說的興起，空間的敘事變形也隨之爆發。文學敘事在表現、想像和理解新

23　〔法〕讓‧伊夫‧塔迪埃著，桂裕芳、王森譯：《普魯斯特和小說》（上海市：上海譯文出版社，1992年），頁224。
24　Robert T. Tally Jr., *Spatiality*. New York: Routledge, 2013, p.1.

時空形式方面的認知和文化意義呈現出了新的創造性與多樣性。不言而喻,「空間轉向」為文學批評領域帶來了一系列的觀念轉變,促使文學研究發生了理論更新與話語重構。

「空間轉向」的崛起促使了文藝理論與文學批評解釋向量的重新定位。「空間轉向」不僅僅只是由對「時間」的關注轉向對「空間」的關注,更重要的是從「時間思維」向「空間思維」的轉換,也即從歷時性思維向共時性思維的轉換,那麼,分析的共時性向量就具有新的重要性。正如福柯的分析探究了在任何給定時刻只是可能性的共時條件。一個給定的概念如何成為可能?它並非是基於前兆與影響,而是基於框架與網絡。[25]文藝理論重新引入空間作為文學研究的一個範疇,就是重新塑造學科領域。這不僅僅是地理空間的問題,也是文化空間和意義空間的問題。薩義德、莫雷蒂、韋斯特法爾、塔利等人的職業軌跡與開創性成就完美地體現了這一點。

眾多理論家、批評家對「空間」概念的重新定位與闡發,則在某種程度上以諸多不同方式改變了文學和文化分析,從而撬動了文學研究的固有概念與疆界。面對全球化時代的空間拓殖,「空間轉向以及新的空間意識正在扭轉一個半世紀以來對空間思維的忽略局面」。當前的空間研究已經超越了傳統地理學、建築學領域,廣泛滲入人類學、文化研究、後殖民理論、女性主義批評、種族理論、文學批評以及國際關係學、經濟學等當中。事實上,「空間轉向」是思想意識領域的一次非凡變革,它「將會影響到知識生產的所有方式」,有力扭轉了「歷史想像優於空間想像的局面」,恢復了「歷史與地理思維及闡釋互補性的再平衡」。[26]空間轉向並非是對歷史視野的抵制,而是打

---

25 Russell West-Pavlov, *Space in Theory: Kristeva, Foucault, Deleuze,* New York: Amsterdam, 2009, p.26.

26 〔美〕愛德華・W.蘇賈著,高春花等譯:《尋求空間的正義》(北京市:社會科學文獻出版社,2016年),頁14-15。

開過去被忽視或邊緣化的「空間褶皺」。這一褶皺的打開在某種程度上拓展了文學研究過去尚未被充分發展的領域。誠然，空間文學研究使當代學者們能夠反思空間的表徵，無論是在現實空間中，還是在想像的世界中，抑或現實與虛構相遇的混合地帶。菲利普・韋格納認為，空間研究有助於促進更多地關注文學和其他文化文本中對空間的表現，關注空間問題如何改變我們思考文學史的方式。從「空間轉向」視域重新考察文學邊界的分割，在一定意義上可以使我們的思考走出既定的範圍，從而將文學空間作為一個總體現實來重新理解。「文學世界共和國的分析目標不是描述文學世界的總體，也不試圖對世界文學進行根本不可能的徹底清查。這裡要做的是改變『從某個立場出發』描述文學世界的角度，用布羅代爾的話來說，這是為了獲得改變慣常批評觀和描述作家們自己也總是不明其究的文學世界的機會。」[27]卡薩諾瓦在《文學世界共和國》中闡明，相較於政治與經濟空間，文化空間具有相對獨立性——「理解文學世界運行方式的一大難點在於，我們需要承認它的邊界、首都、路徑和溝通方式與政治經濟世界並不完全吻合」。[28]

　　現今，「空間轉向」及其所隱含的時空秩序變化構成了文化、美學和政治激烈爭論的焦點。反思這個觀點有助於我們理解當代社會文化以及政治領域中的諸多分歧。伴隨著當代交通信息技術的飛躍式變革，空間障礙得到了進一步消除，時空關係不斷進行重組，哈維稱之為「時空壓縮」。我們應當如何應對時空壓縮問題？顯然，社會生產和再生產的過程必須納入不斷轉變的時空視野之中。在文學藝術領域之中，時空經驗的轉變也必然導致了文化與美學等再現領域的變革。雷蒙・威廉斯的《城市與鄉村》一書即是這一轉變的典範性著作——

---

27 〔法〕帕斯卡爾・卡薩諾瓦著，羅國祥、陳新麗譯：《文學世界共和國》（北京市：北京大學出版社，2015年），頁26。

28 〔法〕帕斯卡爾・卡薩諾瓦著，羅國祥、陳新麗譯：《文學世界共和國》，頁26。

「城市」與「鄉村」不僅僅是地理意義上的關係，而且關係到不斷變化著的「情感結構」。「空間轉向」研究有助於為探尋和理解當代社會和文化變遷提供一種有力的方式，同時打開那些常常被忽視的人類歷史觀念與經驗。

　　「空間轉向」的另一個重要視域拓展是將更複雜的「地方──全球」聯繫的空間認識引入到文藝理論之中，即文藝理論的空間性研究取向。「全球化」與「本土化」這一二元對立已成為耳熟能詳的話語表述。邊緣與中心、全球與本土、西方與東方之間的關係以及這些關係對我們把握當代世界的方式具有重要意義。近年來，空間意識愈來愈成為引人注目的重要問題。阿讓・阿帕杜萊關注地方的先期優勢，在討論晚期資本主義新文化媒體景觀的斷裂和差異中歌頌去領土化，試圖避開西方人類學話語中對民族生活的「轉喻凝固」；霍米・巴巴強調混雜空間的重要性，他將邊緣空間描述為優勢區位，以抵抗有關民族國家的霸權敘述；布魯諾・拉圖爾把全球與地域的問題看作解構現代性計劃的一部分加以討論，從而產生「『本土』和『全球』這些詞彙也為本身既非本土的、又非全球的網絡提供了視角……既是定義了我們的世界又把我們同一切他者分割開來」[29]的結論；阿里夫・德里克對全球主義與地域性想像的考察，力圖將地域以及地域意識視為一項工程，用以創造和建構進行整治思考及知識生產的新語境。[30]當今全球化的旋風促使了空間意識的發展，而且空間意識的發展在一定意義上對重審當代世界打開了新思路，提供了一個批判角度。毫不奇怪，「在過去，空間僅僅是藝術品的一個屬性，由繪畫中慣用的想像手法或由雕塑的位移手段來體現，這種隔開了觀眾和物體的空間被忽視為僅是距離。如今，這種看不見的維度被作為積極因素來考慮，它

29　〔美〕阿里夫・德里克著，王寧譯：《跨國資本主義時代的後殖民批評》（北京市：北京大學出版社，2004年），頁117。

30　〔美〕阿里夫・德里克著，王寧譯：《跨國資本主義時代的後殖民批評》，頁106。

不僅被藝術家表現出來，而且被他們塑造出來，刻畫出來，它能夠將觀眾捲進藝術，並和藝術一起融合在一個擁有更大視野和範圍的情境中。事實上，人們如今進入了藝術品的內部空間——這個空間以前只能在視覺上從外部接近，但不能侵入——而且他們面對的是一系列情境，而不是一個有限的物體。」[31]隨著線性視角、抽象或數學空間以及資本主義生產方式的興起，要求在文學中以新的方式描繪這些空間。在當代藝術之中，不僅色彩、形式、氣味，而且空間、動作都成為了藝術品的一個方面。「距離」消失了，藝術抹殺了空間與人之間的界限，將觀眾帶入創造過程本身。對於文學而言，「文學空間」擺脫了傳統文學地理描繪只是時間在場見證的尷尬境地，「在那裡所有一切都返回到深刻的存在，在那裡在兩個領域之間有著無限的過渡，在那裡一切都在死去，但是在那裡死亡是生命的知心伴侶，在那裡恐懼是愉悅，在那裡歡慶在悲哀，而悲哀會增光，這空間本身正是『萬物像奔向離自己最近最真實的實在那樣』朝它本去之處，即最大的圓圈和不停變化的那個空間，它是詩歌的空間，是俄耳甫斯詩歌的空間。」[32]布朗肖已經將「文學的空間」理解為一種生存體驗的深度空間。不言而喻，文學的空間批評並不局限於現實世界，而且關注「想像的空間」以及蘇賈所說的「第三空間」。

　　如何想像「空間」的理論譜系？如何賦予「文學空間」一個嶄新的形式？眾多的理論家爭相援引各自熟悉的理論資源圖繪出「幽靈」的形象。德波的「奇觀社會」、布爾迪厄的「區隔」、吉登斯的「時空分延」、卡斯特爾的「流動空間」、哈維的「時空壓縮」、蘇賈的「第三空間」等理論，持續從不同路徑與維度敞開了當代空間生產的複雜面向，也為我們提供了思考文學空間的重要理論資源。「空間」已經

31　〔美〕丹尼爾・貝爾著，嚴蓓雯譯：《資本主義文化矛盾》，頁138。
32　〔法〕莫里斯・布朗肖：《文學空間》，頁138。

不僅僅只是一個自然地理概念，而且被構想為政治、權力爭鬥的「場所」，成為了各方力量爭奪、博弈的對象。列斐伏爾、戴維·哈維、蘇賈等人認為，空間從根本上不應被簡單地理解一個純粹客觀的容器，不應被簡單理解為朝向「思想先驗性材料」的回歸，它「不是一個被意識形態或者政治扭曲了的科學的對象」；而應該視為一種「話語」，一種文化實踐，是人們對自我作為空間的自我發現。空間隱藏著各種不同的世界觀、價值觀和方法論，隱藏著不同的地緣政治學、經濟學、社會理論以及文化修辭。

　　毋庸置疑，「空間轉向」深刻影響了當代文藝理論與文學批評的思路與走向。事實上，在「空間轉向」之後出現的文學空間類型是如此廣泛。諸多現象與研究都以某種方式表明：空間很重要，並非因為任何事情都發生在空間之中，而是因為事件發生的地點與它們如何形成是不可分割的。隨著歷史決定論逐漸式微，因果關係與語境發生了不可分割的融合。空間不再只是單純的社會文化趨勢的被動反映，而是積極的參與者；空間既是構成性的，也是代表性的。空間既是一種「產物」，也是一種「力量」。到目前為止，這個論點已經被明確地多次表明：空間已經成為社會科學和人文學科不可或缺的一部分。從這個角度來看，「空間轉向」是不可逆轉的。[33]因此，我們有理由期待看到文學理論與文學批評更遠的未來。

---

33 Barney Warf & Santa Arias, *The spatial turn: interdisciplinary perspectives,* New York: Routledge, 2009. p.10.

初版後記

　　年少時總幻想著將來能夠出版一本屬於自己的書，一本厚厚的大書。當然，這一幻想在當時是極其樸素的，是純粹對書的好奇與膜拜。近日，我家小朋友總拿著一疊白紙圖繪他的東周列國之諸侯爭霸，嚷著要給自己設計一本他自己的歷史書，而這無意中也觸動了我早已模糊的那根弦。我已然記不清是何時萌發的這一幻想，與如今孩子豐富的閱讀之後所萌發的想法不同，或許我的幻想更多的是緣於兒時鄉下貧乏的閱讀資源所產生對書籍的渴望。至今依稀記得當時家中除了教材之外僅有父親收藏的幾冊《西遊記》漫畫和一套姚雪垠的《李自成》，它們陪伴我度過了童年時光。上大學之後，圖書館成為了我最常消磨時光的地方，福建師範大學倉山校區圖書館豐富的藏書為我打開了寬廣的視野，浸潤著我的心靈。從二〇〇二年秋天踏入長安山開始，我在這片熟悉的校園中完成了本科、碩士、博士階段的學習，並有幸留校任教，迄今不覺已經十八載。十八載之長，人生有幾個十八載；十八載之短，時間都去哪兒了？回顧自己這段時間走過的路、遇到的人，心懷感恩，也更加堅定自己堅持與努力方向。現在，終於要將自己的研究成果匯聚成專著出版，我既激動又惶恐，總想把它打磨得更好一點。這是自己學術生涯的第一本專著，我倍感珍惜。

　　這本專著是我的博士論文以及在博士論文基礎上申報的國家社科基金青年項目的研究成果，主要聚焦於「文化研究」的理論旅行與中國本土化實踐研究。二〇一四年五月，我的博士論文《「中國經驗」視域中的文化研究》順利通過論文送審、答辯；二〇一四年六月，以「文化研究——理論旅行與本土化實踐研究」為選題申報的國家社科

基金青年項目獲得立項資助。從二〇一四年六月至二〇一八年十二月，我持續對文化研究在中國的「理論旅行」與「本土化實踐」進行了較為深入的考察與研究。項目於二〇一九年八月順利通過國家社科規劃辦審核准予結項，獲得「優秀」等級。書中的部分章節以論文的形式在《文學評論》、《中國社會科學報》、《福建論壇》、《東南學術》、《福建師範大學學報》、《新疆師範大學學報》、《中國圖書評論》、《貴州師範大學學報》、《福州大學學報》、《江夏學院學報》、《文學與文化》等期刊發表，衷心感謝各位編輯老師的支持與鼓勵！

　　本書今日得以出版，首先要感謝我的導師南帆教授，他是我跨入學術殿堂的領路人。從碩士、博士階段的學習到今天的學術成長，無論是學術研究還是為人處世，南帆教授都給了我很多的指引與關懷。感謝劉小新老師多年來為我解決了很多思想困惑，以及在百忙之中不辭辛勞撥冗為本書作序。感謝一直以來培養我的母校福建師範大學文學院以及諸位領導和老師，他們是汪文頂教授、鄭家建教授、李小榮教授、李建華書記、葛桂錄教授、余岱宗教授、袁勇麟教授、林志強教授、葉祖淼副院長等。感謝我的博士後導師華東師範大學朱國華教授以及中國社會科學院文學研究所吳子林研究員、東南大學王珂教授、南開大學周志強教授、上海大學曾軍教授、華南師範大學段吉方教授等學界前輩對我的指導與幫助！

　　感謝我的家人，是他們的愛與包容驅動著我！將這本書獻給我的父母、愛人以及小豆同學！二〇一二年本書開始選題的時候，我家小豆小朋友剛剛出生，現今他已經是一名一年級小學生了，可以說這本書中的每一個字的鍵盤敲打聲都伴隨著他成長。他驕傲地向我宣布：他長得比這本書的寫作速度快。是的，這對我也是一種鞭策，應該更加努力一點了！當然，這本書的出版不僅只是近年來自己集中思考的一個總結，而且校準著自己未來的研究方向。

　　還要感謝國家社科規劃辦和福建省社科基地福建師範大學中華優
秀文化發展傳承研究中心對本書的資助！

顏桂堤

二〇二〇年六月十三於福州

修訂版後記

　　冬至陽生，歲回律轉。在這辭舊迎新的美好時刻，重新審讀、修訂自己的著作，是一種幸福！

　　本著作自二〇二〇年在人民出版社出版以來，在學界產生了良好學術反響，獲得了眾多師友的肯定與鼓勵！本書是本人主持的國家社科基金青年項目「文化研究——理論旅行與本土化實踐研究」的結項成果，結項時獲「優秀」等級，並於二〇二一年獲得福建省第十四屆哲學社會科學優秀成果獎二等獎。其中發表於《文學評論》的論文〈文化研究對中國當代文論話語體系的挑戰與重構〉再次獲得二〇二三年福建省第十五屆哲學社會科學優秀成果獎三等獎。在剛公布的第九屆高等學校科學研究優秀成果獎獲獎名單中，本著作有幸獲得「青年成果獎」。非常欣喜，本著作有幸入選「福建師範大學文學院學術精品入臺出版工程」之「福建師範大學文學院百年學術論叢・第八輯」。自二〇一五年「福建師範大學文學院百年學術論叢・第一輯」入臺出版以來，這一浩大工程已經連續推出八輯，在兩岸學界產生了重大影響。這一出版工程，既是我院文史研究深厚傳統與豐碩實績的有力展示，也是兩岸學人同心勠力的學術創舉。我深知，有幸入選第八輯論叢，這不僅是對我本人的一種鼓勵，更是一種學術鞭策！

　　此次，我除了對原先著作中的一些小瑕疵做了完善，著作名亦做了微調，增加了「變奏」二字，凸顯文化研究的發展變化：并對部分內容做了重新修訂和增刪，其中第七章的「文化研究視域中的階級想像與話語重構」做了大幅改動，與原人民出版社版的內容有較大區別。附錄內容也做了較大調整，只保留〈後人類主義、現代技術與人

文科學的未來〉一文作為附錄一，另外增補了兩篇近年來關於「空間轉向」的研究論文：附錄二〈「空間轉向」視域中的當代文學地理學重構〉，附錄三〈「空間轉向」與當代文學批評的空間性話語重構〉。遺憾的是，原先一直規劃的關於臺灣、香港、澳門等地區的文化研究因近年精力和學術興趣的轉向未能得到有效開展，期待後面能有進一步進展與突破。

感謝福建師範大學文學院！感謝萬卷樓出版公司！

顏桂堤

二〇二四年一月一日於榕城

參考文獻

一　國外理論譯著

英國

〔英〕雷蒙・威廉斯著　張文定譯　《文化與社會》　北京市　北京
　　　大學出版社　1991年

〔英〕雷蒙・威廉斯著　閻嘉譯　《現代主義的政治——反對新國
　　　教》　北京市　商務印書館　2002年

〔英〕雷蒙・威廉斯著　劉建基譯　《關鍵詞》　北京市　生活・讀
　　　書・新知三聯書店　2005年

〔英〕雷蒙・威廉斯　《漫長的革命》　倪偉譯　上海市　上海人民
　　　出版社　2013年

〔英〕雷蒙・威廉斯著　韓子滿、劉戈、徐珊珊譯　《鄉村與城市》
　　　北京市　商務印書館　2013年

〔英〕雷蒙・威廉斯著　高曉玲譯　《文化與社會》　長春市　吉林
　　　出版集團公司　2011年

〔英〕斯圖亞特・霍爾、保羅・杜蓋伊著　龐璃譯　《文化身份問題
　　　研究》　開封市　河南大學出版社　2010年

〔英〕湯普森著　錢乘旦譯　《英國工人階級的形成》（上・下）
　　　南京市　譯林出版社　2001年

〔英〕特里・伊格爾頓著　華明譯　《後現代主義的幻象》　北京市
　　　商務印書館　2002年

〔英〕特里‧伊格爾頓著　方傑譯　《文化的觀念》　南京市　南京
　　大學出版社　2003年

〔英〕特里‧伊格爾頓著　李尚遠譯　《理論之後》　臺北市　商周
　　出版社　2005年

〔英〕特里‧伊格爾頓著　　伍曉明譯　《二十世紀西方文學理論》
　　北京市　北京大學出版社　2007年

〔英〕特瑞‧伊格爾頓著　商正譯　《理論之後》　北京市　商務印
　　書館　2009年

〔英〕丹尼斯‧德沃金著　李鳳丹譯　《文化馬克思主義在戰後英
　　國》　北京市　人民文學出版社　2008年

〔英〕約翰‧斯道雷著　張君玫譯　《文化消費與日常生活》　臺北
　　市　巨流圖書公司　2002年

〔英〕阿蘭‧斯威伍德著　馮建三譯　《大眾文化的神話》　北京市
　　生活‧讀書‧新知三聯書店　2003年

〔英〕約翰‧B‧湯普森著　馮建三譯　《文化帝國主義》　上海市
　　上海人民出版社　1999年

〔英〕約翰‧B‧湯普森著　郭世平等譯　《意識形態理論研究》
　　北京市　社會科學文獻出版社　2013年

〔英〕托尼‧本尼特著　王杰、強東紅等譯　《本尼特：文化與社
　　會》　桂林市　廣西師範大學出版社　2007年

〔英〕安‧格雷著　許夢雲譯　《文化研究：民族志方法與生活文
　　化》　重慶市　重慶大學出版社　2009年

〔英〕卡爾‧波普爾著　杜汝楫、邱仁宗譯　《歷史決定論的貧困》
　　上海市　上海人民出版社　2009年

〔英〕以賽亞‧柏林著　呂梁等譯　《浪漫主義的根源》　南京市
　　譯林出版社　2008年

〔英〕馬修‧阿諾德著　韓敏中譯　《文化與無政府狀態：政治與社
　　會批評》　北京市　生活‧讀書‧新知三聯書店　2008年

〔英〕斯圖亞特‧霍爾編著　徐亮等譯　《表徵》　北京市　商務印
　　　書館　2003年

〔英〕安吉拉‧麥克羅比著　李慶本譯　《文化研究的用途》　北京
　　　市　北京大學出版社　2007年

〔英〕特里‧伊格爾頓著　方傑譯　《文化的觀念》　南京市　南京
　　　大學出版社　2006年

〔英〕莫利著　史安斌主譯　《電視、受眾與文化研究》　北京市
　　　新華出版社　2005年

〔英〕安東尼‧吉登斯、克里斯多弗‧皮爾森著　尹宏毅譯　《現代
　　　性──吉登斯訪談錄》　北京市　新華出版社　2001年

美國

〔美〕弗雷德里克‧詹姆遜著　王逢振、陳永國譯　《政治無意識：
　　　作為社會象徵行為的敘事》　北京市　中國社會科學出版社
　　　1999年

〔美〕理查德‧羅蒂著　林南譯　《實用主義哲學》　上海市　上海
　　　譯文出版社　2009年

〔美〕理查德‧羅蒂著　張國清譯　《後形而上學希望》　上海市
　　　上海譯文出版社　2009年

〔美〕理查德‧羅蒂著　王俊、陸月宏譯　《哲學的場景》　上海市
　　　上海譯文出版社　2009年

〔美〕理查德‧羅蒂著　黃宗英等譯　《哲學、文學和政治》　上海
　　　市　上海譯文出版社　2009年

〔美〕伊恩‧P‧瓦特著　高原、董紅鈞譯　《小說的興起》　北京
　　　市　生活‧讀書‧新知三聯書店　1992年

〔美〕馬克‧里拉著　鄧曉菁、王笑紅譯　《當知識分子遇到政治》
　　　北京市　新星出版社　2010年

〔美〕愛德華・W・薩義德著　王宇根譯　《東方學》　北京市　生活・讀書・新知三聯書店　1999年

〔美〕愛德華・W・薩義德著　李自修譯　《世界・文本・批評家》　北京市　生活・讀書・新知三聯書店　2009年

〔美〕愛德華・W・薩義德著　李琨譯　《文化與帝國主義》　北京市　生活・讀書・新知三聯書店　2003年

〔美〕愛德華・W・薩義德著　閻嘉譯　《論晚期風格》　北京市　生活・讀書・新知三聯書店　2009年

〔美〕愛德華・薩義德　戴維・巴薩米安著　梁永安譯　《文化與抵抗》　上海市　上海譯文出版社　2009年

薇思瓦納珊編　單德興譯　《權力、政治與文化：薩義德訪談錄》　北京市　生活・讀書・新知三聯書店　2006年

〔美〕托馬斯・庫恩著　金吾倫、胡新和譯　《科學革命的結構》　北京市　北京大學出版社　2003年

〔美〕安東尼・J・卡斯卡迪著　嚴忠志譯　《啟蒙的結果》　北京市　商務印書館　2006年

〔美〕莫瑞・克里格著　李自修等譯　《批評旅途：六十年代之後》　北京市　中國社會科學出版社　1998年

〔美〕約瑟夫・R・斯特雷耶著　華佳、王夏、宗福常譯　《現代國家的起源》　上海市　格致出版社、上海人民出版社　2011年

〔美〕托比・米勒編　王曉路譯　《文化研究指南》　南京市　南京大學出版社　2009年

〔美〕埃里克・歐林・賴特主編　馬磊、吳菲等譯　《階級分析方法》　上海市　復旦大學出版社　2011年

〔美〕葉凱蒂著　楊可譯　《上海・愛：名妓、知識分子和娛樂文化（1850-1910）》　北京市　生活・讀書・新知三聯書店　2012年

〔美〕克利福德・格爾茨著　韓莉譯　《文化的解釋》　南京市　譯
　　林出版社　2008年

〔美〕馬歇爾・伯曼　《一切堅固的東西都煙消雲散了》　徐大建等
　　譯　北京市　商務印書館　2003年

〔美〕弗雷德里克・詹姆遜著　王逢振等譯　《快感：文化與政治》
　　北京市　中國社會科學出版社　1998年

〔美〕勞倫斯・E・卡洪著　王志宏譯　《現代性的困境》　北京市
　　商務印書館　2008年

〔美〕馬泰・卡林內斯庫著　顧愛彬、李瑞華譯　《現代性的五副面
　　孔》　北京市　商務印書館　2002年

〔美〕赫伯特・馬爾庫塞著　劉繼譯　《單向度的人：發達工業社會
　　意識形態研究》　上海市　上海譯文出版社　2008年

〔美〕雷內・韋勒克著　張今言譯　《批評的概念》　中國美術學院
　　出版社　1999年

〔美〕米歇爾著　陳永國譯　《圖像學：形象，文本，意識形態》
　　北京市　北京大學出版社　2012年

〔美〕安娜・瑪麗・史密斯著　付瓊譯　《拉克勞與墨菲：激進民主
　　想像》　南京市　江蘇人民出版社　2010年

〔美〕華萊士・馬丁著　伍曉明譯　《當代敘事學》　北京市　北京
　　大學出版社　2005年

〔美〕勒內・韋勒克、奧斯汀・沃倫著　劉象愚等譯　《文學理
　　論》　南京市　江蘇教育出版社　2005年

〔美〕弗雷德里克・詹姆遜著　王逢振、余莉、陳靜譯　《可見的簽
　　名》　南京市　南京大學出版社　2012年

〔美〕哈羅德・布魯姆著　朱立元、陳克明譯　《誤讀圖示》　天津
　　市　天津人民出版社　2005年

〔美〕勞倫斯・格羅斯伯格著　莊鵬濤等譯　《文化研究的未來》
　　北京市　中國人民大學出版社　2017年

〔美〕R‧E‧佩弗著　呂梁山、周洪軍等譯　《馬克思主義、道德
　　　與社會正義》　北京市　高等教育出版社　2010年

〔美〕華勒斯坦著　黃德興譯　《學科、知識和權力》　北京市　生
　　　活‧讀書‧新知三聯書店　1999年

〔美〕華勒斯坦等著　《開放社會科學》　北京市　生活‧讀書‧新
　　　知三聯書店　1997年

〔美〕克里福德‧格爾茨著　韓莉譯　《文化的解釋》　南京市　譯
　　　林出版社　1999年

〔美〕弗雷德里克‧杰姆遜　唐小兵譯　《後現代主義與文化理
　　　論——弗‧杰姆遜教授演講錄》　西安市　陝西師範大學出
　　　版社　1987年

〔美〕弗雷德里克‧杰姆遜著　胡亞敏等譯　《文化轉向》　北京市
　　　中國社會科學出版社　2000年

〔美〕本‧阿格　《作為批評理論的文化研究》　開封市　河南大學
　　　出版社　2010年

〔美〕阿爾文‧古爾德納著　杜維真譯　《新階級與知識分子的未
　　　來》　北京市　人民文學出版社　2001年

〔美〕丹尼爾‧貝爾著　嚴蓓雯譯　《資本主義文化矛盾》　北京市
　　　人民大學出版社　2010年

〔美〕馬克‧D‧雅各布斯、南希‧韋斯‧汗拉恩著　劉佳林譯
　　　《文化社會學指南》　南京市　南京大學出版社　2012年

〔美〕弗雷德里克‧詹姆遜著　王逢振主編　《詹姆遜文集（第一
　　　卷）：新馬克思主義》　北京市　中國人民大學出版社
　　　2004年

〔美〕弗雷德里克‧詹姆遜著　王逢振主編　《詹姆遜文集（第二
　　　卷）：批評理論和敘事闡釋》　北京市　中國人民大學出版
　　　社　2004年

〔美〕弗雷德里克・詹姆遜著　王逢振主編　《詹姆遜文集（第四
　　　卷）：現代性、後現代性和全球化》　北京市　中國人民大
　　　學出版社　2004年

法國

〔法〕羅蘭・巴特著　李幼蒸譯　《符號學原理》　北京市　中國人
　　　民大學出版社　2008年
〔法〕米歇爾・萊馬里、讓-弗朗索瓦・西里內利主編　顧元芬譯
　　　《西方當代知識分子史》　南京市　江蘇教育出版社　2007年
〔法〕西蒙娜・德・波伏瓦著　鄭克魯譯　《第二性》　上海市　上
　　　海譯文出版社　2011年
〔法〕德勒茲、〔法〕加塔利著　姜宇輝譯　《資本主義與精神分裂
　　　（卷2）：千高原》　上海市　上海書店出版社　2010年
〔法〕蒂費納・薩莫瓦約著　邵煒譯　《互文性研究》　天津市　天
　　　津人民出版社2003年
〔法〕皮埃爾・布迪厄著　劉暉譯　《藝術的法則》　北京市　中央
　　　編譯出版社　2001年
〔法〕弗朗索瓦・多斯著　季廣茂譯　《解構主義史》　北京市　金
　　　城出版社　2011年
〔法〕羅傑・加洛蒂著　吳岳添譯　《論無邊的現實主義》　天津市
　　　百花文藝出版社　2008年
〔法〕柏格森　徐繼曾譯　《笑》　北京市　北京出版社出版集團、
　　　北京十月文藝出版社　2005年
〔法〕魯爾・瓦納格姆著　張新木、戴秋霞、王也頻譯　《日常生活
　　　的革命》　南京市　南京大學出版社　2008年
〔法〕莫里斯・布朗蕭著　顧嘉琛譯　《文學空間》　北京市　商務
　　　印書館　2003年

〔法〕雅克・德里達著　佘碧平譯　《多種立場》　北京市　生活・讀書・新知三聯書店　2004年

〔法〕米歇爾・福柯著　劉北成、楊遠嬰譯　《瘋癲與文明》　北京市　生活・讀書・新知三聯書店　1999年

〔法〕米歇爾・福柯著　劉北成譯　《臨床醫學的誕生》　南京市　譯林出版社　2001

〔法〕米歇爾・福柯著　莫偉民譯　《詞與物》　上海市　上海三聯書店　2001年

〔法〕羅蘭・巴特著　李幼蒸譯　《寫作的零度》　北京市　中國人民大學出版社　2008年

〔法〕米歇爾・福柯著　劉北成、楊遠嬰譯　《規訓與懲罰：監獄的誕生》　北京市　生活・讀書・新知三聯書店　2003年

〔法〕米歇爾・福柯著　佘碧平譯　《性經驗史》　上海市　上海人民出版社　2000年

〔法〕米歇爾・福柯著　錢瀚譯　《必須保衛社會》　上海市　上海人民出版社　1999年

〔法〕米歇爾・福柯著　佘碧平譯　《主體解釋學》　上海市　上海人民出版社　2010年

〔法〕古斯塔夫・勒龐著　馮克利譯　《烏合之眾：大眾心理研究》　北京市　中央編譯出版社　2004年

〔法〕弗朗索瓦・多斯著　季廣茂譯　《從結構到解構》（上、下卷）　北京市　中央編譯出版社　2005年

〔法〕讓・鮑德里亞著　夏瑩譯　《符號政治經濟學批判》　南京市　南京大學出版社　2009年

〔法〕羅蘭・巴特著　汪耀進、武佩榮譯　《戀人絮語——一個解構主義的文本》　上海市　上海人民出版社　1988年

〔法〕羅蘭・巴特著　孫乃修譯　《符號帝國》　北京市　商務印書館　1994年

〔法〕羅蘭・巴特著　懷宇譯　《羅蘭・巴特隨筆選》　天津市　百
　　花文藝出版社　1995年

〔法〕羅蘭・巴特著　溫晉儀譯　《批評與真實》　上海市　上海譯
　　文出版社　1999年

〔法〕羅蘭・巴特著　許薔薔　許綺玲譯　《神話──大眾文化詮
　　釋》　上海市　上海譯文出版社　1999年

〔法〕羅蘭・巴特著　敖軍譯　《流行體系：符號學與服飾符碼》
　　上海市　上海譯文出版社　2000年

〔法〕羅蘭・巴特著　屠友祥譯　《S/Z》　上海市　上海譯文出版
　　社　2000年

〔法〕羅蘭・巴特著　懷宇譯　《羅蘭・巴特自述》　天津市　百花
　　文藝出版社　2005年

德國

〔德〕卡爾・曼海姆著　姚仁權譯　《意識形態與烏托邦》　北京市
　　中國社會科學出版社　2009年

〔德〕彼得・比格爾著　高建平譯　《先鋒派理論》　北京市　商務
　　印書館　2002年

〔德〕恩斯特・布洛赫著　夢海譯　《希望的原理（第一卷）》　上
　　海市　上海譯文出版社　2012年

〔德〕于爾根・哈馬貝斯等著　周憲主編　《文化現代性精粹讀本》
　　北京市　中國人民大學出版社　2010年

澳大利亞

〔澳〕馬克・吉布森著　王加為譯　《文化與權力：文化研究史》
　　北京市　北京大學出版社　2012年

〔澳〕約翰・多克著　吳松江、張天飛譯　《後現代主義與大眾文
　　化》　瀋陽市　遼寧教育出版社　2001年

斯洛文尼亞

〔斯洛文尼亞〕斯拉沃熱・齊澤克等著　方杰譯　《圖繪意識形態》
　　南京市　南京大學出版社　2002年

〔斯洛文尼亞〕斯拉沃熱・齊澤克著　胡雨譚、葉肖譯　《幻想的瘟
　　疫》　南京市　江蘇人民出版社　2006年

加拿大

〔加〕諾斯羅普・弗萊著　陳慧等譯　《批評的解剖》　天津市　百
　　花文藝出版社　2006年

〔加〕卜正民、施恩德編　陳城譯　《民族的構建——亞洲精英及其
　　民族身份認同》　長春市　吉林出版集團公司　2008年

匈牙利

〔匈〕盧卡奇著　杜章智等譯　《歷史與階級意識》　北京市　商務
　　印書館　2004年

意大利

〔意〕諾貝爾托・博比奧著　陳高華譯　《左與右：政治區分的意
　　義》　南京市　江蘇人民出版社　2010年

日本

〔日〕柄谷行人著　趙京華譯　《日本現代文學的起源》　北京市
　　生活・讀書・新知三聯書店　2003年

〔日〕溝口雄三著　孫軍悅譯　《作為方法的中國》　北京市　生
　　活・讀書・新知三聯書店　2011年

二　中國大陸出版的文獻資料

南　帆　《雙重視域》　南京市　江蘇人民出版社　2001年

南　帆　《關係與結構》　長春市　吉林出版集團公司　2009年

朱國華　《文學與權力》　北京市　北京大學出版社　2014年

周志強　《闡釋中國的方式：媒介裂變時代的文化景觀》　北京市　電影出版社　2013年

周志強　《大眾文化理論與批評》　北京市　高等教育出版社　2009年

段吉方　《審美文化視野與批評重構：中國當代美學的話語轉型》　中國社會科學出版社　2016年

段吉方　《文化唯物主義與現代美學問題》　廣州市　中山大學出版社　2017年

曾　軍　《城視時代──社會文化轉型中的當代中國文學與文化》　上海市　上海大學出版社　2016年

陶東風主編　《文化研究精粹讀本》　北京市　中國人民大學出版社　2006年

戴錦華　《隱形書寫》　南京市　江蘇人民出版社　1999年

戴錦華　《霧中風景》　北京市　北京大學出版社　2000年

戴錦華主編　《書寫文化英雄》　南京市　江蘇人民出版社　2000年

戴錦華　《涉渡之舟》　西安市　陝西人民教育出版社　2002年

戴錦華　《猶在鏡中》　北京市　知識出版社　1999年

戴錦華　《鏡與世俗神話》　北京市　中國人民大學出版社　2004年

王曉明主編　《人文精神尋思錄》　上海市　文匯出版社　1996年

王曉明主編　《批評空間的開創：二十世紀中國文學研究》　上海市　東方出版中心　1998年

王曉明　《中文世界的文化研究》　上海市　上海書店出版社　2012年

陸揚、王毅　《文化研究導論》　上海市　復旦大學出版社　2006年

陶東風　《文化研究：西方與東方》　北京市　北京師範大學出版社
　　　2001年

陶東風　《文學理論的公共性——重建政治理論》　福州市　福建教
　　　育出版社　2008年

劉　禾著　楊立華等譯　《帝國的話語政治：從近代中西衝突看現代
　　　世界秩序的形成》　北京市　生活・讀書・新知三聯書店
　　　2009年

劉　禾　《跨語際實踐：文學，民族文化與被譯介的現代性（中國
　　　1900-1937）》　宋偉杰等譯　北京市　生活・讀書・新知三
　　　聯書店　2008年

劉小新　《闡釋的焦慮——當代臺灣理論思潮解讀（1987-2007）》
　　　福州市　福建人民出版社　2010年

羅小茗　《製造「國民」　1950-1970年代的日常生活與文藝實踐》
　　　上海市　上海書店出版社　2011年

生安鋒　《霍米・巴巴的後殖民理論研究》　北京市　北京大學出版
　　　社　2011年

趙　勇主編　《大眾文化理論新編》　北京市　北京師範大學出版社
　　　2011年

俞兆平　《中國現代三大文學思潮新論》　北京市　人民文學出版社
　　　2006年

鄭家建　《藏在紙背的眺望》　福州市　海峽文藝出版社　2013年

汪民安　《誰是羅蘭・巴特》　南京市　江蘇人民出版社　2005年

朱國華　《權力的文化邏輯》　上海市　上海三聯書店　2004年

朱效梅　《大眾文化研究》　北京市　清華大學出版社　2003年

汪　暉　《別求新聲：汪暉訪談錄》　北京市　北京大學出版社
　　　2010年

蕭俊明　《文化轉向的由來》　北京市　社會科學文獻出版社　2004年

蔡　翔　《當代文學與文化批評書系‧蔡翔卷》　北京市　北京師範
　　　　大學出版社　2010年9月

薛　毅　《鄉土中國與文化研究》　上海市　上海書店出版社　2008年

李歐梵　《現代性的追求》　北京市　人民文學出版社　2010年

程光煒　《文學講稿：「八十年代」作為方法》　北京市　北京大學
　　　　出版社　2009年

李歐梵著　毛尖譯　《上海摩登：一種新都市文化在中國（1930-
　　　　1945）》　上海市　上海三聯書店　2008年

羅鋼、王中忱主編　《消費文化讀本》　北京市　中國社會科學出版
　　　　社　2003年

楊慶祥等著　程光煒編　《文學史的多重面孔：八十年代文學事件再
　　　　討論》　北京市　北京大學出版社　2009年

王逢振主編　《2002年度新譯西方文論選》　桂林市　漓江出版社
　　　　2003年

陳平原　《作為學科的文學史》　北京市　北京大學出版社　2011年

徐　賁　《文化批評往何處去》　長春市　吉林出版集團公司　2011年

許紀霖　《啟蒙如何起死回生：現代中國知識分子的思想困境》　北
　　　　京市　北京大學出版社　2011年

趙　勇　《整合與顛覆：大眾文化的辯證法：法蘭克福學派的大眾文
　　　　化理論》　北京市　北京大學出版社　2005年

練暑生　《「民族「與八十年代的精神徵候》　南京市　江蘇大學出
　　　　版社　2011年

陳平原　《當代中國人文觀察》　北京市　北京大學出版社　2010年

陳平原　《小說史　理論與實踐》　北京市　北京大學出版社　2010年

羅雲鋒　《文學研究與文化研究的雙重變奏　二十世紀八十年代以來
　　　　的文化學術鏡像》　上海市　上海人民出版社　2011年

武桂傑　《霍爾與文化研究》　北京市　中央編譯出版社　2008年

陳舒劼　《認同生產及其矛盾：近二十年來的文學敘事與文化現象》
　　　　南京市　江蘇大學出版社　2013年

廖述務　《身體美學與消費語境》　上海市　上海三聯書店　2011年
　　　　10月。

王　偉　《後形而上學文論——以羅蒂為樣本》　上海市　上海三聯
　　　　書店　2012年

滕翠欽　《被忽略的繁複：當代「底層文學」討論的文化研究》　上
　　　　海市　上海三聯書店　2009年

張　亮編　《英國新左派思想家》　南京市　江蘇人民出版社　2010
　　　　年7月。

汪　暉　《現代中國思想的興起（上、下卷）》　北京市　生活‧讀
　　　　書‧新知三聯書店　2008年

周　憲　《視覺文化的轉向》　北京市　北京大學出版社　2008年

汪民安主編　《文化研究關鍵詞》　南京市　江蘇人民出版社　2007年

孟繁華　《眾神狂化：世紀之交的中國文化現象》　北京市　中央編
　　　　譯出版社　2003年8月。

胡大平　《崇高的曖昧》　南京市　江蘇人民出版社　2002年

扈海鸝　《解讀大眾文化》　上海市　上海人民出版社　2003年

王逢振等編　《文化研究選讀》　北京市　外語教學與研究出版社
　　　　2007年

孫紹振　《文學性講演錄》　桂林市　廣西師範大學出版社　2006年

孫紹振　《審美價值結構情感邏輯》　武漢市　華中師大出版社
　　　　1999年

孫紹振　《名作細讀：微觀分析個案研究（修訂版）》　上海市　上
　　　　海教育出版社　2009年

孫紹振　《月迷津渡：古典詩詞個案微觀分析》　上海市　上海教育
　　　　出版社　2012年

顏純鈞　《中斷與連續——電影美學的一對基本範疇》　北京市　中
　　國電影出版社　2013年
管　寧　《消費文化與文學敘事》　廈門市　鷺江出版社　2007年
張京媛　《後殖民理論與文化批評》　北京市　北京大學出版社
　　1999年
張旭東　《批評的蹤跡》　北京市　生活・讀書・新知三聯書店
　　2003年
期刊　《文化研究》　第1-50輯
期刊　《熱風學術》　第1-11輯

三　臺灣地區出版的文獻

陳光興、楊明敏編　《Cultural Studies：內爆麥當奴》　臺北市　島
　　嶼邊緣雜誌社　1992年
阿圖塞著　杜章智譯　《列寧和哲學》　遠流出版事業公司　1990年
霍爾、陳光興著　唐維敏編譯　《文化研究：霍爾訪談錄》　臺北市
　　元尊文化出版社　1998年
陳光興主編　《文化研究在臺灣》　臺北市　巨流圖書公司　2001年
陳光興　《去帝國——亞洲作為方法》　臺北市　行人出版社　2006年
期刊《文化研究》、《中外文學》、《臺灣社會研究季刊》　電子期刊
　　《文化研究月報》。

四　英文文獻

Bill Schwarz, "Where is Cutural Studies," *Cultural Studies*, 8(3), 1994,
　　373-393.
Benedict Anderson, *Imagined Communitities: Reflections on the Origin and
　　Spread of Nationalism*, London: Verso, 1983.

Chris Barker, *Cultural Studies: Theory and Practice*, London: Sage, 2000.

David Scott, *Stuart Hall's Ethics*, Samll Axe 17, 2005.

Homi Bhabha, *The Location of Culture*, London: Routledge, 1994.

Lawrence Grossberg, Cary Nelson, Paula Treichler (eds.) *Cultural Studies*, London and New York: Routledge, 1992.

Lefebvre, *Critique of Everyday Life*, Lodon: Verso, 1991.

Lefebvre, *The Production of Space*, Oxford: Blackwell, 1991.

Morley, David and Kuan-Hsing Chen (eds), *Stuart Hall: Critical Dialogues in Cultural Studies,* London and New York: Routledge, 1996.

Simon During, *Cutural Studies:A Critical Introductiom*, London: Routledge, 2005.

Tony Bennett, *Culture: A Reformer's Science*, London: Sage, 1998.

Williams, Raymond, *The Long Revolution*, London: Chatto and Windus, 1961.

Williams, Raymond, *Culture and Materialism*, London: Verso, 2005.

Williams, Raymond, *Television: Technology and Culture Form*, London and New York: Routledge, 2003

Willis, Paul, *Learning to Labor: How Working Class Kids Get Working Class Jobs*, New York: Columbia University Press, 1977.

作者簡介

顏桂堤

福建永春人，文學博士，現為福建師範大學文學院副院長，教授、博士生導師，入選福建師範大學「寶琛計劃」高端人才。主要研究領域為文藝理論與批評、文化研究等。

近年來，在《文學評論》、《文藝爭鳴》等核心期刊發表學術論文數十篇，出版專著《文化研究：理論旅行與本土化實踐》；主持國家社科基金項目兩項以及中國博士後科學基金、福建省社科規劃重大項目等多項；科研成果獲第九屆教育部人文社科獎·青年成果獎，以及福建省哲學社會科學優秀成果獎二等獎、三等獎各一項；作為主要完成人的教學成果獲國家級教學成果獎二等獎、福建省高等教育教學成果獎特等獎等多項。

本書簡介

本書詳盡地勾勒了「文化研究」思潮在中國大陸的理論之旅與本土化實踐。「理論旅行」與「中國經驗」是本書的理論焦點，文化研究的概念譜系、問題場域、範式轉換、中國問題、接合實踐、闡釋效能、內在性難局以及文化研究的未來趨向，這些問題成為了作者重點關注的理論疆域。從對文化研究的概念譜系考察出發，本書持續思索了文化研究思潮在中國的理論旅行以及中國化的過程，關注文化研究如何影響並改造中國的文學生產與社會文化生活。文化研究在中國的

接受過程——被譯介、重新闡釋、重新挪用，它服務於中國問題與新
的社會文化現象的闡釋。「文化研究」開放的話語場域和多元的研究
方法，加之「中國經驗」的複雜維度，文化研究在中國更顯得多元紛
呈。「文化研究」在中國正朝著批判性的、多元開放且具有闡釋力和
本土經驗的方向發展，它逐漸成為批判知識分子重新介入當下社會的
重要場域。

　　儘管文化研究仍存在某些悖論，但是其讓人看到許多原先無法發
現的內容、思想與方法。在此基礎上，文化研究的諸多理論方法與理
論資源競相爭放、相互對話與博弈。文化研究深刻參與了當代社會文
化的現實闡釋與意義生產，並且形成了「中國經驗」與中國特色。借
助文化研究，文學理論重新激活了危機意識，提升了實踐品格。

福建師範大學文學院百年學術論叢·第八輯 1702H12

文化研究的變奏：理論旅行與本土化實踐

作　　者　顏桂堤
總 策 畫　鄭家建　李建華
發 行 人　林慶彰
總 經 理　梁錦興
總 編 輯　張晏瑞
編 輯 所　萬卷樓圖書股份有限公司
　　　　　臺北市羅斯福路二段 41 號 6 樓之 3
　　　　　電話 (02)23216565
　　　　　傳真 (02)23218698

發　　行　萬卷樓圖書股份有限公司
　　　　　臺北市羅斯福路二段 41 號 6 樓之 3
　　　　　電話 (02)23216565
　　　　　傳真 (02)23218698
　　　　　電郵 SERVICE@WANJUAN.COM.TW
香港經銷　香港聯合書刊物流有限公司
　　　　　電話 (852)21502100
　　　　　傳真 (852)23560735

ISBN 978-626-386-106-0
2024 年 6 月初版二刷
定價：新臺幣 560 元

如何購買本書：

1. 劃撥購書，請透過以下郵政劃撥帳號：
　　帳號：15624015
　　戶名：萬卷樓圖書股份有限公司
2. 轉帳購書，請透過以下帳戶
　　合作金庫銀行　古亭分行
　　戶名：萬卷樓圖書股份有限公司
　　帳號：0877717092596
3. 網路購書，請透過萬卷樓網站
　　網址　WWW.WANJUAN.COM.TW

大量購書，請直接聯繫我們，將有專人為您服務。客服：(02)23216565 分機 610

如有缺頁、破損或裝訂錯誤，請寄回更換

國家圖書館出版品預行編目資料

文化研究的變奏：理論旅行與本土化實踐/顏桂堤著. -- 初版. -- 臺北市：萬卷樓圖書股份有限公司, 2024.06 印刷
　面；　公分. -- (福建師範大學文學院百年學術論叢. 第八輯；1702H12)

ISBN 978-626-386-106-0(平裝)
1.CST: 文化研究
541.2　　　　　　　113006019